한 권으로 꿰뚫는 시편

한 권으로 꿰뚫는 시편
성도의 탄식과 하나님의 응답

———

김창대

Ivp

차례

머리말   7

서론: 시편 해석을 위한 준비 작업   11
  1. 시편 해석의 새로운 경향   11
  2. 시의 특성   16
  3. 시편 배열에 관한 전반적 개요   34

1장. 시편 1권: 마음에 율법을 새기라   53
  1. 1권의 구조   55
  2. 1권의 내용   58
  3. 1권의 신학적 메시지   144

2장. 시편 2권: 하나님의 통치를 신뢰하고 낮아져서 주님의 인자를 사모하라   155
  1. 2권의 구조   156
  2. 2권의 내용   160

3장. 시편 3권: 마음을 완악하게 하지 말라   213
  1. 3권의 구조   215
  2. 3권의 내용   218
  3. 3권의 신학적 메시지   247

4장. 시편 4권: 하나님의 통치를 신뢰하고 낮아져서 주님의 인자를 사모하라   249
  1. 4권의 구조   251
  2. 4권의 내용   254

5장. 시편 5권: 계속해서 마음에 율법을 새겨 대적자를 이기라   289

   1. 5권의 구조   291

   2. 5권의 내용   296

   3. 5권의 신학적 메시지   356

6장. 시편의 신학적 메시지   363

   1. 율법   363

   2. 하나님 나라   366

   3. 창조자이신 하나님   368

   4. 복   369

   5. 가난한 자(온유한 자)   373

   6. 고난   375

   7. 찬양: 대적자를 이기는 무기   377

   8. 악인을 향한 저주   379

   9. 신정론   381

   10. 메시아 사상   382

부록 1: 시편을 어떻게 설교할 것인가   385

부록 2: 시편의 표제   395

부록 3: 시의 특징과 기법   403

참고문헌   417

머리말

1985년에 윌슨(Gerald H. Wilson)의 저작(*Editing of the Hebrew Psalter*)이 출간되면서, 시편 연구는 새로운 전환점을 맞이하게 되었다.[1] 이전까지의 시편 해석들에서는 시편의 시들을 아무렇게나 배열한 선집(anthology) 정도로 생각했지만, 윌슨의 책이 출간된 이후에는 시편 전체가 최종 배열자의 신학적 의도에 따라 의미 있는 구조로 배열되었다는 시각이 힘을 얻기 시작했기 때문이다. 이런 시각에 기초하여 시편을 해석하는 방법을 구성적 방법(compositional method)이라고 한다. 오늘날 이 방법을 사용한 연구물들이 쏟아지면서 시편 해석에 새로운 지평이 열렸고, 그 결과 시를 시편 전체의 정경적 문맥에서 앞뒤의 시들과 연결시키며 해석하려는 흐름이 새로운 트렌드로 자리 잡게 되었다.

하지만 구성적 방법을 사용한 시편 해석은 아직 초기 단계여서, 이 방법을 토대로 시편 전체의 메시지를 처음부터 끝까지 다룬 책은 드물고, 있다 하더라도 그것들은 주로 외국 서적에 불과한 상황이다.[2] 이런 현실 속에서 본서는

---

1 Gerald H. Wilson, *Editing of the Hebrew Psalter*, SBLDS 76 (Chicago: Scholars Press, 1985).
2 외국 서적 중 대표적인 것은 호스펠트(Hossfeld)와 챙어(Erich Zenger)의 시편 주석이다. 한 권의 책이라

시편의 시들이 주위의 시들과 연결되도록 의도적으로 배열되었음을 보여 주고, 그런 전제를 가지고 시편을 어떻게 읽을 것인지를 국내 독자들에게 소개하며, 시편의 통일적 메시지가 무엇인지를 보여 주려는 목적으로 집필되었다. 이런 작업은 분명 시편이 전하는 메시지의 진수를 드러내 주고, 시편의 내용들을 일관된 흐름 속에서 이해하도록 도와줄 것이다.

이를 위해 본서는 먼저 시편 해석의 준비 작업으로 시의 특징과 장르(양식), 수사적 구조, 그리고 시의 배열에 관한 학자들의 견해를 다루었다. 이어서 시편의 구성이 기본적으로 탄식에 대한 응답이라는 구도 속에서 전개됨을 밝히고, 5권으로 구성된 시편의 구조를 살폈다. 지면의 제약상 시편 시들의 구조를 모두 분석한다는 것은 불가능하기에, 중요한 시들을 선택하여 시의 구조를 제시하였다. 그리고 시가 주위의 시들과 어떻게 단락을 형성하고, 단락을 형성하는 시들 사이에도 어떤 구조가 있는지를 고찰했다. 더 나아가 단락들이 모여서 어떻게 대단락을 형성하고, 대단락들 사이에도 어떤 연관 구조가 있는지를 파헤쳤다. 그래서 시의 단락과 대단락이 이루는 문맥 속에서, 시들이 어떻게 통일적 메시지를 전달하는지를 주목했다.

이 과정에서 본서는 시편의 통일적 메시지가 고난에 처한 성도들에게 고난 가운데서 낙심하지 말고, 오히려 고난을 통과하면서 마음에 율법을 새길 것을 교훈하는 데 있다고 보았다. 즉, 탄식의 상황에 있는 성도들이 고난을 극복하도록 도우시는 하나님의 응답은 마음의 변화를 촉구하는 것이다. 이것이 시편의 핵심이다. 이런 본서의 내용을 통해, 독자들이 시편을 읽을 때 개개의 시들을 큰 그림 속에서 읽어 내고 시편의 일관된 메시지를 깨달으며 힘과 용기를 얻을 수 있다면, 본서의 목적은 달성된 셈이다. 아무쪼록 환난과

는 전제하에서 시편을 묵상한 한국 저자의 글로는 다음의 책을 참고하라. 왕대일,『시편 사색, 시편 한 권으로 읽기』, 구약사상문고 6 (서울: 대한기독교서회, 2013).

역경이라는 십자 포화 속에서 절치부심하며 몸부림치는 성도들이 이와 같은 시편의 말씀을 통해 고난에서 승리하기를 간절히 바란다.

끝으로 대중서보다 연구서에 가까운 본서의 가치를 오히려 귀하게 여기고 책의 출판을 흔쾌히 허락해 준 신현기 대표와 편집 과정에 도움을 준 노종문 전 편집장에게 진심으로 감사의 말을 전한다.

서론
시편 해석을 위한 준비 작업

1. 시편 해석의 새로운 경향

시편은 많은 사람들의 다양한 고뇌와 기쁨, 낙심과 벅찬 감격, 그리고 실의와 깨달음이 교차되는 한 편의 장엄한 드라마다. 하지만 시편을 읽고 해석하는 과정에서 여러 가지 문제점이 드러난다. 첫째, 독자들이 시편을 읽으면서 자신의 감정을 달래 줄 수 있는 본문만 주목하고 거기서 단편적인 위로를 얻으려 하는 경향이다.[1] 둘째, 얼핏 보기에 시편의 내용들이 문맥 없이 계속해서 반복되는 것 같아 지루하다는 생각에 시편에 대한 열의가 식는 것이다. 더욱이 시편을 하나님의 말씀이라기보다는 하나님을 향한 인간의 감정과 반응으로 생각하고는,[2] 시편에서 객관적인 하나님의 말씀을 찾는 데 소홀한 모습을 볼 수 있다. 그 결과 시편은 영혼을 울리는 하나님의 감동적 말씀인에도 불

---
1 크리스토퍼 애쉬, 『시편 119』, 김진선 역 (서울: 성서유니온선교회, 2011), 21.
2 이성훈, "시편을 어떻게 읽을 것인가", 『시편 1: 어떻게 설교할 것인가』, 목회와신학 편집부 엮음 (서울: 두란노아카데미, 2008), 21.

구하고, 독자들이 새로운 통찰과 영적 도전을 받지 못하는 경우가 많다.

하지만 오늘날의 시편 해석은 과거의 시편 해석과 달리 150개의 시편이 아무렇게나 배열된 것이 아니라 최종 배열자의 의도 속에서 통일적 메시지를 위해 배열되어 있다는 생각이 점점 지지를 얻고 있다. 그래서 시편의 시들이 주위의 시들과 단락을 이루고, 그 단락 안에도 구조가 있으며, 단락 간에도 구조가 있다는 사실을 인지하게 되었다. 그리고 조밀하게 연결된 구조를 통해 하나님의 메시지가 설득력 있게 제시되고 있다는 점에 주목하여 시편 연구가 새로이 활기를 띠고 있다. 확실히 이런 해석의 트렌드는 시편 읽기에 흥미를 잃은 독자들을 다시 시편 말씀으로 끌어들이는 자극제가 되고 있다.

물론 시편을 개별적으로 분석하고 이해하는 일은 여전히 중요하다. 그렇지만 시편의 시들을 주위의 시들로 이루어진 근접 문맥(최소 단위의 단락)과 원접 문맥(더 많은 시들로 구성된 큰 단락 혹은 시편 전체)의 관점에서 읽으면, 풍부한 통찰을 이끌어 낼 수 있고 시편 전체에서 드러난 일관된 메시지를 터득할 수 있게 된다.

시편의 최종 배열자는 포로 후기 독자들의 정서를 반영하기 위해 탄식시들을 많이 수록하고, 그것들을 포로 후기의 탄식의 상황으로 재해석하였다. 그리고 탄식의 상황에서 마음의 변화를 받아 하나님의 뜻을 행하도록 촉구하기 위해, 긍정적인 내용의 시들(찬양시, 감사시, 지혜시 등)을 탄식시들 뒤에 위치시켰다.[3] 그래서 탄식에 대해 응답을 들려주는 구조로 시편 전체를 구성하였다. 이런 배열 구성을 염두에 두고 시편을 해석한다면, 고난받는 성도에게 말씀하시는 하나님의 응답을 생동감 있게 포착할 수 있고, 자칫 감정 달래기 수준에 머무르는 시편 읽기 방식을 극복할 수 있게 될 것이다.

3　시의 장르로서 탄식시, 감사시, 찬양시, 지혜시 등은 나중에 자세히 논의할 것이다.

이제 시편의 시들이 통일적 메시지를 주기 위해 의도적으로 배열되었다는 증거들을 간략하게 살펴보자. 우선 시편은 총 5권(1-41편; 42-72편; 73-89편; 90-106편; 107-150편)으로 묶였고, 시편 1편은 율법이라는 단어를 의도적으로 사용한다(1:2). 이것은 시편 전체를 모세오경과 같이 하나님의 말씀으로 읽도록 제안하려는 배열자의 의도라고 볼 수 있다. 그러므로 5권으로 된 시편의 구성은 시편이 하나님을 향해 드리는 인간의 찬송이나 반응이 아니라, 인간을 향한 하나님의 말씀이라는 힌트를 준다.[4] 더 나아가 시편의 각 권은 찬양으로 끝나는데, 이것은 시들이 아무렇게나 배열되지 않았다는 반증이다.

시편이 의도적으로 배열되었다는 또 다른 증거는 시편의 시들이 연대기 순으로 배열되었다는 흔적에서도 찾아볼 수 있다. 1-3권(1-89편)은 다윗 왕권이 출범하여(2편), 바벨론에 의해 무너지는 역사적 사건까지를 주요 배경으로 한다. 그러므로 89편에서 시인은 다윗 왕권이 바벨론에 의해 멸망한 사실을 한탄한다(89:36-38). 이어서 4권(90-106편)은 출애굽 시에 모세의 인도를 받아 광야 생활을 한 이스라엘의 모습을 언급함으로써, 바벨론의 포로 생활을 출애굽의 광야 생활에 대입시키고, 포로기의 사람들을 위로하는 방식으로 내용을 전개하고 있다. 그러므로 4권의 마지막 시편인 106편은 바벨론에 포로로 끌려간 사람들을 다시 시온으로 돌려보내 달라는 간구로 종결되고 있다. "여호와 우리 하나님이여 우리를 구원하사 여러 나라로부터 모으시고 우리가 주의 거룩하신 이름을 감사하며 주의 영예를 찬양하게 하소서"(106:47).

시편 5권(107-150편)은 바벨론의 포로 생활에서 돌아온 포로 후기 상황을 배경으로 한다. 이런 배경 속에서 5권의 처음 시인 107편은 포로 생활에서 돌아오게 하신 하나님을 찬양한다. "여호와의 속량을 받은 자들은 이같이

---

4 이에 반해 폰 라트는 시편은 하나님을 향한 인간의 반응이라고 주장했다. Gerhard von Rad, *Old Testament Theology*, vol. 1, trans. D. M. G. Stalker (New York: HarperCollins, 1962), 355.

말할지어다. 여호와께서 대적의 손에서 그들을 속량하사 동서 남북 각 지방에서부터 모으셨도다"(107:2-3). 그리고 5권의 끝부분은 포로 후기 공동체의 정서를 반영하여, 속히 하나님 나라가 임하게 해 달라는 간구로 끝맺고 있다. "여호와여 주의 하늘을 드리우고 강림하시며 산들에 접촉하사 연기를 내게 하소서"(144:5).

시편이 통일된 메시지를 전달하기 위해 의도적으로 배열되었다는 증거는 시편의 서론격인 1-2편에서도 감지된다. 시편 1-2편은 표제가 없어 누가 저자인지 알 수가 없다. 하지만 시편 전체의 구성을 고려해 볼 때, 최종 배열자가 직접 작성하여 시편의 맨 앞에 첨가한 시들로 보는 것이 가장 신빙성 있다. 최종 배열자가 1-2편을 앞에 첨가한 목적은 이후의 시편들을 이해할 수 있는 해석적 가이드를 주기 위함이다. 실제로 1-2편의 내용은 이후의 시들에 대한 해석학적 길라잡이 역할을 하고 있다. 그러므로 시편의 서론으로서 1-2편의 위치는 시편이 아무렇게나 배열된 것이 아님을 보여 주는 또 다른 증거다.

구체적으로, 1편은 초두에 복을 언급하고 2편도 말미에 복을 언급하여, 1-2편이 복이라는 주제로 하나의 단락을 형성하고 있음을 알 수 있다. 1편의 주제는 율법을 지키라는 것이고, 2편의 주제는 하나님에 의해 기름부음 받은 왕이 시온에서 통치한다는 것이다. 이런 주제들을 서로 연결시키면 1-2편에서 말하는 해석학적 열쇠는, 종말에 메시아에 의해 이루어질 시온의 통치(즉, 하나님 나라)의 수혜자가 되기 위해서는 율법을 지켜야 한다는 사상이다. 율법과 시온을 연결시키는 이 사상은 이후 시편들에서 계속 부각되는 내용이다. 예를 들어, 시편 119편은 율법을 강조하는 시인데, 그다음에 나오는 120-134편은 "성전에 올라가는 노래"로서 시온이라는 주제에 초점을 맞추고 있다. 그래서 119편을 120-134편과 함께 읽으면, 종말에 시온에서 하나님의 통치가 이루어질 때 그 통치에 들어가기 위해 율법을 지켜야 한다는 사상을 다시 확인할 수 있다.

시편이 의도적으로 배열되었다는 증거는 시편 전체 내용의 흐름에서도 발견된다. 시편 전체는 처음에 탄식이 주를 이루다가 나중에는 찬양으로 끝난다. 이것은 포로 후기를 살던 시편의 최종 배열자가 포로 후기의 탄식 상황을 염두에 두고, 탄식시들을 전반부(1-89편)에 집중적으로 배치시킨 결과다. 시편에서 탄식시들이 많이 나타나는 것은 확실히 탄식의 상황에 있었던 포로 후기의 상황을 반영한 것이다.

시편의 흐름이 탄식에서 찬양으로 가는 데 전환점을 이루는 시는 지혜시인 90편이다. 지혜시의 특성은 결국 의인이 흥왕하고 악인은 멸망할 것이기 때문에 원망하지 말 것을 교훈하는 데 있다. 90편은 고난 가운데서 탄식하는 사람들에게 하나님은 천 년이 하루와 같고(90:4), 인간은 살아 봤자 칠십이요 강건하면 팔십이라는 사실을 부각시켜(90:10), 인간의 생각과 하나님의 생각이 다름을 말하면서 지혜의 마음을 가질 것을 촉구한다(90:12). 지혜의 마음을 가지고 마음의 변화를 받는다면 탄식하지 않게 될 것이라는 교훈이다. 그 결과로 90편 이후의 시편들은 탄식에서 찬양 쪽으로 무게 중심이 옮겨 가고 있다. 이런 시편의 흐름은 시편이 아무렇게나 배열된 것이 아니라는 명백한 증거다.

시편이 의도적으로 배열되었다는 증거는 시편 전체를 관통하는 통일적 메시지에서도 찾아볼 수 있다. 5권으로 구성된 시편은 각 권이 마음 및 그와 관련된 단어로 시작된다는 특징이 있다(1:2; 4:7; 42:4; 73:1; 90:12; 108:1). 나중에 자세히 설명하겠지만, 시편 전체가 중요 단락의 시작점에서 마음의 주제를 언급하는 이유는, 단식의 상황에서 마음에 율법을 새긴다면 오히려 탄식하지 않고 고난을 이길 수 있다는 신학을 제시하기 위함이다.

시편의 시들이 의도적으로 배열되어 통일적 메시지를 전달한다는 것을 알게 되면, 독자들은 시편 전체라는 숲을 보면서 동시에 개개 나무의 다양한 특성과 색채들을 감상할 수 있게 된다. 특별히 시편 안에서 발견되는, 고난 가운데서 탄식하는 자들을 향한 하나님의 응답은 환난과 시험에 휘둘려 어찌할 바를 모르는 성도들에게 새로운 신앙의 세계를 일깨워 주고 용기를 불어넣어 줄 것이다.

확실히 포로 후기라는 고난과 맞물려 배열된 시편의 말씀은 오늘날 고난 가운데 처한 성도들에게도 위로의 말씀이 아닐 수 없다. 하나님의 말씀은 과거나 지금이나 미래나 영원히 진리이기 때문이다. 그러므로 시편에 수록된 탄식시들을 우리의 상황에 대입시키고 긍정적인 시들을 오늘의 상황에 응답하시는 하나님의 말씀으로 재해석하여 시편을 묵상한다면, 시편 안에서 적실성 있는 메시지를 발견하고 영혼의 떨림과 함께 마음의 위로와 변화를 얻게 될 것이다.

2. 시의 특성

시편을 올바로 해석하기 위해서는 시의 정의와 장르가 무엇이며, 시의 구조가 어떻게 이루어지는지를 알아야 한다. 확실히 이런 지식은 시편의 특성을 제대로 알게 해 주어 시편을 시의 특성에 맞게 이해할 수 있게 도와준다.

1) 시의 정의

시편은 시라는 형식으로 쓰였지만, 시편의 원래 언어인 히브리어에서 시와 산문의 경계는 모호하다. 일반적으로는 운율을 히브리어 시의 특징으로 제시하지만, 실제로 히브리어 시에서 일관된 운율을 찾기란 매우 어렵다.[5] 물론

---

5 1930년대에 폴 크라우스(Paul Kraus)는 히브리어 시에 규칙적인 운율이 존재한다는 것을 증명하기 위해 연구했지만 결국 규칙적인 운율이 없다는 사실을 알고 실의에 빠져 스스로 목숨을 끊었다는 유명한 일화

탄식의 내용을 담은 애가에서 3:2라는 키나 운율(Qinah meter)이 종종 발견되지만, 탄식시에서 이 운율이 모두 적용되는 것도 아니다.[6]

결국 시는 산문과 근본적인 차이는 없지만 산문에 비해 글을 더욱 격조 있게 사용한 것이라고 정의할 수 있다. 구체적으로 말하면, 시는 산문과 달리 간결성이 두드러지고, 평행법(일종의 대구법)과 이미지를 많이 사용한다는 것을 특징으로 한다.[7] 간결성을 특징으로 하기 때문에 시에서는 관계대명사, 접속사 등이 산문에 비해 과감하게 생략되는 경향이 있다.

2) 시의 장르(양식)

시에서 장르란, 시의 구조, 내용, 무드, 또는 시 배후에 있는 삶의 정황을 고려하여 시를 여러 양식으로 분류한 것이다.[8] 그래서 시는 세분화된 장르들로 다시 나뉜다. 장르에 대한 이해는 독자에게 내용 분석을 용이하게 해 주고, 본문의 의도가 어디에 있는지 쉽게 파악할 수 있도록 도와준다는 장점이 있다.[9]

시의 장르(양식)를 처음 나눈 사람은 궁켈(Gunkel)이다. 그는 시편의 시들을 개인적 탄식시, 공동체적 탄식시, 감사시, 찬양시, 제왕시라는 장르로 구분했다.[10] 하지만 탄식시를 개인과 공동체의 관점으로 분리시키는 데에는 애매한 부분이 있다. 시편 안에는 1인칭 단수와 1인칭 복수가 서로 교차되기 때문이다. 필자의 견해로, 시편의 장르는 찬양시, 탄식시, 회상시, 신뢰시, 감사시, 지

가 있다. Robert Alter, *The Art of Biblical Poetry* (USA: Basic Books, 1985), 4.
6   W. McConnell, "Meter", in *Dictionary of the Old Testament: Wisdom, Poetry & Writings*, ed. Tremper Longman III & Peter Enns (Downers Grove, Ill.: IVP, 2008), 472-476.
7   Tremper Longman III, "Literary Approaches and Interpretation", in *A Guide to Old Testament Theology and Exegesis*, ed. Willem A. VanGemeren (Grand Rapids, Mich.: Zondervan, 1997), 116-118.
8   Longman III, "Literary Approaches and Interpretation", 111.
9   Tremper Longman III, "Psalms", in *A Complete Literary Guide to the Bible*, ed. Leland Ryken and Tremper Longman III (Grand Rapids, Mich.: Zondervan, 1993), 246.
10 Hermann Gunkel, *The Psalms: A Form-Critical Introduction*, trans. T. M. Horner (Philadelphia: Fortress, 1967) 참조.

혜시, 제왕시, 등극시로 분류될 수 있고, 여기에 토라시(율법시)와 시온시 등이 추가될 수 있다고 생각한다.[11]

시의 장르

① 찬양시(praise psalm)

찬양시는 하나님의 선하심과 신실하심에 대한 믿음을 가지고, 하나님의 통치로 인하여 의인이 승리할 것을 찬양하는 내용이다.[12] 시편에서 찬양시는 후반부로 갈수록 더욱 두드러지게 나타나는데, 이런 현상은 최종 배열자의 의도에 기인한 것이다. 찬양시는 크게 두 가지 유형, 즉 하나님의 성품을 찬양하는 시와 하나님이 행하신 일들을 찬양하는 시로 나뉜다. 하나님의 성품을 찬양하는 시의 구조를 보면, 찬양으로의 초대, 찬양할 이유, 찬양에 대한 결론으로 이루어져 있다. 이런 구조를 가진 대표적인 시가 33편이다. 33편에서 1-3절은 찬양으로의 초대, 4-19절은 찬양의 이유, 그리고 20-22절은 찬양의 결론이다.

두 번째 유형인 하나님의 행하심을 찬양하는 찬양시의 경우는 다음과 같은 구조를 보인다. 먼저 하나님께 감사하겠다는 의도를 나타내고, 이어서 시인이 처한 상황을 이야기하고 하나님께 기도했을 때 구원해 주셨음을 고백한다. 마지막으로 하나님의 구원을 다시 증거하고 하나님을 향한 감사를 선포하는 구조다. 이런 유형의 대표적인 시가 30편이다. 넓은 의미에서 찬양시 안에는 제왕시, 등극시, 시온의 노래(48, 84, 87, 120-134편), 그리고 창조시(8편; 19:1-6; 104편)도 포함될 수 있다.

---

11 시편의 장르에 대한 글로 다음의 책을 참고하라. 차준희, 『시편 신앙과의 만남』(서울: 대한기독교서회, 2004).
12 마크 푸타토·데이빗 하워드, 『시편을 어떻게 해석할 것인가』, 류근상·류호준 역 (고양: 크리스찬출판사, 2008), 158.

② 탄식시(lament psalm)

탄식시는 거의 시편의 절반을 차지하는 시다(70개). 시편에서 탄식시가 많은 이유는 시편의 최종 배열이 탄식의 상황이었던 포로기와 포로 후기에 걸쳐 완성되었기 때문이다.[13] 탄식시는 처음에 슬픔, 두려움, 수치를 표출하다가, 끝에 가서 하나님을 향한 신뢰의 표현으로 끝나거나 또는 확신과 기쁨의 찬양으로 마무리되는 특징을 보인다.[14] 하지만 그렇지 않은 경우도 있다(88편).

탄식시의 후반에 찬양이라는 반전이 일어나는 현상에 대해서는 여러 가지 견해가 있다.[15] 첫째, 탄식이 갑작스런 찬양으로 끝나는 것은 성전에서 탄식하는 시인의 기도를 듣고 제사장이나 제사와 관련된 선지자가 축복을 선포했기 때문이라는 견해다. 하지만 이에 대한 기록이 없다는 것이 이 견해의 단점이다. 둘째, 심리적·영적 견해다. 즉, 시인이 여호와의 이름을 부르면서 새로운 희망을 갖게 되었기 때문이라는 견해다. 셋째로, 후대 편집자가 원래 찬양시와 감사시의 서두에 탄식적 내용을 덧붙였기 때문이라는 견해가 있다.[16] 필자가 보기에 탄식에서 찬양이라는 반전이 일어나는 원인은 130편에서처럼 하나님과 긴밀한 대화를 나눈 시인이 자신이 죄인임을 깨닫고 다시 하나님을 의지하는 모습으로 돌아섰기 때문이라고 설명할 수 있다.[17]

③ 감사시(thanksgiving psalm)

기본적으로 감사시는 하나님의 구원 사역을 개인의 상황에 적용하여 하

---

13 김창대, "탄식적 상황에서 하나님의 응답: 시편 2권과 3권의 배열구조에 대한 연구", 「성경과 신학」 66 (2013); 26
14 트렘퍼 롱맨 III, 『어떻게 시편을 읽을 것인가?』, 한화룡 역 (서울: IVP, 1989), 35.
15 Philip S. Johnston, "The Psalms and Distress", 81-83 참조.
16 James Hely Hutchinson, "The Psalms and Praise", in *Interpreting the Psalms: Issues and Approaches*, ed. David Firth and Philip S. Johnston (Downers Grove, Ill.: IVP, 2005), 94 참조.
17 Sung-Hun Lee, "Lament and the Joy of Salvation in the Lament Psalms", in *The Book of Psalms: Composition and Reception*, ed. Peter W. Flint and Patrick D. Miller (Boston: Brill, 2005), 245.

나님이 베푸신 구원을 감사하는 내용이다. 예를 들어, 116:1에서 시인은 "여호와께서 내 음성과 내 간구를 들으시므로 내가 그를 사랑하는도다"라고 말하여, 하나님의 구원에 대해 개인적 감사를 표명하고 있다. 시편 안에서 감사시는 후반부에 집중적으로 나타난다. 그렇다고 전반부에 감사시가 없는 것은 아니다. 시편 안에서 감사시들은 탄식시들 사이에 끼여 탄식의 상황에서 하나님의 응답을 들려주는 기능을 한다. 그래서 비록 탄식의 상황에 있을지라도 인간은 얼마든지 하나님의 은혜를 깨닫고 감사할 수 있다는 것을 교훈한다.

④ 신뢰시(trust psalm)

시편에서 시인은 자주 하나님의 선하심과 권능을 신뢰한다고 표현한다(131:2 참조). 일반적으로 신뢰시의 성격은 탄식시와 감사시의 중간이라고 할 수 있다.[18] 신뢰시는 고난 가운데 있는 시인이 과거에 베푸신 하나님의 은혜를 근거로 현재의 고난에서도 하나님이 구원해 주실 것을 확신하고 그 은혜를 신뢰하는 내용이다. 이에 대한 예가 27편이다. "여호와는 나의 빛이요 나의 구원이시니 내가 누구를 두려워하리요 여호와는 내 생명의 능력이시니 내가 누구를 무서워하리요"(27:1).[19]

⑤ 역사 회상시(historical psalm)

역사 회상시는 역사 회고시로 불리기도 하는데, 이 시의 목적은 과거에 하나님이 이스라엘을 위해 어떻게 은혜를 베푸셨는지를 회상하고, 그럼에도 이스라엘이 불순종했던 사실을 부각시켜 역사적 교훈을 주는 데 있다. 그래서

---

18 푸타토·하워드, 『시편을 어떻게 해석할 것인가』, 168.
19 푸타토·하워드, 『시편을 어떻게 해석할 것인가』, 169.

과거의 불순종을 반면교사로 삼아 온전히 마음으로 율법을 순종하도록 촉구하는 기능을 한다. 역사 회상시에 속하는 대표적인 시는 78편이다. 또한 105-106편도 여기에 포함된다.

⑥ 지혜시(wisdom psalm)

지혜시에 속하는 시는 1, 14, 25, 34, 37, 39, 73, 78, 90, 91, 111, 112, 119, 127, 128, 131, 133, 139편이다. 지혜시는 하나님을 경외할 것을 교훈하는 데 그 목적이 있으며, 시편 안에서 가장 중요한 역할을 한다. 지혜시의 특징은 의인과 악인을 대조시키고, 궁극적으로 의인이 복을 받고 악인은 멸망한다는 것을 교훈하는 데 있다.[20] 설사 악인이 형통하고 여호와를 경외하는 의인이 고난을 당한다 할지라도 원망하지 않고 신앙을 지킨다면 반드시 여호와로부터 복을 받을 것이라 일깨워 준다.

최종 완성된 시편 책에서 이런 지혜시들은 중요한 위치에 배치되어 있다. 무엇보다 시편의 시작인 1편이 지혜시라는 것은 시사하는 바가 크다. 이것은 시편의 나머지 부분도 하나님의 지혜의 관점에서 읽으라는 배열자의 의도를 보여 주기 때문이다. 이후 지혜시들은 시편의 주요 위치인 각 권의 서두와 말미(1, 41, 73, 90, 107, 145편)에 나타나서, 악인이 잘되고 의인이 고난을 당하는 탄식의 상황에서 원망하지 말고 여호와를 경외할 것을 계속해서 촉구한다. 그리고 탄식의 상황에서 여호와를 경외하여 마음에 율법을 새긴다면 궁극적으로 고난을 이길 수 있다는 교훈을 준다.

---

20 Avi Hurvitz, "Wisdom Vocabulary in the Hebrew Psalter: A Contribution to the Study of Wisdom Psalms", VT 38 (1998): 47-49. 한편 크렌쇼(Crenshaw)는 지혜시라는 장르가 있다는 것에 매우 회의적이다. James L. Crenshaw, The Psalms: An Introduction (Grand Rapids, Mich.: Eerdmans, 2001), 94.

⑦ 제왕시(royal psalm)

제왕시는 인간 왕에 초점을 맞춘 시로서 하나님의 왕권을 대신하여 통치하는 다윗 왕권을 찬양하는 시다. 궁켈은 제왕시에 2, 18, 20, 21, 45, 72, 89, 101, 110, 132, 144편을 포함시켰다.[21] 5권으로 구성된 시편 안에서 제왕시는 각 권의 시작이나 끝에 자주 등장한다(2, 72편 등). 그래서 제왕시는 시편의 최종 배열에서 지혜시와 함께 중요한 전략적 의미를 지닌다.

⑧ 등극시(enthronement psalm)

등극시는 인간 왕(다윗)을 찬양하는 제왕시와 달리 하나님의 왕 되심과 통치를 찬양하는 시다. 원칙적으로 여호와 통치시라고 할 수 있지만 줄여서 보통 등극시로 명명한다. 등극시에는 시편 47, 93, 95-99편이 속한다. 흥미롭게도 하나님의 왕 되심을 찬양하는 등극시는 시편 4권(90-106편)에 집중적으로 배치되어 있다. 시편 4권의 시들은 시편의 흐름이 탄식에서 찬양으로 바뀌는 과정 가운데 결정적 분기점을 이루는 시들이다. 나중에 자세히 살펴보겠지만, 이런 점에서 등극시는 시편의 최종 배열에서 중요한 역할을 하고 있다. 시편에서 등극시는, 결국 인간의 탄식이 하나님의 왕 되심을 잊기 때문에 일어나는 것임을 강조하고, 하나님의 통치를 신뢰할 것을 촉구하는 데 그 목적이 있다.

⑨ 시온시(Zion psalm)

궁켈은 시편 46, 48, 76, 84, 87, 122, 132편을 시온시로 분류했다.[22] 밀러(Miller)는 시온시에서 그려지는 시온 산이 다음과 같은 다섯 가지 특징을 가지고

---

21 한편 크렌쇼는 궁켈과 달리 45편을 제왕시에서 제외시켰다. Crenshaw, *An Introduction to the Psalms*, 6.
22 H. Gunkel, *Introduction to the Psalms* (Macon, GA.: Mercer University Press, 1998 [1933]), 22.

있다고 설명한다.[23] 첫째, 시온 산은 가나안 신화에서 바알이 거주한다고 믿었던 자폰 산에 비유된다(48:2).[24] 둘째, 시온 산에서는 물이 흘러나온다(46:4; 87:7). 셋째, 시온 산은 바다로 상징되는 무질서의 세력을 물리치고 창조 질서를 유지하는 곳으로 제시된다(46:3-7; 65:6-7). 넷째, 시온 산은 하나님이 세상의 열국을 물리치시는 세상의 중심이다(46:5-7; 48:5-8; 65:8; 68:13-15). 마지막으로, 시온 산은 열국의 중심으로서 열국이 순례하는 장소다(68:28-29; 86:9; 87편).

시온시에서 언급되는 자폰 산은 가나안 종교에서 창조신인 엘 신의 아들 바알이 거하는 곳이다. 엘 신은 자폰 산에 거하지 않고 소위 "낙원의 강"에 거하는 것으로 알려져 있다.[25] 엘이 천지를 창조했다면, 바알은 창조 질서를 다시 혼란에 빠뜨리는 바다의 신인 용(종종 얌, 나하르, 로탄, 또는 리워야단으로 명명됨)을 물리치고 다시 창조 질서를 견고케 한다.[26] 이런 점에서 바알은 적어도 창조 질서를 유지하는 신이라고 말할 수 있기 때문에,[27] 바알이 거주하는 자폰 산은 창조 신화와 깊은 관련이 있다.[28]

시편이 바알의 자폰 산과 같이 가나안의 창조 신화를 인용하여 하나님이 시온에서 바다의 무질서를 물리치셨음을 선언한다고 해서 가나안 신화를 그대로 수용했다고 보는 것은 잘못이다. 자세히 들여다보면, 시편은 바알이 물리쳤다는 바다의 신화적 세력보다는 역사 속에서 무질서로 대변되는 열국에

---

23 Robert D. Miller II, "The Origin of the Zion Hymns", in *The Composition of the Book of Psalms*, 667.
24 48:2에서 개역개정판 한글 성경이 "북방"으로 번역한 히브리어는 "자폰"으로서 자폰 산을 가리킨다.
25 Miller II, "The Origin of the Zion Hymns", 669.
26 Miller II, "The Origin of the Zion Hymns", 669.
27 시편에서는 바다라는 무질서의 세력은 탄닌(용)(74:13), 라합(89:10), 또는 리워야단(104:26)으로 묘사하고 있다.
28 Dennis J. McCarthy, S. J., "'Creation' Motifs in Ancient Hebrew Poetry", in *Creation in the Old Testament*, ed. Bernhard W. Anderson, Issues in Religion and Theology 6 (Philadelphia: Fortress, 1984), 74. 또한 다음의 글을 참조하라. A. H. W. Curtis, "The 'Subjugation of the Waters' Motif in the Psalms: Imagery or Polemic?", *JSS* 23 (1978): 252-253. 여기서 커티스는 우가릿 신화에서 창조 주제가 없다고 주장하는 사람들은 질서의 유지 개념을 창조로 간주하지 않는다고 지적한다.

더 많은 초점을 맞추고 있다.[29] 가나안 신화에 대한 언급이 오직 시편에서만 나타난다는 점도 시사하는 바가 크다. 결국 가나안 신화에 대한 언급은 시온시의 저자들이 시적 상상력을 동원하여 하나님의 위대하심을 표현하기 위한 것이다. 이런 점에서 이스라엘의 여호와 신앙이 가나안 신화를 받아들인 것은 결코 아니다.

더욱이, 가나안 신화에서 자폰 산에 거하는 바알은 항상 그가 타는 배와 함께 언급되지만,[30] 시편의 시온시에는 그런 내용이 없다. 어떤 이는 시온과 자폰 산의 유비점을 들어 이스라엘이 예루살렘의 원주민이었던 가나안 족속(여부스족)에게서 바알 신화를 그대로 받아들였다고 주장하기도 한다.[31] 하지만 여부스족의 예루살렘과 바알을 연결시키는 고고학적 문서들은 존재하지 않기 때문에 이런 주장은 설득력이 없다.

결론적으로, 시온시가 자폰 산의 바알 이미지를 사용하는 것은, 무질서의 세력인 바다를 물리치고 창조 질서를 유지한 신이 바알이 아니라 이스라엘의 하나님 여호와임을 변증하기 위함이다.[32] 그리고 그런 능력의 하나님이 역사 속에서 무질서의 소용돌이를 일으키는 대적자들 또한 반드시 물리쳐 주신다는 것을 확신시키기 위함이다. 더 나아가 시온시가 시온을 자폰 산에 비유하는 것은 자폰 산이라는 표상을 빌려 하나님의 임재의 장소인 시온이 우주의 중심임을 제시하고, 그런 시온이 종말에 반드시 화려한 영광으로 나타날 것을 신뢰하도록 설득시키려는 목적이 있다.

---

29 J. Day, *God's Conflict with the Dragon and the Sea* (Cambridge: Cambridge University Press, 1985), 126.
30 W. F. Albright, "Baal Zephon", in *Festschrift für Alfred Bertholet*, ed. W. Baumgartner and others (Tübingen: Mohr, 1950), 1-14.
31 H.-J. Kraus, *Worship in Israel* (Richmond, VA.: John Knox, 1966), 201.
32 푸타토·하워드, 『시편을 어떻게 해석할 것인가』, 54.

⑩ 율법시(torah psalm)

율법시(토라시)는 율법을 마음속에 새길 것을 촉구하는 시다. 이런 의미에서 율법시는 지혜시와 겹치는 부분이 있지만, 율법의 기능을 도드라지게 한다는 점에서 독립된 장르로 구별될 수 있다. 율법시에 속하는 대표적인 시는 1, 19, 119편이다. 특별히 1편은 지혜시이면서 율법을 묵상할 것을 강조하는 율법시다. 율법시는 시편의 전체 배열에서 중요한 위치를 차지한다. 예를 들어, 119편은 시편 5권의 중심축을 이루는 시로서 시편 5권의 신학을 잘 대변해 준다. 간단히 말해, 율법시의 기능은 탄식의 상황에서 하나님이 없다고 원망하는 것은 마음이 완악한 것임을 일깨워 주고, 마음에 율법을 새기도록 교훈하는 것이다.

2) 시편 장르에 대한 평가

시의 장르(양식)에 초점을 맞춰 시편을 해석하는 방법을 양식 비평이라고 한다. 양식 비평은 시편 해석에서 어느 정도 도움을 주는 것은 사실이지만 한계점도 분명하다. 동일한 양식의 시라 할지라도 반드시 구조와 내용이 같은 것은 아니기 때문에, 일관되게 장르를 분류하기가 쉽지 않다. 가령 탄식시의 경우, 시에 따라 구조와 내용이 다를 수 있다.[33] 또한 한 시가 여러 장르를 아우를 수도 있다. 가령, 3편은 지혜시이지만 이 시에는 악인의 번영을 탄식하는 요소가 강하여 탄식시의 성격을 띠기도 한다.

무엇보다 중요한 점은 양식 비평적 해석이 시편의 설교자에게 그다지 도

---

33 일반적으로 탄식시는 끝에서 찬양으로 끝맺는 구조를 갖는데, 어느 시에는 찬양이 중간에 나오기도 하고, 시 88편의 경우처럼 찬양 부분이 등장하지 않는 경우도 있다. 시편 해석에서 양식 비평의 한계점들에 대해서는 다음의 글을 참조하라. James L. Mays, *Preaching and Teaching the Psalms* (Louisville: WJK, 2006), 35.

움이 되지 않는다는 것이다.[34] 양식 비평은 시들을 장르라는 틀 속에 묶어 내용을 획일적으로 분석하려는 경향 때문에, 개개의 시가 담고 있는 풍부한 신학적 메시지들을 희석시키는 단점이 있다. 개개의 시가 말하고자 하는 내용보다 시의 유형에 집착하도록 만들어, 해당 시의 독특한 메시지를 이끌어 내는 데 실패하는 셈이다.

그렇다고 장르별로 분석하는 양식 비평 방법이 전적으로 유용하지 않다는 뜻은 아니다. 앞서 말한 대로, 최종 배열자는 탄식시들 사이에 간헐적으로 긍정적인 시들(감사시, 찬양시, 제왕시, 지혜시, 역사 회상시, 또는 등극시)을 배치시켜, 탄식시들 안에서 묘사되는 고난과 성도들의 탄식에 대한 하나님의 응답을 들려주려고 노력한다. 그러므로 시편의 장르를 최종 배열자의 의도를 파악하기 위한 수단으로 사용한다면, 시편의 장르별 해석은 시편을 이해하는 데 유용한 도구가 될 수 있다.

3) 시의 구조

산문에 구조(예를 들면, 기승전결)가 있듯이 시에도 구조가 있다. 하지만 시는 산문에 비해 구조적 패턴이 더욱 뚜렷하다.[35] 시의 구조를 분석하는 방법은 크게 두 가지로 나뉜다. 첫째는 행(line), 스트로피(strophe), 연(stanza)이라는 문학적 단위(단락)를 사용하여 시의 구조를 파악하는 방식이다. 둘째는 시 속의 단락들이 창출하는 수사적 패턴에 주목하여 시의 구조를 파악하는 방식이다. 이때 드러난 구조를 수사적 구조라고 말한다. 수사적 구조는 시의 스트로피

---

34 Duane A. Garrett, "Preaching from the Psalms and Proverbs", in *Preaching the Old Testament*, ed. Scott M. Gibson (Grand Rapids, Mich.: Baker, 2006), 113.
35 산문에서 대표적인 장르가 내러티브(narrative)인데 보통 내러티브의 구조는 프롤로그-해설-발단-전개-절정-결말-에필로그로 형성된다. 이 외에도 내러티브 안에는 다양한 수사적 구조가 발견될 수 있다. 리차드 프랫, 『구약의 내러티브 해석』, 이승진, 김정호, 장도선 공역 (서울: CLC, 2007), 257-286 참조.

외 연이라는 단위 속에서도 발견될 수 있고, 시 전체에서도 발견될 수 있다.[36] 더 나아가 여러 시들로 이루어진 단락 속에서도 수사적 구조를 엿볼 수 있다.

행, 스트로피, 연

전통적으로 시의 구조 분석에는 행, 스트로피, 연이라는 범주가 사용된다. 행은 보통 2개의 콜론(colon, 주어+동사로 이루어진 절)이 모여 형성되는 의미 단위를 가리킨다. 하지만 행은 때때로 2개 이상의 콜론으로 구성될 수도 있다.[37] 스트로피는 그런 행들이 복합적으로 결합되어 문학적 단위를 이루는 경우를 말한다. 연은 그런 스트로피들이 모여 내용상 더 큰 문학적 단위를 이룰 때 일컫는 용어다. 하지만 왓슨(Watson)의 지적처럼, 스트로피와 연을 엄격하게 구별한다는 것은 쉽지 않다.[38] 그리고 어떤 경우에는 한 행이 스트로피도 될 수 있고 연도 될 수도 있다. 스트로피와 연이라는 단위 구별은 일반적으로 내용의 흐름으로 식별되지만, 종종 단락을 구분해 주는 표지(예를 들면, 후렴구 등)를 통해 드러나기도 한다.[39] 다음은 시편 25편을 스트로피라는 범주를 사용하여 분석한 것이다.[40]

스트로피 1: 차원 높은 영혼을 위한 기도(25:1-3).

스트로피 2: 지혜를 위한 기도(25:4-7).

스트로피 3: 언약에 대한 묵상(25:8-10).

---

36 푸타토·하워드, 『시편을 어떻게 해석할 것인가?』, 48.
37 푸타토·하워드, 『시편을 어떻게 해석할 것인가?』, 22-25.
38 Watson, *Classical Hebrew Poetry*, 163.
39 단락의 시작과 끝은 단어의 반복, 평행법의 사용, 어순의 변화 등으로 구분되기도 한다. 전문적 용어로는 일정한 어휘가 단락(문학적 단위)의 시작에 나타날 때 anaphora라고 부르고, 단락의 끝에서 나타날 때 epiphora라고 부른다.
40 Samuel Terrien, *The Psalms: Strophic Structure and Theological Commentary* (Grand Rapids, Mich.: Eerdmans, 2003), 253-257.

스트로피 4: 용서를 간구함(25:11).

스트로피 5: 언약에 대한 묵상(25:12-14).

스트로피 6: 신비로운 화해의 기도(25:15-18).

스트로피 7: 지속적인 기다림의 기도(25:19-21).

수사적 구조

오늘날 시의 구조 분석의 경향을 보면, 행, 스트로피, 연이라는 문학적 단위 분석보다 수사적 구조 분석에 더 많은 관심을 갖는 것이 추세임을 알 수 있다. 수사적 구조 분석은 시를 구성하는 소단락들이 어떤 수사적 패턴(구조)을 가지고 전개되는지를 살펴 시의 의미와 핵심을 파악하는 방법이다. 수사적 구조에는 인클루지오(inclusio), 동심원 구조(concentric structure), 패널 구조(panel structure), 직선 구조(linear structure) 등이 있다. 이런 수사적 구조에 대한 지식은 독자들에게 시의 구성과 핵심 부분이 무엇인지를 보게 하여, 시를 이해하는 데 큰 도움을 준다.[41]

① 인클루지오

인클루지오는 일명 수미상관 구조로서 시의 서두와 말미에 동일한 단어, 모티프(motif), 또는 주제(theme)가 반복되는 현상을 말한다.[42] 예를 들어 8편은 서두에서 "여호와 우리 주여 주의 이름이 온 땅에 어찌 그리 아름다운지요"로 시작하는데, 비슷한 문구가 말미인 9절에도 나타나 인클루지오를 이룬다.

---

41 Garrett, "Preaching from the Psalms and Proverbs", 102.
42 모티프(motif)와 주제(theme)의 차이는 매우 복잡하다. 하지만 기본적인 이해를 위해서 예를 든다면 "인생이 꽃과 같다"라고 말할 때 꽃은 모티프에 해당되고 그런 모티프를 통해서 인생의 덧없음이 주제(theme)가 되는 것이다. Cf. Richard Schultz, "Integrating Old Testament Theology and Exegesis: Literary, Thematic, and Canonical Issues", in *A Guide to Old Testament Theology and Exegesis*, ed. Willem A. VanGemeren (Grand Rapids, Mich.: Zondervan, 1997), 191.

인클루지오는 전체 시가 끝났다는 것을 알리는 신호이지만, 스트로피나 연과 같은 더 작은 단위에서도 인클루지오가 나타나 단락(단위)의 끝을 알릴 수도 있다. 예를 들어, 시편 25:12-14은 하나의 스트로피(또는 단락)를 이루는데, 이 스트로피의 서두와 말미에 "경외"라는 낱말이 나타나서 자체적으로 인클루지오를 이루고 있다. 시들은 인클루지오 기법을 사용하여 독자들에게 단락을 정하는 데 도움을 주고, 단락이라는 문맥에서 시의 내용을 읽도록 유도한다.

② 동심원 구조(교차대구 구조)[43]

동심원 구조는 시를 구성하는 단락들이 A-B-C-(D)-C′-B′-A′와 같은 수사적 패턴으로 전개되는 것을 말한다. 동심원 구조의 대표적인 시는 1편이다. 1편의 구조는 다음과 같다.[44]

    A. 악인과 대조되는 의인의 길(1:1).
      B. 의인은 하나님의 율법을 묵상함(1:2).
        C. 의인은 나무와 같음(1:3).
        C′. 악인은 겨와 같음(1:4).
      B′. 악인은 심판 앞에서 고통을 당함(1:5).
    A′. 의인과 대조되는 악인의 길(1:6).

동심원 구조에서 핵심은 가운데 부분이다.[45] 그러므로 1편의 핵심은 C/C′

---

43 동심원 구조는 교차대구 구조라고 할 수 있는데, 교차대구 구조는 영어로 카이애즘(chiasmus, 또는 chiastic structure)이라고 한다. 카이애즘은 헬라어 문자인 카이(χ) 모양의 4개의 끝이 서로 대칭을 이루는 것(A-B-B′-A′)에 착안해서 조성된 말이다. Jacob Chinitz, "The Function of Chiasmus in Hebrew Poetry", *Catholic Biblical Quarterly* 38 (1976): 1-10 참조.
44 Long, "Reading the Old Testament as Literature", 120.
45 David Noel Freedman, "Preface", in *Chiasmus in Antiquity: Structures, Analyses, Exegesis*, ed. John W.

단락으로서 식물 이미지(나무와 겨)를 통해 의인과 악인을 대조시키는 데 있다. 동심원 구조는 개개의 시를 넘어서 여러 시들의 모음에서도 나타난다. 대표적인 예가 시편 15-24편에 걸쳐 나타나는 동심원 구조다.[46]

   A. 시온시(15편).
     B. 신뢰시(16편).
       C. 탄식시(17편).
         D. 제왕시(18편).
           E. 율법시(19편).
         D′. 제왕시(20-21편).
       C′. 탄식시(22편).
    B′. 신뢰시(23편).
   A′. 시온시(24편).

동심원 구조를 이루는 시편 15-24편의 핵심은 가운데 19편이다. 그렇다고 동심원 구조에서 메시지의 핵심이 항상 가운데에만 있는 것은 아니다. 때때로 강조점이 마지막 부분에 나올 수도 있다. 그 이유는 시가 동심원 구조뿐만 아니라 다른 구조를 이중적으로 취할 수 있기 때문이다.[47] 또한 시인이 다른 수사적 장치들을 집중적으로 사용하여 특정 단락이나 내용을 부각시킬 수도 있다. 이렇게 되면 시의 핵심은 다른 곳에서도 나올 수 있다. 동심원

    Welch (Hildesheim, Ger.: Gerstenberg Verlag, 1981), 7.
46 Auffret, *La sagesse a bâti sa maison*, OBO 49 (Göttingen: Vandenhoeck & Ruprecht, 1982), 407-438.
47 Ernst R. Wendland, *Prophetic Rhetoric: Case Studies in Text Analysis and Translation* (USA: Xulon Press, 2009), 366. 가령, 동심원 구조인 A-B-C-C′-B′-A′에서 C와 A가 유사하다면 이 구조는 A-B-C-A′-B′-C′로 쉽게 변형되어 패널 구조를 이룰 수 있다. 패널 구조에서 강조점은 마지막 부분에 있기 때문에 여기서는 동심원 구조임에도 불구하고 마지막에 메시지의 핵심이 있을 수 있다.

구조의 장점은 본문(text)의 응집성을 높여 주고, 대칭되는 단락들을 서로 연결시켜 해석하도록 유도한다는 데 있다. 더 나아가 독자들이 본문의 내용을 쉽게 기억하도록 도와주는 이점이 있다.[48]

동심원 구조는 이스라엘 문헌뿐만 아니라 고대 근동 문헌에서도 자주 발견되는 수사적 구조다. 고대 문헌에서 동심원 구조가 빈번히 사용되는 이유는, 당시에는 글 쓰는 작업이 오늘날처럼 다양한 사람들에 의해 이루어지지 않고 소수의 사람(예를 들면, 서기관)들에 의해 수행되었기 때문이다. 그러므로 소수의 특정 계층에 속한 사람들이 기존의 전통적 방식을 고수하며 글을 전개했기 때문에 자연히 동심원 구조의 글들이 양산되었다고 설명할 수 있다.

③ 패널 구조

패널 구조는 시를 구성하는 단락들의 흐름이 A-B-C-A′-B′-C′의 형태로 구성되는 것을 말한다.[49] 패널 구조는 평행을 이루는 앞의 평행구가 뒤에 나오는 평행구에 의해 더욱 발전(progression)되는 효과를 지닌다.[50] 패널 구조에서 메시지의 핵심은 마지막에 나오는 부분이다. 이 구조의 예로 시편 47편을 들 수 있다.[51]

  A. 하나님을 향한 찬양(47:1).

    B. 여호와가 왕이심(47:2).

      C. 이스라엘로 하여금 열국을 다스리게 하심(47:3-4).

        D. 찬양 가운데 하나님이 올라가심(47:5).

---

48 Wendland, *Prophetic Rhetoric*, 366.
49 패널 구조는 일명 반사 구조(reflection structure)라고도 불린다. Wendland, *Prophetic Rhetoric*, 330.
50 Bruce K. Waltke, *An Old Testament Theology: An Exegetical, Canonical, and Thematic Approach* (Grand Rapids, Mich.: Zondervan, 2007), 119.
51 김창대, "주위 문맥에서 본 시 46편의 시온 신학", 「구약논단」 15/2 (2009): 73.

   A´. 하나님을 향한 찬양(47:6).

     B´. 하나님이 세상의 왕이심(47:7-8).

       C´. 열국의 방백들이 모임(47:9a).

         D´. 하나님이 높임을 받으심(47:9b).

이상의 구조로 볼 때 47편의 핵심은 D/D´단락으로, 하나님이 온 세상의 왕으로 통치하신다는 사실에 초점을 맞추고 있다. 그래서 47편은 하나님이 높은 곳에 계신 왕이시기에 우리의 현실이 비록 어렵고 고통스러울지라도 하나님의 통치를 신뢰하고 찬양할 것을 촉구하며, 그렇게 한다면 반드시 고난을 이기게 될 것이라 교훈한다. 종종 동심원 구조인 시가 동시에 패널 구조를 가질 수 있는데, 이것의 대표적인 예는 시편 1편이다.

   A. 악인의 꾀: 의인을 유혹하여 자신들과 가고 서고 앉게 하려 함(1:1).

     B. 의인의 특성: 율법을 즐거워함(1:2).

       C. 의인과 악인의 대조: 나무와 겨와 같음(1:3-4).

   A´. 악인은 결코 의인과 함께 서지 못함(1:5).

     B´. 의인의 특성: 여호와께서 인정함(1:6a).

       C´. 의인과 악인의 대조: (의인은 살고) 악인은 망함(1:6b).

④ 동심원 구조와 패널 구조의 혼합

때때로 어떤 시편들은 동심원 구조와 패널 구조가 혼합된 구조를 보인다. 대표적인 경우가 23편이다.[52]

---

[52] 김창대, "시편 어떻게 설교할 것인가?", 「신학과 실천」 28 (2011): 223.

A. 여호와는 나의 목자(23:1a).

　B. 여호와의 공급하심: 내가 부족함이 없음(23:1b).

　　C. 여호와의 인도하심: 쉴 만한 물가와 의의 길로 인도(23:2-3).

　　　D. 여호와의 적극적 손길: 지팡이와 막대기로 보호하심(23:4).

　　C´. 여호와의 인도하심: 원수 앞에 베푸신 상으로 인도(23:5a).

　　　D´. 여호와의 적극적 손길: 머리에 기름을 발라 치유하심(23:5b).

　B´. 여호와의 공급하심: 내 잔이 넘침(23:5c).

A´. 목자이신 여호와에 대한 반응(23:6).

이 경우에 핵심은 D/D´단락이다. 이런 구조를 통해 23편은 목자이신 여호와께서 적극적인 손길로 자신의 양 떼를 보호하시고 보살펴 주신다는 사실을 강조하고 있다.

⑤ 직선 구조

직선 구조는 시를 이루는 단락들의 흐름이 직선적으로 발전해 나가는 형태를 말한다. 150편이 한 예다.[53]

A. 모든 만물은 하나님을 찬양하라(150:1).

B. 그의 행사를 인하여 하나님을 찬양하라(150:2).

C. 악기를 동원하여 하나님을 찬양하라(150:3-5).

D. 모든 피조물은 하나님을 찬양하라(150:6).

53　푸타토·하워드, 『시편을 어떻게 해석할 것인가?』, 49.

3. 시편 배열에 관한 전반적 개요

1) 시편 해석에 관한 연구사

초대 교부 시대에 시편 해석을 놓고 서로 상반된 입장을 보인 두 학파가 있었다. 바로 알렉산드리아 학파와 안디옥 학파였다. 주후 2세기 중엽에 형성된 알렉산드리아 학파는 본문 배후의 알레고리적인 의미(또는 영적 의미)를 강조했기에, 자연스럽게 시편을 메시아에 대한 예언으로 해석하려고 했다. 반면 성경의 문자적·역사적 의미를 강조한 안디옥 학파는 시편을 메시아에 관한 영적 의미로 해석하려는 시도를 배격했다. 이후 시편 해석은 본문 배후의 영적인 의미를 강조하여 예수 그리스도에 대한 예언을 입증해 주는 방향으로 전개되었다. 실제로 중세 교부인 히에로니무스, 그리고 심지어 종교개혁자인 루터와 칼뱅의 성경 해석에서도 이런 해석의 경향을 엿볼 수 있다.[1]

하지만 19세기에 이르러 시편을 메시아적으로 해석하려는 경향은 이성적 성경 방법론의 대두로 한풀 꺾이게 되었고, 이런 분위기에 편승하여 1920년대에 궁켈(H. Gunkel)이 등장하면서 시편 해석은 새로운 국면을 맞이하게 되었다.[2] 궁켈은 시들의 삶의 정황(Sitz im Leben)에 근거하여 시들을 여러 양식(Gattung)으로 분류하고 그 양식에 따라 시를 해석하는 양식 비평 방법을 창안했고, 이후 이런 해석 방법이 시편 연구의 주류를 이루게 되었다.[3]

좀더 구체적으로 살펴보자면, 궁켈은 시들을 찬양시, 탄식시, 시온시 등과 같이 여러 양식(장르)으로 나누고 그런 양식의 배후에 있는 삶의 정황들과 장

---

1 L. Wray Beal, "Psalms 3: History of Interpretation", in *Dictionary of the Old Testament: Wisdom, Poetry & Writings*, ed, Tremper Longman III & Peter Enns (Downers Grove, Ill.: IVP, 2008), 605-609.
2 Howard, "Editorial Activity in the Psalter; A State-of-the-Field Survey", 53.
3 H. Gunkel, *Die Psalmen* (Göttinger Handkommentar zum Alten Testament; Göttingen: Vandenhoeck & Ruprecht, 1926); idem, *Einleitung in Die Psalmen* (Göttingen: Vandenhoeck & Ruprecht, 1933); S. O. Mowinckel, *Psalmenstudien*, 6 vols. (Kristiana: Jacob Dybwad, 1921-1924).

르의 구조적 관섬에서 시를 이해하려고 했다.[4] 이후 모빙켈(Mowinckel)은 궁켈의 양식 비평 방법을 더욱 발전시켜, 시 배후에 있는 주된 삶의 정황이 제의적 배경임을 강조하고 가을 신년 축제의 관점에서 시들을 해석하려고 시도했다.[5] 하지만 이런 양식 비평 해석 방법은 시의 내용을 정형화된 틀 속에서 재단하고 해석하기 때문에, 개개의 시의 독특한 메시지를 이끌어 내는 데 별로 도움을 주지 못한다는 한계가 있었다.[6]

이후 1985년 윌슨의 저작이 출간되면서 시편 연구는 또 다른 전환점을 맞이하게 되었다. 윌슨은 시편 안에 있는 개개의 시들이 아무렇게나 배열된 선집이 아니라 의도적으로 배열된 한 권의 책이 시편임을 주장했고, 시의 메시지를 시편 전체의 문맥에서 찾으려고 노력했다.[7] 이런 해석 방법을 일명 구성적 방법(compositional method)이라고 부른다. 데이비드 하워드(David M. Howard)는 이런 구성적 방법을 발전시켜 개개의 시들이 주위의 시들과 어떻게 연관을 맺으며 구성되었는지에 많은 관심을 기울였다.[8]

물론 시편의 시들이 통일성을 가진 한 권의 책으로 배열되었다는 주장에 대해 반대의 목소리가 없는 것은 아니다.[9] 대표적인 예로 와이브레이(R. N.

---

4 David M. Howard, Jr., "Recent Trends in Psalms Study", in *The Face of Old Testament Studies: A Survey of Contemporary Approaches*, ed. D. W. Baker and B. T. Arnold (Grand Rapids, Mich.: Baker, 1999), 330.

5 David M. Howard, Jr., "Editorial Activity in the Psalter; A State-of-the-Field Survey", in *The Shape and Shaping of the Psalter*, ed. J. Clinton McCann, JSOTSu 159 (Sheffield: Sheffield Academic Press, 1993), 53.

6 Duane A. Garrett, "Preaching from the Psalms and Proverbs", in *Preaching the Old Testament*, ed. Scott M. Gibson (Grand Rapids, Mich.: Baker, 2006), 113.

7 Gerald H. Wilson, *Editing of the Hebrew Psalter*, SBLDS 76 (Chicago: Scholars Press, 1985). 시편 연구의 최근의 동향에 대해서는 다음의 박사학위 논문을 참조하라. So-Ra Kang, "Reading Book 1 of the Psalter through the אשׁרי Sayings"(Ph. D. Diss., Trinity Evangelical Divinity School, 2007).

8 David M. Howard, Jr., *The Structure of Psalms 93-100*, Biblical and Judaic Studies 5 (Winona Lake, Ind.: Eisenbrauns, 1997).

9 S. Jonathan Murphy, "Is the Psalter a Book with a Single Message?", *Bibliotheca Sacra* 165 (2008): 292-293. 여기서 그는 다음과 같이 지적한다. "시편의 새로운 해석과 관련된 제안들의 공통점은 취사선택

Whybray)는 거시적인 시각에서 볼 때 몇몇 시들이 시편의 주요 위치에 의도적으로 배열된 흔적은 있다고 믿지만, 시편의 시들이 모두 통일성을 가지도록 의도적으로 배열되었다는 주장은 받아들이지 않는다. 그는 각 권의 초두나 말미에 위치한, 시편 2, 72, 89편과 같은 제왕시들(royal psalms)은 의도적인 배열 작업의 결과로 인정했지만, 모든 시들이 조직적으로 주위의 시들과 연결되었다는 주장은 강력하게 반대했다.[10]

하지만 오늘날 시편 연구의 경향을 보면, 주위 시들의 문맥에서 시를 해석하려는 방법이 점점 많은 사람들로부터 호응을 얻고 있음을 부인할 수 없다. 이런 시도가 시편의 메시지를 분명하게 해 주고, 시편 해석에 많은 빛을 던져 주기 때문이다.[11]

더욱이 시편을 들여다보면, 어떤 시의 끝에 등장하는 어휘, 모티프, 또는 주제가 그다음에 나오는 시의 서두에 다시 등장하는 현상을 발견할 수 있다. 이런 현상을 연결어구(catchword)라고 부르는데, 이런 연결어구 방식을 통해 실제로 많은 시편들이 촘촘히 연결되어 있다. 예를 들어, 25편의 끝에 나온 단어가 26편의 서두에 다시 등장한다. 구체적으로 25:21에서 "성실"로 번역한 히브리어 단어 "톰"(תם)은 26:1에서 "완전함"으로 번역한 히브리어 단어

이라는 것이다. 통전적인 접근에서 중요한 시들을 선택하는 것 — 예를 들면 시편 1, 2, 72, 89, 90편 — 을 보면, 그 제안이 전체 시편을 대변해 줄 수 있을까 하는 의문을 자아낸다." 또한 M. A. 빈센트는 시편을 전체적으로 보았을 때 그 시들의 배열의 목적이 하나님의 종말론적 통치를 지향하고 있다는 데에 강한 의구심을 표명한다. M. A. Vincent, "The Shape of the Psalter; An Eschatological Dimension?", in *New Heaven and New Earth: Prophecy and the New Millennium: Essays in Honor of Anthony Gelston*, ed. J. Harland and C. T. R. Hayward (Leiden; Brill, 1999), 61-82.

10 R. N. Whybray, *Reading the Psalms as a Book* (Sheffield: Sheffield Academic Press, 1996), 99.
11 이와 관련해서 Nancy L. deClaissé-Walford의 글을 지적하고 싶다. 여기서 그녀는 시 22, 23, 24편이 어휘뿐만 아니라, 구조적인 면에서 하나의 단일한 동심원 구조를 가지고 있음을 설득력 있게 주장했다. 그녀의 다음의 글을 참조하라. Nancy L. deClaissé-Walford, "An Intertextual Reading of Psalms 22, 23, and 24", in *The Book of Psalms: Composition and Reception*, ed. P. W. Flint and P. D. Miller (Boston: Brill, 2005), 139-151.

와 동일한 단어다. 이런 연결어구 현싱은 32편의 말미("마음이 정직한 너희들아 다 즐거이 외칠지어다")와 33편의 서두("너희 의인들아 여호와를 즐거워하라")에서도 발견된다. 또한 개개의 시들을 분석해 보면, 어떤 시에서 나타난 어휘와 주제들이 주위에 있는 시에서도 발견되는 것을 볼 수 있다. 확실히 이것은 시들을 서로 연결시켜 읽으라는 힌트다.

하워드의 말처럼, 시편을 따로따로 해석하지 않고 정경적 문맥에서 주위의 시들과 연결시켜 해석하는 방법은 이미 초기 교회 교부들이 사용한 방법이기도 하다.[12] 그러므로 시편의 최종 완성된 형태에서 드러난 배열자의 의도를 찾아 통전적 시각에서 시편을 읽고 해석하는 방식은 기독교 전통에서 어긋나는 방법이 아니다.

2) 원래 저자의 의도, 배열자의 의도, 하나님의 의도

시편의 통일성이라는 전제하에 시의 의미를 주위 시들의 문맥과 연결시켜 찾으려고 할 때, 거기서 나오는 문학적 의미(literary meaning)가 과연 원래 시의 역사적 의미(historical meaning)와 일치할 수 있는가 하는 물음이 제기될 수 있다. 한마디로 시를 쓴 원저자의 의도와 시를 배열한 배열자의 의도가 상충되지는 않는가 하는 물음이다.

필자가 보기에 시편에서 최종 배열자가 의도한 문맥적 의미(또는 문학적 의미)는 본문의 원래 역사적 의미와 "유기적 통일성"(organic unity)을 이루기 때문에 결코 상충되지 않는다.[13] 시편 안에 수록된 시들이 문맥 가운데 읽힐 때, 개

---

12 David M. Howard, Jr., "The Psalms and Current Study", in *Interpreting the Psalms: Issues and Approaches*, ed. David Firth and Philip S. Johnston (Downers Grove, Ill.: IVP Academic, 2005), 28-29.
13 Bruce K. Waltke, "A Canonical Process Approach to the Psalms", in *Tradition and Testament*, ed. J. S. Feinberg and D. Feinberg (Chicago: Moody, 1981), 3-18; idem, "Theology of Psalms", *NIDOTTE* 4: 1100-1115; idem, "Superscripts, Postscripts, or Both", *JBL* 110 (1991): 583-596.

개의 시들이 가지고 있었던 원래 역사적 의미는 시편 전체의 정경적 문맥 속에서 소멸되는 것이 아니라 오히려 유기적이고 태생적인 관계 속에서 더 심화되는 셈이다.

어떤 이는 최종 배열자가 의도한 의미를 하나님이 의도하신 의미라고 볼 수 있는지에 대해 의문을 던지기도 한다. 하지만 시편의 최종 배열은 하나님의 영감을 받은 배열자에 의해 이루어졌기 때문에, 최종 배열자의 의도는 충분히 하나님의 의도로 볼 수 있다. 시편의 최종 형태를 인간적 작업이라고 말하기에는 그 구조가 너무나 잘 짜여 있고, 한결같은 메시지를 담고 있다는 점에서, 시편의 배열자 배후에는 하나님의 영감이 있었음이 분명하다.

더욱이 하나님은 정경적 문맥에서 배열자가 보지 못한 더 큰 의미를 제시하실 수도 있다. 그래서 밴후저(Vanhoozer)는, 하나님은 인간 저자(또는 최종 배열자)가 의도한 바를 토대로 자신의 확대된 의도를 성경 전체의 정경적 문맥에서 펼치시는(supervene) 분이라고 말한다.[14] 최종 배열자의 의도는 하나님의 의도를 드러내는 관문이 되고, 그 관문을 사용하여 하나님은 최종 배열자가 의도한 것과의 연속선상에서 더 풍성한 의미(sensus plenior)를 정경적 문맥에서 보여 주신다는 설명이다. 때문에 최종 배열자의 의도(또는 의도된 의미)는 하나님의 의도와 결코 대립적 관계에 있지 않다.

3) 시편 배열의 특징

이제 시편이 최종적으로 배열된 시기와 목적, 그리고 최종 배열을 통한 중심 메시지가 무엇인지를 살펴보기로 하자.

---

14 Kevin J. Vanhoozer, *Is There a Meaning in This Text?* (Grand Rapids, Mich.: Zondervan, 1998), 265. 여기서 그는 "하나님의 의도는 인간 저자의 의도 위에서 더욱 크게 펼쳐진다(supervene)"라고 말한다. 『이 텍스트에 의미가 있는가?』 (IVP).

배열 시기와 목적

시편이 오늘날의 형태로 최종 배열된 시기는 언제인가? 시편 안에는 다윗 시와 모세의 기도와 같이 오랜 역사를 거쳐 여러 사람들에 의해 쓰인 다양한 시들이 수록되어 있다. 하지만 이런 시들이 현재의 모습으로 최종 배열된 시기는 포로 후기 시대(주전 539년 이후)다. 시편 126:1에서 "여호와께서 시온의 포로를 돌려 보내실 때에 우리는 꿈꾸는 것 같았도다"라는 시인의 고백은 시편의 최종 형태가 포로 후기에 완성된 것임을 확연하게 보여 준다. 이와 관련해서 차일즈(Childs)는 주장하기를, 시편의 시대적 배경은 모세 시대의 시에서부터 포로 후기의 시에 이르기까지 대략 1,000여 년의 역사를 가지고 있고, 시편의 최종 구조는 포로 후기의 마지막 편집자가 시편들을 종말론적 색채로 탈바꿈시킨 것이라고 했다(51편; 69:35).[15] 하지만 구체적인 배열 시기를 정하는 문제에서는 학자들마다 차이가 있다. 어떤 이는 최종 배열 시기를 주전 4세기 말엽으로 추정하지만,[16] 쳉어는 최종 배열이 주전 200년경에 이루어졌다고 주장한다.[17]

어쨌든 포로 후기에 배열이 완성되었기 때문에, 전반적으로 최종 배열자의 목적은 탄식의 상황에 있는 포로 후기 공동체에게 하나님의 응답을 들려 주어 그들의 신앙을 고취시키는 데 있었다. 그래서 매칸(McCann)의 주장처럼, 시편의 최종 배열은 탄식시들을 포로기와 포로 후기의 탄식 상황으로 재해석하도록 유도하고, 주위에 위치한 긍정적인 시(제왕시, 지혜시, 신뢰시, 시온시 등)들

---

15 Brevard S. Childs, *Biblical Theology of the Old and New Testaments: Theological Reflection on the Christian Bible* (Minneapolis: Fortress, 1992), 193.

16 Ernst C. Lucas, *Exploring the Old Testament, vol 3: The Psalms and Wisdom Literature* (London: SPCK 2003), 28.

17 Erich Zenger, "Der jüdischer Psalter—ein anti-imperiales Buch?", in *Religion und Gesellschaft: Studien zu ihrer Wechselbeziehung in den Kulturen des Antiken Vorderen Orients*, ed. R. Albertz (Münster: Ugarit, 1997), 97.

을 탄식적인 상황에 대한 하나님의 응답으로 이해하도록 구성된 구조다.[18]

시편 안에는 많은 탄식시들이 있는데, 왜 이처럼 많은 탄식시들이 있는가? 인간의 삶이 기본적으로 탄식을 일으키며 부정적이기 때문인가? 물론 그렇게도 말할 수 있지만, 시편의 최종 배열 작업이 여전히 열국의 지배를 받아 탄식의 상황에 있었던 포로 후기에 이루어졌기 때문이라고 말하는 것이 더 정확할 것이다.

시편 1-3권(1-89편)에는 다윗 왕권의 몰락을 탄식하는 차원에서 탄식시들이 주로 수록되었고, 시편 4권(90-106편)과 5권(107-150편)에는 포로기와 포로 후기의 탄식 상황에 놓여 있던 공동체에게 신앙적 용기와 희망을 북돋아 주기 위해 긍정적인 시들이 주로 수록되었다.[19] 특별히 5권에는, 탄식에 대한 하나님의 응답을 듣고 변화된 성도들에게 계속해서 고난을 이겨 나갈 것을 촉구하기 위해 긍정적인 시들을 집중적으로 배치하고 있다.

그렇다고 시편의 초반부(1-3권)에 찬양시나 감사시와 같은 긍정적인 시들이 없는 것은 아니다. 시편 1-3권에도 긍정적인 시들이 수록되어 탄식의 상황에 처한 성도들에게 하나님의 응답을 간헐적으로 들려주고 있다. 그러므로 탄식의 상황에서 하나님의 응답은 시편 4-5권에서뿐만 아니라 시편 1-3권에서도 어느 정도 긍정적인 시들을 통해 제시되고 있는 셈이다.

이런 시각은 오늘날 시편을 읽는 우리에게도 신선한 도전이 된다. 현재 우리 역시 유다의 포로 후기 상황과 같이 불의가 득세하고 공의가 실종됨으로 인해 하나님의 약속과 동떨어진 고난의 현실 속에서 산다고 말할 수 있기 때문이다. 그러므로 시편의 메시지는 포로 후기의 유다 공동체와 마찬가지로

---

18 J. Clinton McCann, Jr., "Books I-III and the Editorial Purpose of the Psalter", in *The Shape and Shaping of the Psalter*, ed. J. Clinton McCann (Sheffield: JSOT Press, 1993), 93.

19 J. Becker, *Wege der Psalmenexegese* (Stuttgart: Verlag Katholishes Bibelwork, 1975), 85-92 참조.

오늘날 우리에게도 유효한 하나님의 말씀으로서, 우리에게 고난 가운데 어떻게 살아야 할지를 안내하는 지침서 역할을 한다. 이런 점에서 확실히 시편은 오늘날 우리에게 귀중한 통찰의 보고다.

배열 구조를 통해 드러난 중심 메시지

시편 전체가 통일적 구조로 배열되어 있다고 말할 때, 그런 통일적 구조를 통해 최종 배열자가 의도한 구체적인 중심 메시지는 무엇인가 하는 물음을 던질 수 있다. 대체로 학자들은 시편 전체의 흐름이 탄식에서 찬양으로 전환되는 구조라는 점에 동의한다.[20] 한 예로 월터 브루그만(Walter Brueggemann)은, 시편이 순종-의심-찬양이라는 흐름을 가지고 있고(1, 73, 150편 참조), 여기서 반전을 이루는 핵심 시편이 73편이라고 주장했다.[21] 하지만 브루그만은 최종 배열자가 어떤 배열 전략을 가지고 어떤 메시지를 의도했는지에 대해서는 거의 침묵한다. 그러면 이제 시편의 최종 배열 구조를 통해 드러나는 구체적인 중심 메시지가 무엇인지를 살펴보기로 하자.

① 학자들의 견해

매칸은 시편 전체의 배열 구성이 일차적으로 시편을 율법(토라)인 하나님의 말씀으로 바라보도록 하는 데 있다고 주장한다. 그 이유는 모세오경이 5권인 것처럼 시편도 5권으로 묶여 있고, 1편에서 율법이 부각되기 때문이다. 이런 구성을 근거로 그는, 하나님의 통치를 받기 위해서는 율법 준수가 필요함을 교훈하는 것이 시편의 신학적 메시지라고 주장했다.[22] 확실히 이런 그의 주장

---

20 K. Seybold, *Introducing the Psalms* (Edinburgh: T&T Clark, 1990), 26-28.
21 Walter Brueggemann, "Response to James L. Mays, 'The Question of Context,'" in *The Shape and Shaping of the Psalter*, ed. J. Clinton McCann (Sheffield: JSOT Press, 1993), 29-41.
22 J. 클린튼 매칸, 『새로운 시편 여행』, 23

은 설득력 있다. 하지만 율법과 하나님의 통치라는 두 개의 주제가 시편 전체에서 구체적으로 어떤 구조로 드러나는지에 대해서는 분명하게 밝히지 않는다.

시편의 최종 배열 구조를 제시하고, 거기서 신학적 메시지를 체계적으로 도출한 학자는 윌슨이다. 윌슨은 시편이 의도적으로 배열되었다는 증거로서, 시편 각 권의 끝에 찬양이 나온다는 사실에 주목했다. 더 나아가 각 권의 서두와 말미에 의도적으로 지혜시(wisdom psalm)나 제왕시(royal psalm)가 등장한다는 것을 지적하고, 이것이 시편을 지혜시와 제왕시의 관점에서 읽으라는 힌트라고 보았다(지혜시-1, 73, 90, 145편; 제왕시-2, 72, 89, 144편).[23]

윌슨은 쿰란 사본(쿰란 동굴에서 발견된, 주전 2세기에서 주후 1세기에 걸쳐 필사된 구약 성경 히브리어 사본들)에서 시편 4-5권의 시들의 순서가 아직 고정되어 있지 않았음을 발견하고, 이것을 토대로 시편은 먼저 1-3권이 완성되었고 그 후에 4-5권이 추가된 형식이라고 주장했다. 또한 내용적으로 1-3권은 주로 다윗 왕과 다윗 언약에 초점을 맞추는 반면, 4-5권은 포로기와 포로 후기의 상황을 반영하여 하나님의 왕권에 초점을 맞춘다고 이해했다. 시편의 구조에서 1-3권이 다윗 왕가의 실패에 대한 탄식과 좌절을 다룬다면, 4-5권은 다윗 왕조라는 인간 왕권이 아닌 하나님의 왕권을 의지할 것을 권면하는 구조라는 것이 그의 견해다. 그래서 윌슨은 시편의 배열 구조를 통해 나타난 신학적 중심 메시지는, 다윗 왕권을 의지하지 말고 진정한 왕이신 하나님의 왕권을 의지할 것을 촉구하는 데 있다고 생각했다.

윌슨은 1-3권(2-89편)의 서두(2편)와 말미(89편)가 제왕시이기에 1-3권은 제왕시의 틀로 이루어졌고, 4-5권은 서두(90편)와 말미(145편)가 지혜시이기에 지

---

23 Wilson, "The Structure of the Psalter", in *Interpreting the Psalms*, 229-230 참조.

혜시의 틀로 이루어졌으므로 1-3권은 4-5권과 확연히 구분된다고 주장했다. 제왕시의 틀로 이루어진 1-3권은 다윗 왕권을 옹호하는 내용인 반면 지혜시의 틀로 이루어진 4-5권은 하나님의 왕권을 강조하는 내용이기 때문에, 윌슨은 제왕시의 틀과 지혜시의 틀을 대립적 관계로 보았다.

지혜시와 제왕시의 기능을 대립적 관계로 확실히 구분한 윌슨은 시편의 서론인 1-2편에서도 지혜시인 1편과 제왕시인 2편을 따로 분리시켰다. 그는 1편만이 시편 전체의 서론이고 2편은 3-89편의 서론에 불과하다고 주장했다.[24] 윌슨은 포로 후기에 다윗 왕권이 실패한 상황에서 더 이상 인간 왕권을 의지하지 말고 하나님의 왕권을 의지하도록 권면하기 위해 최종 배열자가 하나님의 왕권을 강조하는 1편(지혜시)을 다윗 왕권을 강조하는 2편(제왕시) 앞에 배치시켰다는 논리를 편다.

윌슨은 다윗 왕권의 몰락으로 인하여 탄식하는 1-3권에 대한 응답으로 4-5권이 주어지기 때문에, 4권의 시작인 90편에서 시편 흐름의 결정적인 반전이 일어난다고 주장한다. 90편에서 반전이 일어난다는 그의 주장은 73편에서 반전이 일어난다는 브루그만의 주장과 맞지 않는다.[25] 이런 불일치에 대해 윌슨은 1-3권 안에서도 다윗 왕권의 멸망과 관련하여 하나님의 응답을 들려주는 시들이 간헐적으로 나타나기 때문에, 3권의 초두인 73편에서 시편 흐름의 반전이 어느 정도 일어난 것이라고 풀이했다. 실제로 윌슨은 쿰란 사본에서 오늘날 정경으로 있는 2-89편의 시들 중 19개의 시들이 발견되지 않았고, 그중 하나가 73편이라는 사실을 지적했다.[26] 그래서 73편은 현재의 3권의 위치로 나중에 추가된 것이라고 말한다.

---

24 Gerald T. Sheppard, *Wisdom as a Hermeneutical Construct: A Study in the Sapientializing of the Old Testament*, BZAW 151 (Berlin: de Gruyter, 1980), 136-144.
25 Brueggemann, "Response to James L. Mays", 40.
26 Wilson, "The Structure of the Psalter", 239.

하지만 윌슨의 견해의 단점은 하워드의 지적처럼, 시편 1편과 2편을 인위적으로 나누고 1-3권의 다윗 왕권에 대한 강조와 4-5권의 하나님의 왕권에 대한 강조를 이분법적 관계로 구분한 것이다.[27] 1-2편을 보면, 1편의 서두와 2편의 말미에 복에 대한 언급이 나옴으로써 인클루지오 구조를 이루고 있음을 알 수 있다(1:1; 2:12). 이것은 1-2편을 하나의 단락으로 읽으라는 힌트다. 이외에도 1-2편은 어휘적으로도 많은 유사성을 보이고 있다. "즐거움"(1:2/2:11), "묵상"/"꾸밈"(הָגָה/"하가", 1:2/2:1),[28] "망하다"(1:6/2:12) 등이 그러하다. 그러므로 1편과 2편을 분리시킨 윌슨의 견해는 잘못된 것이다.

더욱이 다윗 왕권은 기본적으로 하나님의 왕권의 연장선상에 있는 왕권이기 때문에, 다윗 왕권을 강조하는 제왕시와 하나님의 왕권을 부각시키는 지혜시를 극도로 대조시키는 것은 잘못이다(대상 29:23 참조). 실제로 하나님의 왕권을 강조하는 5권 안에서도 다윗 왕권의 회복을 암시하는 시편들을 발견할 수 있다(110, 132편).

윌슨은 5권에서 다윗 왕권의 회복을 암시하는 시들이 나타나는 현상에 대해, 5권이 제시하는 다윗의 모습은 다윗 왕권을 회복시키기 위한 차원이 아니라 하나님의 왕권을 도래케 하는 종으로서의 다윗의 역할을 돋보이게 하는 것뿐이라고 보았다(144편 참조).[29] 하지만 5권 안의 제왕시들은 분명 다윗 왕권을 찬양하고 있기 때문에, 그의 주장은 설득력이 약하다.[30]

최근에 윌슨보다 한층 더 발전된 주장을 한 학자는 길링햄(S. Gilligham)이

---

27 Howard, *The Structure of Psalms 93-100*, 205-206. 여기서 하워드는 지혜시와 제왕시는 서로 공통점이 많기 때문에 분리시키는 것은 잘못이라고 주장한다.
28 시 1:2에서 הָגָה는 "묵상하다"라고 번역되었고, 2:1에서는 "꾸미다"라고 번역되었다.
29 Wilson, "The Structure of the Psalter", 236.
30 시편 4-5권 안에서 나오는 제왕시들의 전략적 위치에 대해서 다음의 논문을 참조하라. 김진규, "제왕시의 전략적 위치에서 본 시편 89편", 「구약논단」 32집 (2009): 91-96.

다.³¹ 그녀는 2편에서 언급된 "시온"이라는 단어에 주목하고(2:6), 시편의 최종 배열 구조는 시온 사상의 관점에서 종말에 하나님이 시온을 회복시키고 그곳에 임재하실 것을 강조하는 데 그 목적이 있다고 주장했다. 길링햄은 이런 주장을 입증하기 위해 시편 전체에서 시온을 언급하는 본문들을 세밀하게 분석했다.³² 그녀는 시편 각 권의 구조에서 "시온에서 하나님이 임재하신다"는 주제가 어떻게 반영되는지를 고찰하고, 이 주제가 시편 각 구조의 중심을 이룬다는 견해를 제시했다.

하지만 길링햄의 분석에도 한계가 있다. 시온에서 하나님이 임재하신다는 주제를 각 권의 구조를 통해 부각시키기 위해, 시온이 언급되지 않은 시편에도 시온을 암시하는 어휘들(소위 "temple marker")이 있다고 무리하게 주장했기 때문이다. 윌슨은 시편의 최종 배열자가 자신의 신학적 의도를 드러내기 위해서 시편의 주요 길목(junctures)인 각 권의 서두와 말미에 배열의 흔적을 남겼다고 주장했고, 이 점은 시편의 통일적 배열을 강력하게 부인한 와이브레이도 인정한 부분이다. 그런데 길링햄의 분석은 이 틀에 맞지 않다. 길링햄이 강조한, 시온에서 하나님이 임재하신다는 주제는 시편 각 권의 서두에서 잘 언급되지 않는다.

② 필자의 견해: 마음의 변화³³

필자가 보기에 시편 전체의 배열 구조에서 드러난 중심 메시지는 고난 가운데 있는 성도에게 마음의 변화를 촉구하는 것이라고 생각한다.³⁴ 포로 후

---

31 길링햄의 주장은 필자의 다음 논문에서 일부 발췌했다. 김창대, "탄식적 상황에서 하나님의 응답", 8-10.
32 Gillingham, "The Zion Tradition and the Editing of the Hebrew Psalter", 334. 이에 반해 쳉어는 시편 전체는 성전 예배와 상관없이 영적인 예배에 초점을 맞춘다고 이해한다. Erich Zenger, "The Composition and Theology of the Fifth Book of Psalms, Psalms 107-45", *JSOT* 80 (1998): 77-102.
33 이 부분의 논의는 필자의 다음의 글을 참조했다. 김창대, "탄식적인 상황에서 하나님의 응답", 8-17.
34 김창대, "시편 어떻게 설교할 것인가", 「신학과 실천」 28호 (2011): 205-231 참조.

기의 고난의 상황에서 성도가 탄식하는 것은 하나님의 법을 마음에 깊이 새기지 못한 결과임을 보여 주어, 마음의 변화를 받아 마음에 율법을 새기라는 신학적 메시지를 제시하고 있는 것이다. 그러므로 마음에 율법(말씀)을 새기는 사람은 하나님과의 교제의 기쁨을 누리기 때문에 어떤 상황에서도 승리할 수 있으며, 반드시 종말에 시온으로 대변되는 하나님 임재의 축복을 얻게 될 것이라는 점이 중심 메시지다.

포로 후기 문서들을 보면 마음에 대한 강조가 많다. 예를 들어 포로 후기에 기록된 역대기의 경우, 포로로 잡혀가게 된 원인이 마음의 문제 때문임을 인정하고, 열왕기와 달리 마음으로 순종할 것을 두드러지게 강조한다.[35] 여기에는 예레미야의 영향이 컸다. 주전 586년에 유다가 바벨론에 포로로 끌려갈 것을 예언한 예레미야 선지자는 예레미야 31:31-34에서 유다가 바벨론 포로 생활로부터 돌아오게 되면, 하나님이 그들과 새 언약을 맺으시고 그들의 마음에 율법을 새겨 주실 것을 예언했다(렘 31:33).

포로로 끌려가게 된 원인이 마음의 문제라는 것을 분명하게 지적했던 예레미야는 유다가 미래에 포로 생활에서 돌아올 때 하나님의 역사하심으로 인해 마음에 율법이 새겨지는 변화가 있을 것이라 예고했다. 따라서 포로 후기에 완성된 시편이 예레미야의 영향을 받아, 마음의 변화에 초점을 맞추고 마음에 율법을 새길 것을 핵심 메시지로 제시했다는 것은 전혀 놀라운 일이 아니다.[36] 실제로 시편의 내용을 분석해 보면 "마음"이라는 단어가 시편의 주요 위치에서 전략적으로 나타나는 것을 볼 수 있다. 이제 이에 대한 증거들을 살펴보기로 하자.

---

[35] David M. Howard, *An Introduction to the Old Testament Historical Books* (Chicago: Moody, 1993), 264-265.
[36] Kraus, *Theology of the Psalms*, 162.

시편의 서론인 1:2은 "복 있는 사람은 율법을 즐거워한다"라고 말함으로써, 율법을 즐거워하여 행하는 자가 복이 있음을 선언한다. 율법을 즐거워한다는 말의 의미를 잘 보여 주는 구절은 시편 40:8이다. "나의 하나님이여 내가 주의 뜻 행하기를 즐기오니 주의 법이 나의 심중에 있나이다"라는 이 구절은, 율법을 즐거워하는 것이 곧 마음에 율법을 새기는 것임을 분명히 하고 있다.[37] 이런 점에서 1:2은 마음이라는 단어를 사용하지는 않지만 시편의 서론으로서 율법을 즐거워하여 마음에 율법을 새길 것을 교훈하고 있다.

2권의 서두는 분명하게 마음에 대한 말로 시작한다(42:4, "이제 이 일을 기억하고 내 마음이 상하는도다"). 하지만 42:4은 부정적인 어조로 상한 마음을 언급함으로써, 성도의 탄식이 마음의 문제임을 암시해 준다. 2권은 5개의 단락(42-50편; 51-53편; 54-63편; 64-68편; 69-72편)으로 구성되어 있는데, 각 단락의 서두에 마음을 암시하는 단어들이 등장한다는 공통점이 있다(42:4; 51:10; 54:6; 64:6; 69:20).[38] 특별히 51-53편의 단락의 서두에 위치한 51:10은 "하나님이여 내 속에 정한 마음을 창조하시고 내 안에 정직한 영을 새롭게 하소서"라고 말함으로써, 마음에 율법을 새기지 못한 마음을 정결치 못한 마음으로 간주하여 탄식하고 있다.

3권은 길링햄의 주장처럼 세 개의 단락(73-77편; 78-83편; 84-89편)으로 나뉘는데, 2권처럼 각 단락의 서두에 마음이라는 말이 공통적으로 나타난다(73:1, 7, 13, 21, 26; 78:5-8; 84:5).[39] 특별히 73편은 탄식의 원인이 마음에 율법을 새기지 않았기 때문임을 선명하게 보여 주기 위해 마음이라는 단어를 빈번하게 사용

---

37 밀러는 시 40:8-9의 내용은 시 1편에서 제시된 모델을 답습하는 것이라고 주장했다. Patrick D. Miller, "The Beginning of the Psalter", in *The Shape and Shaping of the Psalter*, ed. J. Clinton McCann (Sheffield: JSOT Press, 1993), 86.
38 시 54:6에서 낙헌제라는 말이 언급되는데, 이것은 자원하는 마음으로 드리는 제사라는 점에서 마음과 밀접한 용어다.
39 Gillingham, "The Levitical Singers", 98.

한다(73:1, 7, 13, 21, 26). 같은 맥락에서 3권의 중심에 위치한 81편 역시 "내가 그의 마음을 완악한 대로 버려 두어 그의 임의대로 행하게 하였도다"라는 하나님의 말씀을 직접 인용하여, 마음으로 죄를 짓지 말고 마음에 율법을 새겨 행할 것을 권면한다.

4권의 서두인 90편은 탄식하는 성도에게 "지혜의 마음"을 가질 것을 충고한다(90:12). 여기서 "지혜의 마음"은 율법을 새긴 마음을 달리 표현한 것이다. 4권은 90-93편, 94-100편, 101-106편이라는 3개의 단락으로 구성되는데,[40] 각 단락의 서두에도 마음이라는 단어가 공통적으로 등장한다(90:12; 94:15; 101:2; 102:4).

5권도 서두와 말미에 마음을 정했다는 시인의 고백을 반복적으로 제시하여(108:1; 138:1; 139:23; 141:4), 마음의 중요성을 계속 강조한다. 더욱이 5권의 중심인 119편은 명시적으로 마음에 율법을 새기고 하나님께 순종할 것을 교훈한다(119:11, 32, 34, 69, 97, 161). 그리고 5권의 끝자락에 위치한 140-144편은 마음이라는 단어를 연속해서 사용하여, 율법을 새긴 마음을 계속 유지할 수 있도록 하나님께 간구한다(141:4; 143:4).

정리하면, 시편의 각 권은 주요 길목마다 마음을 언급하고, 지속적으로 마음에 율법을 새길 것을 강조하고 있다. 이런 배열 구조를 통해 시편의 중심 메시지는 포로 후기의 탄식의 상황에 처한 성도들에게 마음에 율법을 새겨 원망하지 말고 고난을 이기도록 교훈하는 것임을 알 수 있다. 이렇게 마음에 율법을 새기는 자는 반드시 종말에 하나님으로부터 온 복을 시온에서 누리게 된다는 것이 시편의 신학적 의도다.

---

40 이와 달리 이은애는 시편 4권의 구조를 90-92편(하나님은 피난처), 93-100편(하나님은 왕이심), 101-106편(인간의 반응)이라는 3중 구조로 이해한다. 이은애, "시 93-100편의 여호와-왕 찬양시편의 구조와 역할", 「구약논단」 33집 (2009): 84.

최종 배열 형태에서 드러난 수사적 구조

앞서 말한 대로, 시편은 모두 5권으로 묶여 있다. 1권(1-41편), 2권(42-72편), 3권(73-89편), 4권(90-106편), 5권(107-150편)이 그것이다. 여기서 시편 1-2편은 시편 전체의 서론이고, 시편의 마지막에 위치한 146-150편은 할렐루야시로서 시편의 후렴이다. 따라서 엄밀히 말하면 1권은 시편 3-41편이고, 5권은 107-145편이다.[41] 장르의 관점에서 시편의 수사적 구조를 살펴보면 다음과 같이 동심원 구조를 발견할 수 있다.

   A. 1편(지혜시).

     B. 2편(제왕시).

     B′. 144편(제왕시).

   A′. 145편(지혜시).

앞서 말한 대로, 시편의 배열 구조는 탄식의 상황에 처한 사람들에게 하나님의 응답을 들려주기 위한 구조다. 여기서 하나님의 응답은 주로 4-5권에 집중되지만 탄식이 주를 이루는 1-3권에서도 긍정적인 시들을 통해 어느 정도 제시되고 있다. 그러므로 탄식의 상황 가운데 임한 하나님의 응답이라는 관점에서 각 권을 살펴보면, 흥미롭게도 다음과 같은 수사적 구조를 이루고 있다.

   A. 1권: 마음에 율법을 새기라(인애와 공의와 의를 행하라).

     B. 2권: 하나님의 통치를 신뢰하고 낮아져서 주님의 인자를 사모하라.

---

[41] Tucker Jr., "Book of Psalms 1", 581.

C. 3권: 마음을 완악하게 먹지 말라.
B´. 4권: 하나님의 통치를 신뢰하고 낮아져서 주님의 인자를 사모하라.
A´. 5권: 계속해서 마음에 율법을 새겨 대적자를 이기라.

1권의 핵심은 마음에 율법을 새겨 어떤 상황에서도 흔들리지 않고 하나님을 사랑하고 하나님의 뜻을 실행하라는 교훈이다(1:2; 40:8). 1권과 평행을 이루는 5권 역시 비슷한 주제를 다룬다. 특별히 5권의 112편은 1편의 내용을 그대로 반복하고 있다.[42] 112편은 1편에서 언급된 율법을 묵상하여 마음에 새기는 자를, 하나님과 이웃에게 사랑과 공의를 실천하는 자로 표현하고 있다(112:3-4, 8). 이어서 119편은 1편과 19편과 같은 토라시로서 마음에 율법을 새기는 것의 중요성을 강조한다(119:41, 50, 69). 특별히 5권은 이미 마음에 율법을 새기기로 작정한 성도들을 대상으로, 계속해서 그렇게 하여 하나님을 사랑하고 그분의 뜻을 수행하도록 촉구하는 내용이다.

이외에도 5권과 1권은 유사점이 많다. 1권은 하나님의 형상으로 지음받은 인간의 영광을 강조하는데(8편), 5권에서도 하나님의 형상을 암시하는 표현들이 눈에 띈다(135:4, 15; 144:3 참조). 또한 1권에는 복이라는 주제가 두드러지는데(1편; 33:12; 34:8, 12; 41:1), 5권에도 복이라는 주제가 상대적으로 크게 돋보인다(107:3; 122:6; 128:1; 144:15). 그래서 "복이 있다"라는 히브리어 단어 "아쉬레"(אשרי)가 1권과 5권에 집중적으로 등장한다.[43] 특별히 1권과 5권은 시온의 복으로서 땅을 차지하는 복을 공통적으로 부각시키고 있다(2:8; 25:13; 27:13; 37:11; 111:6; 115:16; 125:3).

---

42 Yair Zakovitch, "The Interpretative Significance of the Sequence of Psalms 111-112, 113-118, 119", in *The Composition of the Book of the Psalms*, ed. Erich Zenger (Leuven: Uitgeverij Peeters, 2010), 217.
43 푸타토·하워드, 『시편을 어떻게 해석할 것인가?』, 66-67.

2권과 4권도 주제 변에서 서로 평행을 이룬다. 주로 탄식시들로 구성된 2권은 고난 가운데서도 탄식하지 말고, 하나님의 통치를 믿고 따를 것을 강조하는데(45-50, 65-68편),[44] 4권 역시 하나님의 왕권을 찬양하는 등극시를 중앙부에 포진시켜(95-99편), 탄식하는 성도에게 하나님의 통치를 믿고 승리할 것을 권면한다. 또한 2권과 4권은 공통적으로 고난에 처한 성도들에게, 그들 자신이 아무것도 아님을 철저하게 깨닫고, 그럼에도 아무런 대가 없이 하나님이 베풀어 주시는 사랑을 체험해서 그러한 하나님을 향한 감사의 표시로 그들도 하나님을 사랑하고 그분의 뜻을 행하여 의를 이루도록 촉구한다.

3권은 시편 전체에서 가장 암울한 내용이다.[45] 암울한 분위기에서 3권은 소극적으로, 더 이상 마음을 완악하게 하지 말 것을 충고한다(81:12).[46] 1권과 5권이 마음에 율법을 새길 것을 권면하는 상황에서, 3권은 마음에 율법을 새기기 위해서는 마음을 완악하게 하지 말 것을 경고하는 셈이다.

이상의 구조로 볼 때, 시편 전체는 동심원 구조이고 핵심은 3권에 있는 듯하다. 하지만 시편의 흐름을 고려하면 시편 4권이 전체의 핵심이라고 볼 수 있다. 앞서 말한 대로, 시편은 탄식에서 찬양으로 진행되는데, 이 과정에서 시편 4권이 분기점을 이루기 때문이다. 이런 점에서 시편의 핵심 메시지는 4권의 내용처럼 하나님의 통치를 신뢰하고, 오히려 고난을 통과하면서 자신의 비천함을 깨달아 하나님의 사랑을 진정으로 자각하여 마음으로 율법을 새기도록 교훈하는 것이다.

---

44 김창대, "탄식적 상황에서 하나님의 응답", 19-23.
45 McCann, "Book I-III", 98.
46 이 부분에 대해서는 나중에 자세히 설명할 것이다. 김창대, "탄식적 상황에서 하나님의 응답", 25.

1장

시편 1권
마음에 율법을 새기라

1권(1-41편)은 탄식의 상황에 처한 성도에게 탄식과 원망 대신에 마음에 율법을 새기는 것이 성도가 취할 바른 자세임을 교훈한다(40:8). 여기서 말하는 율법은 성문화된 모세 율법을 가리킨다기보다는 하나님의 가르침을 포괄적으로 표현한 말이다.[1] 마음에 율법(말씀)을 새긴다는 것은 마음으로 율법을 정말 좋아하고 기뻐하는 모습을 전제한다(1:2; 2:11). 이런 모습이 없다면 결코 마음에 율법을 새길 수 없다. 율법을 지킨다는 것이 사람에게 무거운 짐이 될 수 있는 상황에서 사람이 마음으로 율법을 정말 즐거워할 수 있는가? 결론적으로 이것은 율법 배후에 있는 하나님의 사랑을 깨달을 때 가능한 것이다. 확실히 하나님의 사랑을 진정으로 느끼는 사람은 자신도 하나님을 사랑하여 율법에 나타난 그분의 뜻을 즐거워하며 자발적으로 지킬 것이다. 그렇다면 사람이 율법 배후에 있는 하나님의 사랑을 어떻게 깨달을 수 있는가?

보통 사람은 율법을 지켜 어떤 혜택을 누릴 때, 하나님의 사랑을 체험하게 된다. 그러면 율법이 주는 혜택은 무엇인가? 먼저 하나님은 율법(말씀)을 지키

---

1 푸타토·하워드, 『시편을 어떻게 해석할 것인가?』, 60.

는 자에게 상을 주신다(19:11). 또한 율법(말씀)은 지키는 자의 눈을 밝게 하고 지혜를 준다(19:7-8). 더욱이 율법은, 어두운 길에서 헤매는 자를 빛으로 인도하시는 하나님의 은혜의 통로다(18:28; 119:105). 이외에도 율법(말씀)은 병을 고치게 하는 능력이 있다(107:20). 이처럼 율법은 하나님이 주시는 혜택을 체험하게 하여 하나님의 사랑을 깨닫도록 이끈다.

하지만 율법이 주는 물질적인 복을 통해 하나님의 사랑을 체험할 때, 인간은 자칫 대가만을 바라고 율법을 지키는 기계적인 모습으로 전락할 수 있다. 또한 자신의 행위로 율법을 지켜서 복을 받았다는 생각에 자신의 행위를 자랑할 가능성이 높다. 이렇게 되면 하나님으로부터 오는 복에만 관심을 갖게 되어 정작 중요한, 하나님의 사랑에 진정으로 감사하지 못하게 된다. 이런 우를 범한 대표적인 백성이 바로 이스라엘이었다(롬 9:31-32, "의의 법을 따라간 이스라엘은 율법에 이르지 못하였으니 어찌 그러하냐. 이는 그들이 믿음을 의지하지 않고 행위를 의지함이라").

그렇다면 누가 율법 배후에 있는 하나님의 사랑을 진정으로 느껴서 자신도 하나님을 사랑하고 마음에 율법을 새길 수 있는가? 이에 대한 해답으로 1권은, 고난을 통과하면서 자신이 아무것도 아닌 존재임을 자각하는 사람만이 말씀으로 다가오시는 하나님의 사랑을 진정으로 체험할 수 있다고 교훈한다(39:5; 40:1-8). 이런 사람만이 하나님의 사랑에 감격하여 자신도 하나님을 사랑하고 율법에 나타난 하나님의 뜻을 기쁨으로 수행할 수 있다는 설명이다. 이 교훈은 2권에서 더욱 두드러지게 제시된다.

결국 마음에 율법을 새긴다는 것은 단순히 외형적으로 율법의 규정들을 준수한다는 의미가 아니라, 하나님을 사랑하는 가운데 율법이 지향하는 하나님의 뜻인 공의를 자발적으로 실행한다는 뜻이다. 이것을 구약의 히브리어 용어를 빌려 설명한다면, 하나님을 사랑하는 인애(חֶסֶד/"헤세드")로 하나님의 뜻을 실천하는 공의(מִשְׁפָּט/"미쉬파트")를 행하는 모습이다(37:1-6 참조). 여기서 인애와 공의를 지속적으로 수행하는 상태를 '의'(צֶדֶק/"체데크")라고 말한다. 그러므로 마음에 율법을 새긴다는 것은 율법 배후에 있는 하나님의 사랑을 깨달아 인애와 공의와 의를 행한다는 의미로 정의할 수 있다. 여기서 무엇보다 중요한 것은 하나님을 사랑하는 인애다. 이런 이유에서 1권은 의인을, 하나님을 사랑하는 자로 묘사한다(18:1, "나의 힘이 되신 여호와여 내가 주를 사랑하나이다"; 145:20 참조).

이때 하나님은 그런 자에게 교제의 기쁨을 선사하여, 그의 영혼을 기쁨으로 만족시켜 주신다. 그래서 마음에 율법을 새기는 사람은 하나님과의 교제의 기쁨을 누려서, 더욱더 율법 지키는 일을 즐거워하게 되는 것이다. 1권은 이 교제의 기쁨을 누리는 자가 고난을 이겨 낼 수 있음을 내비친다(4:7, "주께서 내 마음에 두신 기쁨은 그들의 곡식과 새 포도주가 풍성할 때보다 더하니이다"). 따라서 1권은 탄식의 상황에 있는 성도들에게, 낙심하지 말고 오히려 마음에 율법을 새겨서 마음의 기쁨을 가지고 고난에서 승리할 것을 촉구하고 있다.

1. 1권의 구조

1권은 "복이 있음"(אַשְׁרֵי/"아쉬레")으로 시작하여(1:1; 2:12) 복이 있는 사람으로 끝나고(40:5; 41:2),[2] 서두와 말미에 "율법"(토라)과 "즐거워하다"(חָפֵץ/"하파츠")라는

---

[2] 시편에서 "복이 있다"("아쉬레")라는 단어는 아래 구절들에서 등장한다. 그래서 "복이 있다"라는 말이 시편 1권과 5권에 집중적으로 등장하는 것을 발견할 수 있다.
1권 – 1:1; 2:12; 17:5; 32:1, 2; 33:12; 34:8; 40:5; 41:1 (총 9번).
2권 – 65:5 (총 1번).
3권 – 73:2; 84:5, 6, 12; 89:16 (총 5번).
4권 – 94:12; 106:3 (총 2번).
5권 – 112:1; 119:1, 2; 127:5; 128:1; 137:8, 9; 144:15a, 15b; 146:5 (총 10번).

말이 나타난다. 그래서 1권은 "복"과 "즐거움"이라는 어휘를 통해 인클루지오 구조를 이루고 있다(1:2/40:8; 41:11). 시편에서 복과 관련된 낱말이 중요한 길목에서 등장하기 때문에, 메이즈(Mays)는 시편을 축복된 삶이 무엇인지 가르쳐 주는 지침서라고 주장하기까지 한다.[3]

1-2편이 복된 삶이 무엇인지를 제시하는 내용이라면, 다음에 나오는 3-41편은 다윗시로서 그 복된 삶을 구체적으로 묘사하는 내용이다. 1-2편은 의인과 왕이 복을 받을 것이라고 선언하지만, 3편 이후로는 의인이 오히려 더 많은 고난을 당하고 있다(10:1-11). 1-2편에서 말하는 복된 삶이 이 세상의 물질적인 축복과는 다소 거리가 있음을 시사해 주는 대목이다.[4] 이제 1권의 구조를 살펴보자.

  A. 서론: 마음에 율법을 새기라(1-2편).
    B. 탄식의 상황에서 올바른 태도: 하나님의 부재를 원망하지 말라(3-14편).
      C. 시온에서 하나님의 임재를 경험하기 위해 마음에 율법을 새기라(15-24편).
    B′. 탄식의 상황에서 올바른 태도: 온유한 자가 되어 복을 받으라(25-37편).
  A′. 결론: 고난은 마음에 율법을 새기는 통로다(38-41편).

이상의 구조를 볼 때, 1권의 핵심은 15-24편으로서 고난 가운데 있을지라도 마음에 율법을 새긴다면 하나님의 임재를 경험하는 축복을 누리게 될 것이라는 교훈이다. 그래서 마음에 율법을 새겨 고난 가운데서도 승리할 것을

---

[3] James L. Mays, *Psalms*, Interpretation: A Bible Commentary for Teaching and Preaching (Louisville: John Knox, 1994), 40.

[4] J. Clinton McCann, Jr., "The Shape of Book I of the Psalter and the Shape of Human Happiness", in *The Book of Psalms: Composition and Reception*, ed. Peter W. Flint and Patrick D. Miller (Boston: Brill, 2005), 343.

권면한다.

A단락(1-2편)은 시편 전체의 서론이면서 동시에 1권의 서론이다. 1-2편의 강조점은 율법을 즐거워하여 마음에 율법을 새기라는 것이다. 이 교훈은 앞서 말한 대로 율법 배후에 있는 하나님의 사랑을 느껴서 자신도 하나님을 사랑하고 그 뜻을 자발적으로 실천하여 마음의 기쁨을 누리라는 의미다.

B단락(3-14편)은 "하나님이 도와주지 않는다" 또는 "하나님이 없다"고 말하는 대적자에 대한 언급(또는 암시)이 서두와 말미에 나타나 인클루지오를 이룬다(3:2; 14:1).[5] 3-14편은 탄식의 상황에서 하나님이 도와주지 않으시는 것 같은 모습에 당황하는 사람들을 대상으로 한다. 그래서 3-14편은 하나님이 대적자를 반드시 멸하시고 의인인 가난한 자(עָנָו/"아나브", 9:12, 18)에게 인애를 베풀어 주실 것이라는 확신을 심어 준다. 그리고 하나님이 부재하는 것처럼 보이는 상황일지라도 성도는 하나님의 형상으로서 왕적 존재임을 자각하고, 고난에 지배당하지 않고 승리해야 한다는 충고를 준다(8편).

C단락(15-24편)은 서두와 말미에 하나님의 임재를 상징하는 시온의 주제가 드러나면서 인클루지오를 이룬다(15:1; 24:3, "성산에 사는 자 누구오니이까"). 그래서 이 단락은 하나님의 부재를 다룬 B단락과 달리, 하나님의 임재에 초점을 맞춘다. 특별히 15-24편은 마음이라는 단어를 서두와 말미, 그리고 중앙에 포진시켜 마음의 중요성을 강조한다(15:2; 19:14; 24:4). 그래서 C단락은, 고난의 상황에 있는 성도에게 시온으로 대변되는 하나님 임재의 축복인 교제의 기쁨을 누리기 위해 마음에 율법을 새길 것을 교훈한다(19:14, "내 입의 말과 마음의 묵상이 주님 앞에 열납되기를 원하나이다").

B´단락(25-37편)은 서두와 말미에 온유한 자가 땅을 기업으로 얻는다는 표

---

5 3-14편이 하나의 단락을 이룬다는 주장은 다음의 글에서도 발견된다. 김성수, "시편 3-14편의 문맥 속에서 시편 8편과 14편 읽기", 「神學과 宣敎」 9 (2005): 63-83.

현이 나와 인클루지오 구조를 형성한다(25:9, 13; 37:9, 11, 29, "온유한 자들은 땅을 차지하며"). 여기서 온유한 자에 해당하는 히브리어 단어는 "아나브"로서, 9편에서 "가난한 자"로 번역된 히브리어인 "아나브"와 동일한 단어다(9:12, 18). 이런 점에서 B'단락은 B단락의 가난한 자(온유한 자)를 다시 상기시키고, 온유한 자의 특성이 마음에 율법을 새기는 모습, 즉 하나님을 사랑하고 의지하면서 자발적으로 그분의 뜻을 행하는 데 있음을 분명히 한다(25:2, 4, 15; 34:6; 37:5, 31). 그리고 이런 온유한 자가 궁극적으로 악인이 사라진 땅을 차지하는 복을 누리게 될 것을 일깨워 준다.

A'단락(38-41편)은 1권의 결론으로서 성도가 어떻게 마음에 율법을 새길 수 있는지에 초점을 맞춘다. 이 단락의 요지는 고난을 통과하면서 자신이 아무것도 아닌 존재임을 직시하고, 그럼에도 자신에게 사랑을 베푸신 하나님의 은혜를 체험한 사람만이 비로소 하나님을 사랑하여 율법에 나타난 하나님의 뜻을 자발적으로 실천할 수 있다는 것이다. 그래서 마음에 율법을 온전히 새긴 결과로 하나님과의 교제의 기쁨과 보호의 복을 누리게 될 것을 내비친다(40:8; 41:1).

2. 1권의 내용

1) 1-2편

앞서 말한 대로, 1-2편은 시편의 서론으로서 전체 시편을 어떻게 읽어야 할지를 보여 주는 해석적 가이드다. 기본적으로 1-2편은 "복"을 두 번이나 언급하여(1:2; 2:12), 포로 후기에 복이 없다고 탄식하는 성도들에게 참된 복이 무엇인지를 설명해 주는 역할을 한다. 먼저 1편은, 참된 복은 마음에 율법을 새기는 자가 누리는 것임을 선언한다. 시편 전체의 문맥을 고려할 때, 마음에 율법을 새긴 자란 하나님의 사랑을 느껴서 마음에 율법을 새기고 자발적으로 율법을 실천하여 하나님과의 교제에서 나오는 기쁨을 누리는 자다. 그러므로 교제의 기쁨이 진정한 복임을 보여 주고, 이런 복을 통해 성도는 고난에서 승리할 수 있음을 교훈한다.

2편은 마음에 율법을 새기는 자를 여호와를 경외하는 자로 다시 묘사한다(2:11). 2편이 말하는, 여호와 경외의 모습은 하나님이 베푸신 무한한 사랑에 두려움을 느낄 정도로 압도되는 상태를 가리킨다(5:7, "오직 나는 주의 풍성한 사랑을 힘입어 주의 집에 들어가 주를 경외함으로"). 그러고 나서 자신도 하나님의 사랑에 보답코자 하나님을 사랑하고 자발적으로 그분의 뜻을 실천하여 교제의 기쁨을 누리는 모습이다(2:11, "여호와를 경외함으로 섬기고 떨며 즐거워할지어다"). 이런 점에서 2편의 여호와 경외는 1편에 등장하는 마음에 율법을 새긴 자의 특징을 다시 보여 주고, 하나님을 사랑하여 기쁨으로 순종하는 자가 여호와를 경외하는 자임을 일깨워 준다. 145편에서 여호와를 경외하는 자가 여호와를 사랑하는 자와 평행을 이룬다는 사실은 이 점을 더욱 뒷받침해 준다(145:19-20).

한편, 1편이 의인과 악인을 대조한다면, 2편은 왕과 열국을 서로 대조시킨다. 이것은 포로 후기에 유다 공동체를 핍박하는 열방을 악인과 동일시하고, 의인을 왕과 같은 존재로 이해한 최종 배열자의 의도에서 기인한 것이다. 이런 대조를 통해 1-2편의 신학은 우리가 마음에 율법을 새겨서 하나님이 주시는 기쁨을 누릴 때, 성도를 핍박하는 열국과 같은 악한 세력을 물리치고 땅을 차지하는 복을 누릴 것을 교훈해 준다. 더 나아가 의인은 왕과 같은 존재이기 때문에, 충분히 왕의 권위로 대적자를 물리칠 수 있음을 보여 준다.[6]

---

[6] 밀러(Miller)는 주장하기를, 1편의 주인공은 의인이고 2편의 주인공은 왕인데 1-2편이 함께 묶이면서 이후의 시들에서 등장하는 의인의 말이 "왕의 목소리"로 이해되도록 유도되었다고 한다. Miller, "The Beginning of the Psalter", 88. 한편 비슷하게 이튼(J. H. Eaton)도 1편과 2편이 함께 놓이게 된 것은 시편의 시들을 왕의 입에서 나오는 말로 이해하라는 해석학적 가이드라고 주장한다. J. H. Eaton, *Kingship and the Psalms*, SBT 32 (London: SCM, 1976).

이것은 모든 의인이 왕이라는 암시이기에, 일종의 민주화인 셈이다.[7] 이런 맥락에서 1-2편은 탄식의 상황에 있는 포로 후기 공동체에게 그들이 왕과 같은 존재임을 상기시켜 원망하지 말 것을 촉구한다.[8]

1편

앞서 지적한 대로, 포로 후기에 성도들이 고난으로 인해 재물과 명예라는 복이 없다고 원망하는 상황에서, 지혜시인 1편은 진정한 복이 무엇인지 설명하는 내용이다. 1편의 구조는 다음과 같이 동심원 구조를 이룬다.[9]

  A. 악인과 대조되는 의인의 길(1:1).
    B. 의인은 하나님의 율법을 묵상함(1:2).
      C. 나무와 같음(1:3).
      C′. 겨와 같음(1:4).
    B′. 악인은 심판 앞에서 고통을 당할 것임(1:5).
  A′. 의인과 대조되는 악인의 길(1:6).

이상의 구조로 볼 때, 1편의 핵심은 나무와 겨처럼 의인과 악인의 서로 다른 운명을 대조시키는 데 있다. 그래서 지혜시답게 의인이 되어 나무와 같이 생명을 가지고 풍성한 열매를 맺을 것을 교훈한다. 1편은 복 있는 사람(의인),

---

[7] Miller, "The Beginning", 91. 또한 다음의 글을 참조하라. Jamie A. Grant, "The Psalms and the King", in *Interpreting the Psalms: Issues and Approaches*, ed. David Firth and Philip S. Johnston (Downers Grove, Ill: IVP Academic, 2005), 110.
[8] 시 1-2편의 신학적 강조점에 대해서는 다음의 논문을 참조하라. 김성수, "시편의 복음과 상황: 시편 1, 2편을 중심으로", 「성경과 신학」 59권 (2011): 8-9.
[9] Philips Long V., "Reading the Old Testament as Literature", in *Interpreting the Old Testament: A Guide for Exegesis*, ed. Craig C. Broyles (Grand Rapids, Mich.: Baker, 2001), 120.

악인, 그리고 여호와를 언급하는데, 여기서 복 있는 자와 여호와만이 행동을 주도하는 주체자로 드러나고(1, 6절), 악인은 그러한 주체자로 나타나지 않는다. 내용의 흐름을 보면, 복 있는 사람의 관점에서 이야기를 시작하다가(1-2절), 지혜자의 관점에서 의인과 악인을 대조시키고(3-5절), 마지막 결론부에서 여호와의 관점을 제시한다(6절). 이런 점에서 1편은 점층적 구조라고 말할 수 있다.

    1:1의 첫 단어는 "복이 있는"이라는 뜻의 히브리어 형용사 "아쉬레"(אַשְׁרֵי)이고, 1편의 마지막 단어는 "망하다"라는 뜻의 히브리어 동사 "토베드"(תֹּאבֵד)다. 그래서 1편은 히브리어 알파벳의 첫 글자인 알렙(א)으로 시작하여 마지막 글자인 타우(ת)로 끝난다는 특징을 보인다.[10] 이런 특징을 통해 1편은, 복의 반대는 복이 없음이 아니라 멸망임을 일깨워 준다. 여기서 "망한다"라는 말은 인간의 궁극적인 욕구를 만족시키지 못한 상태를 뜻한다(시 112:10).[11] 인간의 욕구를 궁극적으로 만족시킬 수 있는 것은 하나님과의 교제에서 나오는 기쁨뿐이다. 이런 점에서 1편은, 진정한 복은 재물이나 명예가 아니라 하나님과 교제하는 가운데 누리는 마음의 기쁨임을 가르쳐 주고 있다. 시편 16:11은 이런 교제의 기쁨을 생명이라고 말한다("주께서 생명의 길을 내게 보이시리니 주의 앞에는 충만한 기쁨이 있고 주의 오른쪽에는 영원한 즐거움이 있나이다").

    1:1-2은 복 있는 사람이 죄의 길에 걷고(walk), 서고(stand), 앉지(sit) 않는다고 말함으로써, 복 있는 자는 죄의 나락으로 깊이 빠지지 않고 대신 율법을 즐거워하는 자임을 보여 준다. 1:2에서 율법을 즐거워한다는 말의 의미는 40:8에서 더욱 선명하게 드러난다. 40:8은 1:2에서 사용된 율법("토라") 및 1:2의 즐거움("헤페츠")과 동일한 어근에서 파생된 동사 "하페츠"를 언급하고 있

---

10 푸타토·하워드, 『시편을 어떻게 해석할 것인가?』, 류근상/류호준 역 (고양: 크리스찬출판사, 2008), 64.
11 시 112:10에서 개역개정판에서는 "사라진다"라고 번역했지만 히브리어 원문에 충실히 번역하면 이 동사는 "망하다"라는 뜻이다.

다. 그래서 1:2과 평행을 이루는 40:8은 율법을 즐거워한다는 의미를 다음과 같이 말한다. "내가 주의 뜻 행하기를 즐기오니 주의 법이 나의 심중에 있나이다"(40:8). 이 대목에서 율법을 즐거워하는 모습이란 율법을 마음에 새기는 모습이다. 마음에 율법을 새긴다는 표현은 37:31에서 명시적으로 나타난다. "그의 마음에는 하나님의 법이 있으니 그의 걸음은 실족함이 없으리로다."

앞서 말한 대로, 율법을 즐거워하여 마음에 율법을 새긴다는 것은, 성도가 율법 배후에 있는 하나님의 사랑을 깨닫고 그 사랑을 즐거워하여 자신도 하나님을 사랑하고 율법에 나타난 하나님의 뜻을 자발적으로 행하는 모습이다. 이렇게 율법을 자발적으로 지킬 때, 성도는 하나님과 동행하면서 하나님과의 깊은 교제에서 나오는 기쁨을 누릴 수 있다(4:7, "주께서 내 마음에 두신 기쁨"; 37:11, "풍성한 화평으로 즐거워하리로다"). 그래서 이런 교제의 기쁨으로 성도는 더욱더 마음에 율법을 새길 수 있게 된다. 이런 관찰을 종합할 때, 1편이 말하는 진정한 복은 마음에 율법을 새긴 자가 하나님의 사랑에 눈을 떠서 자신도 하나님을 사랑하고 하나님과 교제의 기쁨을 누리는 것임을 알 수 있다.

1:3은 이런 진정한 복을 누리는, 마음에 율법을 새긴 사람을 "시냇가에 심은 나무"에 비유한다. 여기서 시내는 자연적 시내가 아니라 인공적인 운하로서, 가뭄이 와도 항상 물줄기가 끊어지지 않는 강을 뜻한다. 이런 운하 곁에 심긴 나무는 결코 시드는 법이 없기 때문에, 마음에 율법을 새긴 사람은 항상 형통할 것이다. 자라나는 나무는 생명과 영구성이 있고 열매를 맺는다는 특징이 있다.[12] 그러므로 마음에 율법을 새긴 사람이 나무와 같다는 비유는 그가 생명을 가지고 열매를 맺는다는 의미를 함의한다. 나무는 뿌리를 통해 물을 흡수하고 거기서 생명을 받아 자라나는 생명체다. 이런 나무의 이미지

---

12 푸타토·하워드, 『시편을 어떻게 해석할 것인가?』, 64.

를 의인에 적용시키면, 마음에 율법을 새긴 사람은 항상 생명을 공급받는 자임을 알 수 있다. 그렇다면 여기서 생명은 무엇인가? 그것은 바로 하나님과의 교제의 기쁨이다(16:11). 그러므로 1:3은, 마음에 율법을 새기는 사람은 생명인 하나님과의 교제의 기쁨을 계속해서 누림으로 풍부한 열매를 맺는다는 점을 내비친다.

나무가 물을 통해 생명을 공급받듯이, 의인은 그 생명을 말씀이라는 물줄기를 통해 공급받는다. 그래서 119편의 시인은 "주의 증거(말씀)들로…내 마음의 즐거움이 됨이니이다"라고 선언하여, 말씀이 기쁨을 얻게 하는 원천임을 분명히 말한다(119:111). 하나님과의 교제의 기쁨이 말씀을 듣고 그 말씀을 순종하는 데서 나온다는 얘기다. 그러므로 119편에서 시인은 하나님께 자신이 순종할 수 있도록 말씀을 주실 것을 간구한다. "나는 땅에서 나그네가 되었사오니 주의 계명들(말씀)을 내게 숨기지 마소서"(119:19). 더 나아가 119편은 말씀에서 오는 기쁨이 성도로 하여금 고난을 이기게 하는 원동력임을 말한다. "주의 법이 나의 즐거움이 되지 아니하였더면 내가 내 고난 중에 멸망하였으리이다"(119:92). 이 대목에서 말씀을 통해 오는 하나님과의 교제의 기쁨이 얼마나 큰 축복인지를 실감할 수 있다.

신약은 기쁨의 원천인 말씀이 구체적으로 성령을 통해 오는 것임을 밝힌다. 그래서 요한복음 7:38에서 예수님은 하나님과의 교제에서 얻게 되는 기쁨의 공급원이 자신으로부터 오는 성령임을 가르쳐 주셨다["나를 믿는 자는 성경에 이름과 같이 그 배에서 생수의 강(성령)이 흘러나오리라"]. 말씀을 통해 역사하는 성령이 진정한 기쁨의 원천임을 제시하고 있는 것이다.

그렇다면 마음에 율법을 새겨서 생명을 공급받는 사람이 맺는 열매는 무엇인가? 그것은 다름 아닌, 하나님과 이웃을 향해 맺는 인애와 공의와 의의 열매다(72:1-2; 112:4-5; 사 5:7 참조). 앞서 말한 대로 인애("헤세드")는 하나님을 사랑하는 모습이고, 하나님을 사랑하는 가운데 하나님의 뜻을 자발적으로 실천하는 것이 공의("미쉬파트")다. 그리고 의("체데크")는 인애와 공의를 계속해서 행하는 상태를 말한다. 그러므로 마음에 율법을 새긴 자의 열매는, 더욱더 하나님을 사랑하고 하나님의 뜻을 실행하는 것이다. 여기서 이 열매를 인간의 공로로 돌리는 것은 잘못이다. 이 열매는 하나님이 자격 없는 인간에게 베푸신 사랑이 시발점이 되어 맺힌 결과물이고, 열매를 맺는 과정도 하나님의 은혜가 크게 작용한 것이기 때문에, 이 열매는 하나님의 산물이다. 실제로 시편 37편은 인간이 열매로 맺는 공의와 의가 전적으로 하나님의 역사임을 분명히 말한다(37:6, "네 의를 빛 같이 나타내시며 네 공의를 정오의 빛 같이 하시리로다").

1:4은, 악인은 "바람에 나는 겨"와 같다고 진술한다. 이 구절에서 "겨"에 해당하는 히브리어 단어는 "모츠"(מֹץ)로서, 1:3의 "나무"에 해당하는 히브리어 단어 "에츠"(עֵץ)와 유사한 음이다.[13] 이런 청각적 유사성을 통해 시인은 1:3-4을 하나의 묶음으로 읽도록 독자들을 유도한다. 결국 악인은 바람에 나는 겨로서 생명을 공급받지 못하기에, 1:3의 의인과 달리 열매를 맺지 못하고 망하게 될 것이다.

더 나아가 시인은, 악인이 심판을 견디지 못할 것이라고 말한다(1:5). 여기서 심판은 종말에 있을 최후 심판을 가리킬 수도 있고, 이 세상에서 하나님의 징벌로 당하는 환난일 수도 있다.[14] 어쨌든 어려움이 엄습할 때, 악인은 하나님과의 교제의 기쁨이라는 생명의 복이 없기 때문에 순식간에 망하게 될 것이다. 그러므로 악인이 형통하고 의인이 고난을 당하는 상황에서 악인을 부러워할 필요가 없음을 깨닫게 해 준다.

---

13 김정우, "시편 설교를 위한 방법론", 『시편 1: 어떻게 설교할 것인가』, 목회와신학 편집부 엮음 (서울: 두란노 아카데미, 2008), 102.
14 VanGemeren, "Psalms", 57.

결국 1:4-5은 탄식의 상황에 있는 포로 후기 공동체에게 마음에 율법을 새겨서 하나님이 주시는 기쁨으로 고난을 이길 것을 권면하고 있다. 같은 맥락에서 신약의 베드로도 초대교회가 핍박을 받고 있는 상황에서 성도들에게 기쁨으로 승리할 것을 다음과 같이 권면했다. "예수를 너희가 보지 못하였으나 사랑하는도다. 이제도 보지 못하나 믿고 말할 수 없는 영광스러운 즐거움으로 기뻐하니 믿음의 결국 곧 영혼의 구원을 받음이라"(벧전 1:8-9).

1:6은 두 가지 길인 의인의 길과 악인의 길을 대조시킨다. 1권은 이 두 가지 길을 평탄한 길과 미끄러운 길로 발전시켜, 의인은 평탄한 길에 있지만(26:12) 악인은 미끄러운 길에 있다고 말한다(35:6). 신약이 좁은 길과 넓은 길을 말한다면, 시편은 평탄한 길과 미끄러운 길을 말하고 있는 셈이다. 악인은 번성할지라도 미끄러운 길에 있기에 졸지에 멸망할 것이다(73:19). 물론 의인도 실수로 미끄러운 길에 서 있을 수 있다. 하지만 37:24은 의인이 넘어질 때 "여호와께서 그의 손으로 붙드심이로다"라고 진술하여, 마음에 율법을 새기는 사람은 여호와께서 인정하시고 항상 보호해 주신다는 사실을 상기시킨다.

정리하면, 1편의 복 있는 사람은 율법을 즐거워하여 마음에 율법을 새기는 자다. 즉, 율법 배후에 있는 하나님의 사랑을 느껴서 기뻐하고, 더욱이 율법 준수를 통해 하나님과의 교제의 기쁨을 누리는 자다.[15] 1편은 이렇게 하나님의 사랑을 깨닫고 자신도 하나님을 사랑하여 즐거워하는 것이 진정한 복임을 교훈한다. 그리고 이런 기쁨을 가질 때, 성도는 어떤 고난에서도 넉넉히 승리할 수 있음을 제시한다(119:92).

확실히 하나님과의 교제에서 나오는 마음의 기쁨이 없다면 인간은 자연스럽게 고난을 피하기 위해 세상적 방법(여자, 술, 그 밖의 쾌락 등)을 동원하여 기쁨

---

[15] Alter, *Biblical Poetry*, 117.

을 찾으려 할 것이다. 이때 시편 1편은, 그런 기쁨은 오래가지 못하며 심판 날에 우리를 건져내 주지 못할 것이라고 선언하고, 하나님과의 교제의 기쁨에서 떠나지 말 것을 충고하고 있다.

2편

진정한 복은 마음에 율법을 새겨서 하나님과의 교제의 기쁨을 누리는 상태임을 1편이 강조하고 있다면, 2편은 마음에 율법을 새기는 모습을 여호와를 경외하는 것이라 표현하고, 여호와를 경외하여 거기서 나오는 즐거움을 통해 고난을 이길 것을 재차 권고한다(2:11, "여호와를 경외함으로 섬기고 떨며 즐거워할지어다"). 2편의 구조는 다음과 같다.

  A. 열국의 특징: 왕을 대적하기 위해 헛된 일을 꾸밈(2:1-3).
    B. 왕을 위한 하나님의 행동: 열국을 비웃고, 시온에서 왕을 보호함(2:4-6).
    B´. 왕을 향한 하나님의 축복: 열국과 땅을 기업으로 줌(2:7-9).
  A´. 열국의 특징: 재판관들이 지혜가 없음(2:10).
  결론. 두 가지 운명: 여호와를 경외하는 자는 복이 있음, 그렇지 않으면 망함(2:11-12).

이상의 구조로 볼 때 2편의 핵심은 B/B´단락으로서, 시온에서 하나님이 다윗 왕을 보호하시고, 다윗 왕에게 땅을 기업으로 주신다는 약속이다. 여기서, 열국을 다스리고 온 세상을 상속받는 왕은 왕이 없는 포로 후기에 자연스럽게 미래의 이상적인 메시아로 재해석되었다.[16] 그래서 2편은 메시아가 오

---

16 Grant, "The Psalms and the King", 112.

면 하나님 나라의 통치가 실현될 것이라는 의미를 담고 있다.[17] 같은 맥락에서 미첼(Mitchell)은 2편에서 다윗 왕권을 언급하는 목적은 포로 후기에 다윗 왕권이 세워지지 못한 상황에서 시편 전체를 종말론적 메시아 사상의 관점에서 읽도록 유도하기 위함이라고 주장했다.[18] 실제로 5권의 110편은 종말에 임할 메시아가 열국의 무릎을 꿇게 하실 거라고 직접적으로 예언한다(110:5). 신약은 이 예언이 예수 그리스도를 통해 실현되었음을 다음과 같이 말한다. "하늘에 있는 자들과 땅에 있는 자들과 땅 아래에 있는 자들로 모든 무릎을 예수의 이름에 꿇게 하시고"(빌 2:10).

앞서 말한 대로, 2편은 1편과 함께 배치되어 1편의 의인을 2편의 왕으로 이해하도록 독자를 유도하고 있다. 2:4에서 왕을 대적하는 열국을 향해 하나님이 비웃으신다는 진술은 37:13에서 하나님이 의인을 핍박하는 대적자들을 비웃으시리라는 말에서 다시 나타난다. 확실히 이것은 시편이 의인과 왕을 같은 차원으로 바라보고 있다는 있음을 증거해 주고 있다.[19] 의인이 왕적 존재라는 사실은 원래 인간이 하나님의 형상인 왕적 존재로 창조되었다는 창세기 1장과 시편 8편의 말씀에 비춰 볼 때 결코 놀라운 이야기가 아니다. 신약은 오늘날 메시아인 예수 그리스도의 오심으로 성도가 왕적 존재로서 축복을 미리 누리고 있음을 다음과 같이 증거한다. "미쁘다 이 말이여 우리가 주와 함께 죽었으면 또한 함께 살 것이요 참으면 또한 함께 왕 노릇 할 것이요"(딤후 2:11-12).

더 나아가 2:8에서 "네 소유가 땅 끝까지 이르리로다"라는 말은 단순히 메

---

17 여기서 메시아의 통치를 신약은 그리스도의 재림을 통해 성취될 것으로 바라본다. George A. Gunn, "Psalm 2 and the Reign of the Messiah", *Bibliotheca Sacra* 169 (2012): 442.
18 D. C. Mitchell, *The Message of the Psalter: An Eschatological Programme in the Book of Psalms*, JSOT-Sup 252 (Sheffield: Sheffield Academic Press, 1997), 87.
19 사실 "비웃다"라는 말에 해당하는 히브리어 동사는 2:4과 37:13에서 각각 "라아그"(לעג)와 "사하크"(שׂחק)이지만, 이 두 단어는 동일한 의미군에 속하여 상대방을 조롱한다는 공통적 의미가 있다.

시아에게 땅의 복이 임할 것이라는 약속이 아니라, 메시아의 사역을 통해 의인이 땅을 차지하는 복을 얻게 될 것이라는 힌트다. 실제로 37편은 의인이 땅을 차지할 것을 말하고 있고(37:11, "온유한 자들은 땅을 차지하며"), 5권도 직접적으로 메시아의 출현으로 의인이 열국을 기업으로 얻고, 땅을 차지하는 복을 누리게 될 것을 약속한다(110:5; 111:6; 112:2). "그(메시아)가 그들에게 뭇 나라의 기업을 주사 그가 행하시는 일의 능력을 그들에게 알리셨도다"(111:6). 땅을 차지할 것이라는 복은 포로 후기에 열국의 지배로 땅이 없어서 한탄했던 유다 공동체에게는 정말 큰 위안이 되는 예언이었다.

결론으로 2:11-12은, 땅을 차지하는 복을 얻기 위해 여호와를 경외하는 자가 될 것을 촉구한다. 잠언에서 여호와를 경외한다는 것은 여호와를 의지하고 여호와의 인도함을 받으려는 모습이다(잠 3:5-7).[20] 반면 전도서에서 여호와를 경외한다는 것은 헛된 해 아래서의 삶을 살아가면서 자신의 노력으로 지속적인 기쁨과 만족을 누리려는 모든 행동을 접고 오히려 악과 죽음을 대비하여 여호와가 보여 주시는 선을 좇는 행위를 가리킨다. 하지만 시편에서 여호와 경외의 의미는 인간이 아무것도 아닌 존재임에도 불구하고 하나님이 인간에게 사랑을 베푸시는 것을 보고, 그런 하나님의 사랑에 압도되어 두려워하면서도 즐거워하는 모습을 뜻한다(5:7; 8:4). 이런 자는 하나님의 사랑에 대한 응답으로 자신도 하나님을 사랑하고 하나님의 뜻을 자발적으로 실천하게 될 것이다. 그래서 여호와를 경외하는 자는 여호와를 사랑하는 자와 병치된다(145:9-20). 그러므로 여호와를 경외한다는 것은 다시 마음에 율법을 새긴다는 것을 의미한다.

결국 2편의 결론은 하나님의 사랑을 진정으로 깨달아 여호와를 경외하는

---

[20] 개역개정판 한글 성경은 "지식(지혜)의 근본이 여호와를 경외하는 것"이라고 번역하고 있다(잠 1:7). 하지만 히브리어 표현은 지식의 근본이 아니라 지식의 시작이다.

자가 되어 마음에 율법을 새겨서 종말에 임할 메시아와 함께 땅을 차지하는 복을 누릴 것을 권고하고 있다. 흥미롭게도 2편은 1편과 함께 묶여서 다음과 같은 패널 구조를 이룬다.

  A. 악인의 꾀: 의인을 악한 길로 유인함(1:1).
    B. 의인의 특징: 율법의 울타리 안에서 복을 받음(1:2).
      C. 의인의 형통: 열매를 맺음(1:3).
        D. 악인의 특징: 열매가 없음, 심판(משפט)에 서지 못함(1:4-5).
          E. 두 가지 운명: 의인은 여호와께서 인정하나 악인은 망함(1:6).
  A′. 열국의 꾀: 왕을 대적하기 위해 헛된 일을 꾸밈(2:1-3).
    B′. 왕의 특징: 시온이라는 울타리 안에서 여호와의 보호를 받음(2:4-6).
      C′. 왕의 형통: 이방 나라를 유업으로 얻음, 땅을 소유함(2:7-9).
        D′. 열국의 특징: 심판자들(שפט)이 지혜가 없음(2:10).
          E′. 두 가지 운명: 여호와를 경외하는 자는 복이 있음, 그렇지 않으면 망함(2:11-12).

패널 구조에서 핵심은 E/E′단락이기 때문에, 1-2편의 핵심은 의인과 악인의 운명을 대조시켜 여호와를 경외하라는 데 있음을 알 수 있다.

정리하면, 1-2편은 마음에 율법을 새기는 삶, 즉 하나님을 향한 사랑을 품고 그분의 뜻을 실천하는 여호와 경외의 삶을 산다면 하나님과의 교제의 기쁨을 누리게 되어 고난에서 승리할 것임을 교훈한다. 그리고 이런 교제의 기쁨이 재물과 명예보다 더 진정한 복임을 일깨워 준다.

하나님과의 교제의 기쁨을 가진 자는 고난을 이길 뿐만 아니라, 종말에 메시아가 올 때 열국을 지배하고 땅을 상속받게 될 것이다. 포로 후기에 열국의 지배로 땅의 나그네처럼 살고 있는 유다 공동체에게 땅의 복은 절실한 것이었다(119:19, "나는 땅에서 나그네가 되었사오니"). 그러므로 1-2편은 탄식의 상황에 있는 성도에게 땅의 복이라는 동기 부여를 통해 마음에 율법을 새겨서 신앙을 지킬 것을 권면하고 있는 셈이다. 이런 권면은 오늘날 하나님이 부재하시는 것처럼 보이는 현실 속에서 믿음을 지키려는 성도들에게도 매우 큰 격려가 되는 말씀이다.

2) 3-14편: 탄식의 상황에서 성도의 올바른 태도

이 단락은 탄식의 상황에서 성도가 취해야 할 올바른 태도에 초점을 맞춘다. 3-14편에 제시되는 탄식시들에는 탄식과 함께 하나님을 인정하고 신뢰할 것을 촉구하는 내용이 혼재되어 있다. 그래서 탄식시 안에 이미 탄식의 상황에 대한 하나님의 응답이 함께 제시되는 현상이 나타난다. 이런 현상은 1권에 등장하는 탄식시들의 공통적인 특징이기도 하다. 3-14편의 구조는 다음과 같다.

A. 3-7편—대적자로 인한 탄식, 하나님과의 교제의 기쁨으로 승리하라.
　B. 8편—성도는 하나님의 형상인 왕적 존재다.
A′. 9-14편—대적자를 심판하시는 하나님을 신뢰하라.

3-14편의 핵심 주제는 하나님의 부재다. 탄식의 상황에서 성도는 1-2편을 근거로 하나님이 반드시 자신을 보호해 주시고 도와주실 것을 확신하지만, 현실은 이런 기대와 동떨어져 있다. 오히려 악인이 득세하고 의인은 하나님의 도움을 받지 못한 채 고난을 받고 있기에, 성도는 하나님의 부재와 은폐로 인해 당황한다. 칼뱅은 하나님의 부재와 은폐의 원인을 인간의 한계와 죄

성으로 돌린다.[21] 어쨌든 하나님이 부재하시는 것과 같은 상황은 포로 후기의 상황이기도 했다.

3-14편은 대적자들이 하나님이 없다고 조롱하는 표현을 서두와 말미에 언급하여 인클루지오 구조를 이룬다(3:2; 13:1; 14:1). 이 단락은 하나님이 없다고 말하는 대적자의 조롱 앞에서 성도의 올바른 태도가 무엇인지를 하나님의 응답으로 교훈해 주고 있다. 한마디로 3-14편은 하나님이 없다고 주장하는 대적자는 멸망할 것이고, 하나님을 의지하는 가난한 자(עָנָו/"아나브")는 하나님의 인애를 얻을 것이라고 설명한다(9:12, 18). 여기서 하나님을 의지하는 자를 가난한 자(또는 겸손한 자)로 표현한 것은 매우 의미심장하다. 결론으로 14편은 고난 가운데서 하나님이 없다고 하는 주장은 어리석은 것이기에 하나님의 부재를 탄식하지 말라고 충고한다(14:1).

3-14편의 가운데에 위치한 8편은 탄식에 대한 하나님의 응답을 강한 어조로 들려준다. 8편은 성도가 하나님의 형상으로서 왕적인 존재이므로 하나님이 없다고 주장하는 대적자로 인해 낙심할 필요가 없음을 강하게 부각시킨다. 기본적으로 왕은 인애와 공의와 의를 행하는 존재다(시 72:1-2; 렘 22:15). 따라서 왕적 존재에 합당하게 마음에 율법을 새겨 인애와 공의와 의를 행할 것을 촉구하고 있다. 그렇게 되면 성도는 반드시 대적자를 물리치고 승리하게 될 것이라는 교훈이다.

3-7편: 탄식 중에서 성도의 올바른 태도

이 단락에서 악인은 하나님이 무관심하다거나 없다고 조롱하며 의인을 압박한다(3:2). 따라서 3-7편은 고난 가운데 대적자를 물리쳐 달라는 탄식이

---

21 헤르만 셀더르하위스, 『중심에 계신 하나님: 칼빈의 시편 신학』, 장호광 역 (서울: 대한기독교서회, 2009), 252.

주된 내용이다. 하지만 이런 탄식 가운데서도 시인은 중간중간 성도가 취할 올바른 태도를 제시한다. 이것은 앞서 말한 대로 1권의 탄식시가 지닌 특징이다. 3-7편의 구조는 다음과 같다.

    A. 3편 – 대적자가 하나님은 돕지 않는다고 말함, "여호와여 일어나소서"(3:7).
      B. 4편 – 고난 가운데 하나님이 주신 기쁨으로 승리하겠다는 다짐(4:7).
        C. 5편 – 주를 경외하고 사랑하겠다는 다짐(5:7, 11).
      B'. 6편 – 진노로 징계하지 말라는 호소, 기쁨 대신에 눈물로 지냄(6:1, 6).
    A'. 7편 – "여호와여 진노로 일어나소서", 대적자가 심판을 받을 것임(7:6, 11-12).

이상의 구조로 볼 때, 3-7편의 핵심은 탄식의 원인인 대적자를 하나님이 심판해 주시길 간구하면서 주를 사랑하겠다고 다짐하는 내용임을 알 수 있다.

3편에서 의인은 대적자들로 인해 고난을 받고 가난한 처지에 놓인 자로 그려진다(3:1-2). 그렇지만 3편은 인생이 고난으로 뒤틀리는 순간에도 역설적으로 1-2편의 복을 경험할 수 있음을 암시한다.[22] 이 복은 바로 하나님과의 깊은 교제에서 나오는 기쁨이다. 그래서 시인은 하나님과의 교제의 장소인 성산(시온)에서 하나님이 자신을 만나 주시고 응답해 주실 것을 확신한다(3:4). 하나님과의 교제의 기쁨이 성도가 고난 가운데서 하나님을 신뢰할 수 있는 원동력임을 실감케 하는 대목이다.

4편은 이 교제의 기쁨을 더욱 발전시켜 성도가 비록 탄식에 처하여 압제와 비방을 받을지라도 "주께서 내 마음에 두신 기쁨은 그들의 곡식과 새 포도주가 풍성할 때보다 더하니이다"라는 고백처럼, 하나님이 주신 기쁨으로

---

22 J. Clinton McCann, *The Book of Psalms*, The New Interpreter's Bible 4 (Nashville: Abingdon, 1996), 88-90.

승리할 수 있다는 사실을 내비친다(4:7). 4:8에서 시인은 "평안히 눕고 자기도 하리니"라고 말하여, 자신에게 평안(口ל/"샬롬")이 있음을 기뻐하는데, 이 평안은 하나님과의 교제에서 나온 기쁨을 달리 표현한 것이다. 37편은 이런 평안의 축복을 온유한 자("아나브")가 누린다고 말한다. "온유한 자들은 풍성한 화평으로 즐거워하리로다"(37:11).[23]

5편은 고난 가운데서 4편이 말하는 마음의 기쁨을 누리기 위해 여호와를 경외하고 사랑하겠다는 시인의 다짐을 보여 준다. 이 시의 구조는 다음과 같다.

    A. 나의 간구를 들으소서(5:1-3).

      B. 하나님은 죄악을 싫어하심(5:4-6).

        C. 나는 주를 경외할 것임(5:7).

    A′. 주의 의로 나를 인도하소서(5:8).

      B′. 악인을 향한 하나님의 심판을 기원(5:9-10).

        C′. 주를 사랑하는 자는 즐거워할 것임(5:11-12).

이상의 구조는 패널 구조로서, 이 시의 핵심이 C/C′단락에 있음을 보여 준다.[24] 이런 수사적 구조는 주를 경외하는 자가 다름 아닌, 주를 사랑하는 자임을 일깨워 준다. 5편의 시인은 주를 경외하는 자를 하나님의 풍성한 사랑에 압도당하는 자로 밝히고 있다(5:7). 그래서 주를 경외하는 자는 자신도 하나님을 사랑하게 되고 하나님과의 교제의 기쁨으로 즐거워한다는 것을 교훈하고 있다.

---

23 "평안", 또는 "화평"을 뜻하는 히브리어 "샬롬"은 1권 안에서 3-14편에서 등장하고(4:8), 나머지는 25-37편에서만 등장한다(28:3; 29:11; 34:14; 35:20, 27; 37:11, 37). 이것은 3-14편과 25-37편이 서로 평행을 이룬다는 또 다른 증거다.

24 한편, 크라우스는 5:8에서 주의 의가 드러나기를 기도하는 내용이 핵심이라고 주장한다. Kraus, *Psalms 1-59*, 158.

5편에서 시인은 자신에게 고난을 준 대적자들의 목구멍이 "열린 무덤"이라고 하소연한다(5:9). 하지만 "주의 이름을 사랑하는 자들은 주를 즐거워하리이다"라고 말하여(5:11), 고난의 상황에서도 주님을 사랑한다면 주님과의 교제에서 오는 마음의 즐거움으로 고난을 이길 수 있음을 제시하고 있다.

6편에서는 분위기가 반전된다. 이제 시인은 탄식의 궁극적인 원인이 원수가 아니라 자신의 죄에 있음을 고백한다(6:1, "주의 진노로 나를 징계하지 마옵소서"). 그래서 6편의 시인은 죄로 인하여 하나님과의 교제의 기쁨을 누리는 대신에 눈물을 흘리며 탄식을 쏟아내고 있다(6:6, "밤마다 눈물로 내 침상을 띄우며"). 탄식의 상황에서 성도가 죄를 짓는다면 하나님과의 교제의 기쁨에서 벗어나기 때문에 더 이상 희망을 가질 수 없음을 잘 일깨워 주는 대목이다.

그렇지만 인간은 속성상 죄를 지을 수밖에 없는 연약한 존재다. 그래서 6편의 시인은 "사망 중에서는 주를 기억하는 일이 없사오니 스올에서 주께 감사할 자 누구리이까"라고 말하여(6:5), 죄로 인한 징벌에서 구원받을 수 있도록 하나님께 자비를 호소한다. 그리고 무엇보다 죄를 회개하는 기도를 드리고 있다(6:9, "여호와께서 내 간구를 들으셨음이여"). 결국 죄에 대한 인간의 회개와 하나님의 자비를 통해 죄의 형벌에서 구원받고 하나님과의 교제의 기쁨을 누릴 수 있음을 내비치고 있다.

7편은 3편의 내용을 반복하여 시인을 조롱하는 대적자를 하나님이 심판해 주실 것을 간구한다(7:6, "여호와여 진노로 일어나사"). 이런 점에서 7편은 3-7편을 인클루지오 구조로 만들어 독자들에게 하나의 묶음으로 읽도록 유도한다. 그러면서 7편은 앞의 6편과 연결되어, 죄에 대한 회개가 선행되지 않는다면 하나님의 심판을 면할 수 없음을 다시금 확인해 준다.

먼저 7편의 시인은 자신이 죄를 회개하고 죄의 문제를 청산했음을 밝힌다(7:3-5). 또한 "사람이 회개치 아니하면 그가 그의 칼을 가심이여"라고 말하여, 회개치 않을 때의 하나님의 심판이 크다는 사실을 부각시킨다(7:12). 그래서 시인은 성도에게 고난 가운데서도 죄를 짓지 말 것을 경고하고, 하나님의 공의에서 벗어나지 말 것을 촉구한다.[25] 죄를 짓는다면 결코 고난에서 승리할 수 없다는 교훈이다.

정리하면, 3-7편은 악인인 대적자로 인하여 성도가 탄식하는 상황에서, 하나님이 부재하시는 것 같은 현 상황을 원망하지 말고 하나님이 주시는 기쁨으로 승리할 것을 교훈한다. 하나님을 경외하고 사랑하여 하나님의 뜻인 공의를 행한다면 하나님과의 교제의 기쁨을 가지고 넉넉히 고난의 깊은 터널을 통과할 수 있다는 말이다. 하나님을 경외하고 사랑해야 한다는 주제는 시편의 결론인 145편에서 다시 등장한다(145:19-20).

8편

8편은 3-14편의 중심을 이루는 시로서 3-7편의 탄식에 대한 하나님의 응답을 선명하게 제시해 준다. 8편은 성도가 하나님의 형상으로 왕적 지위를 가진 자이기에 대적자에 지배받지 않고 넉넉히 이길 수 있음을 강조한다. 비록 탄식의 상황에서 대적자의 핍박으로 인해 자신이 보잘것없어 보일지라도(6:4, "사람이 무엇이기에"), 성도는 여전히 하나님의 형상이기에 충분히 대적자를 물리치고 고난을 이길 수 있다는 교훈이다(8:2, "원수들과 보복자들을 잠잠하게 하려 하심이니이다"). 8편은 동심원 구조로 이루어져 있다.

　A. 여호와여 주의 이름이 어찌 그리 아름다운지요(8:1a).
　　B. 하늘로 대변되는 창조 세계가 주의 영광을 드러냄(8:1b).

25　Peter C. Craigie, *Psalms 1-50*, WBC 19 (Waco, Tex.: Word, 1983), 102.

　　　　C. 어린아이로 대적자를 잠잠케 함(8:2).
　　　　　D. 주의 손으로 지으신 자연을 봄(8:3).
　　　　　　E. 사람에게 영화와 존귀로 관을 씌우심(8:4-5).
　　　　　D´. 주의 손으로 만드신 것을 사람으로 다스리게 함(8:6a).
　　　　C´. 만물을 사람의 발에 두심(8:6a).
　　　B´. 지상에 있는 창조 세계(7-8).
　　A´. 여호와여 주의 이름이 어찌 그리 아름다운지요(8:9).

　이상의 구조로 볼 때 8편의 핵심은 E단락으로서, 하나님이 아무것도 아닌 존재인 성도에게 영화와 존귀의 관을 씌워 하나님의 형상인 왕적 존재로 삼으셨다는 점을 강조한다.
　8:2은 "대적으로 말미암아 어린 아이들과 젖먹이들의 입으로 권능을 세우다"라고 말하여, 하나님이 어린아이(성도)의 입에 권능을 주셨다고 선언한다. 성도를 어린아이에 비유하는 것은 인간이 하나님 앞에서 원래 어린아이와 같이 연약한 존재임을 일깨워 주기 위함이다. 하지만 어린아이가 입을 통해 힘을 가질 수 있듯이, 비록 연약한 존재일지라도 성도는 입술의 찬양을 통해 충분히 대적을 물리칠 수 있는 능력이 있음을 보여 준다. 말씀을 깨닫고 찬양을 할 때, 거기서 나오는 능력으로 고난의 상황을 이길 수 있다는 말이다(16:7; 149:6-7). 8:2에서 언급된 "대적"의 정체는 주위 문맥에서 보면 하나님이 없다고 말하며 성도를 핍박하는 악인이다. 그러므로 8:2은 성도가 찬양을 통해 자신을 핍박하는 대적자를 물리칠 수 있음을 깨닫게 해 준다.
　마태복음 21:16에서 예수님은, 주전 2-3세기에 이집트에서 히브리어를 헬라어로 번역한 70인역(LXX)을 사용하여 시편 8:2의 구절을 다음과 같이 인용하셨다. "어린 아기와 젖먹이들의 입에서 나오는 찬미를 온전하게 하셨나이다." 한글 성경이 따르는 맛소라 히브리어 사본은 "권능"이라는 단어를 사용하지만, 70인역은 "찬미"라는 단어를 사용하여 맛소라 사본과 차이를 보인다.[26] 하지만 이런 차이는 시편의 문맥을 고려하면 충분히 이해할 수 있는 부분이다. 앞서 말한 대로, 어린아이의 입에서 나오는 권능이란 결국 찬양을 뜻하기 때문이다. 그러므로 마태복음에서 예수님이 70인역을 사용하여 8:2의 "권능"을 "찬미"로 말씀하신 것은 8편의 의미를 왜곡한 것이 아니라 그 본래 의미를 더욱 선명하게(fuller sense) 드러내 주신 셈이다(마 21:16).

8:3-5은 하나님이 만드신 자연과 대조해서 인간의 유한성을 극명하게 묘사하여, 인간이 아무것도 아닌 존재임을 진술한다.[27] 이런 진술은 성도가 하나님의 형상으로 살아가기 위해서는 무엇보다 자신이 아무것도 아닌 존재라는 사실을 항상 잊지 말아야 한다는 의미를 내포한다. 그러므로 고난 가운데서 성도가 대적자를 이기기 위해서는 "사람이 무엇이기에"라는 고백처럼, 자격 없는 자신에게 은혜를 주신 하나님께 감사해야 함을 가르쳐 주고 있다(8:4).

8:4에서 성도를 지칭하는 단어로 사용된 히브리어 단어 "에노쉬"(אֱנוֹשׁ)는 연약한 인간의 모습을 다시 부각시키는 용어다(9:20; 90:3; 103:14 참조).[28] 그리하여 8:2에서 성도를 어린아이에 비유한 것과 같이, 연약한 자로서 성도의 모습을 다시 묘사하고 있다. 8:5은 하나님이 그런 연약한 인간을 "영화와 존귀로 관" 씌우셨다고 말하는데, 여기서 "영화와 존귀"라는 두 단어는 하나님의 왕적 권위를 나타낼 때 사용되는 낱말이다(29:1; 104:1; 145:5, 12). 따라서 이 구절은 하나님이 연약한 성도를 하나님의 형상으로 만들고 왕적인 지위를 갖도록

---

26 맛소라 히브리어 사본이란 맛소라 학자들이 필사를 거듭하며 보존한, 가장 권위 있는 히브리어 사본을 가리킨다.
27 이성훈, "시 8편: 창조와 피조물", 『시편 1: 어떻게 설교할 것인가』, 167.
28 Kraus, *Psalms 1-59*, 182.

하셨다는 사실을 보여 주고 있다.²⁹

8:5은 하나님이 인간을 "하나님보다 조금 못하게 하시고"라고 말하고 있다. 인간이 비록 부족하지만 하나님의 대리 통치자로서 하나님보다 조금 못한 존재로 인간을 지으셨음을 강조하는 내용이다.³⁰ 신약의 히브리서 기자는 이 구절의 "조금"을 "잠시(조금) 동안"이라는 말로 바꾸어 "그를 잠시 동안 천사보다 못하게 하시며"라고 기록하고 있다(히 1:7). 이런 차이는 히브리서 기자가 70인역(LXX)을 사용하여 구약의 8편을 인용한 결과다. 70인역은 "조금"이라는 뜻의 히브리어 단어 "메아트"(מעט)를 "잠시 동안"을 뜻하는 "브라퀴 티"(βραχύ τι)로 번역했다.

이런 차이는 예수님이 8:2의 권능을 찬미로 이해한 경우처럼 히브리서 기자가 헬라어로 번역된 70인역을 사용하여 하나님의 계시가 지닌 더 풍성한 뜻(fuller sense)을 보여 주기 위한 것으로 풀이할 수 있다.³¹ 따라서 신약의 히브리서 기자는, 시편 8:5의 의미가 궁극적으로 예수 그리스도를 통해 성도가 천사보다 더욱 고귀한 존재로 변화된다는 것임을 드러내기 위해 맛소라 사본 대신에 70인역을 인용했다고 설명할 수 있다.³²

정리하면, 8편은 성도가 원래 아무것도 아닌 존재이지만 하나님의 형상으로 창조되어 "영화와 존귀"의 관을 쓴 왕적 존재임을 상기시켜, 고난 가운데서도 하나님의 은혜를 깨닫고 하나님이 주시는 기쁨으로 찬양할 수 있다고

---

29 Kraus, *Psalms 1-59*, 183.
30 Craigie, *Psalms 1-50*, 108.
31 정경적 문맥을 고려할 때 성경에서 앞에 기록된 내용이 후대에서 다시 인용될 때 본래의 의도와 달리 더 발전시켜 후대의 성경 저자가 그 의미를 기록하고 있음을 볼 수 있다. 이것은 후대의 저자가 창의력을 발휘하여 새롭게 그 의미를 적용했다고 보기보다는 본래 의미와 유기적인 관계 속에서 그 의미를 더욱 극대화(풍성화)했다고 보는 것이 옳다. 이런 것을 fuller sense라고 부른다. 이와 관련해서 밴후저는 성경의 "fuller meaning"은 성경 전체 정경의 수준에서 나타나는 저자로서의 하나님의 의도와 연관된다고 주장했다. Kevin J. Vanhoozer, *Is There a Meaning in This Text?* (Grand Rapids, Mich.: Zondervan, 1998), 263.
32 George H. Guthrie and Russell D. Quinn, "A Discourse Analysis of the Use of Psalm 8:4-6 in Hebrews 2:5-9", *JETS* 49/2 (2006): 235-246.

교훈한다. 또한 성도는 찬양의 힘으로 왕적 신분답게 대적자를 이길 수 있다고 충고한다. 한편 8편에서 원래 보잘것없는 존재로(8:4, "사람이 무엇이기에") 묘사되고 있는 성도는 다음 단락(9-14편)에서 "가난한 자"("아나브")로 표현되고 있다.

9-14편: 탄식 중에서 성도의 올바른 태도

3-8편이 대적자의 핍박 속에서 하나님이 주시는 기쁨과 찬양의 능력으로 고난을 이길 수 있음을 교훈한 상황에서, 9-14편은 악인을 심판하시는 여호와의 통치를 강조하여, 대적자가 반드시 멸망하고 여호와를 의뢰하는 자(가난한 자)는 구원을 얻을 것이라는 하나님의 응답을 들려주고 있다. 그래서 왕이신 하나님의 보좌가 자주 언급된다(9:4, 7; 11:4).

이 단락의 서두와 말미에는 하나님이 없다거나 무관심하다고 주장하는 대적자들의 언행이 소개되고(10:4, 11; 14:1), 마음이라는 단어가 초두와 말미에 언급되어(10:6; 14:1), 전체적으로 인클루지오 구조를 형성한다(10:6; 14:1). 또한 9편과 14편은 모두 지혜시이기 때문에 이 단락은 지혜시라는 틀로 이루어졌다. 9-14편에서 탄식에 처한 성도에게 하나님의 응답을 선명하게 들려주는 시는 9편, 11편, 14편이다. 9-14편의 구조는 다음과 같다.

A. 대적자를 향한 심판과 가난한 자("아나브")를 향한 인애(9:4, 8, 12, 18).
　B. 대적자의 행동("하나님이 없다", 10:4, 11)을 탄식하고 구원을 호소(10:12).
　　C. 여호와의 통치를 신뢰하라: 대적자가 멸망할 것임(11:4, 6-7).
　B′. 대적자의 행동("거짓을 말함", "자랑")을 탄식하고 구원을 호소(12:2; 13:2).
A′. 대적자의 어리석음("하나님이 없다", 14:1)과 백성을 향한 구원(14:7).

이상의 구조로 볼 때, 9-14편의 핵심은 고난에 처한 성도에게 대적자를 심판하시는 하나님의 통치를 신뢰하도록 교훈하는 것이다(11:4, "여호와께서는 그의 성전에 계시고 여호와의 보좌는 하늘에 있음이여"). 그래서 대적자는 반드시 심판을 받을 것이기 때문에, 탄식의 상황에서 성도가 대적자의 주장처럼 하나님이 없다고 생각하는 것은 잘못임을 일깨워 주고 있다.

9편은 지혜시로서 3-7편의 내용을 더욱 발전시켜 악인(대적자)이 심판을 받고 스올로 돌아가게 될 것을 선포한다(9:3, 17). 특별히 9편은 의인을 "가난한 자"("아나브")라 부르고(9:12, 18), 가난한 자에게 하나님의 인애가 있을 것이라고 말한다. 여기서 가난한 자의 특징은 여호와를 의지하는 모습이다(9:10, "주의 이름을 아는 자는 주를 의지하오리니"). 9편의 구조는 다음과 같다.

    A. 나는 주께 감사하고 찬양할 것: 주께서 기이한 일을 행하심(1-2절).
      B. 보좌에 계신 왕이신 주께서 나의 원수를 심판하실 것임(3-4절).
        C. 과거에 하나님이 이방 나라들을 멸하셨음(5-6절).
          D. 보좌에 계신 여호와는 의로 세상을 심판하심(7-8절).
            E. 여호와는 주를 의지하는 자의 요새가 되심(9-10절).
  A′. 너희는 여호와를 찬송하라: 가난한 자("아나브")의 부르짖음을 잊지 않으심(11-12절).
    B′. 여호와여 나의 원수로 인한 고통을 보시고 은혜를 베푸소서(13-14절).
      C′. 과거에 이방 나라들과 악인이 자신이 만든 웅덩이와 그물에 빠졌음(15-16절).
        D′. 악인과 이방 나라들은 심판을 받아 스올로 돌아가게 될 것(17절).
          E′. 가난한 자들("아나브")은 영원히 실망치 않을 것(18절).
결론. 여호와여 일어나사 이방 나라들이 심판을 받게 하소서(19-20절).

이상의 패널 구조로 볼 때 9편의 핵심 메시지는 E′단락으로서, 왕이신 하나님이 자신을 의지하는 가난한 자("아나브")는 도와주시고 악인은 심판하신다는 것이다. 9편이 의인을 가난한 자로 표현하는 이유는 하나님을 의지하려는 가난한 자의 속성 때문이다. 가난한 자는 자신이 아무것도 아닌 존재임을 잘 알고 있기 때문에 하나님을 바라고 의지한다. 그래서 9편은 이런 모습을 의인의 이상적인 모습에 대입시켜서, 성도의 올바른 태도는 가난한 자가 되어 하나님을 의지하는 것이라 교훈하고 있다.

　　10편은 탄식시로서, 하나님이 없다고 말하는 대적자로 인한 탄식을 다룬다. 10편에서 언급되는 대적자는 하나님이 없다고 말한다(10:4). 그리고 자신은 "흔들리지 아니하며 대대로 환난을 당하지 아니하리라"고 자신만만한 태도를 보인다(10:6). 이렇게 악인이 형통하고 의인이 고난받는 상황 앞에서 10편의 시인은 자신을 9편의 가난한 자("아나브")와 동일시하고, 하나님의 구원을 간구한다(10:12, "가난한 자들을 잊지 마옵소서"). 끝으로 시인은 "여호와께서는 영원무궁하도록 왕이시니"라고 고백하고(10:16), 왕이신 하나님이 대적자를 심판해 주실 것이라 확신하며 시를 종결한다(10:18).

　　11편은 신뢰시로서 탄식시인 10편에 대한 하나님의 응답을 들려준다.[33] 구체적으로 왕이신 하나님이 반드시 대적자를 심판하실 것이라 확신시켜 준다. 이 시의 구조는 다음과 같다.

A. 나는 여호와께 피함(11:1a).

　B. 악인의 행태: 의인을 위협(11:1b-3).

33　밴게메렌(VanGemeren)은 11편을 하나님에 대한 신뢰를 강조하는 탄식시로 분류했다. 하지만 11편은 신뢰시의 성격이 더 강하다. VanGemeren, "Psalms", 130. 같은 맥락에서 크라우스는 11편을 신뢰시로 이해한다. Kraus, *Psalms 1-59*, 204.

C. 왕이신 하나님이 보좌에서 인생을 감찰하심(11:4-5).
  B´. 악인을 향한 하나님의 심판: 불과 유황과 태우는 바람(11:6).
 A´. 정직한 자는 여호와를 볼 것임(11:7).

　이상의 구조로 볼 때 11편의 핵심은 C단락으로, 왕이신 하나님이 보좌에서 인생을 감찰하시고 모든 것을 주관하시기 때문에 성도는 고난의 원인이 되는 대적자를 원망할 필요가 없음을 교훈하는 것이다(11:1, 7). 의인을 위협하는 악인인 대적자는 반드시 심판을 받아 사라지게 될 것이기 때문이다(11:6).
　12-13편은 다시, 거짓을 말하는 대적자들로 인한 탄식을 다룬다. 12편에서 시인은 거짓과 아첨을 일삼으며 "우리의 혀가 이기리라"고 말하는 대적자로 인해 고통을 당하고 있음을 토로한다(12:2-4). 그렇지만 하나님이 "궁핍한 자들의 탄식"을 들어주시는 분이심을 확신하고(12:5), 하나님의 구원을 호소한다(12:7). 여기서 궁핍한 자는 9-10편이 말하는 가난한 자를 달리 표현한 말이다.
　13편의 시인도 비슷하게 대적자들로 인해 탄식하고 있다. 먼저 시인은 대적자 앞에서 오히려 하나님이 숨어 계시는 것을 보고, "여호와여 어느 때까지니이까. 나를 영원히 잊으시나이까. 주의 얼굴을 나에게서 어느 때까지 숨기시겠나이까"라고 절규한다(13:1). 이런 절규의 직접적인 원인은 대적자가 스스로 자랑하며 시인을 핍박하기 때문이다(13:2). 설상가상으로 시인은 눈에 병이 생겨서, 죽음의 문턱에서 사경을 헤매고 있다(13:3, "나의 눈을 밝히소서").[34]
　하지만 이런 암울한 분위기는 13:5에서 반전되어, 시인은 과거의 경험을

34　13편에서 시인의 문제가 건강과 깊은 관련이 있다고 확실히 말하고 있지는 않지만 우리는 13편의 내용을 통해 그 점을 충분히 유추할 수 있다. 이성훈, "시 13편: 하나님! 언제까지입니까", 『시편 1: 어떻게 설교할 것인가』, 190.

기반으로 "주의 사랑을 의지한다"고 고백하며 하나님의 구원을 확신한다. 의인이 고난에서 승리하게 되는 원동력은 결국 하나님의 사랑밖에 없다는 것을 다시 일깨워 주는 대목이다. 시인은 결론으로 12편처럼 여호와를 신뢰하고 여호와의 인자하심을 바라며 시를 끝맺는다(13:6).[35] 하지만 시의 끝부분에 피력한 시인의 확신은 고난의 무게로 인해 독자들을 혼란에 빠뜨린다. 이런 상황에서 고난과 관련된 하나님의 응답이 14편에 본격적으로 제시되고 있다.

14편은 지혜시로서 9-14편의 결론이자 3-14편의 최종 결론이다. 14편의 구조는 다음과 같다.

    A. 어리석은 자: 하나님이 없다고 함, 선을 행하지 않음(14:1).
      B. 하나님을 찾는 자는 없음(14:2).
        C. 인생 중에 선을 행하는 자가 없음(14:3).
   A′. 죄악을 행하는 자: 무지함, 여호와를 부르지 않음(14:4).
     B′. 하나님은 의인의 세대에 계심(14:5).
       C′. 여호와는 가난한 자("아니")의 피난처가 됨(14:6).
결론. 이스라엘을 포로 생활에서 돌아오게 하실 여호와의 구원을 기원함(14:7).

이상의 패널 구조는 14편의 핵심이 6절로서 여호와께서 가난한 자의 피난처가 되신다는 사실을 강조하는 것임을 보여 준다. 여기서 "가난한 자"로 번역된 히브리어 단어는 "아니"(עָנִי)로서 "아나브"와 같은 의미군에 속하는 단어다. 그래서 14편은 가난한 자가 되어 여호와를 의지하도록 교훈하는 9편과 평행을 이룬다.

---

35 McCann, *The Book of Psalms*, 93.

14편에서 시인은 먼저 대적자의 말("하나님이 없다")이 어리석다고 선언한다 (14:1). 그리고 지혜시답게, 모든 인생은 기본적으로 하나님을 찾지 않는다는 사실을 천명한다(14:2-3). 이런 점에서 14편은 고난 가운데서 성도가 탄식하는 것은 궁극적으로 하나님을 올바로 찾지 않기 때문임을 암시한다. 더욱이 시인은 하나님을 찾지 않는 것을 죄로 규정한다(14:4).

이런 분위기에서 시인은 갑자기 의인과 가난한 자를 언급한다(14:5-6). 인생 중에 여호와를 찾는 자가 없다고 말한 상황에서, 의인과 가난한 자를 언급하는 것은 언뜻 이해하기 힘들다. 하지만 이것은 가난한 자가 되어 하나님을 의지하는 자를 하나님이 의인으로 삼아 주신다고 교훈하기 위함이다. 그래서 계속 가난한 자가 되어 하나님을 의지하도록 촉구하는 것이다. 확실히 성도는 자신이 가난한 자라고 기억한다면, 어떤 상황에서도 하나님을 의지하고 기도하게 될 것이다(9:10).

결국, 14편은 13편의 탄식자에게 가난한 자로서 하나님을 의지하고 기도하는 것이 축복임을 말하고, 하나님의 은혜로 의인으로 인정된다는 사실 자체만으로도 하나님께 감사할 수 있음을 일깨워 준다. 또한 14편은 3-14편의 결론으로서, 하나님은 반드시 가난한 자의 편에 계시기 때문에 악을 행하는 대적자들을 심판하실 것이므로 고난으로 인해 낙심하지 말도록 훈계하고 있다(14:5-7).

정리하면, 9-14편은 여호와께서 보좌에서 왕으로 좌정하시며 인생을 감찰하시기 때문에, 대적자들이 반드시 멸망할 것이라 말한다. 그러므로 고난 가운데 있는 성도의 바른 태도는 어려움에 처했다고 하나님을 부정하지 않고, 왕이신 여호와의 통치를 신뢰하는 것이다. 무엇보다 중요한 것은 자신이 아무것도 아닌 존재임을 자각하는 가난한 자가 되어 여호와를 의지하는 자세다. 하나님은 이런 사람에게 반드시 고난을 이기게 해 주실 것이다.

이상과 같은 9-14편의 내용은 앞의 3-7편의 내용을 더욱 발전시킨 것이다. 더욱이 9-14편에 나타난 왕이신 하나님의 통치에 대한 언급은, 8편에 나타난 만물을 창조하시고 왕으로 좌정하신 하나님에 대한 묘사를 계승한 것이다. 한편 고난을 당할 때 하나님을 부정하는 것은 마음의 문제다(14:1, "어리석은 자는 그의 마음에 이르기를"). 그러므로 다음 단락인 15-24편은 마음의 문제를 본격적으로 다루고 있다.

3) 15-24편: 시온에서 하나님의 임재를 체험하기 위해 마음에 율법을 새기라

3-14편이 하나님의 부재를 다루는 상황에서, 15-24편은 하나님의 임재를 경험하기 위해서는 마음에 율법을 새길 것을 촉구하고 있다. 15-24편은 서두와 말미, 그리고 가운데에서 마음을 언급하여 마음의 중요성을 부각시킨다(15:2; 19:14; 24:4). 또한 15-24편의 서두는 하나님의 성산에 올라갈 사람이 누구인가를 묻는 시온시로 시작해서 말미도 그와 같은 시온시로 끝난다(15:1; 24:3, "주의 성산에 사는 자 누구오니이까"). 15-24편이 시온에서의 하나님의 임재와 마음이라는 주제를 강조하는 것은, 시온으로 대변되는 하나님의 임재 안에서 복(대표적으로 교제의 기쁨)을 누리기 위해서는 마음에 율법을 새기는 것이 중요하다는 것을 교훈하기 위함이다.

내용상 15-24편은 개인이 시온으로 올라가는 장면에서 시작하여 나중에 공동체가 시온에서 왕이신 하나님을 찬양하는 모습으로 흐름이 진행된다(24:6).[36] 장르의 관점에서 구조를 분석하면 이 단락은 다음과 같이 동심원 구조를 이룬다.[37]

---

36 William Brown, "'Here Comes the Sun!': The Metaphorical Theology of Psalms 15-24", in *The Composition of the Book of the Psalms*, ed. Erich Zenger (Leuven: Uitgeverij Peeters, 2010), 264.

37 Auffret, *La sagesse a bâti sa maison*, 407-438.

A. 시온에 거할 자에 관한 시(15편).

　　　B. 신뢰시(16편).

　　　　C. 탄식시(17편).

　　　　　D. 제왕시(18편).

　　　　　　E. 율법시(19편).

　　　　　D'. 제왕시(20-21편).

　　　　C'. 탄식시(22편).

　　　B'. 신뢰시(23편).

　　A'. 시온에 거할 자에 관한 시(24편).

　　이상의 구조가 보여 주듯이, 15-24편의 중심은 19편이다. 19편의 마지막 절은 마음에 율법을 새길 것을 다음과 같이 강조한다. "나의 반석이시요 나의 구속자이신 여호와여 내 입의 말과 마음의 묵상이 주님 앞에 열납되기를 원하나이다"(19:14). 이제 이 단락의 내용을 구체적으로 살펴보자.

　　15-18편

　　이 단락은 고난 가운데서도 과연 누가 시온의 축복인 하나님의 임재를 누릴 수 있는가에 초점을 맞추고 있다. 그래서 대적자의 핍박이 극에 달하는 상황에서도 마음으로 율법을 새긴다면 고난 가운데서도 하나님의 임재를 경험하여 교제의 기쁨으로 승리할 수 있다는 것을 교훈한다. 이 단락의 구조는 다음과 같다.

　　서론. 15-16편 — 시온에서 하나님의 임재를 체험하는 자는 마음에 율법을 새기는 자.

A. 17편—탄식: 대적자로부터 구원해 달라는 호소.

A′. 18편—탄식에 대한 응답: 하나님이 반드시 대적자를 물리쳐 주실 것임.

15편은 시온에서 하나님의 임재에 거하는 축복을 경험할 수 있는 자의 자격 요건을 다룬다. 그래서 시온과 율법, 그리고 마음의 주제를 거론하고, 시온에 거하는 자는 다름 아닌, 마음에 율법을 새기는 자임을 돋보이게 한다. "정직하게 행하며 공의를 실천하며 그의 마음에 진실을 말하며"(15:2). 15:4은 하나님이 "여호와를 두려워하는 자들을 존대한다"라고 말하는데, 여기서 "존대하다"라는 동사는 8:5에서 하나님이 인간을 "영화와 존귀"로 관 씌우신다고 말할 때 사용한 "존귀"와 동일한 어근의 단어다. 따라서 8편과 연결하여 읽으면, 15:4은 성도가 하나님의 형상으로서 고귀한 존재임을 내비치고 있다. 그러므로 성도는 하나님의 형상이기에 마음에 율법을 새긴다면 하나님의 임재를 체험할 수 있음을 교훈한다.

16편은 15편의 어휘와 주제를 그대로 반복하여, 시온에 거하여 하나님의 임재를 경험하는 자의 자격 요건을 계속해서 다룬다. 예를 들어 15:4은 "여호와를 두려워하는 자들을 존대하며"라고 진술하는데, 마찬가지로 16:3도 여호와께서 시온에서 성도를 존귀하게 하신다고 말하고 있다.[38] 또한 16:8은 15:5처럼 여호와를 항상 앞에 모시고 있기 때문에 흔들리지 않는 시인의 모습을 제시한다.

16편은 23편과도 어휘적인 유사성을 보인다. 그래서 "잔"이라는 말이 16편과 23편에서 동시에 나타난다(16:5; 23:5). 또한 16:10에서 "스올에 버리시 아니하시며"라는 표현은 23편에 사망의 음침한 골짜기를 연상시키고, 16:11에

---

38 Alphonso Groenewald, "The Ethical 'Way' of Psalm 16", in *The Composition of the Book of Psalms*, ed. Erich Zenger (Leuven: Uitgeverij Peeters, 2010), 507.

서 언급된 "생명의 길"은 23:3의 "의의 길"과 평행을 이룬다.[39] 그리고 16:11은 23:6처럼 시온에 영원히 거하기를 원하는 시인의 소망을 표현하고 있다. 이런 점에서 16편은 23편과 확실하게 평행을 이룬다. 16편의 구조는 다음과 같다.

   A. 하나님이여 나를 지켜 주소서(16:1).
     B. 주만이 나의 복(16:2).
       C. 나의 즐거움은 존귀한 성도들에 있음(16:3).
         D. 나는 다른 신들에게 제사하지 않음(16:4).
     B´. 여호와는 나의 분깃(16:5).
       C´. 나에게 할당된 구역(기업)은 아름답다(나를 기쁘게 한다, 16:6).
         D´. 나를 훈계하신 여호와를 찬양함: 여호와를 항상 모심(16:7-8).
   A´. 내 육체는 안전히 살 것임(16:9-10).
   결론. 주님이 주시는 기쁨은 인간의 생명(16:11).

이상의 패널 구조를 볼 때, 16편의 핵심은 D´단락으로서 여호와께서 말씀으로 훈계하신다는 사실을 부각시키는 데 있다. 이상의 구조를 근거로 전체적인 내용의 흐름을 살피면, 먼저 시인은 자신이 여호와의 복을 사모하고 여호와로 인해 존귀해진 성도들을 기뻐하며 말씀대로 살았다는 것을 고백하여 하나님의 보호를 간청한다(16:1-4). 이어서 비록 고난을 당해도 여호와의 훈계대로 행동한다면, 성도는 하나님의 임재 안에 거하여 교제의 기쁨인 생명을 누려서 고난을 극복할 수 있다는 것을 일깨워 준다(16:5-11). 마음에 율법을 새겨 말씀대로 행동한다면 하나님과의 교제의 기쁨을 가지고 탄식의 상황에

---

39 Groenewald "The Ethical 'Way' of Psalm 16", 509.

서 승리할 수 있다는 교훈을 다시 확인시켜 주는 셈이다.

개역개정판 한글 성경은 16:6을 "나의 기업이 실로 아름답도다"라고 번역하는데, 여기서 "아름답다"에 해당하는 히브리어 단어는 "나임"(נעים)으로 "기쁘게 하다"라는 뜻이다. 그러므로 이를 정확히 번역하면 "나의 기업이 기쁘게 한다"가 된다. 이런 점에서 16:6은 존귀한 성도들에게서 즐거움을 찾는다는 16:3의 진술과 평행을 이룬다. 결국 16:6에서 시인은 하나님만이 자신의 분깃이며 하나님으로부터 받은 복만을 기쁘게 여긴다는 것을 고백하여, 자신이 세상에 소망을 두지 않았음을 증거하고 있다.

16:7은 "나를 훈계하신 여호와를 송축할지라. 밤마다 내 양심이 나를 교훈하도다"라고 말한다.[40] 이 말은 하나님으로부터 오는 복을 사모하고 기뻐하는 자만이 하나님의 훈계의 말씀을 듣고 교훈을 얻는다는 것을 보여 준다. 이것은 시온으로 대변되는 하나님 임재의 복을 누리기 위해서는 끊임없이 하나님으로부터 교훈을 들어야 한다는 의미를 담고 있다. 그러므로 시온의 복을 받는 자는 말씀을 계속 받아 실천하는 자임을 시사해 준다.

16:8-9는 말씀을 받을 때 성도는 하나님의 임재를 체험하게 되고, 그 결과로 마음의 기쁨과 보호의 축복을 누린다는 점을 부각시키고 있다. 특별히 16:9은 "내 육체가 안전히 살리니"라고 말하는데, 여기서 "살리니"에 해당하는 히브리어 단어는 "샤칸"(שכן)으로, 15편이 시온에 "거하다"라고 말할 때 사용된 단어와 동일한 낱말이다(15:1). 그러므로 이 구절은 하나님의 말씀을 계속해서 듣고 행하는 자는 하나님 임재의 축복 속에 거하여 안전한 보호를 누린다는 것을 보여 준다.

16:10에서 시인은 "이는 주께서 내 영혼을 스올에 버리지 아니하시며"라

---

[40] 여기서 교훈은 율법을 가리키는 말이다. Brown, "The Metaphorical Theology of Psalms 15-24", 266.

고 말하고 있는데, 카이저(Walter C. Kaiser)는 이 말을 예수 그리스도의 부활을 예언하는 말로 이해했다.[41] 하지만 이것은 엄연히 다윗의 시이기에, 이런 해석은 좀더 신중을 기할 필요가 있다. 이것은 직접적인 예언이라기보다 예수 그리스도의 부활을 예표하는 일종의 패턴이다. 더욱이 16:10에서 언급된 스올(죽은 자가 가는 곳)은 시온으로 대변되는 하나님의 임재와 정반대 상황이 죽음과 같은 상태임을 강조하기 위한 메타포다.[42] 그래서 이 구절은 하나님의 임재 속에 거하는 자에게는 더 이상 죽음과 같은 권세가 역사하지 못한다는 것을 말해 주고 있다.

끝으로 시인은 하나님의 임재에 거하여 하나님과의 교제에서 나오는 기쁨이 인간의 궁극적인 생명임을 선포한다(16:11, "주께서 생명의 길을 내게 보이시리니 주의 앞에는 충만한 기쁨이 있고 주의 오른쪽에는 영원한 즐거움이 있나이다"). 하나님과의 교제의 기쁨이 인간의 생명으로서 진정한 복이라는 사상은 16편과 짝을 이루는 23편에서도 발견된다.[43] 결국 15-16편은, 시온에서 하나님의 임재를 경험하는 사람은 마음에 율법을 새겨 그로부터 누리는 하나님과의 교제의 기쁨으로 고난에서 승리할 수 있음을 교훈하고 있다.

17편은 탄식시이지만, 우편(17:7), 분깃(17:14)이라는 말을 통해 16편과도 연결된다(16:8, 5). 17:12은 악인을 사자와 같은 짐승으로 표현하는데, 이런 표현은 17편과 짝을 이루는 22편에서 다시 나타난다(17:12; 22:12-14, 21-22). 내용적으로 17편은 고난 가운데서 주의 보호하심을 갈망하고(17:8), 주의 형상을 보게 될 것을 기원한다(17:15). 보호하심과 주의 형상을 본다는 것은 시온의 축복이기 때문에,[44] 17편의 시인이 탄식 속에서 시온의 축복을 열망하고 있음

---

41 Walter C. Kaiser, *The Use of the Old Testament in the New* (Chicago: Moody, 1985), 33-38.
42 Brown, "The Metaphorical Theology of Psalms 15-24", 266.
43 Groenewald "The Ethical 'Way' of Psalm 16", 506.
44 Groenewald "The Ethical 'Way' of Psalm 16", 508.

을 알 수 있다. 17편의 구조는 다음과 같다.

  A. 나의 기도에 귀를 기울이소서(17:1).
    B. 기도의 내용: 나를 판단하소서(17:2-3).
      C. 나는 말씀대로 행동하였음(17:4-5).
  A′. 하나님이여 내 말을 들으소서(17:6).
    B′. 기도의 내용: 원수에서 건지소서(17:7-9).
      C′. 원수는 말씀대로 행동하지 않음: 교만함(17:10-12).
  A″. 여호와여 일어나 나의 영혼을 구원하소서(17:13).
  결론. 의인(나)과 악인(원수)의 대조(17:14-15).

이상의 구조로 볼 때, 17편의 핵심은 탄식의 상황에서 시인이 원수와 달리 말씀대로 행동하였다는 것을 강조하여(C/C′단락) 하나님께 구원을 호소하는 것이다. 원수의 위협이 너무나 커서 원수로부터 자신을 구원해 달라고 하나님께 탄원하고 있는 것이다.

먼저 17:3에서 시인은 탄식의 상황에서 마음과 입으로 죄를 짓지 않겠다고 말한다. "주께서 내 마음을 시험하시고 밤에 내게 오시어서 나를 감찰하셨으나 흠을 찾지 못하셨사오니 내가 결심하고 입으로 범죄하지 아니하리이다." 마음과 입술로 죄를 짓지 않겠다는 다짐은 19편에서 탄식에 처한 성도가 고백하는 내용이기도 하다. "내 입의 말과 마음의 묵상이 주님 앞에 열납되기를 원하나이다"(19:14).

결론에서 시인은 의인과 악인을 대조시키고, 의인은 시온에서 분깃을 얻는 반면 악인은 이 세상에서 "분깃을 받는 자"로 제시한다(17:14). 이어서 "나는 의로운 중에 주의 얼굴을 뵈오리니 깰 때에 주의 형상으로 만족하리이다"

라고 선언하여(17:15), 시인은 자신의 만족이 재물에 있지 않고 주님의 임재 안에서 주님을 보는 데 있음을 강하게 피력한다.⁴⁵

한편 17:15에서 "나는 의로운 중에"라는 말은 시인 자신이 의롭다고 말하는 것처럼 들린다. 실제로 이와 비슷한 표현이 18:20에서도 나타난다("여호와께서 내 의를 따라 상 주시며"). 하지만 15-24편에 나타난 인간의 의는 궁극적으로 하나님으로부터 오는 의다. 15-24편의 전반부는 성도를 죄 없는 자처럼 말하고 있지만(17:3-5 참조), 중심부인 19편은 죄를 고백하는 시인의 모습을 보여 주고 있다(19:12-13). 그리고 15-24편의 후반부는 하나님의 인자하심을 말하여(23:6), 인간의 의가 궁극적으로 하나님으로부터 온다는 사실을 드러낸다(24:5, "구원의 하나님께 의를 얻으리니").⁴⁶ 이로써 15-24편의 전체적 내용은 인간의 의가 궁극적으로 인간의 공로가 아니라 하나님의 선물임을 일깨워 준다. 그러므로 17:15의 진술을 인간의 의를 내세우는 말로 이해해선 안 된다.

결국 17편의 핵심은, 말씀을 지키며 하나님의 임재를 사모하는 시인이, 하나님이 개입하셔서 원수를 물리쳐 주시기를 호소하는 것이다. 이 대목에서 고난 가운데 있는 성도는, 이처럼 항상 하나님이 구원해 주시기를 간구하는 자가 되어야 한다는 교훈을 얻을 수 있다.

18편은 제왕시로서 사무엘하 22장의 다윗시와 거의 동일하다. 18편은 17편에서 대적자로 인한 시인의 탄식에 대하여 하나님의 응답을 보여 주는 시다. 전반적으로 18편은, 하나님이 올바로 예배하며 말씀대로 행동하는 자의 기도를 들어주셔서 반드시 대적자에게 승리하도록 역사하신다는 사실을 일깨워 준다. 앞서 17:10은 의인을 괴롭히는 악의 세력을 교만으로 규정하는데, 이런

---

45 Kraus, *Psalms 1-59*, 250 참조.
46 영어 성경 NIV는 24:5에서 의를 신원(vindication)으로 번역했다. 하지만 고원(Gowan)의 주장처럼 구약에서 성도의 의로움을 나중에 입증해 준다는 의미의 신원 사상은 존재하지 않는다. Donald E. Gowan, *Eschatology in the Old Testament* (Edinburgh: T&T Clark, 2000), x.

교만과 대조하여 18:27은 의인을 "곤고한 자"(עָנִי/"아니", 가난한 자), 즉 겸손한 자로 묘사하고 있다. 그리하여 고난의 상황에서 탄식하지 말고 겸손한 자가 되어 기도 응답과 승리의 축복을 받을 것을 촉구하고 있다. 18편의 구조는 다음과 같다.

    A. 여호와는 나의 반석: 성전에서 나의 기도를 들어주셨음(18:1-6).
     B. 대적자와 싸우기 위해 여호와께서 강림하셨음: "바람 날개"를 타고 오심 (18:7-15).
      C. 여호와께서 손으로 나를 붙잡아 주심: 원수에게서 건지셨음(18:16-19).
       D. 여호와께서 규례를 지킨 나에게 보응하심(18:20-24).
       D´. 여호와의 도는 완전함: 자기에게 피하는 자에게 방패가 되어 주심 (18:25-30).
      C´. 여호와께서 나를 오른손으로 붙잡아 주심: 나로 원수와 싸우게 하심 (18:31-36).
     B´. 여호와께서 나로 하여금 원수를 부숴뜨리게 하심: "바람 앞에 티끌같이" (18:37-45).
    A´. 여호와는 나의 반석: 원수들로부터 나를 구원해 주심(18:46-50).

이상의 구조를 볼 때, 탄식의 상황에 대한 하나님의 응답으로서 18편은 하나님의 규례를 지키는 자가 반드시 성전에서 기도의 응답을 받아 대적자를 부찌른다는 교훈을 주고 있다(D/D´). 18편은 1-19절, 20-30절, 31-50절이라는 세 단락으로 나뉜다. 18:1-19은 대적자로 인하여 고난을 받을 때, 다윗이 하나님께 기도하며 예배하여 기도 응답을 받는 모습을 상기시킨다. 한마디로 예배에 승리하는 다윗의 모습이다. 이어서 18:20-30은 다윗이 기도하며 부르짖을 때 여호와의 규례를 지켰음을 강조하는 내용이다. 참된 예배는 말씀을 행하는 삶으로 드러난다는 사실을 보여 주는 대목이다. 18:31-50은 다윗이 여호와의 도움으로 직접 원수와 싸워 승리했다는 것을 진술한다. 그러므로 예배를 통한 군사적 승리 공식은, 다윗이 기도하며 말씀대로 행동할 때 원수에게서 승리했다는 것을 가르쳐 주고 있다.

특별히 18:7-15은 여호와께서 전사로서 하늘에서 강림하여 대적자를 물리치시는 장면을 기술한다.[47] 실제로 18:10은 여호와께서 대적을 물리치기 위해 "그룹을 타고" 오신다고 말하는데, 여기서 "그룹"은 하나님이 싸우실 때 타는 병거(chariot)의 역할을 한다.[48] 하나님이 전사로서 대적자를 물리치기 위해 강림하시는 모습은 종말의 하나님 나라의 완성을 기원하는 144편에서 다시 나타난다.[49] "여호와여 주의 하늘을 드리우고 강림하시며 산들에 접촉하사 연기를 내게 하소서"(144:5). 그러므로 18:7-15에서 언급된 여호와의 강림은 하나님 나라를 세상에 세우기 위해 이 땅에 전사로 오시는 하나님을 표현한 것이다. 이로써 시인은 여호와의 강력한 개입으로 대적자들이 멸망할 것을 선언하고, 탄식의 상황에 있는 성도들을 위로하고 있다.

18:7-15과 짝을 이루는 18:37-45은 구체적으로 여호와의 개입을 통해 왕(또는 왕적 존재인 성도)이 열국을 "바람 앞에 티끌 같이 부숴뜨"렸다고 기술한다(18:42). 여기서 "바람 앞에"라는 표현은 18:10에서 여호와께서 대적자를 벌하기 위해 강림할 때 "바람 날개를 타고" 오신다는 말을 연상시킨다. 그래서 이런 연상을 통해 성도가 대적자인 열국을 바람 앞에 티끌처럼 멸망시킬 수 있는 것은 바람을 타고 오시는 여호와로 인한 것임을 내비치고 있다.

---

47 VanGemeren, "Psalms", 171.
48 Tryggve B. D. Mettinger, *The Dethronement of Saboath* (Lund: Gleerup, 1982), 33-36.
49 Mays는 144편은 18편의 내용을 포로 후기 공동체에 맞춰서 새롭게 기술한 것이라고 주장한다. J. L. Mays, *Psalms*, Interpretation (Louisville: John Knox, 1994), 436-437.

18:16에서 시인은 대적자를 "많은 물"로 표현하여, 대적자를 창조 질서에 대항하는 무질서의 세력으로 확대시킨다. 대적자를 물로 비유하는 표현은 18:4에도 등장한다("창수가 나를 두렵게 하였으며"). 시인은 소위 가나안 신화의 이미지를 차용하여, 하나님이 창조 시에 물로 대변되는 대적자를 물리치셨던 것처럼(74:13) 역사 속에서 열국의 모습으로 다시 나타난 대적자를 반드시 물리쳐 주실 것을 굳게 믿고 있다.[50]

18:20-30은 18편의 중심축을 이루는 부분으로서, 대적자로 인한 고난 앞에서 대적자를 이기기 위해서는 하나님의 규례대로 행해야 한다는 것을 교훈하고 있다. 성도가 어떤 고난에 처해 있다 하더라도 말씀대로 행동하며 기도하는 것이 무엇보다 중요하다는 통찰이다.

18:31은 "여호와 외에 누가 하나님이며 우리 하나님 외에 누가 반석이냐"라는 수사 의문문으로 시작하여 단락(18:31-36)의 시작을 알린다.[51] 18:31-36에서 성도는 하나님이 오른손으로 붙잡아 주시기에 미끄러지지 않는 자로 제시된다. 이것은 거꾸로 악인은 미끄러운 길에 있기에 나중에 멸망할 것이라는 의미를 함축한다. 이런 점에서 18:31-36은 17편의 탄식에 대한 응답으로 악인의 번영을 부러워하지 말 것을 충고하는 셈이다.

정리하면, 15-18편은 시온에서 하나님과의 교제의 기쁨을 나누는 것이 생

---

50 에누마 엘리쉬라는 바벨론 신화에 의하면 태초에 압수라는 담수(fresh water)의 신과 티아맛이라는 바닷물의 신이 있었다. 이들은 부부관계였다. 신 압수(남편)는 소란을 피는 젊은 신들을 멸망시키고 했고 이를 간파한 신 에아가 압수를 죽이고 신의 세계에 질서와 평화를 쟁취한다. 그러나 이것도 잠시 자신의 남편(압수)의 죽음을 복수하기 위해 티아맛(무질서를 상징)이 신들의 질서에 도전한다. 이 때 에아의 아들 마르둑(폭풍의 신)이 티아맛(바다의 신으로 용의 형상을 가짐)과 일전을 벌여 승리하고 천지를 창조한다. 이와 비슷하게 가나안 신화에도 바알이 바다의 신인 얌을 멸하고 왕위에 등극하며 창조 질서를 유지한다(시 24편 참조). 이런 가나안 신화를 차용하여 18편의 시인은 대적자를 물리치신 자는 바알이 아니라 하나님이심을 변증하고 있다.

51 Ernst R. Wendland, *The Discourse Analysis of Hebrew Prophetic Literature: Determining the Larger Textual Units of Hosea and Joel*, Millen Biblical Press Series 40 (Lewiston, N.Y.: Edwin Mellen, 1995), 43.

명임을 밝히고(16:11), 그런 생명을 누리기 위해서는 계속해서 말씀을 받고 행동할 것을 교훈하고 있다(16:7). 더 나아가 18편은 그런 사람에게 하나님이 개입하여 대적자를 물리쳐 주실 것이기 때문에 대적자로 인하여 낙심하지 말 것을 권면한다. 그렇다고 하나님의 개입이 하나님의 단독적 행동을 의미하는 것은 아니다. 그러기에 18:37-45은 하나님의 개입이 인간을 통해 이루어진다는 것을 보여 준다. 때문에 탄식의 상황에서 성도는 용감하게 대적자와 맞서 싸우는 자세를 가져야 한다고 충고한다.

19편

19편은 15-24편의 중심을 이루는 시다.[52] 19편은 18편에서 제시된, 대적자를 물리치는 축복을 얻기 위해서 재차 마음에 율법을 새길 것을 권면한다. 그리고 이를 위해 율법이 주는 유익(하나님의 은혜)에 초점을 맞추어 내용을 전개한다. 흥미롭게도 시편 18-19편의 흐름은 사무엘하 22-23장의 흐름과 비슷하다. 18편과 유사한 사무엘하 22장 다음에 나오는 사무엘하 23:1-7은 다윗의 유언시로서, 미래에 기름부음 받을 왕(메시아 포함)이 율법의 목적인 공의와 의를 행하게 될 것이라는 기대를 보여 준다(삼하 23:3). 같은 맥락에서 18편 다음에 위치한 19편도 다윗의 유언시(삼하 23:1-7)처럼 율법을 온전히 행하는 문제에 집중하고 있다. 19편의 구조는 다음과 같다.

A. 창조물에 계시된 하나님의 말씀(19:1-4a).
   B. 말씀에 따라 운행하는 해를 향한 하나님의 은혜: 기쁨과 활력(19:4b-6).
A′. 인간에게 계시된 하나님의 율법과 그 기능(19:7-9).

---

52 Brown, "The Metaphorical Theology of Psalms 15-24", 275.

B´. 율법을 행하는 자를 향한 하나님의 은혜: 기쁨, 상, 죄의 자각(19:10-13).

결론. 말과 마음의 묵상이 주님 앞에 열납되게 하소서(19:14).

이상의 구조가 보여 주듯이, 19편의 핵심은 율법을 통해 주어지는 하나님의 은혜에 주목하고(10-13절), 율법을 진정으로 즐거워하여 마음에 새겨서 그것을 행하도록 촉구하는 것이다.

전반부인 19:1-6이 창조물에 계시된 하나님의 영광과 말씀을 다룬다면, 후반부인 19:7-13은 피조물을 통해 드러난 하나님의 말씀이 성문화된 것을 율법으로 제시하고, 율법의 기능과 그로 인한 은혜를 다룬다. 결론인 19:14은 이상의 율법의 은혜를 목도한 시인이 마음으로 율법을 행하게 해 달라고 간구하는 내용이다.

19:4b-6에서 시인은 갑자기 자연의 창조물 중에 태양을 언급한다. 이처럼 태양에 초점을 맞춘 것은, 하나님의 말씀에 따라 창조되고 운행되는 해가 하나님의 말씀에 따라 움직일 때 어떤 은혜를 누리는지를 보여 주기 위함이다.[53] 구체적으로 해를, 신방에서 기쁨을 안고 나오는 신랑에 비유함으로써 하나님의 말씀에 따라 행동하는 창조물은 기쁨이라는 혜택을 누린다는 점을 강조한다. 창조물의 기쁨을 언급하는 것은, 인간 역시 하나님의 말씀을 문자로 기록한 율법에 따라 행동할 때, 다른 창조물과 마찬가지로 기쁨을 누린다는 것을 교훈하기 위함이다. 이런 점에서 19:4b-6은 율법에 따라 행동할 때 하나님의 은혜로 기쁨을 누린다는 것을 선포하는 19:10-11과 짝을 이룬다.

19:7-9은 창조의 원리로 제시되었던 하나님의 말씀이 인간에게 율법의 형태로 계시되어, 창조 질서의 원리였던 말씀이 율법으로 구현되었음을 내비치

---

53 혹자는 19편의 해는 율법을 상징하는 것으로 이해하기도 한다. 하지만 이런 주장은 별로 설득력이 없다. Peter C. Craigie, *Psalms 1-50*, WBC 19, 183.

고 있다. 그리고 율법이 인간에게 어떤 기능을 하는지를 설명해 준다. 이 단락에서 율법은 증거, 교훈, 계명, 경외하는 도, 법 등으로 다양하게 표현된다. 율법은 영혼을 소성시키고(7a절), 지혜롭게 하며(7b절), 마음을 기쁘게 하고(8a절), 눈을 밝게 하는 기능을 한다(8b절). 결론으로 시편 기자는 율법이 "영원까지 이르고 진실하여 다 의로우니"라고 말한다(9절).

특별히 19:8은 여호와의 교훈(율법)이 마음을 기쁘게 한다고 말함으로써, 율법이 인간에게 기쁨을 주는 원천임을 확언해 준다. 말씀을 통해 성도는 생명과 같은 하나님과의 교제의 기쁨을 누릴 수 있다는 사실을 다시금 일깨워 주는 셈이다. 이어서 19:8의 후반절은 "여호와의 계명은 눈을 밝게 하시도다"라고 말한다. 말씀에서 오는 기쁨이 어둠 속에서 헤매는 성도에게 생명의 빛을 던져 주어 새로운 시각을 갖고 고난에서 빠져나올 수 있게 한다는 의미다.

같은 관점에서, 신약의 누가는 절망과 실의에 빠진 두 제자가 엠마오로 가는 노상에서 예수님의 말씀을 듣고, "그들의 눈이 밝아져" 기쁨을 얻고 예루살렘으로 돌아갔다는 사실을 기록하고 있다(눅 24:31). 엠마오 도상의 사건은 말씀이 성도의 눈을 밝게 해 주어 생명으로 인도한다는 사실을 웅변적으로 보여 주는 실례다.

19:10-13은 율법을 지키는 자에게 하나님이 베푸시는 은혜에 초점을 맞춘다. 먼저 시인은 해가 기쁨과 활력을 누리듯이, 율법을 지키는 자는 꿀과 같은 달콤한 교제의 기쁨을 누리게 될 것이라 말한다(19:10). 기쁨을 꿀로 비유하고, 율법을 통해 주어지는 하나님의 은혜를 교제의 기쁨으로 제시하고 있는 것이다(잠 24:13-14 참조). 더 나아가 율법을 지키는 자에게 하나님이 상이라는 은혜를 베푸신다고 말한다(19:11, "주의 종이 이것으로 경고를 받고 이것을 지킴으로 상이 크니이다"). 그렇다고 율법을 지키는 목적이 상을 얻는 데 있는 것처럼 생각한다면 잘못이다. 율법을 지킬 때 하나님이 은혜를 베풀어 상을 주시는

이유는, 그런 상을 통해 하나님의 사랑을 느껴서 더욱더 하나님을 사랑하도록 하기 위함이다. 그래서 19:11에서 언급된 율법의 상은 율법 배후에 있는 하나님의 사랑을 느끼도록 하는 데 그 목적이 있다.

19:12-13은 율법을 통해 베푸시는 하나님의 은혜로 율법이 죄를 깨닫게 한다는 점을 명시적으로 말한다(19:12, "자기 허물을 능히 깨달을 자 누구리요"). 확실히 율법이 없다면 우리는 하나님의 선의 기준을 알지 못하고 죄를 깨닫지 못할 것이다. 그러므로 율법은 성도에게 죄를 깨닫게 하고 회개케 하는 하나님의 은혜의 선물이다. 더 나아가 율법에는 제사법이 있어서, 제사법을 통해 죄 용서를 받게 한다. 이런 점에서 확실히 율법은 인간에게 죄를 깨닫게 하고 죄 용서의 혜택을 누리게 하는 하나님의 은혜의 통로다.

결론적으로 시인은 다음과 같이 말한다. "나의 반석이시요 나의 구속자이신 여호와여 내 입의 말과 마음의 묵상이 주님 앞에 열납되기를 원하나이다"(19:14). 율법을 통해 하나님이 베푸시는 은혜 배후에 있는 하나님의 사랑을 자각한 시인은 그 사랑에 압도되어 마음으로 율법을 지킬 수 있도록 하나님께 간구하고 있는 것이다. 결국 19편은 율법을 통해 베푸시는 하나님의 은혜인 기쁨, 상, 그리고 죄의 자각과 죄 용서를 열거함으로써, 그 배후에 있는 하나님의 사랑을 느껴서 자신도 하나님을 사랑하여 마음에 율법을 새기고 대적자에게 승리할 것을 교훈하고 있다.

20-24편

이 단락은 19편이 말하는 마음에 율법을 지키는 자가 결국 시온에서 오는 하나님 임재의 축복을 누리게 될 것을 확인해 주고 있다. 20-24편의 구조는 다음과 같다.

A. 20-21편 – 여호와를 의지하는 자에게 시온의 축복이 있음.
  B. 22편 – 탄식: 극심한 고난으로 오는 탄식.
  B′. 23편 – 탄식에 대한 응답: 시온의 축복으로 공급, 인도, 보호, 치유.
A′. 24편 – 마음으로 율법을 지키는 자에게 시온의 축복이 있음.

20-21편은 왕을 위해 중보 기도를 드리는 제왕시로서, 왕을 보호하고 구원해 주실 것을 하나님께 간구하는 내용이다. 먼저 20편의 구조는 다음과 같다.

A. 환난 날에 성소에서 왕을 도와주시기를 하나님께 간구(20:1-3).
  B. 왕의 소원과 계획과 기도를 이루게 하시어 승리케 해 달라는 간구(20:4-5).
    C. 여호와께서는 기름부음 받은 자를 구원하실 것임(20:6-7).
  B′. 병거나 말이 아닌 하나님의 이름을 자랑하는 우리가 승리할 것임(20:7-8).
A′. "여호와여 왕을 구원하소서"(20:9).

이상의 구조에서 알 수 있듯이, 20편의 중심 메시지는 여호와께서 왕을 확실히 구원하실 것이라는 사실이다(20:6-7). 먼저 시인은 하나님이 시온에서 왕을 보호하시고 도와주실 것이라는 시온의 복을 언급한다. "성소에서 너를 도와 주시고 시온에서 너를 붙드시며"(20:2). 또한 20:7은 시온에 거하는 자가 "병거"나 "말"을 의지하지 않고 하나님의 이름을 의지하는 자임을 보여 주고, 시온의 축복이 여호와를 의지하는 자만이 누릴 수 있는 전유물임을 말한다. 15-24편의 문맥을 고려할 때, 여기서 여호와를 의지하는 자는 마음에 율법을 새기는 자를 달리 표현한 것이다. 그래서 고난 가운데서도 여호와를 의지한다면 반드시 시온이 상징하는 하나님 임재의 축복을 받아 보호와 구원의 은총을 누리게 될 것을 교훈한다.

21편은 20편처럼 여호와를 의지하는 왕이 하나님의 보호를 받아 흔들리지 않는다는 점을 재차 강조한다(21:7). 21편의 구조는 다음과 같다.

A. 왕을 구원하신 여호와께 찬양(21:1-2).
  B. 여호와께서 왕에게 주신 복: 장수, 존귀와 위엄, 기쁨(21:3-6).
    C. 여호와를 의지하는 왕은 여호와의 인애로 인해 흔들리지 않을 것임(21:7).
  B´. 여호와께서 왕에게 주신 복: 원수를 땅에서 멸하게 하여 땅을 상속케 하심 (21:8-12).
A´. 여호와의 능력과 권능을 찬양(21:13).

21편은 여호와를 의지하는 자가 시온의 축복으로 어떤 복을 누리는지를 소개한다. 구체적으로 장수, 존귀와 위엄, 그리고 교제의 기쁨(21:3-6)을 약속하고, 악인이 땅에서 멸망하면 자연스럽게 의인이 땅을 차지하는 축복을 누리게 될 것을 내다본다(21:10). 이처럼 의인이 땅을 차지할 것이라는 축복의 주제는 25-37편에서 더욱 발전된다.

22편은 탄식시로서 왕의 고난과 관련된 탄식을 다룬다. 특별히 22편은 신약의 예수 그리스도의 수난 이야기를 예표하는 시로 유명하다. "내 하나님이여 내 하나님이여 어찌 나를 버리셨나이까"(22:1; 마 27:46; 막 15:34). "내 겉옷을 나누며 속옷을 제비 뽑나이다"(22:18; 눅 23:34). 22편의 구조는 다음과 같다.

A. 호소(22:1-2) — "내 하나님이여 내 하나님이여", "오 내 하나님이여"(2절).
  B. 신뢰와 탄식.
    a. 신뢰(22:3-5) — 주를 의뢰하는 자는 수치를 당치 않음.
    b. 탄식(22:6-8) — "나는 벌레요 사람이 아니라"(6절).

c. 신뢰(22:9-10) —모태부터 나는 주께 맡긴 바가 됨.
    B′. 간청과 탄식.
         a. 간청(22:11) — "나를 멀리하지 마옵소서"(11절).
         b. 탄식(22:12-18) — "개들이 나를 에워쌌으며"(16절).
         c. 간청(22:19-21) — "나를 멀리하지 마옵소서"(19절).
    A′. 호소에 대한 응답으로 찬양(22:22-31) —모든 나라가 예배할 것(27-28절).

22:6에서 시인은 자신이 "벌레요 사람이 아니라"라고 말하여 탄식이 극에 달했음을 암시한다. 하지만 22편의 끝은 찬양으로 종결되고 있다. 22편에서 나타나는 탄식의 강도를 고려할 때, 마지막의 찬양은 언뜻 이해하기 힘들다(22:22-31).[54] 어떻게 탄식 가운데 있다가 갑자기 구원을 받았다고 말하며, 하나님을 열국의 왕으로 찬양할 수 있는가? 22:21b에서 "주께서 내게 응답하시고 들소의 뿔에서 구원하셨나이다"라는 말은 확실히 갑작스런 전환이다.

하지만 매칸(McCann)은, 이런 갑작스런 전환은 시인이 고난 가운데 극적으로 하나님의 선하심을 체험했기 때문이라고 주장한다.[55] 이런 주장은 다음에 나오는 23편의 내용에서 어느 정도 지지를 얻는다. 23편은 신뢰시로서 시인은 "사망의 음침한 골짜기로 다닐지라도" 하나님이 보호하셨다는 사실에 감사한다. 이런 23편의 문맥과 연결시켜 읽으면, 22편의 찬양은 탄식 속에서 하나님의 돌보심을 체험한 결과라고 충분히 말할 수 있다. 비록 고난 중에 있을지라도 하나님을 만나고 그분이 누구이시며 고난의 원인이 무엇인지를 알게 되면, 고난은 더 이상 고난이 되지 않기에 우리는 하나님을 찬양할 수 있다.

실제로 22:27-31에서 시인은 하나님이 세상을 주관하는 왕이시고, 모든

---

54 Ellen F. Davis, "Exploding the Limits: Form and Function of Psalm 22", *JSOT* 53 (1992): 93-105.
55 McCann, *The Book of Psalms*, 764.

나라가 나중에 여호와께로 돌아올 것이라는 사실에 눈을 떴다(22:28, "나라는 여호와의 것이요 여호와는 모든 나라의 주재심이로다"). 그래서 시인은 종말에 하나님 나라의 완성을 바라보고 찬양을 드릴 수 있었던 것이다. 이 점은 오늘날 고난에 처한 성도들에게도 중요한 교훈이 아닐 수 없다. 우리 역시 고난 가운데서도 종말에 하나님 나라가 완성될 것을 바라본다면, 현재의 고난을 꿋꿋이 헤쳐 나갈 수 있는 용기를 얻게 될 것이다.

한편, 주위의 시들과 관련하여 22편을 분석하면, 22편은 23-24편과 함께 동심원 구조를 이룬다.[56]

  A. 하나님을 부름(22:1-2): 오 나의 하나님!

    B. 신뢰와 탄식.

      a. 신뢰(22:3-5).

      b. 탄식(22:6-8).

      a'. 신뢰(22:9-10).

        C. 간청과 탄식.

          a. 간청(22:11).

          b. 탄식(22:12-18).

          a'. 간청(22:19-21).

    B'. 찬양과 신뢰.

      a. 찬양(22:22-31).

      b. 신뢰(23편).

      a'. 찬양(24:1-6).

---

56 이 구조는 deClaissé-Walford의 구조를 약간 변형시킨 것이다. Nancy L. deClaissé-Walford, "An Intertextual Reading of Psalms 22, 23, and 24", in *The Book of Psalms: Composition and Reception*, ed. Peter W. Flint and Patrick D. Miller (Boston: Brill, 2005), 147.

A′. 찬양에로의 초대(24:7-10): 오 너 문들아!

　결국 22편은 23-24편과 연결되어 15-24편의 결론을 이루면서, 인간의 탄식이 신뢰와 찬양으로 반전될 수 있다는 사실을 독자에게 각인시켜 준다. 이런 반전의 밑바탕에는 하나님이 왕으로서 모든 인간사를 다스리신다는 인식이 깔려 있다(22:27-31; 24:7). 이 대목에서 하나님이 왕이심을 굳건히 믿는다면 성도는 어떤 상황에서도 찬양할 수 있다는 사실을 깨달을 수 있다.
　23편은 여호와께서 목자가 되신다는 사실을 강조하여, 22편이 말하는 탄식의 상황에 대한 하나님의 응답을 들려준다. 23편의 구조는 다음과 같다.[57]

A. 여호와는 나의 목자(23:1a).
　B. 여호와의 공급하심: 내가 부족함이 없음(23:1b).
　　C. 여호와의 인도하심: 쉴 만한 물가와 의의 길로 인도(23:2-3).
　　　D. 여호와의 적극적 손길: 지팡이와 막대기로 보호하심(23:4).
　　C′. 여호와의 인도하심: 원수 앞에 베푸신 상으로 인도(23:5a).
　　　D′. 여호와의 적극적 손길: 머리에 기름을 발라 치유하심(23:5b).
　B′. 여호와의 공급하심: 내 잔이 넘침(23:5c).
A′. 목자이신 여호와에 대한 반응: "내가 여호와의 집에 살리로다"(23:6).

　이 구조에서 핵심은 D/D′ 단락으로서, 23편은 여호와께서 고난 가운데 있는 의인을 보호하시고, 의인의 상처를 치유하시는 분임을 보여 주는 데 그 초점이 있다. 그래서 고난당하는 성도들에게, 목자이신 하나님의 은총을 의지

57　김창대, "시편 어떻게 설교할 것인가?", 「신학과 실천」 28 (2011): 223-225.

한다면 충분히 고난을 이길 수 있다는 교훈을 주고 있다.

23편은 목자와 양의 이미지로 일관되다가 갑자기 결론부에서 "상을 베풀고 머리에 기름을 바른다"라는 표현을 사용하여 목자 이미지를 훼손하는 듯한 인상을 준다. 이런 인상 때문에 후반부의 이미지는 주인이 손님을 초대하여 상을 베푸는 초청(invitation)의 이미지로서, 목자 이미지와 맞지 않다고 지적하는 학자도 있다.[58] 하지만 새뮤얼 테린(Samuel Terrien)은 원수 앞에서 상을 베풀고 머리에 기름을 바르는 이미지는 여전히 목자가 양을 돌보는 이미지로 해석될 수 있다고 본다.[59] 18세기 근동 지역에서 양을 치는 베두인의 생활상을 관찰한 그는 일반적으로 목자가 양에게 꼴을 먹이기 위해 전날에 미리 목초지를 답사하는 습관에 주목한다. 목자는 미리 답사지에 가서 양에게 해를 주는 가시나무들을 제거하고, 뱀 굴이 있으면 굴을 막아 놓는다고 한다. 그리고 다음 날 답사 지역으로 양들을 인도하여 꼴을 먹일 때에도 해로운 들짐승들이 양들에게 접근하지 못하도록 주위에 서서 양들을 지킨다. 테린은 이런 모습을, 23편의 시인이 원수 앞에서 상을 베푸는 모습으로 그리고 있다고 말한다.

머리에 기름을 바르는 장면은 목자가 일몰 시에 양들을 우리에 다시 가둘 때, 상처 부위, 특별히 뿔로 인해 쉽게 상하는 머리에 기름을 발라 치유하는 장면과 연결된다. 그러므로 테린은 이 부분을 목자가 양을 치유하는 모습으로 이해한다.[60] 이상의 관찰을 종합할 때, 23편은 목자이신 여호와의 모습을 다음과 같이 제시하고 있다. 즉, (1) 여호와는 공급자, (2) 여호와는 인도자, (3) 여호와는 보호자, (4) 여호와는 치료자라는 사실이다.

---

58 Garrett, "Preaching from the Psalms", 111-112.
59 Terrien, *The Elusive Presence*, 334.
60 우리는 누가복음의 강도를 구해 준 선한 사마리아인 비유에서 사마리아인이 상처에 기름을 바르는 것을 볼 수 있다(눅 10:34).

23편의 구조에 근거해서 우리는 목자로서의 여호와의 모습을 일관된 이야기의 흐름으로 재구성할 수 있다. 즉, 목자이신 여호와는(A) 우리에게 필요를 공급해 주시는데(B/B′), 그렇게 공급하시는 이유는 우리를 의의 길로 인도하시기 위함이다(C/C′). 여호와는 원수가 있는 곳으로 성도를 인도하실 수 있기 때문에, 우리는 때로 사망의 음침한 골짜기로 지나갈 수 있다. 이때 여호와는 우리를 보호하시고(D), 더 나아가 어려움 속에서 상처받은 우리를 치료하신다(D′). 이런 사실을 깨달은 사람은 목자이신 여호와의 선하심과 인자하심을 계속해서 누리기 위해 여호와의 집, 즉 여호와의 임재 속에 있기를 간구하게 될 것이다(A′).[61]

　　이런 흐름을 떠올리면, 확실히 23편은 시임에도 불구하고 여호와의 특성을 마치 내러티브처럼 서술하여, 목자이신 여호와께서 시온에서 베풀어 주시는 은혜를 돋보이게 하고 있다. 끝으로 23:6은 "내가 여호와의 집에 영원히 살리로다"라고 말하는데, 여기서 "여호와의 집"은 시온을 가리키기 때문에, 이상의 축복들이 시온의 축복임을 확인시켜 주고 있다.

　　정리하면, 23편은 고난 가운데서 탄식하는 성도에게, 하나님이 필요를 공급하시고(23:1), 인도하시며(23:2), 보호해 주시고(23:4), 치유하시는 분이시기에(23:5), 탄식의 상황에서 얼마든지 승리할 수 있다는 것을 교훈해 주고 있다. 그래서 시온이 상징하는 하나님 임재 안의 교제에서 그런 축복을 누림으로 고난을 이길 것을 촉구하고 있다.

　　24편은 23편의 결론이자 15-24편의 결론이다. 24편은 23편에서 제시된 시온의 축복(공급, 인도, 보호, 치료)을 받기 위해 누가 시온으로 대변되는 하나님의 임재 가운데 거할 수 있는가에 초점을 맞춘다. 이에 대한 답으로 이 시는

61　23:6의 "여호와의 집"은 성전을 가리키는 말로서 하나님의 임재의 장소를 뜻한다. McCann, *The Book of Psalms*, 128.

마음이 청결한 자, 즉 마음에 율법을 새기는 자가 시온의 축복을 누림으로 고난을 이길 수 있다는 것을 교훈한다(24:4).[62] 다시금 마음에 율법을 새기는 모습의 중요성을 강조하고 있는 셈이다. 24편의 구조는 다음과 같다.

  A. 만물의 창조자이자 주인이신 여호와께서 시온을 창조(24:1-2).
    B. 여호와의 산(시온)에 거하는 자의 특징(24:3-4).
      C. 여호와의 복: 하나님께 의를 얻음(24:5).
    B′. 시온에 거하는 자의 특징: 야곱의 하나님의 얼굴을 구함(24:6).
  A′. 시온에서 왕이신 여호와를 찬양하라(24:7-10).

이상의 구조로 볼 때, 24편은 하나님으로부터 의를 얻는 복에 그 초점이 있음을 알 수 있다(24:5). 일반적으로 여기서 의를 얻는다는 말은 "하나님의 예배"에 참여한 결과, 제사장으로부터 축복의 말과 함께 의롭다는 선언을 받는 것으로 이해된다.[63] 하지만 본문은 구체적으로 이 표현의 배경에 대해 어떤 단서도 제공하지 않는다. 언뜻 구약에서 여호와의 의는 백성을 향한 구원으로 나타나기 때문에, 24편에서 의를 얻는다는 표현은 구원을 받아 시온에 거하여 하나님과 인격적인 교제를 나누는 모습을 가리키는 것처럼 보인다. 하지만 주위 시들의 문맥을 고려해서 읽으면, 시온의 축복이 여호와로부터 의를 얻은 결과임을 강조하는 표현이라는 것을 알 수 있다.

24:1-2은 창조자이신 여호와께서 바다 위에 땅을 세우신 사실을 상기시키고, 하나님의 임재를 상징하는 시온이 땅의 중심으로 창조되었음을 보여

---

62 한편 송제근은 시 24편을 언약갱신의 시편으로 보고, 1-2절은 언약갱신을 위한 준비, 3-6절은 언약 당사자인 이스라엘의 등장, 그리고 7-10절은 언약을 맺는 하나님의 등장을 묘사한다고 주장한다. 송제근, "언약갱신 시편", 『시편 1: 어떻게 설교할 것인가』, 목회와신학 편집부 엮음 (서울: 두란노아카데미, 2008), 113.
63 Craigie, *Psalms 1-50*, 213.

준다.⁶⁴ 이것은 시온이 전체 우주를 축소한 소우주(microcosm)라는 암시이기도 하다. 이런 맥락에서 레벤슨(J. D. Levenson)은 이스라엘에게, 시온은 우주의 중심으로서 "세상의 요체이며 우주의 본질이자 우주의 소모형이다"라고 주장한다.⁶⁵

24:3-6은 하나님이 창조하신 시온에 거하는 사람의 특징과 복을 다루고 있다. 시온에 거하는 사람의 특징은 청결한 마음을 가지고 십계명을 준수하는 모습이다(24:4, "곧 손이 깨끗하며 마음이 청결하며 뜻을 허탄한 데에 두지 아니하며 거짓 맹세하지 아니하는 자로다").⁶⁶ 또한 시온에 거하는 사람은 하나님을 바라는 자라고 말한다(24:6). 시온에 거하여 하나님의 임재의 축복을 누리기 위해서는 하나님을 의지하여 율법을 실행에 옮겨야 한다는 선언이다.

하지만 24:5은 "구원의 하나님께 의를 얻으리니"라고 말하여, 온전히 하나님을 의지하고 율법을 실천하는 것은 인간의 공로가 아니라 하나님으로부터 의를 얻어서 나온 것임을 천명하고 있다. 하나님을 의지하고 율법을 행하여 시온에 거하는 것은 전적으로 하나님의 은혜로 인해 가능하다는 뜻이다.

결론으로 24:7-10은 시온에 계신 여호와를 왕으로 소개하고 왕이신 여호와를 찬양한다. "문들아 너희 머리를 들지어다. 영원한 문들아 들릴지어다. 영광의 왕이 들어가시리로다"(24:7). 이 왕은 "전쟁에 능한 왕"으로서 자신을 의지하는 성도들을 위해 전사가 되어 대적자를 물리치시는 분이다(24:8). 이렇게 시인이 여호와를 찬양하는 이유는 마음에 율법을 새겨서 하나님을 의지

---

64 Brown, "The Metaphorical Theology of Psalms 15-24", 265.
65 Jon D. Levenson, *Sinai and Zion: An Entry into the Jewish Bible* (New York: HarperCollins, 1985), 135-138. 올렌버거는 구약의 시온 전승은 기본적으로 창조신학으로서 하나님은 역사의 영역보다는 창조 세계의 영역에서 자신을 더 잘 드러내시는 분이라고 주장한다. Ben C. Ollenburger, *Zion The City of the Great King: A Theological Symbol of the Jerusalem Cult*, JSOTSup 41 (Sheffield: Sheffield Academic Press, 1987), 161.
66 송제근은 24:4의 내용을 십계명의 목록보다 더 구체적인 것이라고 말한다. 송제근, "언약갱신 시편", 117.

하고 율법을 행하여 시온의 축복을 받고 고난을 헤쳐 나갈 때, 그 모든 과정이 왕이신 하나님이 의를 베풀어 주신 결과임을 깨달았기 때문이다. 여기서 성도는 마음에 율법을 새겨 고난에서 승리할 때 그 모든 것을 하나님의 영광으로 돌려야 한다는 교훈을 깨달을 수 있다.

정리하면, 20-24편은 시온에서 오는 축복이 소원 만족, 생명, 악인의 멸망, 공급, 인도, 보호, 치유임을 소개하고, 그런 축복을 받기 위해 마음으로 율법을 지킬 것을 강조한다. 확실히 이런 자는 사망의 음침한 골짜기와 같은 극심한 고난 중에 있을지라도 왕이신 하나님의 임재 안에 거하여 시온의 축복을 누려 고난을 이기게 될 것이다. 그리고 자신이 누리는 시온의 축복도 자신의 공로가 아니라 전적으로 하나님의 은혜임을 고백하게 될 것이다.

4) 25-37편: 온유한 자가 되어 복을 받으라.

25-37편은 시온으로 상징되는 하나님 임재의 복을 누리며 마음에 율법을 새기는 자를 온유한 자(עָנָו/"아나브")로 정의하고, 온유한 자에게 주시는 구체적인 복에 초점을 맞추고 있다(25:13; 27:13; 28:9; 29:11; 30:6; 31:20; 31:19; 34:8, 12; 36:8; 37:22). 그래서 온유한 자가 복을 받는다는 힌트가 단락의 주요 위치에 자주 등장한다(25:9×2; 34:2; 37:11).[67] 특별히 온유한 자가 받는 축복으로서 땅의 축복을 두드러지게 제시한다. 여기서 땅의 축복은 물질적인 축복뿐만 아니라 영적인 축복을 포함하는 말이다(25:13; 27:13; 34:16; 37:9, 11, 22, 29, 34).[68] 이는 마태복음 5:5의 산상수훈에서 예수님이 땅의 축복을 천국으로 말씀하신

---

[67] "아나브"라는 단어는 1권 안에서 25-37편 외에 9-10편에서 4번 나타난다(9:12, 18; 10:12, 17). 개역개정판은 9-10편에서 "아나브"를 주로 가난한 자로 번역했는데, 여기서 가난한 자는 고난을 당하는 탄식의 상황에서 자신이 아무것도 아니며 오직 하나님에게만 희망이 있다는 것을 철저하게 느끼는 성도의 모습을 강조하기 위한 용어다.

[68] 이에 대해서는 나중에 더 자세한 논의가 있을 것이다.

것과 같은 맥락이다(마 5:5). 이제 25-37편의 구조를 살펴보기로 하자.[69]

    A. 25편 - 주의 인애와 공의와 의를 찬양, 온유한 자는 땅을 상속할 것임(25:13).
      B. 26편 - 탄식: 주의 인자와 진리를 의지했다고 함, 의인은 평탄한 길에 있음 (26:12).
        C. 27편 - 온유한 자의 복: 산 자의 땅에서 은혜를 볼 것임(27:13).
          D. 28편 - 탄식: 탄식 중에 주를 의지하겠다고 다짐(28:7).
            E. 29-30편 - 왕이신 하나님의 복에 대한 감사: 평강의 복(29:11).
          D´. 31편 - 탄식: 주의 진리와 인애를 의지하겠다고 다짐(31:14).
        C´. 32-34편 - 온유한 자의 복: 죄 용서(32:1)/백성 됨(33:12)/생명, 땅(34:12, 16).
      B´. 35편 - 탄식: 주의 공의와 의를 의지하겠다고 다짐, 악인은 미끄러질 것임 (35:8).
    A´. 36-37편 - 주의 인애와 공의와 의를 찬양, 온유한 자("아나브")는 땅을 상속할 것임(37:11).

이상의 구조로 볼 때 25-37편의 핵심은 E단락으로서, 온유한 자가 받는 최고의 복은 평강임을 보여 준다. 1권이 서두와 말미에 "복이 있는"이라는 말을 사용하여 인클루지오 구조를 이루고 있는 것처럼(1:1; 41:1), 25-37편 역시 땅을 상속받는 축복을 서두(25:13)와 말미(37:9)에 언급하여 인클루지오 구조

---

69 25-37편을 한 단락으로 정하는 문제에 대해서 여러 다른 이견이 있다. 호스펠트와 챙어는 25-34편으로 단락의 경계를 정했고, 김성수는 스텍(Steck)의 제안에 따라 25-33편으로 단락을 정했다. 하지만 필자는 25-37편이 더 설득력 있는 단락 경계라고 생각한다. Hossfeld und Zenger, *Die Psalmen 1: Psalm 1-50* (Würzburg: Echter Verlag, 1993), 13; 김성수, "문맥으로 시편 25-33편 읽기", 「구약논단」 19/2 (2013): 70-73 참조.

를 이루고 있다. 또한 25편과 37편은 지혜시로서, 온유한 자를 언급한다는 공통점을 가지고 있다(25:9; 37:11). 한편 25-37편은 탄식과 탄식에 대한 하나님의 응답이라는 관점에서 다음과 같은 구조를 가진다.

서론. 25편 – 온유한 자가 땅을 차지함.
  A. 26-27편 – 여호와를 신뢰하는 자가 땅을 차지할 것임(여기서 탄식은 26편).
    B. 28-30편 – 최고의 축복인 평강(여기서 탄식은 28편).
  A'. 31-37편 – 온유한 자가 땅을 차지할 것임(여기서 탄식은 각각 31, 35편).

25편: 온유한 자가 땅을 차지함

25편은 25-37편의 서론으로서, 이후에 나오는 시들의 주제들을 미리 함축적으로 제시하고 있다. 그래서 25편에 나타난 주제들은 26-37편에서 지속적으로 발전해 나간다는 특징을 보인다. 구체적으로 의인의 길(25:4, 12), 땅의 축복(25:13), 여호와의 성품(인자, 선하심, 성실, 진리, 긍휼함, 25:8, 10, 16, 21), 죄 용서(25:18; 32:1) 등이 다음에 나오는 26-37편에서 계속 반복된다.[70]

25편에서 의인은 온유한 자로 묘사된다(25:9). 여기서 "온유한 자"로 번역된 히브리어 "아나브"는 겸손한 자, 가난한 자라는 의미로, 9-10편에서 언급된 "가난한 자"("아나브")를 그대로 반복한 것이다(9:12, 18; 10:12, 17). 실제로 25-37편은 온유한 자(가난한 자)를 자주 언급하여, 온유한 자를 눈에 띄게 언급하는 3-14편과 짝을 이루고 있다(특별히 9-10편). 25편에서 제시된 온유한 자의 정체는 자신이 하나님 앞에 죄인임을 알고 절저하게 낮아진 자다(25:8, "그의 도로 죄인들을 교훈하시리로다").[71] 그러면서 죄를 회개할 때 용서하시는 하나님의

---

[70] Kim, "The Blessing of Inheriting the Earth in Psalm 37", 103.
[71] 이성훈, "시 25편: 선취적 신앙 고백의 집중", 『시편 1: 어떻게 설교할 것인가』, 249.

사랑과 긍휼을 깨달아(25:6), 자신도 하나님을 향해 사랑을 품고 의지하면서 하나님의 공의를 자발적으로 행하려는, 여호와를 경외하는 자다(25:14). 25편의 구조는 다음과 같다.

    A. 내가 주를 의지함: 원수들에게서 구원하소서(25:1-3).
      B. 주의 길을 보여 주소서(25:4-5).
        C. 여호와의 인자에 호소: 죄 용서 간구(25:7-8).
          D. 온유한 자에게 하나님이 계속해서 인자와 공의와 진리를 베푸심 (25:9-10).
        C´. 죄 용서 간구(25:11).
      B´. 경외하는 자의 축복: 길을 알고 땅을 상속(25:12-14).
    A´. 주를 의지함: 원수들에게서 구원하소서(25:15-22).

이 구조로 볼 때 25편의 핵심은 D단락으로서, 하나님이 온유한 자에게 인자(인애)와 공의와 진리를 베풀어 주신다는 것이다. 온유한 자는 하나님으로부터 인애와 공의와 진리의 혜택을 받기 때문에, 자신도 인애와 공의와 의를 행하는 자다. 온유한 자에게도 핍박하는 원수가 있다. 그렇지만 온유한 자는 원수들 앞에서 하나님을 원망하지 않고 하나님께 구원해 달라고 기도하는 자다(25:2, 19-20). 온유한 자의 특징이 기도라는 것을 잘 보여 주는 대목이다. 25편은 이와 같은 온유한 자가 궁극적으로 땅을 상속하는 복을 얻게 될 것이라고 말한다(25:13, "그의 영혼은 평안히 살고 그의 자손은 땅을 상속하리로다").

결국 25편의 요점은 탄식의 상황에 있는 사람들을 향해, 온유한 자가 되어 하나님의 인애와 공의와 의를 체험하고 스스로도 하나님과 이웃에게 인애와 공의와 의를 행하도록(마음에 율법을 새기도록) 촉구하는 것이다. 이런 자에게 궁극적으로 땅을 차지하는 축복이 주어질 것이라는 설명이다. 땅을 차지하는 축복은 거꾸로 악인이 땅에서 멸망한다는 것을 의미한다. 확실히 땅의 축복은 땅이 없어 탄식하는 포로 후기 공동체에게 큰 위로와 희망이 아닐 수 없었다. 이러한 땅의 축복은 25-37편의 주요 길목(소단락의 끝)에 반복적으로 나타남으로써 25-37편의 주제로 떠오른다.

26-27편: 여호와를 신뢰하는 자가 땅을 차지할 것임

온유한 자가 하나님으로부터 땅을 차지하게 될 것을 선언한 25편에 이어, 26-27편은 그 온유한 자가 다름 아닌, 여호와를 신뢰하는 자임을 보여 준다. 자신이 아무것도 아님을 깨닫고 여호와를 전적으로 신뢰하는 자가 고난을 헤쳐 나가고 결국 땅을 얻게 될 것이라는 약속이다. 26-27편의 구조는 아래와 같이 탄식(26편)과 탄식에 대한 응답(27편)으로 나뉜다.

A. 26편 – 탄식: 원수들에게서 구원해 달라는 호소(26:9).
A′. 27편 – 탄식에 대한 응답: 여호와를 신뢰하는 자가 땅을 차지할 것(27:13).

흥미롭게도 26편은 1편을 매우 강하게 연상시킨다. "허망한 사람과 같이 앉지 아니하였사오니 간사한 자와 동행하지도 아니하리이다"(26:4). 또한 1편에서 언급된 의의 길을 암시하듯, 자신의 발이 "평탄한 데에 섰다"라고 고백한다(26:12). 이런 점에서 26편의 시인은 탄식의 상황에서 1편이 말하는 복 있는 사람처럼, 마음으로 율법을 새기는 모습을 추구하고 있음을 암시한다.

26:1에서 "완전함"으로 번역된 히브리어 단어는 "톰"(תם)이다. 이 단어는 바로 앞의 25:21에서 "성실"로 번역된 히브리어 단어("톰")와 동일한 낱말이다. 이런 연결어구(catchword)는 26편을 25편과 연결하여 읽도록 유도하는 효과

가 있다. 26:1에서 완전함은 도덕적으로 행위가 "완전하다"라는 의미가 아니라, 겉과 속이 한결같이 여호와를 의지하는 방향으로 나아가는 모습을 가리킨다. 그러므로 여기서 완전함은 "행위의 문제"가 아니라 "방향성의 문제"다(119:1 참조).[72]

26:3에서 시인은 하나님의 속성을 부각시키고 자신이 하나님의 인자와 진리를 따라 행동했다고 고백한다. 하나님의 인자와 진리를 따라 행동했다는 것은 자신도 하나님을 사랑하는 인애를 가지고 하나님의 뜻인 공의를 행하였고, 그런 사랑과 공의를 한결같이 수행하는 의의 모습을 견지했다는 의미다. 사랑은 마음의 상태를, 공의는 외형적인 행동을 가리키는 것이기 때문에, 시인의 겉과 속이 한결같았음을 확언해 주는 셈이다. 이런 점에서 시인은 자신이 "완전함에 행했다"라고 말했던 것이다(26:1, 11).

26:4에서 시인은 자신이 "간사한 자와 동행하지도 않았다"고 선언한다. 여기서 "간사한 자"에 해당하는 히브리어 단어는 동사 "알람"(עָלַם)의 니팔 분사형으로서, "자신을 숨기는 자"라는 뜻이다. 이처럼 시인은 속을 숨기고 이중적으로 행동하는 자와 동행하지 않았다고 말함으로써, 자신이 겉과 속이 한결같은 자라는 것을 재차 호소하고 있다.[73]

한편 26:6에서 시인은 자신이 "무죄하다"고 말하는데, 이것은 죄를 인정하는 25:7과 죄 용서의 은총을 찬양하는 32:1의 진술에 들어맞지 않는다(31:10 참조). 그러므로 26:6의 말은 시인이 스스로를 과신한다는 인상을 준다. 이어서 시인이 살인자에게서 자신을 구원해 달라고 호소하는 것으로 보아(26:9), 26편의 배경은 원수들로부터 살해 위협을 받고 있는 탄식의 상황임을 알 수

---

[72] 크리스토퍼 애쉬, 『시편 119』, 28. 한편, 시 119:1에서 온전함에 해당하는 히브리어 단어는 "톰"이 아니라 "타밈"이다. 하지만 "타밈"은 "톰"과 동일한 어근의 낱말로서 같은 의미를 지닌 단어다.
[73] 이성훈, "시 26편: 사람의 마음을 살피시는 하나님", 『시편 1: 어떻게 설교할 것인가』, 254.

있다.

26:12에서 시인은 자신의 발이 평탄한 길에 서 있다고 말한다. 26편과 짝을 이루는 35편도 의인이 평탄한 길에 서 있기 때문에 미끄러운 길에서 멸망하지 않을 것이라 약속한다(35:8; 36:11-12; 37:31 참조). 37:31에 의하면 의인이 평탄한 길에 서 있다는 것은 "그의 마음에 하나님의 법이 있다"는 뜻이다. 결국 26편에서 시인은 원수들이 해하려는 탄식의 상황 가운데서, 마음에 율법을 새기고 있기 때문에 자신은 평탄한 길에 서 있다고 말하고(26:12), 하나님께 속히 자신을 구원해 달라고 탄식하며 호소하고 있다.

27편은 신뢰시로, 26편의 탄식과 관련하여 하나님의 응답을 들려준다. 27편의 구조는 다음과 같다.

  A. 과거에 베푸신 구원을 근거로 여호와를 신뢰: 원수들이 실족함(27:1-3).
    B. 성전에서 "여호와의 아름다움" 보기를 사모함(27:4-6).
      C. 미래에 여호와께서 구원을 베풀어 주실 것을 간구(27:7-9).
        D. 여호와를 향한 신뢰: "내 부모는 나를 버렸으나"(27:10).
      C′. 미래에 구원을 받기 위한 간구: 주의 도를 가르쳐 주소서(27:11-12).
    B′. "산 자들의 땅에서 여호와의 선하심"을 봄(27:13).
  A′. 여호와의 구원을 항상 바라라(27:14).

이상의 구조로 볼 때 27편의 핵심은 D단락으로서, 여호와의 구원을 신뢰하는 데 있다. 이렇게 해서 26편의 탄식과 관련하여 27편은, 여호와를 신뢰하고 간구한다면 원수들을 이기고 나중에 "산 자의 땅"을 차지하여 주의 은혜를 보게 될 것이라 교훈한다. 덤으로, 성전이 상징하는 하나님과의 교제 안에서 마음의 기쁨을 누린다면 고난을 즐겁게 통과할 수 있음을 일깨워 준다

(27:4-6).

27:1-3은 탄식의 상황에 있는 사람들에게 과거에 베푸신 하나님의 은혜를 상기시킴으로써 하나님을 신뢰하도록 권면한다. 먼저 시인은 "여호와는 나의 빛이요 나의 구원이시니 내가 누구를 두려워하리요"라고 고백한다(27:1). 이렇게 고백하는 이유는 과거에 하나님이 원수들을 물리쳐 주셨기 때문이다 (2절). 그래서 시인은 현재 원수가 자신을 둘러싸고 있을지라도 태연하다고 말한다(27:3). 결국 27:1-3은 어려움 가운데서도 과거에 베푸신 하나님의 구원을 기억하고 그분을 신뢰한다면 원수로 인한 고난을 충분히 이길 수 있다는 교훈을 준다.

27:4-6은 성도가 고난 앞에서 하나님을 신뢰할 수 있는 원동력이 무엇인지를 설명해 준다. 이 소단락에서 시인은 "내가 여호와께 바라는 한 가지 일 그것을 구하리니 곧 내가 내 평생에 여호와의 집에 살면서 여호와의 아름다움을 바라보며 그의 성전에서 사모하는 그것이라"라고 말한다(27:4). 이 구절에서 "여호와의 아름다움"은, 단순히 미적인 대상으로 여호와의 성품을 돋보이게 하는 표현이 아니다. 개역개정판 한글 성경이 "아름다움"으로 번역한 히브리어 단어는 "노암"(נֹעַם)으로, "기쁨"을 뜻한다.[74] 그러므로 27:4의 진술에는 성도가 여호와의 임재 안에 거하여 여호와께서 주시는 기쁨을 체험한다면 고난을 헤쳐 나갈 힘을 충분히 얻을 수 있다는 진리가 담겨 있다.

그런데 27:7-12에서 구원을 호소하는 내용이 나와 갑작스런 전환이 일어난다.[75] 이런 전환의 이유는, 시인이 과거에 하나님이 베푸신 구원에 근거하여 현재에도 원수들로부터 구원해 주실 것을 호소하고 있기 때문이다. 먼저

---

74 VanGemeren, "Psalms", 245.
75 그래서 많은 학자들이 27편을 1-6절과 7-14절로 나뉜다고 보고, 후반부는 탄식시로 본다. Walter Brueggemann, *The Message of the Psalms* (Augsburg: Augsburg Publishing House, 1984), 152.

27:7-9에서 시인은 여호와께 구원을 간청하며 구원을 확신한다. 이와 같은 확신의 근거는 고난 가운데서도 성도가 하나님과의 교제에서 오는 마음의 기쁨을 누리고 있기 때문이다. 이어서 27:10에서 시인은 자신이 부모로부터 버림을 받을 정도로 낮은 처지에 있음을 밝히고, 자신의 유일한 소망은 하나님밖에 없음을 토로한다. 이 대목에서 진정으로 하나님을 신뢰하는 자는 자신이 아무것도 아닌 존재임을 자각해야 한다는 것을 깨달을 수 있다.[76]

27:11의 "여호와여 주의 도를 내게 가르치시고"라는 구절은, 구원을 확신할 수 있는 근거인 마음의 기쁨을 지속적으로 가지기 위해서 무엇보다 여호와의 도를 지키는 것이 중요함을 보여 준다. 자신의 비천함을 깨닫고 여호와를 진정으로 신뢰하며, 더 나아가 율법에 나타난 주의 도를 행할 때 마음으로 하나님과의 교제의 기쁨을 누릴 수 있다는 말이다.

27:11의 후반절은 "내 원수를 생각하셔서 평탄한 길로 나를 인도"해 달라고 간구한다. 이런 간구는 얼핏 원수를 피해 위기가 없는 길로 인도해 달라는 이기적인 기도처럼 들린다. 하지만 여기서 "평탄한 길"은 37:31의 관점에서 볼 때, 단순히 원수를 피하는 길을 의미하는 것은 아니다. 37:31은 평탄한 길에 있는 자를 마음에 율법을 새긴 자로 묘사하고 있다. 때문에 27:11에서 "평탄한 길로 인도"해 달라는 간구는 계속해서 마음에 율법을 새겨 말씀으로부터 오는 기쁨을 가지고 원수 앞에서 승리하게 해 달라는 간구다(27:12 참조).

27:13은 그런 자가 받을 축복을, "산 자들의 땅에서" 보게 될 "여호와의 선하심"으로 표현한다.[77] 이것은 25편에서 언급된, 온유한 자가 땅을 상속받는 축복을 연상시킨다. 27:13이 말하는 땅의 축복은 단순히 물질적인 축복만을 의미하는 것은 아니다. "산 자들의 땅"을 차지한다는 것은 악인이 사라

---

76 Kraus, *Psalms 1-59*, 337.
77 Kim, "The Blessing of Inheriting the Earth in Psalm 37", 104.

진 상황에서 하나님과의 교제의 기쁨을 누리는 상태를 포함한다. 그래서 여호와를 신뢰하는 자는 하나님과의 교제의 기쁨을 통해 고난을 이기고, 종말에 온전히 땅을 상속하여, 악인이 사라진 자리에서 하나님과 더욱 풍성한 교제로 기쁨을 나누게 될 것이라 말하고 있다.

정리하면, 27편은 26편의 탄식과 관련해서 여호와를 신뢰하여 주님과의 교제에서 오는 마음의 기쁨을 가지도록 촉구한다. 이런 마음의 기쁨은 고난을 넉넉히 이기게 하는 원동력이 되기 때문이다. 그리고 이런 기쁨을 계속 유지하기 위해서는 여호와를 신뢰하고, 무엇보다 마음에 율법을 새겨 그것을 행해야 한다는 것을 가르쳐 준다. 이렇게 행하는 자는 종말에 반드시 땅을 차지하는 축복을 누리게 될 것이다.

28-30편: 최고의 복인 평강

탄식 가운데 하나님을 신뢰하고 말씀에 순종하여 하나님이 주시는 기쁨을 가지고 승리할 것을 말하고 있는 27편에 이어, 28-30편은 하나님이 주시는 기쁨을 마음의 평강으로 표현하고, 이런 평강이 최고의 복임을 부각시킨다. 28-30편의 구조도 탄식에 대한 응답이라는 흐름으로 전개된다.

A. 28편– 탄식: 악인은 평강을 주지 않음(28:3).
A'. 29편– 탄식에 대한 응답: 창조자가 백성에게 힘과 평강을 주실 것임(29:11).
결론. 30편– 하나님이 주신 은혜에 대한 찬송과 감사(30:5, 12).

28편은 탄식시인데, 여기서 시인은 27편이 말한 시온의 복인 교제의 기쁨을 간구하며 시작한다(28:2, "내가 주의 지성소를 향하여 나의 손을 들고 주께 부르짖을 때"). 이어서 28:3은 "그들은 그 이웃에게 화평을 말하나 그들의 마음에는 악독이 있나이다"라고 말하여, 악인이 겉으로는 평강을 외치나 결코 진정으로 평강을 주지는 않는다고 토로한다. 그래서 고난 가운데서 하나님이 주시는 평강과 거기서 오는 기쁨을 기원하고 있다.

29편은 28편의 탄식과 기원에 대한 응답으로 창조와 역사를 주관하시는 왕이신 하나님을 강조한다. 그래서 왕이신 하나님이 반드시 자기 백성(산업)에게 힘과 평강을 주실 것을 확신시켜 주고 있다. 29편의 구조는 다음과 같다.[78]

서론. 여호와께 영광과 능력을 돌리며 예배하라(29:1-2).
  A. 여호와의 소리(우렛소리)가 물 위에 있음(29:3).
    B. 여호와의 소리의 위력: 창조 세계를 혼란에 빠뜨림(29:4-9).
  A′. 홍수 때에 좌정하셨던 여호와는 영원한 왕(29:10).
    B′. 왕이신 여호와의 위력: 백성에게는 힘과 평강의 복을 주심(29:11).

이상의 패널 구조로 볼 때 29편의 핵심은 B′단락(29:11)으로서, "여호와께서 자기 백성에게 힘을 주심이여 여호와께서 자기 백성에게 평강의 복을 주시리로다"라는 데 있다. 29편의 전반부(29:3-9)는 먼저 왕이신 여호와의 천둥소리가 창조 세계를 혼란에 빠뜨릴 정도로 위력을 발휘한다는 것을 묘사한다.[79] 이어서 후반부(29:10-11)는 홍수 때에 좌정하셔서 창조 세계를 전복시키셨던 여호와께서 자신의 백성에게는 혼란이 아닌, 힘과 평강을 주신다는 것

---

[78] VanGemeren, "Psalms", 253. 여기서 밴게메렌은 29편의 구조를 다음과 같이 제시한다.
  A. 여호와께 영광을 돌리라(1-2절).
    B. 여호와의 영광스런 소리(3-9절).
  A′. 여호와의 왕권을 찬양(10-11절).
[79] 29:3에서 시인이 "여호와의 소리가 물 위에 있도다"라고 하는 말은 가나안 신화에서 바알이 물로 대변되는 무질서의 세력(라합, 리워야단 등)을 무찌르고 왕으로 등극하는 내용을 강하게 연상시킨다. 이런 점들을 고려할 때 29편은 원래의 가나안 신화를 빗대어 대적자들 앞에서 하나님의 왕권을 찬양하는 시라고 말할 수도 있다.

을 역설적으로 보여 준다.[80] 이렇게 하여 여호와로부터 오는 평강이 놀라운 축복임을 독자들에게 각인시키고 있다.

    28편에서는 원수들이 평강을 주지 않는 상황에서, 29편은 왕이신 하나님이 성도에게 평강을 주신다는 사실을 주지시켜 성도가 낙심할 필요가 없음을 교훈해 주고 있다. 신약은 이런 평강이 예수님으로부터 온다는 사실을 다음과 같이 밝히고 있다. "평안을 너희에게 끼치노니 곧 나의 평안을 너희에게 주노라. 내가 너희에게 주는 것은 세상이 주는 것과 같지 아니하니라. 너희는 마음에 근심하지도 말고 두려워하지도 말라"(요 14:27).

    평강의 복은 35:27, 37:11, 37:37에서 알 수 있듯이, 온유한 자가 누리는 복이다. 따라서 29편이 평강의 복을 언급하는 데에는 성도들에게, 탄식의 상황 가운데서 탄식하지 말고 온유한 자가 될 것을 권면하는 의미가 함축되어 있다. 29:11의 평강은 하나님과의 교제의 기쁨을 달리 표현한 말이기에, 탄식의 상황 속에 있다 하더라도 성도는 이런 평강의 기쁨으로 승리할 수 있다는 것을 환기시켜 주고 있다.

    30편은 29편의 "평강의 복"을 찬양하는 후렴의 성격을 갖고 있다. 원래 30편은 질병이 있는 자가 하나님의 치유의 은혜를 체험하고 그 은혜에 감사하는 시다(30:2, "나를 고치셨나이다").[81] 30편에서 시인은 자신이 병에 걸린 이유가 교만 때문이라는 것을 깨닫는다(30:6, "내가 형통할 때에 말하기를 영원히 흔들리지 아니하리라 하였도다"). 그래서 자신의 교만을 회개하고 하나님으로부터 죄 사함의 은총을 받아 치유받았다는 사실에 감사하고 있는 것이다(30:12, "여호와 나의 하나님이여 내가 주께 영원히 감사하리이다").

    하지만 30편은 시편의 최종 완성 형태에서 현 위치에 놓임으로써, 29편이

---

80 이성훈, "시 29편: 유일한 경배 대상이신 하나님", 『시편 1: 어떻게 설교할 것인가』, 272.
81 Kraus, *Psalms 1-59*, 354.

말하는 하나님의 "평강의 복"을 찬양하고 감사하는 의미를 드러내는 시로 재해석되고 있다. 이런 재해석이 30편의 원래 의미를 왜곡하는 것은 아니다. 오히려 30편의 병 고침의 복이 궁극적으로 29편이 말하는 평강의 복으로 이해될 수 있다는 신학적 통찰을 주어, 병 고침의 의미를 더욱 풍성하게 해 주고 있다.

31-37편: 온유한 자의 복

하나님이 주시는 평강의 복을 이야기하는 28-30편에 이어, 31-37편은 평강의 복을 누림으로 고난을 이기는 자의 정체를 25편처럼 온유한 자("아나브")라고 다시 표현한다(34:2, 6; 37:11). 그러므로 성도들에게 온유한 자가 되어 궁극적으로 땅의 축복을 받도록 권면하고 있다. 31-37편은 탄식과 그에 대한 하나님의 응답이 이중적으로 반복되는 구조를 이루고 있다.

   A. 31편 – 탄식: 주의 진리와 인애를 의지하겠다고 다짐(31:14).
     B. 32-33편 – 역사와 창조 세계에 나타난 주의 인애, 공의, 의를 기억하고 의지하라.
       C. 34편 – 온유한 자가 땅을 차지하게 될 것이다.
   A'. 35편 – 탄식: 주의 의를 의지하겠다고 다짐(35:24, 28).
     B'. 36편 – 창조 세계와 역사에 나타난 주의 인애, 공의, 의를 기억하고 의지하라.
       C'. 37편 – 온유한 자가 땅을 차지하게 될 것이다.

이상에서 볼 수 있듯이, 31-37편은 패널 구조이기 때문에 C/C'단락에서 강조되는 '온유한 자가 받게 될 복'이 핵심 메시지를 이룬다(34, 37편). 31-37편에서 온유한 자는 마음에 율법(말씀)을 새긴 자로 더욱 선명하게 제시된다

(33:21; 34:18; 37:31). 앞의 구조가 보여 주듯이, 31-37편은 전반부인 31-34편과 후반부인 35-37편으로 나뉜다.

① 31-34편

31-34편은 서두와 말미에 "피하다"라는 히브리어 동사 "하사"(חסה)가 나와서 인클루지오를 형성한다(31:19; 34:22). 더욱이 31-34편은 어휘 면에서 서로 긴밀하게 얽혀 있고,[82] 31편은 앞의 30편에서 제시된 "진리"("에메트"), "은혜"라는 어휘들을 사용하여(31:5, 19), 30편과도 밀접하게 연결되어 있다. 31편의 구조는 다음과 같다.

A. 여호와는 나의 산성: 원수의 "비밀히 친 그물"에서 구원해 주소서(31:1-4).
  B. 과거에 하나님이 베풀어 주신 은혜: 속량하여 넓은 곳에 세우셨음(31:5-8).
    C. 현재의 탄식: 죄로 인해 뼈가 쇠함, 깨진 그릇과 같음, 무리의 비방 (31:9-14).
  B´. 현재 다시 은혜를 베풀어 달라는 간구: 원수의 손에서 건져 주소서(31:15-18).
A´. 여호와의 견고한 성: 여호와께서 "은밀한 곳"에 숨겨 주실 것임(31:19-22).
결론: 여호와의 구원을 확신하고 여호와를 담대하게 바라라(31:23-24).

이상의 구조는 31편의 초점이 고난으로 인한 탄식에 있음을 보여 준다(C 단락). 31:4은 원수들이 "비밀히 친 그물"로 인해서 시인이 탄식의 상황에 놓여 있음을 드러낸다. 하지만 31:5-8에서 시인은 주님의 진리와 놀라운 인자를 언급하고(31:5, 7), 비록 고난을 당하고 있지만 과거에 은혜를 베풀어 주셨

---

82 복(32:1; 33:12; 34:8), 눈(32:8; 33:18; 34:15), 피난처 또는 보호(31:1, 19; 34:8, 22), 두려워함 또는 경외(31:19; 33:8, 18; 34:9, 11) 등이 있다.

던 주님의 인애와 진리를 의지하겠다고 다짐한다(31:6). 31:10에서 시인은 "내 기력이 나의 죄악 때문에 약하여지며 나의 뼈가 쇠하도소이다"라고 말함으로써, 현재 당면한 고난이 어느 정도 자신의 죄 때문임을 고백하며 죄 용서를 구한다. 여호와를 바라볼 것을 결심한 시인은 결론에서, 다른 성도들에게도 여호와의 인애를 담대하게 바라볼 것을 권면하며 시를 종결한다. "여호와를 바라는 너희들아 강하고 담대하라"(31:24).

32-33편은 31편의 탄식에 대한 하나님의 응답을 제시하는 기능을 한다. 먼저 32편은 죄를 고백하는 자에게 죄 용서와 함께 은혜를 베푸시는 하나님의 인자하심을 강조한다.[83] 죄를 용서하시는 하나님의 인애로 인해 성 아우구스티누스는 자신의 침대에 32편을 새겼다고 한다.[84] 얼핏 보면 32편은 탄식의 원인이 인간의 죄성에 있기 때문에 죄를 고백할 것을 촉구하는 시처럼 보인다. "허물의 사함을 받고 자신의 죄가 가려진 자는 복이 있도다"(32:1). 하지만 이런 이해는 문맥의 흐름에 맞지 않는다. 이미 31편에서 시인은 자신의 죄를 고백하며 회개하고 있기 때문이다(31:10, "내 기력이 나의 죄악 때문에 약하여지며").[85]

32편은 "허물의 사함을 받고 자신의 죄가 가려진 자는 복이 있도다"로 시작되는데(32:1), 이렇게 죄 용서의 은혜를 강조하는 목적은 성도가 하나님의 은혜(인애)로 죄 용서를 받고 백성이 되었다는 사실을 상기시켜, 그 은혜로 인해 백성이 된 사실 자체만으로도 고난 가운데서 하나님께 감사할 수 있음을 일깨워 주려는 것이다. 한마디로 은혜를 항상 기억한다면 고난에서 승리할 수 있다는 설명이다.

---

[83] 죄를 회개한다는 점에서 32편은 보통 참회시로 불린다. 시편 안에서 참회시로 분류된 시는 총 7개다(6, 32, 38, 39, 51, 130, 143편). 하지만 참회시라는 분류는 매우 인위적이다. 예를 들어 32편은 죄의 고백보다는 죄 용서를 베푸시는 하나님의 인애에 더욱 초점을 맞추고 그런 은혜를 받은 사람이 이후에 어떻게 행동해야 할지에 더 많은 관심을 보인다.
[84] McCann, *The Book of Psalms*, 111.
[85] Terrien, *The Psalms*, 289.

32편은 마음에 율법을 새길 것을 강조한 1편과 긴밀한 관계를 보인다.[86] 실제로 32편과 1편은 "복"(32:1-2; 1:1), "죄"(32:1, 5; 1:1, 5), "주야"(32:4; 1:2), "가르침/율법"(32:8; 1:2), "길"(32:8; 1:1, 6), "악인"(32:10; 1:1, 4-6), "의인"(32:11; 1:5-6)과 같은 어휘들을 공통적으로 사용한다. 이런 공통점들은 32편을 1편의 견지에서 읽으라는 해석적 힌트다. 그러므로 1편의 관점에서 32편을 읽으면, 32편은 죄 용서의 은혜를 베풀어 주신 하나님의 사랑을 기억하고, 그 사랑에 보답하여 마음에 율법을 새겨서 고난을 이길 것을 권면하는 것이다. 32편의 구조는 다음과 같다.

A. 죄 용서를 받은 자는 복이 있다(32:1-2).
  B. 죄를 자복하지 않을 때의 슬픔(32:3-5).
    C. 죄 용서를 받은 자("하시드")의 태도: 고난의 때에 기도하라(32:6).
      D. 하나님의 은혜: 환난에서 보호, 길을 가르쳐 주심(32:7-8).
    C′. 죄 용서를 받은 자의 태도: "무지한 말이나 노새"같이 되지 말라(32:9).
  B′. 악인에게는 슬픔, 여호와를 신뢰하는 자에게는 인자함이 있음(32:10).
A′. 여호와를 기뻐하며 즐거워하라(32:11).

이상의 구조는 32편의 초점이 하나님이 성도에게 베푸시는 은혜에 맞춰져 있음을 보여 준다(D단락). 그러므로 하나님이 성도의 죄를 용서하시고 환난 가운데서도 보호해 주시며 길을 가르쳐 주시는 분이심을 말하여, 고난 속에서 그런 하나님의 사랑을 깨닫고 승리할 것을 교훈하는 것이 이 시의 중심 메시지다.

---

86 McCann, *The Book of Psalms*, 109-111 참조.

32:6은 죄 용서 받은 자를 "경건한 자"로 말하고 있는데, 여기서 "경건한 자"로 번역된 히브리어 단어는 "하시드"(חָסִיד)로서, 인애를 뜻하는 "헤세드"라는 단어에서 파생된 것이다. 이 단어는 인애를 체험하여 자신도 인애를 베푸는 자를 의미한다.[87] 이렇게 해서 성도는 기본적으로 하나님의 인애로 죄 용서의 은혜를 받은 자임을 보여 주고 있다. 32:6은 이런 인애를 받은 자의 마땅한 태도는 기도하는 것이라고 말한다. 죄 용서의 은혜로 성도가 된 자는 고난의 때("홍수가 범람할 때")에 하나님의 은혜를 의지하여 계속해서 하나님의 인애를 간구하는 자가 되어야 한다는 교훈이다.[88]

확실히 하나님의 죄 용서를 통해 성도가 된 사실을 깨달은 자는 고난 앞에서 결코 흔들리지 않고,[89] 오히려 주님께 은혜를 구하며 계속해서 기도할 것이다(32:6; 51:13 참조). 이렇게 할 때 하나님은 그런 자를 보호하시고(32:7), 자신의 뜻을 계시하실 것이다(32:8).[90] 이때 성도가 노새처럼 고집을 부리지 않고 하나님의 뜻에 순종한다면(32:9), 그는 더욱더 하나님의 인애를 체험하는 자리로 나아가게 될 것이다(32:10, "여호와를 신뢰하는 자에게는 인자하심이 두르리로다"). 그 결과 여호와를 기뻐하며 즐거워하게 될 것이다(32:11).

정리하면, 32편이 말하는 죄 용서의 복은 탄식의 상황에 있는 사람에게 그가 하나님의 죄 용서로 성도가 된 사실을 상기시켜, 죄 용서의 복만으로도 어떤 상황에서도 실망하지 않고 감사할 수 있다는 신학을 제시한다. 그래서

---

[87] 32:6에서 개역개정판은 "하시드"를 "경건한 자"로 번역했다.
[88] 크레이기는 32:6의 "홍수"를 죄를 회개하지 않아서 오는 고난으로 이해한다. 하지만 본문은 확증적으로 그렇게 말하지 않는다. 오히려 일반적인 고난을 의미하는 것으로 보는 것이 더 설늑력이 있다. Craigie, *Psalms 1-50*, 267.
[89] 여기서 죄를 고백하는 것은 결코 공로가 될 수 없다. 혹자는 죄를 고백했기 때문에 죄 사함이 이루어지므로, 죄를 고백하는 것을 공로로 생각하기도 하지만, 죄 사함은 전적으로 하나님의 은혜이며 죄의 고백은 은혜를 베푸시기 위해 하나님이 사용하시는 단순히 수단일 뿐이다. 그러므로 죄의 고백과 죄 용서는 서로 원인과 결과의 관계가 아니라 수단과 목적의 관계다. Kraus, *Psalms 1-59*, 372.
[90] Craigie, *Psalms 1-50*, 267.

하나님의 인애를 기억하는 성도는 계속해서 하나님의 사랑인 인애를 간구하여 고난을 이기게 될 것을 일깨워 준다.

33편은 32편이 찬양으로 끝났기 때문에 자연스럽게 찬양으로 시작한다.[91] 하나님이 베푸시는 죄 용서의 인애로 인해 성도가 되었다는 32편의 진술에 이어, 33편은 하나님의 선택적 인애로 성도가 되었다는 사실을 더욱 강조한다. "하나님의 기업으로 선택된 백성은 복이 있도다"(33:12). 이런 점에서 33편과 32편은 탄식의 상황에 있는 성도에게 과거에 베푸신 하나님의 인애를 상기시키며 하나님의 응답을 들려준다는 공통점이 있다.

더 나아가 33:5-6은 창조 세계가 여호와의 의("체데카"), 공의("미쉬파트"), 그리고 인애("헤세드")로 유지됨을 지적하고, 창조 세계를 통해 드러난 하나님의 인애와 공의와 의를 기억할 것을 촉구한다.

> 그는 공의(의)와 정의(공의)를 사랑하심이여. 세상에는 여호와의 인자하심(인애)이 충만하도다. 여호와의 말씀으로 하늘이 지음이 되었으며 그 만상을 그의 입 기운으로 이루었도다. (33:5-6)

33:10-17은 인간사도 하나님의 인애와 공의와 의에 의해 좌우된다는 점을 강조한다. "많은 군대로 구원 얻은 왕이 없으며 용사가 힘이 세어도 스스로 구원하지 못하는도다"(33:16).

결국 33편의 요점은 자연 세계와 인간사가 모두 하나님의 인애와 공의와 의에 의해 움직여지고 있다는 사실을 상기시키고, 성도가 하나님의 백성이 된 것도 하나님의 인애로 된 것임을 부각시킨다. 그래서 비록 지금 고난을 당

---

91 McCann, *The Book of Psalms*, 111.

할지라도 하나님이 현 상황을 인애와 공의와 의로 반드시 바꾸어 주실 것이기 때문에, 낙심하지 말고 하나님의 인애와 공의와 의를 바랄 것을 권고하고 있다(33:18, 22).

34편은 이합체시(소위 알파벳시)로서 31-34편의 결론이다.[92] 이 시는 하나님의 인애와 공의와 의를 바라는 자를 온유한 자로 표현하고, 온유한 자에게 내리는 축복에 초점을 맞추고 있다. 온유한 자는 37편에서 다시 언급되기 때문에, 34편은 37편과 함께 25-37편의 클라이맥스를 이루고 있다(37:11).[93] 34편은 31편의 탄식과 관련하여, 하나님이 반드시 양식을 공급해 주시고(34:10), 자신을 따르는 성도에게 보호의 복을 베풀어 주실 것이기 때문에(34:20), 미래를 걱정하지 말라고 권고하는 시다. 또한 악인은 멸망하고 의인은 땅을 차지하는 복의 수혜자가 될 것을 약속하여(34:16), 고난 가운데서 온유한 자가 되어 신앙을 저버리지 말 것을 촉구하고 있다. 34편의 구조는 다음과 같다.

   A. 여호와의 광대하심: "곤고한 자"(온유한 자)가 기뻐함(34:1-3).
     B. 여호와의 기도 응답: 온유한 자의 기도를 들음(34:4-6).
        C. 경외하는 자(온유한 자)의 복: 둘러 진을 침, 양식의 공급(34:7-10).
           D. 경외하는 자의 특징: 생명 사모, 입술 제어, 선을 행함, 화평(34:11-14).
     B′. 여호와의 기도 응답: 의인의 부르짖음을 들음, 악인을 땅에서 끊음(34:15-17).
        C′. 마음으로 통회하는 자(온유한 자)의 복: 여호와의 보호를 받음(34:18-20).
   A′. 여호와의 판결: 악인에겐 벌, 의인의 영혼에겐 속량(34:21-22).

---

[92] 이합체시에 대한 설명은 부록을 참조하라.
[93] 34편은 37편과 어휘적으로 서로 평행을 이루고 있다. 또한 34편과 37편은 지혜시라는 공통점이 있다. 구체적으로 악인과 의인의 궁극적인 운명에 관한 지혜를 다룬다(34:19, 21; 37:38) 또한 34편과 37편은 땅에 강한 관심을 보인다는 공통분모가 있다(34:16; 37:3, 9, 11, 22, 29, 34).

이상의 구조를 볼 때, 34편은 고난 가운데서 악인을 닮지 말고 입술을 제어하며 원망하지 말고 선을 행하는 온유한 자가 될 것을 촉구하고 있다(D단락).

34:2에서 개역개정판이 "곤고한 자"로 번역한 히브리어 단어는 "아나브"(עָנָו)로서, 25:9에서 "온유한 자"로 번역된 히브리어 단어("아나브")와 동일하다. 34:6은 "온유한 자"(곤고한 자)를 히브리어 "아나브" 대신에 "아니"(עָנִי)라는 단어로 표현하고 있는데, "아니"는 기본적으로 "아나브"와 동일어로서 "아나브"를 달리 표현한 것이다. 34:6은 이런 온유한 자를 하나님께 기도하는 자로 정의하고 있다("이 곤고한 자가 부르짖으매 여호와께서 들으시고"; 9:12 참조).

34:7-10에서 시인은 온유한 자를 여호와를 경외하는 자로 다시 표현하고 있다. 시편의 서론인 2편은 여호와를 경외하는 자란 마음에 율법을 새기는 자임을 보여 주었다. 그러므로 온유한 자가 여호와를 경외하는 자라는 것은 그가 마음에 율법을 새기는 자라는 뜻이다. 34:7-10은 온유한 자가 될 때 누리는 복으로 보호(진을 침)와 양식의 공급을 언급한다. "젊은 사자는 궁핍하여 주릴지라도 여호와를 찾는 자는 모든 좋은 것에 부족함이 없으리로다"(34:10). 특별히 양식의 공급은 37편에서 온유한 자가 누리는 축복으로 다시 강조되고 있다(37:19, "기근의 날에도 풍족할 것이나").

34:11-14은 보호와 양식 공급의 축복을 받는 온유한 자의 특성을 더욱 구체적으로 소개한다. 여기서 제시되는 온유한 자(여호와를 경외하는 자)의 특성은 생명을 사모하고, 입술을 제어하며, 선을 행하고, 화평을 구하는 모습이다. 이런 온유한 자가 되기 위해서는 특별히 고난 가운데서 입술을 제어하고 원망하지 말 것을 교훈하고 있다. 고난 중에 하나님을 쉬 원망하려는 인간의 속성을 염두에 두고선 원망하지 않는 온유한 자가 되도록 권면하고 있는 것이다.

34:15-17은 온유한 자란 기도하는 자임을 부각시키고, 하나님이 온유한 자의 기도를 들어주셔서, 악인이 땅에서 끊어지고, 온유한 자가 땅을 차지하

는 복을 누리게 될 것이라 약속한다(34:16). 온유한 자가 땅을 차지하는 복은 37편에서 더욱 발전된다(37:9, 11, 22, 29, 34).

34:18은 온유한 자를 "마음이 상한 자" 또는 "충심으로 통회하는 자"라고 재정의한다. 갑작스럽게 온유한 자를 "통회하는 자"로 언급하는 것은 언뜻 문맥과 잘 어울리지 않는 듯하다. 왜 이 부분에서는 온유한 자를 회개하는 자로 묘사하는가? 결론적으로 말해, 온유한 자가 회개하는 자로 제시되는 것은, 온유한 자가 되기 위해서는 자신이 죄인으로서 아무것도 아닌 존재임을 자각해야 하기 때문이다. 이런 자각을 가진 사람만이 자격 없는 자신을 지속적으로 용서하시고 돌봐 주신 하나님의 사랑을 진정으로 실감하고 자신도 하나님을 진정으로 의지하는 온유한 자가 될 수 있다는 논리다. 이처럼 온유한 자가 자신의 죄성을 고백하는 자라는 사실은 25편에서 온유한 자의 특성으로 제시된 것이기도 하다(25:9-11).

결국 34편은 고난을 겪으면서 자신의 죄성과 아무것도 아닌 존재임을 인식한 사람만이 하나님의 사랑을 체험하고 온유한 자가 되어 자신도 하나님을 사랑하는 가운데 하나님께 의지하고 고난을 이길 수 있다고 말하는 것이다. 물론 고난을 통과하면서 모든 사람이 이런 온유한 자가 되는 것은 아니다. 이런 점에서 온유한 자가 된다는 것 자체도 하나님의 은혜다. 어쨌든 온유한 자가 되기 위해서는 고난을 통과하면서 자신의 낮아짐을 철저하게 인식해야 한다. 과거에 하나님이 이스라엘을 출애굽시켜 광야를 통과하게 하실 때 그들을 낮추신 것도 이런 이유에서다(신 8:2, 16).

34:19은 "의인은 고난이 많다"고 말함으로써, 고난을 받을 때 오히려 고난을 탓하지 말라고 충고한다. 그리고 고난을 통과하면서 온유한 자가 된다면 오히려 그것이 유익이라는 것을 간접적으로 내비친다. 이런 온유한 자를 하나님은 반드시 보호해 주실 것이다(34:20, "그의 모든 뼈를 보호하심이여, 그 중에서 하

나도 꺾이지 아니하도다"). 끝으로 34:21-22은 악인과 온유한 자를 대조하여 악인은 멸망할 것이고 온유한 자는 속량을 받을 것이기 때문에, 악인의 행태를 멀리하고 온유한 자의 모습을 계속 견지할 것을 당부한다.

정리하면, 34편은 고난을 이기기 위해서는 온유한 자가 되어야 한다고 교훈한다. 온유한 자는 하나님을 의지하여 기도하고(34:6), 여호와를 경외하는 자다(34:7, 11). 더욱이 그는 고난에 처하면서 자신이 아무것도 아닌 죄인이었음을 자각하고, 그럼에도 하나님이 자신을 계속해서 사랑하셨다는 것을 뼈저리게 깨달아 통회하는 마음으로 하나님을 의지하려 하는 자다(34:18). 또한 이 시는 온유한 자의 구체적인 특징으로, 입술로 원망하지 않는 모습을 크게 부각시켜(34:13-14), 입술로 죄를 짓지 말 것을 당부한다. 고난 앞에서 입술로 원망하려는 인간의 습성을 잘 간파하여, 고난을 이기기 위해서는 원망하지 말 것을 충고하고 있다. 이런 온유한 자에게 하나님은 보호, 양식의 공급, 땅의 축복을 베풀어 주실 것이기 때문에, 성도는 기쁘게 고난을 이길 수 있음을 일깨워 준다.

34편에서 온유한 자가 누리는 축복으로서 보호, 양식의 공급, 그리고 땅의 축복은 포로 후기에 열국의 지배 속에서 땅의 나그네처럼 살아가는 유다 공동체에게는 너무나도 절실한 약속이었다. 이런 점에서 34편은 포로 후기의 성도들에게 온유한 자의 복이라는 동기 부여를 통해 온유한 자의 정체성을 계속 견지하고 낙심하지 말도록 교훈하는 것이다.[94] 이런 복은 하나님 나라의 완성을 기원하며 나그네로 살고 있는 오늘날의 성도들에게도 가슴에 와 닿는 복이다.

물론 단지 이런 복을 누리기 위해 온유한 자가 되려고 한다면 그것도 문

---

94 이런 점에서 34편은 37편과 밀접한 관련이 있다. 이성혜, "시편 1권에 나타난 알파벳 시편 연구", 「성경과 신학」 72 (2014): 21.

제가 된다. 참된 신앙은 대가를 바라며 하나님을 믿는 것이 아니기 때문이다. 성도가 온유한 사람이 되어 이런 복을 누리길 사모하는 이유는 하나님이 그렇게 명령하시기 때문이다. 즉, 그런 복이 없어도 우리는 여전히 하나님을 사랑하고 신뢰할 수 있지만, 하나님이 그렇게 복을 사모하라고 명령하시기 때문에 구하는 것이다. 하나님을 사랑하는 차원에서 복을 구하는 것뿐이라는 뜻이다. 그러므로 자신의 이익을 위해 복을 구하는 것은 아니다.[95] 성도가 받는 복은 하나님을 더욱 사랑하게 만드는 기폭제이기 때문에, 참된 성도라면 복을 통해 더욱더 하나님을 사랑하게 될 것이다.

② 35-37편

앞서 말한 대로, 35-37편은 탄식(35편)과 탄식에 대한 하나님의 응답(36-37편)으로 구분된다. 35-37편은 31-34편의 패턴을 반복하기 때문에 내용적으로 31-34편과 매우 유사하다. 즉, 36편은 33편처럼 자연 세계와 인간사가 모두 하나님의 인애와 공의와 의로 움직여진다는 사실을 상기시켜, 하나님의 공의와 의를 신뢰하도록 촉구한다. 그리고 37편은 34편처럼 고난 속에서도 온유한 자의 모습을 유지한다면 땅의 복을 받게 될 것이라 약속하여, 온유한 자의 모습을 가지고 낮은 자세로 항상 여호와를 의뢰하고 선을 행할 것을 권면한다(37:3, 5). 35편의 구조는 다음과 같다.

A. 나를 구원해 주소서(35:1-3).

   B. 대적자들을 향한 심판 호소: 대직자가 바람 앞에 겨와 같이 됨, 미끄러짐 (35:4-8).

---

[95] 프랑소아 페넬롱, 『그리스도인의 완전』, 김창대 역 (서울: 도서출판 브니엘, 2007), 241.

C. 구원해 주실 것을 미리 찬양(35:9-10).
　　　　　D. 대적자의 특징: 선을 악으로 갚는 자(35:11-16).
　　　C´. 하나님의 구원을 미리 찬양(35:17-18).
　　　　　D´. 대적자의 특징: 거짓 중상, 상대방의 약점을 들춰냄(35:19-21).
　　B´. 대적자들을 향한 심판 호소: 의와 공의의 판단으로 그들이 수치와 욕을 당하게 하소서(35:22-26).
A´. 나의 의를 세워 주시고 평안하게 해 주소서(35:27-28).

　이상의 구조가 보여 주듯이, 35편의 핵심은 탄식의 원인인 대적자들의 행태에 초점을 맞추고, 그들이 선을 악으로 갚고, 거짓말로 모략하며, 상대방의 약점을 이용한다는 것을 강조하여 하나님의 구원을 호소하고 있다(D/D´단락).
　35편의 시인은 원수들이 졸지에 미끄러져서 멸망하기를 기원한다(35:8). 이런 점에서 35편은 36편과 함께 의인과 악인의 운명을 각각 평탄한 길과 미끄러운 길로 대조시키고 있다(36:11-12). 시인은 "주여 어느 때까지 관망하시려 하나이까"라고 말함으로, 주님의 공의와 의를 속히 이루어 달라고 절규한다(35:17). 같은 맥락에서 시인은 탄식의 상황 가운데 주의 공의(משפט/"샤파트")와 의(צדק/"체데크")를 의지하며 공정한 심판이 이루어지기를 간구하는데(35:24),[96] 이런 간구는 탄식의 상황에서 주의 의를 의지하겠다고 다짐한 31편의 내용과 평행을 이룬다(31:1).
　36편은 35편의 탄식에 대한 응답인데, 여기서 시인은 33편처럼 하나님이 자연 세계와 인간사에서 인애와 공의와 의를 행하시는 분임을 상기시키고, 그것들을 바라도록 촉구한다. 먼저 36:1-4은 35편의 악인에게 지혜가 없음

96　개역개정판 한글 성경은 "체데크"(의)를 공의로 번역했다. 하지만 의로 번역하는 것이 더 옳은 번역이다.

을 지적하고, 36:5-6은 창조 세계가 하나님의 의("체다카")와 공의("미쉬파트")와 성실("에무나")에 의해 유지되고 있음을 강조한다. 그래서 탄식의 상황에 있는 성도에게 하나님의 인애와 공의와 의가 반드시 서게 될 것을 확신시켜 준다.

> 여호와여 주의 인자하심이 하늘에 있고 주의 진실하심이 공중에 사무쳤으며 주의 의는 하나님의 산들과 같고 주의 심판은 큰 바다와 같으니이다. 여호와여 주는 사람과 짐승을 구하여 주시나이다. (36:5-6)

36:7-8은 하나님이 인자로 사람과 짐승을 보호해 주신다는 사실을 지적하여 인간사에서도 하나님이 인애를 행하시는 분임을 보여 준다. 따라서 성도는 하나님의 인자를 신뢰할 수 있다는 것을 일깨워 준다. "하나님이여 주의 인자하심이 어찌 그리 보배로우신지요. 사람들이 주의 날개 그늘 아래에 피하나이다"(36:7). 36:10은 주의 인자를 기억하고 지속적으로 인자를 바라는 자를 32:11처럼 "마음이 정직한 자"라고 규정한다. 이런 점에서 36편은 33편 뿐만 아니라 32편과도 평행을 이루고 있다.

결국 36편은 시편의 정경적 문맥으로 볼 때 33편처럼 창조 세계와 인간사 속에서 하나님의 인애와 공의와 의가 시행됨을 확신시켜, 고난 가운데 있는 성도에게 하나님의 인애와 공의와 의가 반드시 서게 될 것을 신뢰하라고 권면한다. 그리고 이런 권면을 통해 성도 역시 하나님을 닮아 고난 중에서도 하나님을 사랑하는 인애와 하나님의 뜻을 행하는 공의를 실천하여 의의 모습을 견지하여 원망하지 말 것을 충고하고 있다.

37편은 34편처럼 각 행이 알파벳의 자음 순으로 시작하는 이합체시(acrostic psalm)다. 이합체시는 한 주제를 모두 다루어 완결했다는 의미를 지닌다. 이합체시는 145편의 경우처럼 단락을 끝낸다는 신호로도 기능하기 때문에, 이합체시로 된 37편은 25-37편의 결론이라고 말할 수 있다. 37편은 앞의 35편의 탄식과 관련해서, 온유한 자("아나브")의 삶을 산다면 고난을 이기고 땅을 상속받는 복을 얻게 될 것이라 강조한다. 이런 점에서 37편은 34편의 내용을 반복하는 셈이다. 37편은 서두에 악인의 운명과 여호와를 바라라는 당부(1-8절)가 후반부(34-40절)에 다시 등장함으로써 인클루지오 구조를 이룬다. 37편은 다음과 같이 동심원 구조와 패널 구조가 혼합된 구조다.

  A. 여호와를 의지하는 의인은 공의와 의로 빛날 것(37:1-8).
    B. 의인("온유한 자")의 복: 땅 상속, 화평을 누림(37:9-11).
      C. 의인을 해하려는 악인의 행동은 실패하게 될 것(37:12-15).
        D. 의인과 악인의 대조: 의인의 기업은 영원함, 땅 상속(37:16-22).
    B´. 의인("마음에 율법을 새긴 자")의 복: 여호와께서 잡아 줌, 땅 상속(37:23-31).
      C´. 의인을 해하려는 악인의 행동은 실패하게 될 것(37:32-33).
  A´. 여호와를 의지하는 의인은 땅을 차지하고 평안과 구원을 누림(37:34-40).

이상의 구조로 볼 때 37편의 핵심은 D단락(16-21절)으로서, 악인과 달리 의인이 땅을 차지한다는 내용이 중심 메시지다. 37편에서 땅을 차지하는 의인은 온유한 자로서(37:11) 3-14편의 온유한 자("아나브", 가난한 자)를 계승한 것이고(9:18; 10:17), 25편과 34편의 온유한 자를 반복한 것이다(25:9; 34:2, 6). 한마디로 37편은 악인이 형통하고 의인이 고난을 당하는 상황에서 온유한 자의 복을 제시함으로써, 여호와를 의지하는 온유한 자의 삶을 살아 고난을 이기고 복을 받으라고 권면하고 있다.[97]

---

[97] Kraus, *Psalms 1-59*, 37. 여기서 크라우스는 37편의 핵심이 하나님을 의지하라는 데에 있다고 설명하고 있다.

37:1-8에서 시인은, 악인은 풀과 같이 속이 베임을 당할 것이지만, 의인은 공의와 의의 열매를 맺을 것이라 말한다. 이런 점에서 악인을 겨에, 의인을 시냇가에 심은 나무에 비유한 1편의 내용을 답습하고 있다(1:3-4). 이것은 37편이 말하는 의인이 1편의 의인처럼 마음에 율법을 새긴 자임을 암시하는 것이다. 실제로 나중에 37편의 시인은 의인이 마음에 율법을 새긴 자임을 명시적으로 선언한다(37:31, "그의 마음에는 하나님의 법이 있으니").

37:3은 의인을 여호와를 의지하여 선을 행하는 자로 제시하고 있다. 여기서 여호와를 의지한다는 말은 하나님을 향해 인간이 갖는 내면적인 모습을 나타내는 말로서, 여호와를 사랑하고 섬긴다는 의미를 내포하고 있다. 여기서 어떤 이들은 "여호와를 바라는 것이 어떻게 여호와를 사랑하는 것과 동일한 의미인가?" 하고 반문할 수 있을 것이다. 하지만 유한한 인간이 무한하신 하나님을, 하나님이 우리를 사랑하시듯이 사랑한다는 것은 불가능하기에, 하나님은 인간에게 여호와를 사랑하는 차원에서 여호와를 바라보도록 하신 것이다. 그러므로 인간이 진정으로 하나님을 사랑한다면 하나님을 바라보고 의지하는 마음을 가지게 될 것이다. 이런 의미에서 여호와를 의지한다는 것은 여호와를 사랑하여 인애를 행하는 것과 같다. 이것은 어린아이가 부모를 의지할 때, 부모가 그것을 자신을 향한 아이의 사랑으로 받아주는 것과 같은 이치다.

37:3에서 선을 행한다는 진술은 여호와의 뜻인 공의를 계속해서 행하는 모습(의)을 가리킨다. 이런 점에서 37:3은, 의인은 여호와를 의지함으로써 여호와를 사랑하고 그분의 뜻인 공의의 의를 행하는 자임을 보여 준다. 37:6은 의인이 맺는, 인애와 공의와 의의 열매가 전적으로 하나님의 은혜의 산물임을 제시한다. "네 의를 빛 같이 나타내시며 네 공의를 정오의 빛 같이 하시리로다"(37:6). 결국, 37:1-8은 의인을 마음에 율법을 새겨 인애와 공의와 의의

열매를 맺는 자로 묘사하고, 이런 모습을 견지하여 악인의 형통 앞에서 낙심하지 말 것을 교훈하고 있다.

37:11은 하나님의 은혜로 인애와 공의와 의의 열매를 맺는 의인을 온유한 자(יָנָו/"아나브")로 새롭게 정의하고,[98] 온유한 자가 받는 복에 초점을 맞추고 있다. 무엇보다 온유한 자는 땅을 상속하고(37:11, 22, 29) 평강(화평)의 복을 받게 될 것을 두드러지게 강조한다. "온유한 자들은…화평으로 즐거워하리로다"(37:11, 37). 특별히 평강의 복은 29편에서 성도에게 주어지는 최고의 복으로 언급된 것이다(29:11). 평강의 복은 하나님과의 교제에서 나오는 기쁨이다. 이런 의미에서 37:11은 온유한 자가 마음에 율법을 새겨서 진정한 복인 교제의 기쁨을 통해 고난을 이길 수 있음을 내비치고 있다.

이후 37편은 온유한 자가 누리는 복으로 땅의 상속과 평강 이외에도 양식의 공급(기근에도 주리지 않을 것)과 자손의 복(자손이 걸식하지 않을 것)을 언급한다(37:19, 25). 그래서 온유한 자에게 주어지는 복을 통해 고난을 이길 것을 권고하고 있다. 특별히 고난당하는 성도들에게 하나님은 그들을 결코 굶주리게 하지 않을 것이라고 말씀하여, 고난 앞에서 불확실한 미래를 걱정하지 말고 모든 근심과 걱정을 하나님께 맡길 것을 촉구한다(37:5 참조).

37:31은 "그의 마음에는 하나님의 법이 있으니 그의 걸음은 실족함이 없으리로다"라고 말함으로써, 온유한 자가 마음에 율법을 새긴 자임을 1권에서 처음으로 선명하게 부각시킨다. 37편의 초반부가 온유한 자를 인애와 공의와 의를 행하는 자로 제시한 상황에서, 37:31은 인애와 공의와 의를 행하는 모습이 다름 아닌 마음에 율법을 새기는 모습임을 일깨워 주는 셈이다. 이로써 37편은 작게는 25-37편을 종결하고 크게는 1권을 마무리하면서, 탄식의 상

---

98 VanGemeren, "Psalms", 300.

황에 있는 성도들에게 1:1-2의 진술처럼 마음에 율법을 새겨 복을 받고 고난을 이길 것을 역설하고 있다.

온유한 자가 되어 마음에 율법을 새긴다면 결코 실족하는 법이 없지만 성도도 인간인지라 넘어질 수밖에 없다. 이때 하나님은 온유한 자가 넘어지지 않도록 자신의 손으로 성도를 붙잡아 주실 것이다(37:24). 그러므로 성도가 온유한 자가 되어 마음에 율법을 새겨 실족하지 않는 것은 전적으로 하나님 은혜의 선물임을 깨달을 수 있다. 이런 깨달음은 우리로 항상 하나님 앞에 고개를 숙이게 하고 겸손하게 만든다. 반면, 대적자로 인해 불평하고 계속 탄식한다는 것은 마음으로 법을 새기지 않았다는 반증이기 때문에, 37편은 다음과 같이 충고한다. "분을 그치고 노를 버리며 불평하지 말라. 오히려 악을 만들 뿐이라"(37:8).

정리하면, 37편은 온유한 자란 여호와를 의지하여 마음에 율법을 새기는 자임을 명시적으로 말하고, 성도에게 온유한 자가 되어 고난을 이길 것을 교훈한다. 하나님은 온유한 자에게 양식을 공급해 주시고 풍부한 화평으로 만족시켜 주실 것이기 때문에, 성도가 온유한 자의 모습을 계속 유지한다면 고난 가운데서도 결코 낙심하지 않을 것이라고 설득한다. 더욱이 온유한 자는 종말에 땅을 상속받는 복을 받게 될 것이다. 이런 점에서 탄식에 대한 하나님의 응답으로서 37편의 교훈은 34편의 내용을 반복하고 있다.

5) 38-41편: 고난은 마음에 율법을 새기게 하는 통로

마음에 율법을 새기는 온유한 사는 복이 있다고 말하는 37편에 이어, 38-41편은 "과연 누가 마음에 율법을 새길 수 있는가"라는 물음에 답하고 있다. 38-41편의 구조는 다음과 같다.

A. 38-39편 – 탄식을 통한 깨달음: 인간은 죄인, 아무것도 아닌 존재(nothing).

A'. 40편 – 탄식에 대한 하나님의 응답: 고난은 마음에 율법을 새기게 하는 통로.

결론. 41편 – 마음에 율법을 새겨서 인애와 공의를 행하는 자가 복이 있음 (41:1-2, 12).

38-39편은 탄식시로서, 고난 속에서 인간의 본질적인 죄성과 비천함을 자각한 시인이 하나님께 죄 용서와 도움을 간구하는 내용이다. 이어서 40-41편은 탄식에 대한 하나님의 응답을 보여 주는 내용으로, 고난을 통과하면서 시인이 새롭게 얻은 통찰을 제시한다. 시인의 통찰은 "나의 하나님이여 내가 주의 뜻 행하기를 즐기오니 주의 법이 나의 심중에 있나이다 하였나이다"라는 고백처럼(40:8), 고난을 통과하면서 마음에 율법을 새길 수 있게 되었다는 깨달음이다. 한마디로 고난이 마음에 율법을 새기게 하는 통로라는 것이다. 그래서 고난을 통과하면서 철저하게 자신이 죄인이며 아무것도 아닌 존재임을 자각하는 "가난한 자"(עָנִי/"아니") 또는 "궁핍한 자"(אֶבְיוֹן/"에브욘")가 될 때, 비로소 1권이 지금까지 줄기차게 강조해 왔던, 마음에 율법을 새기는 모습을 가질 수 있음을 일깨워 준다(40:17).

먼저 38편은 병이라는 고난으로 인해 처하게 된 육체적·사회적 고립을 묘사한다. 시인은 자신의 병의 원인이 죄에서 연유됨을 인정한다(38:3-4, 18). "주의 진노로 말미암아 내 살에 성한 곳이 없사오며 나의 죄로 말미암아 내 뼈에 평안함이 없나이다"(38:3). 그러므로 고난 가운데서 자신의 죄를 탄식하고, 죄 용서의 은혜를 간구한다.[99]

99　테린은 38편의 구조를 다음과 같이 제시한다. Terrien, *The Psalms*, 325-326.
　　A. 하나님을 향한 호소(1절).
　　B. 병의 원인으로서 죄(2-3절).
　　C. 죄의 고백(4-5절).

하지만 문제는 시인이 고난을 당할 때 대적자들이 조롱하고 있다는 점이다(38:11-12). 그래서 시인의 고난에 대적자들의 핍박도 한몫을 하고 있다. 대적자들 중에는 시인이 전에 사랑했던 친구들도 포함되어 있기 때문에, 시인은 극도의 배신감을 느낀다(38:11). 이 대목에서 인간은 서로에게 쉽게 등을 돌리는 존재이며 결코 의지의 대상이 아님을 깨닫게 된다. 그렇지만 시인은 그들에게 입술로 불평하지 않는다(38:13-14). 그가 입술로 불평하지 않는 것은 죄를 짓지 않고 하나님의 도움을 바라기 위해서다(38:15). 이런 점에서 38편의 시인은 어느 정도 34편이 말하는 온유한 자의 모습을 취하고 있다. 34편이 말하는 온유한 자도 "생명을 사모하는 자"로서 "혀를 악에서 금하는 자"이기 때문이다(34:12-13).

다시 시인은 자신의 죄를 고백한 후(38:18), 고난의 원인이 자신의 죄뿐만 아니라 원수들이 핍박하기 때문임을 토로한다(38:19-20). 원수들이 자신의 선을 악으로 갚기 때문에 고난을 당한다는 하소연이다. 이런 이유에서 시인은 하나님께 죄 용서와 함께 도우심을 간구한다.[100] 성도의 고난이 죄에서 비롯된 것이지만 그렇다고 죄가 모든 고난의 원인은 아님을 깨닫게 해 주는 대목이다. 그러므로 타인이 고난을 받을 때 쉽게 그를 정죄하는 것은 잘못이다. 포로 후기의 상황이 그러했다. 포로 후기에 직면한 탄식의 상황은 상당 부분 유다 공동체의 죄 때문이었지만, 포로 후기 공동체는 고난의 원인을 모두 자

    D. 병의 증상에 대한 불평(6-10절).
      E. 대적자들(11-12절).
        F. 하나님을 바라봄(13-15절).
      E′. 대적자들(16절).
    D′. 병의 증상에 대한 불평(17절).
  C′. 죄의 고백(18절).
 B′. 원인 없는 곤경: 악으로 선을 갚음(19-20절).
A′. 하나님을 향한 호소(21-22절).

[100] Terrien, *The Psalms*, 326.

신들의 죄 탓으로 돌리지 않았다(사 40:1-2 참조).[101] 그래서 포로 후기의 작품인 역대기는 사무엘서와 열왕기와는 달리 사탄의 역할을 새롭게 조명하고 있다(대상 21:1 참조).[102]

39편도 탄식시로서 38편의 내용과 같이 질병으로 인한 고난을 다룬다. 39편의 시인은 38편의 시인처럼 대적자들 앞에서 불평하지 않는다(39:1). 그렇지만 38편의 시인이 고난을 당하면서 자신의 죄성에 주목했다면, 39편의 시인은 고난을 통해 인간이 본질적으로 비천하고 아무것도 아닌 존재라는 사실에 주목한다. "주께서 나의 날을 한 뼘 길이만큼 되게 하시매 나의 일생이 주 앞에는 없는 것 같사오니 사람은 그가 든든히 서 있는 때에도 진실로 모두가 허사뿐이니이다"(39:5). 그리고 결론으로 38편처럼 고난의 원인이 죄성에 있음을 인정하고 하나님의 용서를 간구한다(39:8, 11, 13).[103] "주는 나를 용서하사 내가 떠나 없어지기 전에 나의 건강을 회복시키소서"(39:13).

이런 상황에서 40-41편은 지혜시적인 요소를 가지고 38-39편의 탄식에 대해 하나님의 응답을 들려준다. 이 과정에서 40-41편은 1권을 마무리하면서 복 있는 자가 누구인지를 다시 확인해 준다(40:4; 41:1).

40편에서 시인은 고난 가운데 여호와께서 자신의 기도에 응답하셨다는 고백으로 시작하여(1절), 고난을 통해 자신이 새로운 통찰을 얻었음을 시사한다. 40편의 구조는 다음과 같다.

A. "기가 막힐 웅덩이와 수렁에서" 구원하신 하나님을 찬양(40:1-3).

---

101 사 40장 초반부는 포로기의 고난이 원래 받을 고난보다 배나 받은 것임을 지적하여, 유다의 포로 생활이 전적으로 유다의 죄 때문만은 아님을 암시하고 있다.
102 이와 관련하여 사 40:2은 유다의 포로 생활이 "여호와의 손에서 벌을 배나 받은 결과"라고 말함으로써 유다의 고난이 단순히 죄의 결과 이상임을 암시해 주고 있다.
103 Kraus, *Psalms 1-59*, 419.

B. 여호와를 의지하는 자가 복이 있다고 선언(40:4).
      C. 고난을 통한 깨달음: 우리를 향한 주의 생각이 많음(40:5).
         D. 고난을 통해 마음에 주의 법을 새겼음(40:6-8).
         D′. 주의 인자와 공의와 진리를 전파했음(40:9-10).
      B′. 여호와의 긍휼을 의지함: "주의 인자와 진리로 나를 항상 보호하소서"(40:11).
      C′. 고난을 통한 깨달음: "죄가 나의 머리털보다 많음"(40:12).
A′. 미래의 구원을 위한 간구: 나는 "가난하고 궁핍함"(40:13-17).

이상의 구조로 볼 때 40편의 핵심은 D/D′단락으로서, 고난을 통해 마음에 주의 법을 새겼다는 것이 중심 메시지다.

40:5에서 시인은 고백하기를, 고난을 통해 주님이 많은 것을 섭리하셨다고 말한다. "여호와 나의 하나님이여 주께서 행하신 기적이 많고 우리를 향하신 주의 생각도 많아 누구도 주와 견줄 수가 없나이다." 이런 의미에서 이 구절은 고난이 성도에게 많은 것을 성찰하도록 도와주는 수단임을 가르쳐 준다.

40:8에서 시인은 자신이 고난을 통과하면서 마음에 하나님의 법을 새기게 되었음을 다음과 같이 진술한다. "나의 하나님이여 내가 주의 뜻 행하기를 즐기오니 주의 법이 나의 심중에 있나이다." 어떤 상황에서도 마음이 흔들리지 않고 하나님의 법을 마음에 새겨 즐거움을 누리게 되었다는 고백이다. 시인이 이렇게 고백할 수 있었던 이유는 먼저 고난을 통과하면서 자신이 죄인이며, 아무것도 아닌 존재인 가난한 자임을 깨달았기 때문이다(40:17, "나는 가난하고 궁핍하오나 주께서는 나를 생각하시오니").[104] 고난을 통과하면서 자신이 아무것도 아닌 존재임을 알게 된 시인은, 그럼에도 하나님이 아무 대가 없이 은

---

[104] 40:14에서 언급된 "가난한 자"("아니")와 "궁핍한 자"("에브욘")라는 표현은 5권에서 마음에 율법을 새긴 성도를 지칭하는 용어로 다시 나타난다(109:16).

혜를 베풀어 주시는 것을 보고 감격했다. 이런 하나님의 은혜의 행위는 인애와 공의와 의로 함축된다. 그래서 시인도 하나님을 향해 사랑을 품고 자발적으로 하나님의 공의를 실천하겠다고 다짐할 수 있었던 것이다.

그러므로 40:9-11에서 고난을 통과하는 가운데 마음에 율법을 새긴 시인은 주의 인자와 진리를 회중에게 선포하는 일에 열정을 쏟았고, 계속해서 주의 인자와 진리를 의지하겠다고 말한다. 주의 인자와 진리는 다른 말로 주의 인애와 공의와 의를 가리킨다. 40:11에서 "주의 인자와 진리로 나를 항상 보호하소서"라는 진술은 주님이 베푸신 인애와 공의와 의를 체험하여 자신도 계속해서 인애와 공의와 의를 행하겠다는 다짐이 함축되어 있다.

고난을 통과하면서 자신의 죄가 "머리털보다 많다"는 것을 깨달은 시인은 그런 자신에게 은혜를 주신 하나님께 감사한다(40:12). 끝으로 40:13-17에서 시인은 자신이 아무것도 아닌 가난한 자임을 고백하고, 계속해서 미래의 구원을 위해 하나님이 인애와 공의와 의를 지속적으로 베풀어 주시기를 간구하며 시를 종결한다(40:17, "나는 가난하고 궁핍하오나").

정리하면, 40편은 38-39편의 탄식과 관련하여, 고난이란 마음에 율법을 새기게 하는 관문임을 보여 준다. 그래서 시인 자신도 "기가 막힐 웅덩이와 수렁"과 같은 고난을 통과하면서 마음에 주의 법을 새겼음을 강조하고 있다(40:2, 8). 그러므로 고난을 원망하지 말고 고난을 통해 오히려 자신의 죄성과 비천함(아무것도 아닌 존재)을 깨닫고, 그런 자신에게 은혜를 베푸신 하나님을 체험하여 전화위복의 기회로 삼을 것을 충고하고 있다. 고난을 통과하면서 마음에 율법을 새기는 성도에게 하나님은 미래의 구원을 위해 인애와 공의와 의를 행하실 것이고, 성도는 그런 하나님의 은혜로 말미암아 더욱더 율법을 마음에 새기고 인애와 공의와 의를 행하게 될 것이라 교훈한다.

41편은 40편이 말하는, 마음에 율법을 새긴 모습이 무엇인지를 더욱 구체적으로 설명해 준다. 41편의 구조는 다음과 같다.

  A. 가난한 자를 보살피는 자는 복이 있음(41:1).
    B. 여호와께서 그를 보호하시고 병을 치유하심(41:2-3).
      C. 고난의 원인: 인간의 죄와 원수의 조롱(41:4-9).
        D. 원수를 보응케 해 달라는 간구(41:10).
      C′. 원수가 이기지 못함(41:11).
    B′. 여호와께서 온전한 중에 나를 붙드심(41:12).
  A′. 복을 주시는 여호와를 영원히 송축하라(41:13).

이상의 구조로 볼 때 41편의 핵심은 D단락으로서, 대적자를 보응케 해 달라는 간구다. 먼저 41:1-3은 "가난한 자를 보살피는 자에게 복이 있다"고 말함으로써, 마음에 율법을 새기는 자는 하나님뿐만 아니라 이웃에게 인애와 공의와 의를 행하는 자임을 제시한다(37:21; 112:5). 그래서 이처럼 마음에 율법을 새겨 이웃을 돌보는 자는 하나님으로부터 복을 받는다는 것을 교훈한다. 그리고 그 복으로서 보호와 치유를 언급한다(41:2-3).

41:4-13은 하나님께 계속해서 은혜를 구하고, 원수를 보응할 수 있게 해 달라는 간구가 중심을 이룬다.[105] 원수들 중에는 시인이 전에 신뢰한 친구도 포함된다. "내가 신뢰하여 내 떡을 나눠 먹던 나의 가까운 친구도 나를 대적하여 그의 발꿈치를 들었나이다"(41:9).[106] 그래서 원수들을 보응해 달라는 시인의 간구 저변에는 하나님의 공의와 의가 세워지기를 바라는 기원이 살려 있다. 이런 간구를 드림으로써 시인은, 마음에 율법을 새긴 자는 하나님과의

---

105 Wilson, "The Structure of the Psalter", 234.
106 이 구절은 신약에서 예수님의 수난 예고에서 예수님이 유다를 가리키며 인용하신 말씀이다(요 13:18).

관계에서 수동적이지 않으며, 적극적으로 하나님께 간구한다는 것을 일깨운다. 이는 5권의 결론인 145편이 성도를 "간구하는 자"로 정의한 것과 같은 맥락이다(145:18).

41:12은 41:2-3처럼 가난한 자를 보살피는 자, 즉 마음에 율법을 새긴 자에게 주어지는 복에 다시 초점을 맞춘다. 그래서 마음에 율법을 새긴 자는 여호와로부터 보호와 병 고침의 복을 받는 것 외에도(41:2-3) "영원히 주 앞에 세워진다"라고 말함으로 여호와와 동행하며 교제의 기쁨도 누린다는 것을 암시한다. 그러므로 마음에 율법을 새긴 자는 이런 복을 통하여 충분히 고난을 이길 수 있음을 독자들에게 각인시키고 있다.

3. 1권의 신학적 메시지

1) 하나님의 형상

8편은 창세기 1장과 같이 성도가 하나님의 형상으로 창조된 것을 찬양한다. 8:4-5은 인간이 아무것도 아닌 존재이지만 저를 하나님보다 조금 못하게 하시고 "영화와 존귀로 관" 씌우셨다고 말한다. 여기서 "영화"에 해당하는 히브리어는 "카보드"(כבוד)로서 하나님의 형상으로 지음받은 인간이 영광스런 존재임을 표현하는 단어다. 신약은 영광이 형상과 밀접하게 관련된 단어임을 다음과 같이 드러낸다. "주의 영광을 보매 그와 같은 형상으로 변화하여 영광에서 영광에 이르니"(고후 3:18).[107]

하지만 현실 속 고난으로 성도는 하나님 형상의 영광을 상실하게 된다. 4편에서 시인은 "인생들아 어느 때까지 나의 영광을 바꾸어 욕되게 하며 헛된

---

[107] Samuel Terrien, *The Elusive Presence: Toward a New Biblical Theology* (New York: Harper & Row, 1978), 458.

일을 좋아하고 거짓을 구하려는가"라고 말한다(4:2).[108] 여기서 "영광"은 하나님의 형상으로서 성도의 정체성을 가리킨다. 그래서 시인은 고난 가운데서 인생들의 조롱으로 인해 하나님 형상으로서의 자신의 영광이 훼손되고 있음을 토로하고 있다. 다시 말해, 주위 대적자들의 조롱과 비난, 핍박, 그리고 남과의 비교와 고난 등으로 인해 성도가 하나님 형상으로서의 자신의 영광스런 정체성을 의심하게 된다는 것을 보여 준다. 그 결과 22편의 시인은 다음과 같이 말한다. "나는 벌레요 사람이 아니라 사람의 비방거리요 백성의 조롱거리니이다"(22:6).

4편의 시인은 인간이 하나님의 형상으로서 지니는 영광은 다름 아닌 하나님과의 교제에서 오는 마음의 기쁨이라고 말한다. "주께서 내 마음에 두신 기쁨은 그들의 곡식과 새 포도주가 풍성할 때보다 더하니이다"(4:7). 그러기에 하나님의 형상으로서 성도는 하나님이 주신 영광 중에 특별히 마음의 기쁨을 가지고 대적을 능히 이길 수 있음을 시사한다.

하지만 성도가 사람들로부터 계속해서 조롱과 비방, 핍박을 받게 되면, 하나님 형상의 표지인 마음의 기쁨을 잃게 될 수 있다. 4:2에서 인생들이 영광을 "욕되게 한다"는 시인의 말은 바로 이 점을 보여 주는 것이다. 실제로 "욕되게 한다"는 표현은 시편에서 하나님의 형상으로서 지니는 인간의 가치를 훼손시키는 사람들의 행위를 가리킨다(25:3; 31:2; 35:4; 37:19; 40:15-16; 44:16; 69:7, 8, 20, 21; 70:3, 4; 71:1, 13, 21, 25).[109]

13편은 성도가 하나님 형상의 표지인 기쁨을 잃고 자신의 정체성을 상실하게 되는 이유들을 구체적으로 열거한다.[110] 확실히 13편에서 시인은 "나의

---

108 Mays, *Preaching and Teaching the Psalms*, 57.
109 Mays, *Preaching and Teaching the Psalms*, 57.
110 Mays, *Preaching and Teaching the Psalms*, 55.

영혼이 번민하고 종일토록 마음에 근심하기를 어느 때까지 하오며 내 원수가 나를 치며 자랑하기를 어느 때까지 하리이까"라고 반문하며(13:2), 기쁨을 잃고 괴로워하고 있다.

13편의 시인이 하나님 형상의 표지인 기쁨을 잃고 근심하는 이유는 첫째, 신체적인 어려움 때문이다. 시인은 13:3에서 "나의 눈을 밝히소서"라고 진술한다. 시인의 눈에 병이 있음을 암시하는 말이다(38:10 참조).[111] 둘째는 사회적 요인으로서, 주위에 원수들의 조롱과 비난, 갈등, 그리고 비교의식 등이 시인의 마음을 상하게 하고 있다. "두렵건대 나의 원수가 이르기를 내가 그를 이겼다 할까 하오며 내가 흔들릴 때에 나의 대적들이 기뻐할까 하나이다"(13:4). 세 번째 요인은 신앙적 요인으로, 대적자가 조롱하고 있음에도 불구하고 하나님이 도와주지 않으시는 안타까운 현실 때문이다. 13:1에서 시인은 "여호와여 어느 때까지니이까. 나를 영원히 잊으시나이까. 주의 얼굴을 나에게서 어느 때까지 숨기시겠나이까"라고 말하여, 하나님이 부재하시는 것처럼 보이는 상황으로 인해 자신의 근심을 토로한다.

요약하면, 하나님의 형상인 성도가 그 표지인 기쁨을 잃고 마음이 상하는 이유는 신체적·사회적·신앙적 요인 때문이다.[112] 이런 요인들 때문에 성도는 하나님이 주신 마음의 기쁨을 잃고 하나님의 형상이라는 존귀한 영광을 상실한 채, 낮은 자존감으로 살아간다. 그렇다면 이런 상황에서 성도는 어떻게 하나님과의 교제의 기쁨을 회복하고 다시 하나님의 형상으로 설 수 있는가? 1권 안에서 이에 대한 해답을 주는 시가 바로 16편이다. 16편에서 시인은 위기로 인해 근심할 수밖에 없는 상황에 직면해 있다.[113] 하지만 시인은 후반부에서

---

[111] Mays, *Preaching and Teaching the Psalms*, 55. 반면 테린은 13편의 시인은 결코 병든 사람이 아니라고 말하지만 38:10을 고려할 때, 병자일 가능성이 매우 높다. Terrien, *The Psalms*, 160.
[112] Mays, *Preaching and Teaching the Psalms*, 55.
[113] Craigie, *Psalms 1-50*, 156.

자신의 마음이 기쁘다고 말하며 기쁨을 누리는 모습을 회복한다(16:9).

그러면 그는 어떻게 기쁨을 회복했는가? 이에 대한 해답은 16:7-11의 시인의 진술에서 찾을 수 있다. 첫째, 마음의 기쁨을 잃을 수 있는 상황에서도 찬양을 했기 때문이다. "여호와를 송축할지라"(16:7). 근심되는 상황에 있을지라도 하나님의 형상인 성도는 찬양을 통해 그 상황을 바꿀 수 있다는 진리다. 대적자를 물리칠 수 있는 수단으로서 찬양의 중요성은 5권에서 더욱 두드러지게 나타난다. 또한 8편 역시, 하나님의 형상인 성도가 대적자 앞에서 힘을 발휘할 수 있는 수단은 바로 찬양임을 밝히고 있다. 둘째, 하나님의 훈계로 양심이 찔리고 깨달음을 얻었기 때문이다. "내 양심이 나를 교훈하도다"(16:7). 위기를 극복하는 방법은 다시 말씀으로 돌아가는 길밖에 없다. 셋째로, 시인은 신전의식('코람 데오')을 가지고 항상 여호와께서 자신을 주시하신다는 마음가짐으로 행동했기 때문이다. "내가 여호와를 항상 내 앞에 모심이여"(16:8a). '코람 데오'(*Coram Deo*)의 정신, 즉 모든 행위를 하나님 목전에서 한다는 의식하에 행동하는 사람은 타인이 보든 보지 않든, 하나님 앞에서 항상 거짓 없이 사는 모습을 추구할 것이다.

이렇게 하나님의 훈계를 받고, 찬양하며, '코람 데오'의 정신 속에서 죄를 짓지 않고 신실하게 살아갈 때, 하나님은 그런 사람을 구원해 주실 것이다. "그가 나의 오른쪽에 계시므로 내가 흔들리지 아니하리로다"(16:8b). 주님이 성도의 우편에 계시다는 것은 성도를 도와주시고 구원하신다는 의미다. 이 점은 109:31에서 시인이 "그가 궁핍한 자의 오른쪽에서 서서 그의 영혼을 심판하려 하는 자들에게서 구원하실 것임이로다"라고 한 말에서 다시 확인할 수 있다.

마음이 상한 상황에서 성도가 마음으로 훈계를 받아 찬양하며 '코람 데오'의 정신으로 살아갈 때, 하나님은 반드시 성도의 우편에 서서 도와주실 것이다. 이때 그런 도움을 받은 성도는 하나님이 주신 마음의 기쁨을 회복하게 된다. "이러므로 나의 마음이 기쁘고"(16:9a). 이 기쁨을 시인은 생명이라고 말한다. "주께서 생명의 길을 내게 보이시리니 주의 앞에는 충만한 기쁨이 있고 주의 오른쪽에는 영원한 즐거움이 있나이다"(16:11).

16:9b에서 시인은 생명과 같은 기쁨이 회복되자 "내 영광도 즐거워한다"라고 고백하여, 자신이 하나님 영광의 형상으로 온전히 회복되었음을 공표한다. 개역개정판 한글 성경은 16:9b에서 "나의 영도 즐거워하여"라고 번역했지만, 맛소라 사본의 히브리어 원문을 충실히 번역하면 "나의 영광이 즐거워하여"다. 여기서 영광에 해당하는 히브리어 단어는 "카보드"(כבוד)로서 하나님의 형상을 가리키는 말이기에, 확실히 이 표현은 시인이 마음의 기쁨을 가지고 하나님의 형상으로 회복되었음을 알리는 말이다.

그러면 하나님의 형상으로서 마음의 기쁨을 가진 사람이 받는 축복은 무엇인가? 이 물음에 대한 답으로 17편은 주의 모습을 보는 축복을 언급한다. "나는 의로운 중에 주의 얼굴을 뵈오리니 깰 때에 주의 형상으로 만족하리이다"(17:15). 이 대목에서, 하나님의 형상으로서 하나님과의 교제의 기쁨을 회복한 사람은 계속해서 하나님을 대면하고 그분의 임재의 기쁨을 누린다는 진리를 깨달을 수 있다.

하나님의 형상은 왕이라는 의미를 갖기 때문에(창 1:26-28; 시 8:6), 하나님의 형상으로 회복된 성도는 왕적인 존재가 되어 열국으로 대변되는 대적자들을 물리치는 힘을 얻게 된다. 그래서 18편은 다음과 같이 말한다. "주께서 나를 전쟁하게 하려고 능력으로 내게 띠 띠우사 일어나 나를 치는 자들이 내게 굴복하게 하셨나이다"(18:39).

한편 성도가 하나님의 형상으로서 존귀한 삶을 살지 못할 때 시편은 다음과 같이 말한다. "존귀하나 깨닫지 못하는 사람은 멸망하는 짐승 같도다"(49:20). 더 나아가 하나님의 형상으로 살지 못하는 사람은 우상숭배자가 되어 우상과 같이 전락하게 될 것이다. "열국의 우상은 은금이요 사람의 손으로 만든 것이라. 입이 있어도 말하지 못하며 눈이 있어도 보지 못하며 귀가 있어도 듣지 못하며 그들의 입에는 아무 호흡도 없나니 그것을 만든 자와 그것을 의지하는 자가 다 그것과 같으리로다"(135:15-18).

정리하면, 1권은 탄식의 상황에 있는 성도에게 하나님의 형상으로서 누리는 영광, 즉 마음의 기쁨을 가지고 승리할 것을 권면한다. 성도는 하나님의 형상이기에 하나님의 깊은 관심의 대상이다. 세상이 하나님의 형상인 성도의 영광을 훼손하고 그를 핍박하려 할지라도, 성도가 그런 핍박 앞에서 낙심한다면 그것은 하나님의 형상으로서 올바른 자세가 아니다. 따라서 하나님의 형상이라는 사실을 망각하고 행동하는 사람은 오히려 짐승과 같으며, 그런 망각이 계속되면 하나님의 형상을 가짜 형상화한 우상과 같은 존재로 전락하게 된다는 것을 교훈하고 있다.

2) 37편의 땅의 축복

37편의 가장 큰 주제는 온유한 자가 땅을 차지하는 복이다(37:9, 11, 22, 29, 34).[114] 땅을 차지하는 복은 주위 시들의 문맥을 고려할 때, 물리적인 복뿐만 아니라 하나님과의 교제에서 오는 기쁨의 복도 포함한다.[115] 이제 이 점을 1권의 문맥에서 구체적으로 살펴보자.

37:28-29은 "여호와께서 정의(공의)를 사랑하시기" 때문에 의인에게 땅을 차지하는 축복을 허락하신다고 선언한다. 그러므로 땅의 축복은 여호와의 공의와 관련해서 이해되어야 한다. 37편의 주위 문맥을 보면, 공의("미쉬파트")라는 단어가 자주 눈에 띈다(33:5, 23; 36:7). 특별히 33:5에서 공의는 창조의 원

---

[114] Kraus, *Psalms 1-59*, 408.
[115] 김정우, 『시편주석 I』 (서울: 총신대학교출판부, 2005), 797.

리로 제시된다(33:5-6; 84:15 참조). 105:7도 공의라는 단어를 세상의 창조 원리로 묘사한다. "그는 여호와 우리 하나님이시라. 그의 판단(공의)이 온 땅에 있도다"(105:7). 이처럼 시편의 시들에서 나타난 공의의 의미를 고려할 때, 37편에서 하나님이 공의를 베풀어 온유한 자에게 땅을 차지하는 복을 내리신다는 의미는 단순히 물질적 보상 차원뿐만 아니라 창조의 원리로서 하나님 나라를 실현하는 영적 차원으로 이해될 수 있다.

    37편이 속하는 단락(25-37편)은 복을 자주 언급하고(25:13, 14; 27:4, 13; 31:19-21; 37:9), 땅의 복이 서두와 말미에 나와 인클루지오를 이루고 있다(25:13; 37:11). 25-37편의 문맥에서 땅의 복의 의미와 관련하여 중요한 힌트를 주는 시가 27편이다. 27:4은 "여호와의 집에서 여호와의 아름다움"을 말하고 있는데, 이 말은 27:13의 "산 자의 땅에서 여호와의 은혜"와 평행을 이룬다.[116] 이런 평행은 땅의 복이 성전에서 누리는 하나님과의 교제의 복과 연결된다는 것을 입증해 준다.

    앞서 말한 대로, 시편의 시들은 서론인 1편과 2편의 관점에서 해석되어야 한다. 그러므로 1-2편의 관점에서 37편을 읽으면, 땅과 관련해서 37편이 2편과 유사하다는 것을 발견할 수 있다. 2:8에서 하나님은 다윗 왕에게 "내가 이방 나라를 네 유업으로 주리니 네 소유가 땅 끝까지 이르리로다"라고 말씀하여 왕에게 땅의 복을 약속하신다. 이런 2편의 진술을 37편에 적용시키면, 37편에서 의인이 땅을 기업으로 얻는 복은 시온에서 다윗 왕이 땅을 기업으로 얻는 복의 연장선으로 이해할 수 있다. 2편에서 말하는, 땅의 복은 시온에 거하는 이상적인 다윗 왕에게 주어지는 것으로, 시온에서 하나님과의 교제의 기쁨을 가시화한 것이다. 이런 의미에서 2편과 연속성이 있는 37편의 땅

---

[116] Kraus, *Psalms 1-59*, 336.

의 복도 시온에서 하나님과의 교제를 가시화하는 영적 축복의 의미로 충분히 해석할 수 있다.

1권 안에서 21편도 37편과 많은 유사점을 보인다.[117] 먼저 21편에서 "복"에 해당하는 히브리어 단어 "베라카"(בְּרָכָה)는 두 번이나 사용되는데(21:3, 6), 이 동일한 단어가 37:26에서 다시 반복되고 있다. 21:10은 왕의 대적의 후손들이 땅에서 멸망한다고 말하여, 의인에게 땅을 차지하는 복이 있음을 시사한다. 이 같은 진술은 확실히 37:28에서 "악인의 자손은 끊어지리로다"라는 말을 연상시킨다. 더욱이 21:3은 다윗 왕에 대해 "주의 아름다운 복으로 그를 영접하시고 순금관을 그의 머리에 씌우셨다"라고 말함으로써, 왕에게 베풀어지는 땅의 복이 하나님과의 교제에서 나오는 복임을 분명히 하고 있다.[118]

37편이 말하는, 온유한 자가 땅을 차지하는 복은 시편 외에 다른 곳에서도 나타난다. 창세기에서 하나님은 아브라함의 후손에게 땅을 축복으로 주실 것을 약속하셨고(창 12:7; 15:7),[119] 신명기도 땅의 소유를 핵심적인 주제로 제시하고 있다. 땅의 복은 이사야 56-58장에서 더욱 구체적으로 언급된다. 이사야 57:13은 "나를 의뢰하는 자는 땅을 차지하겠고 나의 거룩한 산을 기업으로 얻으리라"라고 말하고 있는데, 여기서 땅은 거룩한 산인 시온과 평행을 이루어, 땅 소유의 개념을 하나님의 임재 안에 거하여 교제의 기쁨을 나

---

[117] 1. "그 마음의 소원을 주셨으며"(21:2)/ "저가 네 마음의 소원을 이루어 주시리로다"(37:4).
2. "영영한 장수로다"(21:4)/ "기업은 영원하리로다"(37:18)/ "영영히 거하리로다"(37:27).
3. "왕이 여호와를 의지하오니"(בטח)(21:7)/ "여호와를 의뢰하여 선을 행하라"(37:3).
4. "네가 저희 후손을 땅에서 멸함이여"(21:10)/ "의인이 버림을 당하거나 그 자손이 걸식함을 보지 못하였도다"(37:25)/ "악인의 자손을 끊어지리로다"(37:28).
5. "내서 서희는 너를 해하려 하여 계교를 품었으나"(21:11)/ "악한 꾀를 이루는 자를 인하여 불평하여 말지어다"(37:7)/ "악인이 의인 치기를 꾀하고"(37:12).
6. "저희 후손을 땅에서 멸함이여"(אבד)(21:10)/ "악인은 멸망하고"(37:20).
7. "땅에서"(21:10)/ "땅"(37:3, 9, 11, 22, 29, 34).

[118] 크라우스는 시 21편은 하나님의 보호하심으로 인한 왕의 행복한 삶을 그리고 있다고 말한다. Kraus, Psalms 1-59, 288.

[119] 어떤 신학자는, 시 37편은 창세기에 나오는 이삭 이야기에 관한 시적 주석이라고 말하기도 한다.

누는 모습과 연결시키고 있다.

모티어(Motyer)는 이사야 57:13에서 언급된 거룩한 산은 "주님의 임재와 그분과 동행하는 기쁨 속으로 영접받는 곳"이라고 설명한다.[120] 땅을 차지하는 것이 주님과의 교제의 기쁨을 누리는 것과 긴밀한 연관이 있음을 잘 보여 주는 대목이다. 땅이 하나님 임재의 기쁨과 연관된다는 사상은 이사야 58:14에서 다시 제기된다. "네가 여호와 안에서 즐거움을 얻을 것이라. 내가 너를 땅의 높은 곳에 올리고 네 조상 야곱의 기업으로 기르리라." 여기서 땅의 높은 곳은 시온을 가리킨다. 그래서 땅을 차지하는 자는 시온에 거하여 여호와의 즐거움을 누릴 것이라고 설명하고 있다.

이상의 관찰을 종합할 때, 확실히 이사야 56-58장의 문맥에서 땅을 차지하는 복의 의미는 하나님과의 교제에서 오는 기쁨을 함의한다. 그러므로 이사야서의 관점에서 37편을 읽으면, 37편의 땅의 복은 주님과의 온전한 교제의 기쁨을 누리는 영적인 복임을 자명하게 알 수 있다. 실제로 이사야 56-58장과 시편 37편은 내용상 많은 유비점을 가지고 있다.

시편 37편	이사야 56-58장
• 여호와를 의지하는 자의 의와 공의가 빛같이 나타나리라(6절).	• 공의(공평)와 의를 행하라(56:1).
• 여호와를 의지하는 자가 땅을 차지하리라(9, 11절).	• 여호와를 의지하는 자가 땅을 차지하리라(57:13).
• 의인은 풍부한 화평을 즐기게 될 것임 (11절).	• 악인에게는 평강이 없을 것임(57:21).
• 악인은 꾸고 갚지 아니하나 의인은 은혜를 베풀고 줌(21절).	• 하나님이 기뻐하는 것은 주린 자에게 식물을 주고 벗은 자에게 입히고 골육을 돌보는 것임(58:7).

---

[120] J. Alec Motyer, *The Prophecy of Isaiah: An Introduction & Commentary* (Downers Grove, Ill.: IVP, 1993), 475.

이런 유비점들은 37편의 땅의 복이 이사야 56-58장이 말하는 땅의 복과 연장선상에 있어, 영적인 복을 포함한다는 것을 독자들에게 각인시켜 준다.

37편의 땅의 복과 관련된 영적 의미는 예수님의 산상설교에서 더욱 뚜렷하게 나타난다(마 5:5). 마태복음은 겸손한 자(즉, 온유한 자와 동일한 의미)가 천국을 소유한다고 말하여, 땅의 복이 천국에서 주님과 밀접한 교제의 복을 누리는 것임을 더욱 선명하게 보여 주고 있다.

앞서 언급한 대로, 시편은 포로 후기에 최종 배열되었다. 그러므로 37편에서 제시된 땅의 복은 37편 자체 내에서뿐만 아니라 포로 후기의 관점에서도 이해되어야 한다. 와인펠드(Weinfeld)에 의하면, 포로 후기인 제2성전 시대(the Second Temple period)에 "땅(land)은 메시아의 구원이라는 비전의 일부분으로 영적 가치와 상징적인 의미를 가지게 되어, 앞으로 도래할 세상에서 누릴 분깃으로 이해되기 시작했다"고 말한다.[121] 이런 그의 주장이 맞다면, 시편에서 말하는 땅을 차지하는 복이 물질적인 복뿐만 아니라 하나님과의 교제라는 영적인 복을 포함한다는 것은 충분히 설득력이 있다.

결론적으로 37편의 땅의 복은, 포로 후기에 열국의 지배로 땅이 없어서 나그네처럼 살고 있는 포로 후기 공동체에게 그들이 땅을 차지하게 될 것을 약속하여 탄식의 상황에서 낙심할 필요가 없음을 일차적으로 교훈하는 기능을 한다. 하지만 궁극적으로 땅의 복의 핵심은 주님과의 교제에서 오는 기쁨이기 때문에, 37편은 종말에 완성될 땅의 복을 현재에도 성도가 미리 누릴 수 있음을 제시하여, 고난을 넉넉히 이길 수 있음을 일깨워 준다.

---

121 Moshe Weinfeld, "Inheritance of the Land—Privilege versus Obligation: The Concept of 'The Promise of the Land' in the Sources of the First and Second Temple Periods", *Zion* 49 (1984): 115-137.

2장

시편 2권

하나님의 통치를 신뢰하고 낮아져서 주님의 인자를 사모하라

1권이 마음에 율법을 새기는 문제에 초점을 맞춘 것이라면, 2권(42-72편)은 하나님의 통치를 두드러지게 돋보이게 함으로써 하나님이 모든 상황을 주관하신다는 것을 보여 주어, 고난 가운데서 낙심하지 말도록 교훈한다(45-48, 65-68, 72편). 하나님의 부재로 탄식하는 청중에게 하나님의 통치하심을 강조하여, 비록 탄식의 상황에 놓여 있을지라도 하나님의 왕 되심을 인정하고 그분의 인애를 진정으로 체험한다면, 고난을 이길 수 있다는 것이다. 덧붙여 하나님의 왕 되심을 인정하는 자는 하나님 통치의 원리인 인애와 공의와 의를 실행하는 삶, 즉 마음에 율법을 새기는 자의 삶을 살 것이라는 교훈을 준다.

더욱이 2권은, 성도가 마음에 율법을 새기려면 재물의 부재를 탓하지 말라고 설득한다. 성도가 온전히 마음에 율법을 새기지 못하는 이유로, 재물의 부재로 인한 원망을 제시하고 있는 것이다. 재물이 없다고 원망하는 것은 하나님 앞에서 어리석은 행동임을 지적하고, 재물은 오히려 하나님을 올바로 섬기는 데 방해거리가 된다는 점을 교훈한다(49-50편 참조). 구체적으로, 2권은 인간이 원래부터 입김과 같이 아무것도 아닌 존재임을 말함으로써, 마치 재물이 당연히 있어야 할 것처럼 생각하며 재물의 부재를 한탄하는 것 자체가 주제넘은 행위임을 보여 준다. "아 슬프도다. 사람은 입김이며 인생도 속임수이니 저울에 달면 그들은 입김보다 가벼우리로다"(62:9). 그러므로 고난 가운데 있는 성도의 올바른 태도는 오히려 자신의 비천함을 직시하고 비천한 자신에게 하나님이 인자를 베풀어 주신 것을 감사하여 성도 자신도 진정으로 하나님을 사랑하도록 권면한다. 결국 2권은 자신이 아무것도 아니라는 자각 속에서 하나님의 인자를 절실히 깨닫는 자만이 참으로 마음에 율법을 새겨서 인애와 공의와 의를 행할 수 있다고 제시함으로써, 1권의 주제를 더욱 발전시키고 있다.

1. 2권의 구조

2권의 시들은 여러 저자들에 의해 쓰였다. 저자별로 2권의 시들을 분류하면 고라 자손의 시(42-49편), 아삽의 시(50편), 다윗시(51-71편), 그리고 솔로몬의 시(72편)로 나눌 수 있다. 3권에서도 동일한 저자들이 등장한다. 즉, 아삽의 시(73-83편), 고라 자손의 시(84-85, 87-88편), 그리고 다윗시다(86편). 한편 42-83편을 엘로힘 시라고 부르는데, 그 이유는 여기서 하나님의 이름이 엘로힘으로 나타나기 때문이다. 레위 자손의 후손인 고라 자손과 아삽의 시들은 공동체를 위한 시들로서,[1] 성전 지향적 성격을 띠고 있다(42-49, 84-85, 87-88편).

구조상 2권(42-72편)은 1권과 많은 유사점이 있다(72:19 참조). 2권의 마지막인 72편은 1권의 마지막인 41편처럼 가난한 자에 대한 배려와 복을 언급한다. 또한 72편은 41편처럼 원수의 패배를 말하고 있고(72:4, 9, 17; 41:1, 11), 70

---

[1] McCann, "Books I-III and the Editorial Purpose of the Psalter", in *The Shape and Shaping of the Psalter*, 101.

편은 40:13-17과 내용상 매우 유사하다. 2권의 서두도 1권의 서두와 비슷해서, 42편은 3편과 유사점을 보이고 있다. "네 하나님이 어디 있느뇨"(42:3, 10), "하나님께 구원을 받지 못한다 하나이다"(3:2).

시편이 배열되는 과정에서 아마도 한때는 1권과 2권이 다윗시로 함께 묶여 있었던 것처럼 보인다. 실제로 2권은 "다윗의 기도가 끝나니라"라는 말로 끝난다(72:20). 그렇다고 1-72편의 순서가 처음부터 고정되어 있었던 것은 아니다. 포로 후기에 1권과 2권의 시들 안에 몇 개의 시들이 추가되어 최종적으로 완성되었기 때문이다. 그래서 포로기와 포로 후기의 상황을 반영하는 시들이 종종 1-2권에서 발견된다(44:11, "여러 민족 중에 우리를 흩으셨나이다").

2권의 시들이 배열된 구조와 관련하여, 월튼(Walton)은 2권이 다윗의 생애를 다룬 칸타타로 구성되었다고 주장한다.[2] 구체적으로 그의 주장은 다음과 같다.

45편: 다윗이 등극하는 내용(45:7).

46-47편: 왕위에 오른 다윗의 군사적 승리를 묘사.

48편: 예루살렘을 정복하고 거주하는 장면.

49-51편: 다윗이 밧세바와 동침한 사건을 다룸. 구체적으로 49편은 다윗의 부와 자랑이 헛됨을 말하고 50편은 죄를 씻는 데 제사는 효력이 없음을 보여준다. 51편은 죄 용서를 위한 간구의 기도.

52편: 암논(삼하 13장)의 사건을 묘사(삼하 13:1-2, 7).

54-64편: 압살롬의 반란을 연상시킴(55:12-14, 21; 61:6; 64:3-4, 7).

68-69편: 북쪽 지파 세바(삼하 20장)의 반란을 연상시킴(69:8).

71편: 노년의 다윗("늙을 때에 나를 버리지 마시며"; 71:9, 18).

---

2   John Walton, "Psalms: A Cantata about the Davidic Covenant", *JETS* 34 (1991): 21-31.

72편: 다윗에게서 솔로몬으로 왕위가 이양되는 장면.

한편 장르별로 2권의 시들을 구분하면 다음과 같다.³

42-43편— 개인적 탄식시	58편— 저주시
44편— 집단적 탄식시	59-60편— 집단적 탄식시
45편— 제왕시	61편— 제왕시
46편— 시온시	62편— 신뢰시
47편— 등극시	63편— 제왕시
48편— 시온시	64편— 개인적 탄식시
49편— 지혜시	65편— 감사시
50편— 언약 갱신시(언약 고소시)	66편— 찬양시
51편— 개인적 탄식시	67편— 찬양시(하나님의 축복을 위한 기도)
52편— 신뢰시	68편— 등극시(하나님의 통치하심을 위한 기도)
53편— 일종의 지혜시	69-71편— 개인적 탄식시
54-57편— 개인적 탄식시	72편— 제왕시

장르의 관점에서 볼 때, 2권은 탄식시와 같은 부정적인 요소(disorientation)에서 제왕시나 등극시, 또는 지혜시와 같은 긍정적 방향(reorientation)으로 흘러가는 흐름이 반복적으로 교차되는 구조임을 알 수 있다.⁴ 이런 탄식과 긍정의 반복을 통해 2권의 전체 구조는 다음과 같이 다섯 개의 단락으로 세분화된다.⁵

1단락: 42-50편(여기서 탄식은 42-44편).

---

3 김창대, "주위 문맥에서 본 시편 46편의 시온 신학", 70-71.
4 반면 매칸은 시편 2권은 시편 3권과 같이 탄식과 희망이 교차되는 것을 발견할 수 없다고 주장했다. 하지만 장르상으로 볼 때 2권에서도 탄식과 긍정적인 내용이 교차되는 것을 충분히 볼 수 있다. McCann, "Books I-III", 103.
5 김창대, "주위 문맥에서 본 시편 46편의 시온 신학", 71.

2단락: 51-53편(여기서 탄식은 51편).

3단락: 54-63편(여기서 탄식은 54-60편).

4단락: 64-68편(여기서 탄식은 64편).

5단락: 69-72편(여기서 탄식은 69-71편).

이 구조를 볼 때, 2권의 기조는 탄식이지만 동시에 하나님에 대한 찬양과 감사, 신뢰가 각 단락의 끝에 나타나 여전히 하나님에 대한 믿음을 저버리지 않고 있음을 발견할 수 있다.[6] 각 단락의 서두는 마음의 문제를 언급한다는 공통점이 있다(42:4; 51:10; 54:6; 64:6; 69:20). 이런 공통점을 통해 2권은 성도의 탄식이 궁극적으로 마음에 율법을 새기지 못했기 때문에 일어난 것임을 암시한다.

앞의 구조가 보여 주듯이, 2권에서 각각의 단락은 탄식시들 다음에 긍정적인 시들을 배치시켜 독자들에게 탄식시들을 포로 후기의 탄식의 상황으로 재해석하도록 이끌고, 긍정적인 시들은 하나님의 응답으로 이해하도록 유도하고 있다.[7] 탄식에 대한 하나님의 응답의 관점에서 2권의 구조를 살펴보면 다음과 같다.

A. 왕이신 하나님의 통치를 의지하라(45-50편).

B. 재물을 의지하지 말고 하나님의 인애를 바라라(52-53편).

---

[6] 시편 3권에서도 2권과 비슷하게 탄식과 희망이 교차되고 있다. 하지만 3권과 2권의 차이는 탄식과 희망의 교차가 2권에서보다 3권에서 더 빈번하게 일어나고, 그 탄식의 강도도 크다는 점에 있다. 구체적으로 말하면 2권에서는 탄식에서 찬양으로의 교차가 다섯 번 일어나지만 3권에서는 그 교차가 매우 빈번하게 일어난다. 그리고 3권의 끝은 2권처럼 제왕시라 할지라도(시 72편과 89편) 2권과 달리 탄식이 주요 주제다. 매칸에 따르면, 3권에서는 희망의 메시지가 탄식의 목소리에 함몰되어 전통적인 희망(다윗 왕권, 시온 등)이 공허하게 들리는 수사적 효과를 낳는다고 말한다. 하지만 시편 2권에서 전통적인 희망을 다루는 제왕시, 등극시, 시온시 등은 여전히 의미 있는 메시지들로 제시되고 있다. McCann, "Books I-III", 98.

[7] 김창대, "탄식적 상황에서 하나님의 응답", 19.

B′. 재물을 의지하지 말고 하나님의 인애를 바라라: 이를 위해 낮아져라(61-63편).
　　A′. 왕이신 하나님의 통치를 의지하라(65-68편).
　　결론: 다윗 언약(약속)을 신뢰하라(72편).

　이처럼 2권은 탄식의 상황에 있는 성도들에 대한 하나님의 응답으로, 하나님의 통치를 신뢰하고 탄식의 원인인 재물의 부재로 인해 원망하지 말라고 권고한다. 그리고 고난 앞에서 오히려 자신을 성찰하고 낮아질 것을 교훈한다. 이렇게 낮아진 사람만이 진정으로 마음에 율법을 새길 수 있다는 논리다. 결론으로, 마음의 율법을 새기기 위한 일환으로서 72편은 다윗 언약으로 대변되는 하나님의 약속을 대망하도록 촉구하며 마무리한다.

2. 2권의 내용

1) 첫 번째 단락(42-50편)

이 단락은 먼저 고난의 상황을 묘사하고(42-44편), 이에 대한 응답으로 하나님의 통치를 신뢰하고 하나님의 성품을 따라 인애와 공의와 의를 행할 것을 제시한다(45-48편). 이어서 재물의 부재를 원망하는 것이 잘못임을 교훈하기 위해, 많은 재물은 오히려 하나님과의 올바른 관계를 방해한다는 사실을 일깨워 준다(49-50편). 한마디로 재물의 부재로 인한 탄식이 어리석은 것임을 역설하고 있는 것이다. 이 단락의 구조는 다음과 같다.

　　A. 42-44편 – 탄식: 상한 마음을 토로하며 탄식함.
　　B. 45-48편 – 탄식에 대한 응답: 하나님의 통치를 신뢰하라.
　　B′. 49-50편 – 탄식에 대한 응답: 재물의 부재를 원망하지 말라.

42-44편(disorientation)

42-44편은 개인적 탄식시(42-43편)와 집단적 탄식시(44편)로 구분된다. 하지만 개인적 탄식시인 42-43편은 집단적 탄식시인 44편과 어휘적으로 밀접한 연관이 있다. 예를 들어, "비방한다"(42:10; 44:16), "원수의 압제"(42:9; 43:2; 44:24), "나를(우리를) 버리셨나이까?"(43:2; 44:9), "나를 잊으셨나이까?"(42:9; 44:24), "하나님의 앞(얼굴)을 보다"(42:2; 44:24), "나의(우리) 영혼"(42:5, 11; 43:5; 44:25) 등이 그러하다.

42-43편은 3권의 73편과도 유사점을 보인다. 예를 들어, "하나님이 어디 있느냐?"(42:3, 10; 73:11), "마음"(42:4; 73:1, 26), "반석"(42:9; 73:26) 등과 같은 표현들이 반복된다. 더욱이 42편의 시인은 73편처럼 마음과 관련하여 낙심하고 불안해하는 모습을 언급함으로써, 탄식의 원인이 마음과 연관되어 있음을 내비친다. "내가 전에 성일을 지키는 무리와 동행하여 기쁨과 감사의 소리를 내며 그들을 하나님의 집으로 인도하였더니 이에 이 일을 기억하고 내 마음이 상하는도다"(42:4).

42편은 "하나님이여 사슴이 시냇물을 찾기에 갈급함 같이 내 영혼이 주를 찾기에 갈급하나이다"라고 탄식하며 시작한다(42:1). 그리고 마지막 절인 42:11에서 시인은 "내 영혼아 네가 어찌하여 낙심하며 어찌하여 내 속에서 불안해 하는가?"라고 자문하며 하나님의 도우심을 바란다. 이와 같은 마무리는 43편의 끝에서도 다시 나타나(43:5), 42-43편이 하나의 시임을 입증해 준다.

44편은 집단적 탄식시로서, 개인적 탄식시인 42-43편 다음에 위치하는데, 이깃은 3권에서 개인적 탄식시인 73편 다음에 집단적 탄식시인 74편이 나오는 배열과 같다. 44편은 3권의 74편과도 비슷한 맥락을 보인다. 즉, 44편은 포로기의 경험을 그 배경으로 하고 있는데(44:11, "여러 민족 중에 우리를 흩으셨나이다"), 마찬가지로 74편도 바벨론의 포로 상황을 전제로 하고 있다(74:7). 44:23

에서 시인은 "주여 깨소서"라고 절규하는데, 이것은 74:22에서 하나님께 "일어나소서" 하고 간청하는 것과 매우 유사하다.

44편이 42편처럼 탄식을 마음의 문제와 연결시키고 있는 것도 매우 흥미로운 대목이다(42:4). 44:18-19에서 시인은 "우리의 마음은 위축되지 아니하고 우리 걸음도 주의 길을 떠나지 아니하였으나 주께서 우리를 승냥이의 처소에 밀어 넣으시고 우리를 사망의 그늘로 덮으셨나이다"라고 토로한다. 마음으로 하나님을 섬기려고 했지만 탄식할 수밖에 없는 상황으로 인해 마음이 흔들리는 시인의 안타까움을 표현하고 있다.[8]

앞서 1권은 성도에게 마음으로 탄식하지 말고 마음에 하나님의 법을 새길 것을 권고했다. 이런 상황에서 2권의 서두인 42-44편이 마음의 슬픔을 토로하는 것은 의외다(42:4; 44:18). 이 부분에서 우리는 인간의 탄식이 결국은 마음에 율법을 새기지 않는 데서 일어난다는 사실을 보게 되고, 아울러 인간의 연약함을 깨닫게 된다. 이런 문맥에서 45-50편은 마음으로 슬퍼하는 사람들에게 마음에 율법을 새길 수 있는 방법을 소개하고 있다.

45-50편(orientation)

45-50편은 42-44편의 탄식에 대한 하나님의 응답을 제공하고 있다. 이 단락의 강조점은 환난과 고통으로 인하여 하나님이 없는 것처럼 보이는 상황에서도 여전히 하나님이 시온에서 왕이시며 성도의 피난처가 되신다는 것이다. 그러므로 시온에서 왕으로 계신 하나님의 통치를 신뢰할 것을 말하고, 하나님 통치의 복을 받기 위해 인애와 공의와 의의 삶을 살 것을 교훈한다(45:6-

---

8 여기서 크라우스는 단순히 의인은 고난을 당할 수 있다는 34편을 인용한다(34:19). 하지만 44:18-19은 주위의 시인 42-44편과 연결시켜 읽으면, 마음으로 하나님을 섬기려고 했지만 고난을 당하는 상황에서 시인이 마음으로 탄식하고 있음을 강조하는 것이다. Kraus, *Psalms 1-59*, 448.

7; 48:9-11; 50:14-17). 45-50편은 다시 45-48편과 49-50편으로 세분화된다.

① 하나님의 통치를 신뢰하라(45-48편)

45-48편은 탄식에 대한 응답으로, 먼저 하나님의 통치를 신뢰할 것을 강조한다. 45-48편의 전체 구조는 다음과 같다.[9]

서론. 45편- 종말에 메시아로 인한 하나님 통치의 완성을 갈망하라.
  A. 46편- 시온에서 피난처 되신 하나님: 우리를 도와주심.
    B. 47편- 시온에 계신 하나님은 지존하신 왕.
  A′. 48편- 시온에서 피난처 되신 하나님의 통치 방식: 인애, 공의, 의.

이상의 구조가 보여 주듯이, 45-48편은 먼저 종말에 메시아의 출현으로 하나님의 통치가 완성될 것을 제시한다. 또한 종말에 하나님 나라가 완성될 것이지만 그 전에도 성도는 충분히 시온에서 피난처 되시는 왕이신 하나님을 신뢰할 수 있고, 거기서 오는 복으로 어려움을 극복할 수 있음을 강조한다.

45편은 제왕시로서 다윗 왕권을 찬양하는 내용이다. 크라우스(Kraus)의 주장대로 이 시의 배경은 왕의 결혼식이다.[10] 하지만 시의 내용이 역사적으로 실현되지 않은 이상적인 왕의 모습을 그리고 있기 때문에, 종말에 출현할

---

9 쿠타토· 하워드, 『시편을 어떻게 해석할 것인가』, 106. 여기서 하워드는 45편은 하나님의 왕권을 찬양하는 등극시인 47편과 짝을 이루고, 46편과 48편은 둘 다 시온시로서 시온에서 왕으로 계신 하나님이 신자의 피난처이심을 교훈하는 공통점이 있다는 것을 지적한다. 그래서 45-48편은 하나님의 왕권과 피난처라는 주제가 교차되는 구조("interlocking structure")라고 주장한다. 그에 의하면 이런 구조는 4권에서도 나타난다. 즉, 90-92편과 94편이 피난처라는 주제를 다루고, 93편과 95-99편은 왕권의 주제를 다루어 교차 구조를 이루고 있다는 것이다.
10 Kraus, *Psalms 1-59*, 457.

메시아를 통해 하나님 나라의 통치를 찬양하는 노래로 재해석되었다.[11] 45편의 구조는 다음과 같다.

서론. 왕을 위한 시(45:1).
A. 하나님이 은혜의 입술을 가진 왕을 영원히 복 주심(45:2).
  B. 왕이 누리는 복: 영화와 위엄을 가지고 만민을 엎드러지게 함(45:3-5).
    C. 하나님의 통치: 공의와 의를 행하는 자를 왕으로 삼음(45:6-7).
      D. 왕은 화려함 속에서 즐거워할 것임(45:8-9).
    B´. 왕후가 누리는 복: 모든 영화를 누림, 열국에서 예물을 받음(45:10-15).
    C´. 왕의 통치: 왕의 아들들을 온 세계의 군왕으로 삼음(45:16).
A´. 만민이 왕을 영원히 찬송할 것임(45:17).

이상의 구조를 근거로 45편의 내용을 살펴보면, 45편의 핵심은 D단락으로서 이상적인 왕이 누리는 화려함과 즐거움이라는 것을 알 수 있다.

45:3-5은 은혜의 입술을 가진 이상적인 왕이 만민을 엎드러지게 한다는 것을 보여 주어, 이 왕이 만왕의 왕임을 드러내 준다. 45:6-7은 45편의 왕이 공의와 의를 행하는 하나님의 대리 통치자임을 제시한다. 45:8-9은 이상적인 왕이 공의와 의로 다스릴 때 왕국이 화려하고 즐겁다는 것을 강조하여, 참된 왕은 공의와 의로 다스리는 자임을 일깨워 준다.[12] 이처럼 만민을 엎드러지게 하고, 왕국의 화려함과 즐거움을 실현한 왕은 이스라엘 역사상 한 번도 없었기 때문에, 자연히 이런 왕의 묘사는 미래에 출현할 메시아에 적용되었다. 실

---

11 김정우, "시편의 기독론적 설교", 『시편 2: 어떻게 설교할 것인가』, 목회와신학 편집부 엮음 (서울: 두란노아카데미, 2009), 35 참조.
12 Terrien, *The Psalms*, 368.

제로 신약은 45:7-8을 예수 그리스도에 대한 예언으로 이해한다(히 1:8-9).[13]

45:10-16은 미래에 있을 메시아의 통치를 통해 왕후와 왕의 아들들이 누릴 복에 초점을 맞춘다. 여기서 왕후와 왕의 아들들의 정체는 메시아를 통해 은택을 입는 모든 사람들에게로 확대 적용시킬 수 있다. 그러므로 메시아로 이루어지는 하나님 나라의 통치를 통해 메시아를 따르는 모든 사람들이 왕적인 존재가 되어 메시아와 함께 세상을 다스리는 존재로 변화될 것이라는 힌트를 얻을 수 있다.[14] 이 점은 또 다른 메시아 시편인 110편에서 더욱 두드러지게 나타난다. 110편은 메시아가 도래하여 뭇 나라(열국)를 심판할 때, 주의 백성이 출현하여 메시아와 함께 땅을 다스린다는 점을 111편과 함께 분명하게 말한다(110:3, 6; 111:6).

결국 45편의 내용을 42-44편의 탄식과 결부시켜 이해하면, 45편의 핵심 메시지는 메시아의 출현으로 이루어질 하나님 나라의 완성을 갈망하며 어려움을 극복하도록 촉구하는 것이다. 오늘날 우리에게 메시아를 대망하라는 촉구는 이미 예수 그리스도가 오신 상황에서 별로 위로가 되지 않는 것처럼 보인다. 하지만 하나님 나라의 최종 완성은 예수 그리스도의 재림 시에 이루어지기 때문에, 45편의 교훈은 오늘을 사는 성도들에게도 여전히 유효한 말씀이다. 그러므로 우리는 예수 그리스도의 재림 시에 이루어질 하나님 나라의 완성을 대망하며 고난을 이기는 자가 되어야 할 것이다. 더욱이 예수 그리스도는 성령을 통해 우리에게 이미 하나님 나라의 통치의 복을 선취토록 하셨기 때문에, 우리는 고난을 이길 수 있는 더 많은 동기를 부여받은 셈이다.

46편의 장르는 시온시다.[15] 이 시의 구조에 대해서는 다양한 시각이 있지

---

13 Craigie, *Psalms 1-50*, 341.
14 확실히 왕후에게 두로의 딸이 예물을 드린다는 왕후가 왕적인 존재라는 암시다(45:12). VanGemeren, "Psalms", 348 참조.
15 von Rad, *Old Testament Theology*, 46.

만 필자는 다음과 같은 동심원 구조라고 생각한다.[16]

A. 하나님은 우리의 피난처(מַחֲסֶה/"마하세")(46:1).

  B. 흔들리는 산과 뛰놀고 넘치는 바다 앞에서도 두렵지 않음(46:2-3).

    C. 흔들리지 않는 시온에서 하나님의 도우심(46:4-5).

  B´. 떠들며 흔들리는 뭇 나라 앞에서 하나님이 땅을 평온케 하심(46:6-9).

A´. 높아지시는 여호와는 우리를 위한 높은 산성(מִשְׂגָּב/"미쉬가브")(46:10-11).

이 구조로 볼 때, 46편의 핵심은 C단락으로서 창조 세계와 역사가 무질서의 세력으로 흔들릴지라도(מוט/"무트") 시온은 결코 흔들리지 않기 때문에 하나님이 시온에서 자신을 의지하는 성도들에게 피난처가 되시어 확실하게 도와주실 것이라는 교훈이다(46:5). 크레이기(C. Craigie)의 지적처럼, 46편은 고대 근동의 창조 신화에서 언급되는 바다로 상징되는 무질서의 모티프를 가지고 있다.[17] 그래서 이 시는 당시 가나안의 창조 신화의 이미지를 빌려, 여호와께

---

16 한편 테린은, 시 46편은 1-7절이 다음과 같은 동심원 구조를 이룬다고 주장한다. Terrien, *The Psalms*, 373.
  A. 피난처와 힘(1a절).
    B. 하나님의 도우심과 두려움이 없음(1b절).
      C. 땅이 흔들림(2a절).
        D. 바다가 솟아나고 뛰놂(3a절).
          E. 하나님의 성(4a절).
        E´. 제때에 도와주심(5b절).
      D´. 뭇 나라가 떠들고 흔들림(6a절).
      C´. 땅이 황무함(6b절).
    B´. 만군의 여호와께서 우리와 함께함(7a절).
  A´. 산성이고 힘(7b절).
하지만 그의 분석은 8-11절에 대해서는 아무런 설명을 하지 않는다. 8-9절은 하나님이 이방나라들의 위협을 직접 물리치시고 땅을 평온케 하시는 장면을 구체적으로 보여 주기 때문에 6절과 연결되어 하나의 소단락을 이룬다고 보는 것이 더 설득력 있다고 필자는 생각한다.

17 Craigie, *Psalms 1-50*, 343. 한편 테린은, 여기서 바다는 메소포타미아의 창조신화에서 나오는 마르둑을 연상시킨다고 주장한다. Terrien, *The Psalms*, 372.

서 바다라는 대적을 물리치시고 시온을 세우셨다는 것을 묘사하고 있다.[18]

시온이 피난처가 된다는 46편의 진술은 43:3에서 탄식하는 성도가 주님의 임재를 갈망하며 "주의 거룩한 산"에 이르게 해 달라는 간구에 대한 응답이기도 하다. 43편에서 고난 가운데 있는 시인이 시온에 이르게 해 달라고 한 이유는, 하나님의 임재를 상징하는 시온이 자신에게서 멀리 떨어져 있는 듯한 괴리감을 느꼈기 때문이다. 이런 괴리감에 대한 응답으로 46편은 시온의 축복이 하나님을 의지하는 사람에게 반드시 임하게 될 것을 일깨운다.

46:4에서 시온 안에 강이 고요히 흐르며 성을 기쁘게 한다는 언급은, 가나안 신화에서 최고의 신인 바알이 거하는 자폰 산처럼 시온이 세상의 중심이라는 것을 보여 주기 위한 은유적 표현이다.[19] 48편도 시온을 자폰 산에 비유하는데(48:2), 이처럼 시온을 자폰 산에 대비시켜 설명하는 것은 자폰 산의 신화를 인정하는 것이 아니라 우주의 중심에 거하는 신이 자폰 산의 바알이 아니라 시온의 하나님이심을 변증하기 위한 목적 때문이다. 또한 시온에서 물이 나온다는 진술은 강들의 근원지인 에덴동산의 이미지를 가지고 있기 때문에 시온이 에덴동산과 같이 세상을 축소한 소우주(microcosm)라는 신학을 함축한다.[20]

---

18 바다의 세력을 물리치고 질서를 세우는 것은 메소포타미아의 신화와 가나안 신화에서 비슷하게 나타나지만, 이 두 신화는 서로 차이가 있다. 메소포타미아 신화는 마르둑이 티아맛으로 대변되는 바다를 물리치고 세상을 창조하는 것으로 되어 있고, 가나안 신화에서는 이미 세상이 창조된 상태에서 바알이 바다라는 무질서 세력을 물리침으로써 그 창조 질서를 유지하는 것으로 묘사되어 직접 만물을 창조하는 이야기는 아니다. 하지만 가나안 신화도 창조 질서의 유지에 관심을 갖는다는 점에서, 넓은 의미로 볼 때 창조신화에 속한다고 데니스 매카시는 주장한다. Dennis J. McCarthy, S. J., "Creation Motifs in Ancient Hebrew Poetry", in *Creation in the Old Testament*, Issues in Religion and Theology 6, ed. B. W. Anderson (Philadelphia: Fortress, 1984), 74.

19 가나안의 창조신화를 보면 가나안 최고의 신이 거하는 산은 우주의 중심이다. 그리고 그 산에서 최고의 신은 두 강의 근원지에서 통치하는 것으로 묘사된다. Cf. Richard J. Clifford, *The Cosmic Mountain in Canaan and the Old Testament* (Cambridge: Harvard University Press, 1972), 48, 68.

20 Roy B. Zuck, Eugene H. Merrill and Darrell L. Bock, *A Biblical Theology of the Old Testament* (Chicago: Moody Bible Institute, 1991), 28.

46:5은 시온이 영원히 흔들리지 않는다고 말하는데, 여기서 "흔들리다"라고 번역된 히브리어 단어는 "무트"(מוט, '흔들리다'라는 뜻)로서, 46:2에서 시인이 산이 "흔들린다"라고 말할 때 사용한 단어와 동일한 낱말이다. 흥미롭게도 이 단어는 46:6에서 왕국이 "흔들린다"라는 진술에 다시 등장하여 46편의 핵심어(key word)로 기능한다. 이런 핵심어의 사용을 통해 시인은 산과 왕국이 흔들릴지라도 시온은 결코 흔들리지 않는다는 것을 강조하고 있다.

결국 46편의 요지는 하나님의 성인 시온은 자연의 무질서의 세력과 열국으로 대변되는 혼란의 세력 앞에서도 결코 흔들리지 않기 때문에 시온에 계신 여호와는 성도를 위한 확실한 피난처가 되신다는 점을 교훈하는 것이다.[21] 또한 길링햄의 지적처럼, 46편은 42-44편의 탄식에 대한 응답으로 기능하기 때문에,[22] 이런 탄식과 관련하여 46편은 독자들에게 시온의 축복은 멀리 있는 것이 아니며, 시온을 의지하는 자는 반드시 하나님의 도움을 받게 될 것이라 약속함으로 탄식을 이기도록 격려하고 있다. 시온에서 하나님은 반드시 우리의 피난처가 되시기에 우리가 소망을 가질 수 있다는 메시지다.[23]

하지만 시편이 최종적으로 완성된 포로 후기에 성도들은 이런 46편의 메시지를 받아들이기가 쉽지 않았다. 포로기 이전, 성전이 파괴되지 않았을 때는 시온이 영원한 피난처라는 신학이 어느 정도 설득력 있었지만, 성전 파괴를 경험한 포로 후기에 그런 신학은 호소력이 떨어질 수밖에 없었다. 더욱이 포로 후기에 시온은 열국의 지배를 받고 있어 매우 초라한 상황에 놓여 있었

---

21 크라우스는 바다로 대변되는 무질서의 세력에 대한 가나안 신화는 이스라엘에 차용되면서 역사화되어 시온을 위협하는 열국의 세력으로 변형되었다고 본다. Kraus, *Theology of the Psalms*, 81.
22 Gillingham, "The Zion Tradition and the Editing of the Hebrew Psalter", 323. 여기서 그녀는 또 다른 고라시의 모음집인 시편 84-85편과 87-88편 중에서 87편은 그 앞에 나오는 고라시인 탄식시들에 대한 하나님의 응답으로 제시된다고 주장한다.
23 테린은, 포로 후기의 유다 공동체는 시온 이데올로기가 강했기 때문에 성전에 대해 애착을 버릴 수 없었다고 주장한다. Terrien, *The Psalms*, 385.

다. 이런 문제 앞에서 47-48편은 포로 후기의 시온 신학에 새로운 이해를 넌 져 준다.

47편은 등극시로서 여호와의 왕권을 찬양한다. 그리고 앞뒤의 시온시들 사이에 위치하여 시온에 계신 하나님이 왕이심을 더욱 부각시켜 준다.[24] 47편의 구조는 다음과 같이 패널 구조로 되어 있다.[25]

  A. 하나님을 향한 찬양(47:1).
    B. 여호와께서 왕이심(47:2).
      C. 이스라엘로 하여금 열국을 다스리게 하심(47:3-4).
        D. 찬양 가운데 하나님이 올라가심(עָלָה/"알라"; 47:5).
  A'. 하나님을 향한 찬양(47:6).
    B'. 하나님이 세상의 왕이심(47:7-8).
      C'. 세상의 방백들이 모임(47:9a).
        D'. 하나님이 높임을 받으심(עָלָה/"알라"; 47:9b).

이상의 구조가 보여 주듯이, 47편의 핵심은 D/D' 단락으로 여호와께서 왕으로 높임을 받으시기에 합당한 분이심을 강조하는 것이다(47:5, 9). 여기서 "높아지다"라는 단어의 어근은 "알라"(עָלָה)인데, 이것은 앞의 46:4이 시온에 계신 하나님을 "지존하신 이"라고 말할 때 사용한 히브리어 단어 "엘욘"(עֶלְיוֹן)과 동일한 어근에서 나온 낱말이다. 그러므로 47편은 46편의 "지존하신 이"가 바로 세상의 왕이심을 문맥적으로 보여 주고 있다. 또한 C/C' 단락의 평행

---

24 밴게메렌은 시편 47편은 두 시온시인 46편과 48편을 연결시켜 주면서 시온에서 세상을 통치하시는 여호와의 왕권을 노래한다고 설명한다. VanGemeren, "Psalms", 357.
25 김창대, "주위 문맥에서 본 시편 46편의 시온 신학", 73.

은 시온에 왕으로 계신 하나님이 이스라엘뿐만 아니라 열국을 위한 왕이심을 제시해 준다.

47편을 46편과 연계해서 읽으면, 47편은 시온에 거하시는 하나님은 시온뿐만 아니라 온 세상을 다스리는 왕이시기 때문에 하나님이 성도들의 피난처가 되신다는 점을 더욱 확실히 한다. 그러므로 포로 후기에 시온이 열국의 지배를 받는 상황에서, 47편은 하나님이 여전히 왕이심을 보여 주어, 반드시 고난의 상황이 역전될 것이고 종말에 시온의 영광이 반드시 회복될 것이라는 신학을 제공한다. 따라서 시편의 정경적 문맥에서 47편은 고난 가운데 있는 성도들에게 시온을 의지하는 것이 여전히 유효함을 교훈하여, 왕이신 하나님을 믿고 고난을 이길 것을 촉구하고 있다.

48편은 46편과 같이 시온시로서, 시온에서 왕으로 계신 하나님의 통치 원리가 무엇인지를 말하고, 성도가 시온의 복을 얻기 위해서는 그런 하나님의 통치 원리에 따라 행동해야 함을 권면한다. 48편의 구조는 다음과 같다.[26]

  A. 세계의 중심인 시온 산에서 왕이신 하나님은 우리의 높은 산성("미쉬가브"; 48:1-3).

    B. 열국이 시온 산을 보고(רָאָה/"라아") 도망감(48:4-7).

      C. 시온 산에서 왕이신 하나님의 통치 방식: 인애, 공의, 의(48:8-11).

    B´. 시온 산을 보고(סָפַר/"사파르") 전하라(48:12-13).

  A´. 하나님은 영영히 우리를 인도하심(48:14).

이 구조를 볼 때, 48편의 의미의 초점(semantic focus)은 시온에 왕으로 거하

---

26 김창대, "주위 문맥에서 본 시편 46편의 시온 신학", 74.

시는 하나님의 통치 방식을 찬양하는 데 있다. 48편에서 하나님의 통치 영역은 열국뿐만 아니라 해변, 평지, 바다, 더 나아가 땅 끝으로 그 지평이 확대되고 있다(7, 10절 참조).[27]

48:2의 내용에 해당하는 히브리어 표현을 그대로 직역하면 다음과 같다. "시온 산은 높이가 아름답고 온 세상의 즐거움이로다. 그 큰 왕의 성은 매우 높이 솟은 자폰 산과 같도다." 따라서 시온을 가나안 최고의 신인 바알이 거하는 자폰 산에 비유하고 있음을 알 수 있다. 이처럼 자폰 산에 비유하는 것은 당시 믿지 않는 사람들에게 자폰 산의 바알 이미지를 빌려 진정한 신은 바알이 아니라 시온 산에 거하시는 하나님이심을 선포하기 위해서다. 더 나아가, 시온 산에 하나님이 계시기 때문에 "시온 산이 자폰 산보다 뛰어나다"라는 의미를 내포한다.[28] 이 구절에서 시온 산이 "온 세상의 즐거움"이라는 표현은 시온이 온 세상의 중심이라는 뜻이다.[29]

48:8-11은 48편의 중심축으로서, 하나님의 성품(perfections)이자 하나님의 통치 방식인 인자("헤세드", 9절)와 의("체데크", 10절)와 공의("미쉬파트", 11절)를 부각시키고 있다.[30] 이 단어들은 시편에서 하나님의 창조 원리로 제시되는 용어들이다(33:5-6; 36:5-6; 89:2, 14 참조).[31] 그래서 48:8-11은 역사와 창조 세계를 아우르는 하나님의 통치 방식이 인애와 공의와 의라는 사실을 다시금 확인해 준다. 같은 맥락에서, 예레미야 9:24도 역사 속에서 인간을 구원하시는 하나님의 통치 원리가 창조 원리인 인애와 공의와 의와 연속성이 있음을 밝히고 있다.

---

27 Alter, *The Art of Biblical Poetry*, 123.
28 vanGemeren, "Psalms", 363.
29 Kraus, *Psalms 1-59*, 474 참조.
30 개역개정판 한글 성경은 48:11에서 나오는 "미쉬파트"를 "심판"으로 번역하였다.
31 H. H. 슈미트는 역사 안에서 정치적, 종교적, 사회적, 그리고 윤리적 질서의 원리는 צדק("체데크")라는 창조 질서의 원리를 그 모형으로 하고 있다고 주장했다. H. H. Schmid, "Creation, Righteousness, and Salvation: 'Creation Theology' as the Broad Horizon of Biblical Theology", in *Creation in the Old Testament*, ed. B. W. Anderson (Philadelphia: Fortress, 1984), 108.

결국 48편은 시온에서 하나님의 통치 방식을 인애와 공의와 의로 규정하고, 인간도 그런 통치 방식을 따라 인애와 공의와 의를 행해야 함을 촉구하고 있다.[32] 시온에 거하기 위해서는 성도가 인애와 공의와 의를 행해야 한다고 말한 시편 24편과 동일한 맥락이다.[33] 같은 차원에서, 2권의 결론인 72편의 시인도 이스라엘의 왕이 공의와 의를 행해야 할 것을 부각시키고 있다(72:1-3). 요컨대, 48편은 고난에 처한 성도들에게, 시온의 복인 보호를 받아 고난을 이기기 위해서는 인애와 공의와 의를 행하는 것, 즉 마음에 율법을 새기는 모습을 견지해야 한다고 권면하고 있는 것이다.

흥미롭게도 46-48편은 시온을 주제로 정교하게 구성된 동심원 구조를 이룬다.[34]

  A. 하나님은 우리의 피난처(46:1).
    B. 시온 산을 의지하는 자의 태도: 두려워하지 않음(46:2-3).
      C. 시온에 계신 하나님에 대한 찬양(46:4-5).
        D. 열국을 무찌르시고 땅을 평온케 하심(46:6-9).
          E. 높임 받으시는 여호와는 우리를 위한 높은 산성("미쉬가브"; 46:10-11).
            F. 하나님을 향한 찬양(47:1).
              G. 여호와가 왕이심(47:2).
                H. 이스라엘로 하여금 열국을 다스리게 하심(47:3-4).
                  I. 찬양 가운데 하나님이 올라가심("알라"; 47:5).
            F′. 하나님을 향한 찬양(47:6).

---

32 VanGemeren, "Psalms", 355.
33 David J. Reimer, "צדק", in *NIDOTTE* 3: 760.
34 김창대, "주위 문맥에서 본 시편 46편의 시온 신학", 75-76.

　　　　G′. 하나님이 세상의 왕이심(47:7-8).
　　　　　H′. 열국의 방백들이 모임(47:9a).
　　　　　　I′. 하나님이 높임을 받으심("알라"; 47:9b).
　　　　E′. 시온 산에서 왕이신 하나님은 우리의 높은 산성("미쉬가브"; 48:1-3).
　　　D′. 열국이 시온 산을 보고 도망감(48:4-7).
　　C′. 시온 산에 계신 하나님에 대한 찬양(48:8-11).
　B′. 시온 산을 의지하는 자의 태도: 시온을 전파함(48:12-13).
A′. 하나님은 영영히 우리를 인도하시고 보호하심(48:14).

이와 같은 구조는 독자들에게 46-48편을 하나의 덩어리로 읽을 것을 제안하고, 시온의 복을 받기 위해서는 인간의 책임(하나님의 통치 원리인 인애와 공의와 의를 행하는 것)이 요구된다는 것을 더욱 확실히 보여 준다.

정리하면, 46-48편의 문맥에서 드러난 시온 신학은 포로 후기에 탄식의 상황에 있는 성도들에게, 비록 열국의 지배를 받고 있지만 시온은 하나님이 여전히 왕으로 계신 곳이고 종말에 반드시 온 세상의 중심으로 우뚝 솟아오르게 될 것을 일깨워 준다. 그래서 시온을 의지하도록 촉구하면서, 시온의 복을 받기 위해서는 인애와 공의와 의를 실천해야 한다는 것을 제시한다.[35] 이것은 시온이 더 이상 무조건적으로 하나님의 보호와 안전을 보장해 주는 곳이 아니며, 시온의 복을 받기 위해서는 인간에게 하나님의 통치 원리대로 행동해야 하는 책임이 요구된다는 것을 의미한다. 인간이 인애와 공의와 의를 행해야 한다는 사상은 뒤에 나오는 49-50편에서 더욱 구체적으로 드러난다.

35　필자는 시온에서 인간의 책임을 강조하는 것이 포로 후기에 만들어진 신학적 산물이라고 생각하지 않는다. 포로기 이전에도 예레미야의 지적대로 시온에서 인간의 책임이 강조되었지만, 당시 유다는 시온의 형식적인 제사가 그들의 안전을 보장해 준다고 과신했다. 때문에 포로 후기에 와서 시온에 대한 그들의 생각이 교정되었다고 볼 수 있다.

② 재물의 부재를 탄식하지 말라(49-50편)

49-50편은 재물의 폐해를 다루고 있다. 언뜻 하나님의 통치를 신뢰하고 하나님의 통치 원리인 인애와 공의와 의를 강조하는 문맥에서 재물에 관한 이야기는 생뚱맞은 느낌을 준다. 하지만 포로 후기에 성도들이 탄식하는 근본 원인은 재물이 없는 데서 기인한 고달픔이었다. 이런 점에서 재물에 관한 언급은 당시 상황을 반영한 것이다. 포로 후기의 유다 공동체는 재물의 부재로 인한 절망감 때문에 하나님을 향한 인애와 공의와 의를 제대로 수행하지 못한다고 변명하는 상황이었다.

이런 상황을 염두에 두고, 49-50편은 재물이 있다면 오히려 인애와 공의와 의를 행할 가능성이 더 적다는 것을 역설적으로 교훈한다. 재물이 인애와 공의와 의를 행하는 데 방해거리가 된다는 설명이다. 물론 재물 자체는 악이 아니다. 하지만 하나님과의 교제의 기쁨보다 재물에서 나오는 기쁨으로 만족하려고 할 때 문제가 되는 것이다. 그래서 49-50편은 그런 재물의 폐해를 들춰내어 재물의 부재로 인한 탄식은 잘못된 것임을 지적하고, 마음에 율법을 새길 것을 다시 촉구한다(50:16-20 참조).

49-50편은 서로 매우 밀접하게 연결되어 있다.[36] 먼저 49편의 시작은 50편의 시작과 매우 유사하다(50:1, 7 참조). 또한 49편과 50편에서 주인공으로 언급되는 사람은 재물을 가진 부유한 사람이라는 공통점이 있다. 49편에서는 재물을 의지하는 부자가 주인공이라면(49:6), 50편에서는 풍부한 제사를 드리는 부자가 주인공으로 등장한다(50:8). 이 두 사람의 공통점은 재물의 풍부함 때문에 오히려 우상숭배를 한다는 것이다. 49편의 부자는 하나님보다 재물을 의지함으로써 우상숭배를 한다면, 50편의 부자는 자신의 부를 가지고 하

---

36 Stefan Attard, "Establishing Connections between Pss 49 and 50 within the Context of Pss 49-52", in *The Composition of the Book of Psalms*, ed. Erich Zenger (Leuven: Uitgeverij Peeters, 2010), 413.

나님께 형식적인 제사를 드려, 결과적으로 다른 신을 섬기는 우상숭배의 우를 범하고 있다(50:21, "네가 나를 너와 같은 줄로 생각하였도다").[37] 이외에도 어휘적으로 49-50편에서는 "같도다"(דָּמָה/"다마")라는 단어가 공통적으로 나타난다는 특징이 있다(49:12, 20; 50:21).[38] 이상의 증거들은 49-50편을 하나의 묶음으로 읽으라는 힌트다. 실제로 이 두 시는 다음과 같이 통일적인 수사적 구조를 이룬다.

   A. 뭇 백성들을 부름(49:1-5).
     B. 재물은 구원을 가져다주지 않음(49:6-10).
       C. 재물을 의지하는 자의 우매함: 짐승과 같음(49:11-13).
         D. 정직한 자는 구원을 받음(49:14-15).
           E. 재물이 있지만 깨닫지 못한 자는 짐승과 같음(49:16-20).
A′. 세상과 성도를 부름(50:1-6).
  B′. 형식적인 제사는 구원을 가져다주지 않음: 감사로 제사를 드리라(50:7-15).
    C′. 악인의 우매함: 하나님을 사람과 같이 만듦(50:16-22).
      D′. 감사로 제사를 드리는 자가 구원을 받음(50:23).

49편은 지혜시답게 하나님보다 재물을 의지할 때의 폐해를 지적하고 있다. 49편의 수사적 구조는 다음과 같다.

서론. 뭇 백성들을 부름: 내가 지혜를 말하겠음(49:1-5).
  A. 재물을 의지하는 자는 죽음에서 구원받지 못함(49:6-10).
    B. 재물을 의지하는 자는 자신이 영원할 것이라고 생각함(49:11).

---

37 Attard, "Connections between Pss 49 and 50", 422.
38 Attard, "Connections between Pss 49 and 50", 422.

　　　　C. 사람은 존귀하나 멸망하는 짐승과 같음(49:12-13).
　　A′. 하나님이 나를 스올의 권세에서 건져 주실 것임(49:14-15).
　　　B′. 재물을 의지하는 자는 죽은 후에 영원히 빛을 보지 못함(49:16-19).
　　　　C′. 존귀하나 깨닫지 못하는 사람은 멸망하는 짐승과 같음(49:20).

이상의 패널 구조를 볼 때 49편은, 재물을 의지하는 자는 지혜롭지 못하여 멸망하는 짐승과 같다는 것을 강조하는 데 그 핵심이 있다(C/C′ 단락). 그래서 재물은 인간을 우둔하게 만들어 하나님을 올바로 섬기지 못하게 한다는 것을 교훈한다. 재물이 아니라 하나님을 진정으로 의지하는 것만이 죽음 이후에 진정한 소망을 가질 수 있다는 충고다.[39]

49:15에서 시인은 "그러나 하나님은 나를 영접하시리니 이러므로 내 영혼을 스올의 권세에서 건져내시리로다"라고 말한다. 이것은 구약의 부활 사상을 엿보게 해 주는 진술이다(단 12:2 참조).[40] 이런 부활 사상은 포로 후기, 탄식의 상황에 있는 성도들에게 하나님의 공의가 당대에 이루어지지 못할지라도 죽음 너머에서 반드시 이루어질 것임을 교훈하여, 지속적으로 하나님을 신뢰하도록 독려하는 역할을 했다.

49:20은 결론으로 "존귀하나 깨닫지 못하는 사람은 멸망하는 짐승 같도다"라고 말한다. 이는 하나님 대신에 부를 의지하는 자가 멸망할 수밖에 없음을 강조하는 구절이다. 재물을 의지하는 자가 멸망하는 이유는 하나님보다 재물을 우선시하여 우상숭배자로 전락했기 때문이다. 인간이 하나님의 형상이라는 8편의 진술을 고려할 때, "짐승 같다"는 말은 재물을 의지하는 자가 하나님의 형상에 걸맞게 인애와 공의와 의의 삶을 살지 못한다는 것을

39　Terrien, *The Psalms*, 389-390.
40　Waltke, *Old Testament Theology*, 910.

의미한다.

정리하면, 49편은 재물이 없는 상황(포로 후기의 상황)으로 인해 탄식하며 인애와 공의와 의의 삶을 살 수 없다고 변명하는 성도들에게, 재물이 많으면 오히려 하나님을 저버리고 멸망하는 짐승으로 곤두박질할 수 있음을 일깨워 준다. 재물이 인애와 공의와 의를 행하는 데 오히려 걸림돌이 된다는 교훈이다. 일찍이 호세아 선지자가 사람들에게 재물의 위험성을 경고한 것도 이런 이유에서다(호 11:12-12:14).[41] 따라서 49편은 재물이 없기에 인애와 공의와 의를 행할 수 없다는 말은 어불성설임을 보여 주고, 고난 가운데서도 인애와 공의와 의를 행하도록 촉구하고 있다.

50편은 성도가 하나님과의 언약을 위반하여, 하나님이 성도의 언약 위반을 고소하시는 언약 고소시의 형식을 취한다.[42] 언약 고소라는 관점에서 이 시의 구조는 다음과 같다.[43]

A. 50:1-6 – 청자들을 부르고 증인인 하늘과 땅에 선포하심(4절).

B. 50:7-8 – 제사 자체로는 책망하지 않으실 것임.

C. 50:9-13 – 책망의 내용은 형식적인 제사.

D. 50:14-15 – 감사로 제사를 드린다면 응답하실 것임.

E. 50:16-21 – 이스라엘의 죄악상(율법을 무시).

F. 50:22 – 하나님의 심판 선고.

G. 50:23 – 감사로 제사를 드리는 자는 구원받을 것임.

---

41 김창대, "소예언서 어떻게 설교할 것인가", 「신학과 실천」 34 (2013): 111-112.
42 Ma. Maricel S. Ibita, "Intensification and Narrativity in the Lament-Lawsuit of the 'Unsilent' God in Psalm 50", in *The Composition of the Book of Psalms*, ed. Erich Zenger (Leuven: Uitgeverij Peeters, 2010), 538.
43 이와 같은 언약 고소 양식은 사 1장과 렘 2장, 그리고 미 6장에서도 발견된다.

하지만 50편은 수사적으로 다음과 같은 구조를 갖는다.

서론. 시온에서 하나님이 세상과 성도를 부르심(50:1-6).
  A. 하나님이 싫어하시는 것: 형식적으로 많은 제물을 드리는 것(50:7-12).
    B. 하나님의 책망: "내가 수소의 고기와 염소의 피를 마시겠느냐"(50:13).
      C. 하나님이 원하시는 것: 감사로 제사, 서원 갚음, 환난 날에 기도(50:14-15).
  A′. 하나님이 싫어하시는 것: 율례를 지키지 않는 것(50:16-20).
    B′. 하나님의 책망: "내가 너와 같은 줄 아느냐"(50:21-22).
      C′. 하나님이 원하시는 것: 감사로 제사를 드리는 것(50:23).

이상의 구조로 볼 때, 50편의 핵심은 C/C′ 단락으로서, 시온에 계신 하나님의 축복을 받기 위해서는 하나님을 향한 감사의 마음을 가지고 하나님을 의지해야 한다는 것(기도)을 교훈하는 데 있다.

50:13에서 하나님은 재물을 가지고 형식적인 제사를 드리는 사람을 향해 "내가 수소의 고기를 먹으며 염소의 피를 마시겠느냐"라고 꾸짖으신다. 하나님이 이렇게 꾸짖으신 근본적인 이유는 그가 하나님과의 관계에서 율법 준수는 제쳐 두고 오로지 더 많은 재물을 얻기 위해 형식적으로 제사를 드리기 때문이다. 이는 하나님을 진정으로 섬기는 인격적인 관계가 아닌, 대가를 바라고 하나님께 제사만을 드리는 기계적인 관계로 신앙이 변질된 것이다. 이 대목에서 재물이 많다고 하나님을 온전히 섬기는 것이 아님을 깨달을 수 있다.

50:14은 하나님을 "지존하신 이"라고 부르는데, 이 말에 해당하는 히브리어 단어는 "엘욘"(עֶלְיוֹן)으로서 47:2에서 시온에서 왕으로 계신 하나님을 "지존하신 여호와"라고 부를 때 사용한 표현이다. 따라서 50:14은 시온에서 왕

으로 계신 하나님은 재물을 얻기 위한 수단으로서의 제사가 아니라, 감사를 표명하는 진정한 제사를 원하신다는 점을 내비치고 있다. "감사로 하나님께 제사를 드리며 지존하신 이에게 네 서원을 갚으며"(50:14).

50:16-21은 형식적인 제사를 드리는 자를 악인으로 규정하고, 악인은 하나님의 교훈을 행하지 않기 때문에 하나님과 사람의 관계를 훼손시키고(18-20절), 급기야 하나님을 우상과 같은 존재로 전락시킨다는 점을 교훈한다.[44] "네가 나를 너와 같은 줄로 생각하였도다"(21절). 이 구절은 제사를 통해 복을 받으려는 사람의 심리 배후에는 하나님도 인간처럼 제사를 받으시면 기계적으로 복을 내리실 것이라는 잘못된 신관이 자리 잡고 있음을 보여 준다. 결국 이 구절은 하나님을 인간처럼 대가만을 바라시는 분으로 취급한 결과로서, 하나님과 전혀 다른 신을 섬기는 우상숭배로 전락하게 되었음을 질타하는 내용이다.

정리하면, 50편은 49편처럼 재물이 없다고 탄식하는 성도에게 재물이 오히려 하나님을 올바로 섬기는 데 방해물이 될 수 있음을 가르쳐 준다. 인간에게 중요한 것은 감사하는 마음으로 하나님의 율법을 따라 공의와 의의 삶을 사는 것이다. 하나님은 이렇게 행하는 사람을 환난 날에 건져 주실 것이다. "환난 날에 나를 부르라. 내가 너를 건지리니 네가 나를 영화롭게 하리로다"(50:15). 이런 점에서 50편은 고난을 당할 때 재물의 부재를 탄식하는 것은 잘못이며, 재물의 유무에 상관없이 성도는 마음에 율법을 새겨서, 인애와 공의와 의를 행할 수 있음을 교훈한다. 이렇게 행할 때 하나님은 확실히 그런 자를 시온의 복으로 보호해 주실 것이다. 그러면 과연 인간이 마음에 율법을 새긴다는 것이 가능한가? 이 물음 앞에서, 죄로 인해 마음으로 온전히 율법

---

44 Ibita, "The Lament-Lawsuit of the 'Unsilent' God in Psalm 50", 549.

을 새기지 못하는 모습을 탄식하는 시가 51편이다.

2) 두 번째 단락(51-53편)

51-53편은 지혜의 요소가 강하게 배어 있는 단락이다(51:6; 53:1). 이 단락에서 먼저 51편은 탄식시로서, 마음에 율법을 새기는 데 방해가 되는 요소인 죄성을 탄식한다. 보통 탄식시에서 탄식의 원인은 질병이나 원수의 핍박으로 인한 고난이기 때문에, 인간의 죄성이 탄식의 주제로 등장하는 것은 언뜻 어색해 보인다. 하지만 38편과 같은 탄식시에서도 죄를 탄식하는 예가 있기 때문에(38:4), 51편을 탄식시로 이해하는 것은 정당하다. 이어서 52-53편은 인간에게 탄식을 가져다주는 죄의 문제와 관련하여, 하나님의 응답을 제시한다. 52-53편은 마음에 율법을 새기지 못하고 죄를 짓는 근본 원인은 하나님을 제쳐두고 재물과 같은 세상적 기쁨에서 만족을 찾으려는 인간의 이기적인 욕구 때문임을 밝히고, 재물을 의지하지 말 것을 다시 충고한다(52:7; 53:1).

51편(disorientation)

51편부터는 대부분 다윗시로 이루어져 있다. 이로 보아, 51편이 새로운 단락의 시작임을 알 수 있다. 잘 알다시피, 51편은 밧세바 사건 이후 다윗이 자신의 죄를 탄식하며 하나님께 정결케 해 달라고 호소하는 내용이다.[45] 이 시

---

45 51편에서 다윗이 죄를 탄식하며 회개하는 모습을 보면 나윗이 진정으로 회개했다고 생각하게 된다. 하지만 삼하 13-24장에서 다윗의 행보를 보면 그가 진정으로 회개의 열매를 맺었는지 의구심을 갖게 된다. 이런 의미에서 51편에서 다윗의 회개는 진정성이 없다. 결국 다윗이 진정으로 회개한 것은 압살롬을 피해 피난 길에 오르면서 어느 정도 이루어졌다(삼하 16:11-12). 삼하 16:12에서 개역개정판 한글 성경이 "나의 원통함"으로 번역한 히브리어 표현은 "나의 죄책"이다. 그러므로 여기서 다윗은 자신이 피난길을 떠나게 된 원인이 자신의 죄에 있음을 인정하고 있는 것이다. 이것은 그동안 그가 진정으로 회개의 열매를 맺지 않았다는 방증이다.

의 구조는 다음과 같다.[46]

   A. 개인적 회복을 위한 기도(51:1-2).
     B. 시인의 고백: "나는 내 죄과를 아오니"(51:3-5).
       C. 죄 용서를 위한 간구: "모든 죄악을 지워 주소서"(51:6-9).
         D. 정한 마음을 창조해 달라는 간구(51:10-13).
       C′. 죄에서 구원해 달라는 간구(51:14-15).
     B′. 시인의 고백: "하나님이 구하시는 제사는 상한 심령"(51:16-17).
   A′. 국가적 회복을 위한 기도(51:18-19).

51편의 중심은 D단락으로서 정한 마음을 창조해 달라는 기도가 핵심 주제다. 51:10에서 죄를 지은 다윗은 다음과 같이 정한 마음과 정직한 영을 간구한다. "하나님이여 내 속에 정한 마음을 창조하시고 내 안에 정직한 영을 새롭게 하소서"(51:10). 여기서 "정한 마음"이란 앞의 단락에서 강조했던, 율법이 새겨진 마음을 달리 표현한 것이다. 49-50편은 인애와 공의와 의를 실천하는 모습, 즉 마음에 율법을 새긴 모습이 성도의 올바른 모습임을 보여 주었다. 하지만 현실적으로 성도는 자신의 죄로 인해 그런 마음을 갖기가 어렵다. 그래서 51:10은 죄로 인하여 마음이 청결하지 못한 모습을 탄식하고, 오직 하나님의 창조 능력으로 정한 마음을 갖게 되길 간구한다.

51:11은 "주의 성령을 내게서 거두지 마소서"라고 말하고 있는데, 여기서 "주의 성령"은 일차적으로 다윗이 왕으로 선택될 때 왕의 징표로 받은 성령을 가리킨다(삼상 16:13). 그러므로 이 구절에서 성령을 언급하는 것은 일차적

---

46 VanGemeren, "Psalms", 379. 이 구조는 밴게메렌의 구조를 약간 변형시킨 것이다.

으로 다윗이 하나님께 왕으로서의 자신의 신분을 거두지 말아 달라고 간청하는 의미를 내포한다.[47] 하지만 시편의 정경적 문맥에서 이 구절은, 성도가 진정으로 마음에 율법을 새기기 위해서는 성령의 도우심이 필요하다는 것으로 재해석될 수 있다. 그러므로 이 구절은 성령을 구하라고 권면하는 말씀이기도 하다.

결국, 51편은 인간의 죄가 마음에 율법을 새기는 데 근본적인 걸림돌임을 보여 준다. 여기서 죄는 다윗이 밧세바를 범한 경우처럼, 하나님보다 여자나 재물과 같은 세상적 기쁨으로 만족을 누리려는 이기적인 욕구에서 기인한 것이다. 그렇다면 인간은 어떻게 그런 이기적인 욕구를 제어할 수 있는가? 이 물음 앞에서 51편은 마음(욕구)을 변화시키는 하나님의 창조 사역이 있어야 한다고 역설하고 있다. 더불어 인간 편에서 죄를 진정으로 회개하는 통회의 마음이 선행되어야 함을 교훈한다. 이런 이유에서 51:17에서 시인은 "하나님께서 구하시는 제사는 상한 심령이라. 하나님이여 상하고 통회하는 마음을 주께서 멸시하지 아니하시리이다"라고 고백하고 있다.

52-53편(orientation)

52-68편에서는 피난처를 제공하시는 여호와의 모습이 두드러진 주제로 등장한다.[48] 특별히 52-64편은 하나님의 임재(presence)와 부재(absence)라는 주제를 다루고 있다.[49] 이런 거시적 문맥 속에서 52-53편은 51편의 죄의 탄식에 대한 하나님의 응답을 제시한다.

52편은 죄의 원인이 재물과 같은 세상적 기쁨에 대한 집착 때문임을 보여

---

47 Schultz, "Integrating Old Testament Theology and Exegesis", 199.
48 Frank-Lothar Hossfeld and Erich Zenger, *Psalms 2: A Commentary on Psalms 51-100*, Hermeneia (Minneapolis: Fortress, 2005), 3.
49 Doyle, "Where is God When You Need Him Most?", 377-390.

준다. 52편의 구조는 다음과 같다.

   A. 하나님의 인자에도 불구하고 포악한 자는 악을 행함(52:1-4).
     B. 포악한 자의 운명: 하나님에 의해 뿌리가 뽑힘(52:5).
       C. 포악한 자의 특징: 재물을 의지함(52:6-7).
     B´. 의인의 운명: "하나님의 집에 있는 푸른 감람나무"같이 번성할 것임 (52:8a).
   A´. 나는 하나님의 인자를 의지하고, 주께 감사하며 사모할 것임(52:8b-9).

   이상의 구조를 근거로 내용을 살펴보면, 52편은 재물을 의지하는 모습에 초점을 맞추고 있으며(C단락), 하나님의 인자를 의지하지 않고 재물을 의지하는 자의 결국은 멸망임을 교훈한다.
   52:1에서 "포악한 자"로 번역된 히브리어 단어는 "깁보르"(גִּבּוֹר)로서 힘을 가진 "용사"라는 뜻이다. 52편의 문맥에서 이 명칭은 하나님을 의지하기보다 불법을 사용하여 재물을 모으고 재물의 힘을 자랑한다는 의미를 갖는다. 52:7은 포악한 자의 특징이 재물을 의지하는 데 있음을 분명히 한다. "이 사람은 하나님을 자기 힘으로 삼지 아니하고 오직 자기 재물의 풍부함을 의지하며 자기의 악으로 스스로 든든하게 하던 자라 하리로다"(52:7). 따라서 이 구절은 앞의 51편의 탄식과 관련하여 죄의 근본 원인은 하나님을 의지하기보다 재물과 같은 세상적 수단을 의지하여 기쁨을 추구하고 자신을 자랑하려는 모습에 있음을 교훈한다.
   52:8은 "그러나 나는 하나님의 집에 있는 푸른 감람나무 같음이여. 하나님의 인자하심을 영원히 의지하리로다"라고 말함으로써, 하나님을 의지하는 의인은 재물을 의지하는 악인과 달리 뿌리가 뽑히지 않고 번성하게 될 것임을

시사해 준다(52:5).[50] 재물의 집착을 떨쳐 버리기 위해서는 하나님의 인자를 사모하는 것이 무엇보다 중요함을 일깨워 주는 대목이다.[51] 재물에 대한 집착을 버리고 하나님의 인애를 사모하라는 교훈은 62-63편에서 다시 반복된다.

정리하면, 51편의 죄의 탄식에 대한 응답으로 52편은 죄의 근본 원인이 재물에 대한 인간의 집착에 있음을 설명하고, 재물을 의지하지 말 것을 충고한다. 즉, 재물에 대한 집착을 경고하고 온전히 하나님을 의지하여 죄의 문제를 해결하라는 권면이다. 더 나아가, 재물을 통해 만족을 얻으려는 자세를 피하고 온전히 하나님을 의지하려는 사람은 빈궁한 고난 속에서도 결코 낙심하지 않을 것을 가르쳐 주고 있다.

53편은 14편의 내용을 거의 반복한 것으로,[52] 하나님이 없다고 하는 인간의 어리석음을 부각시킨다(53:1, "어리석은 자는 그의 마음에 이르기를 하나님이 없다 하도다"). 이 점을 앞의 52편과 연계시켜 이해하면, 53편의 핵심은 인간의 죄의 원인인 재물에 대한 집착에는 하나님이 없는 것처럼 행동하려는 어리석음이 자리하고 있다는 교훈이다. 인간이 재물에 집착하는 것은 분명, 필요한 것을 공급해 주시는 하나님을 믿지 못하기 때문이다. 그러므로 53편은 고난에 처한 성도들에게 하나님이 없는 것처럼 생각하며 재물에 집착하는 우를 범하지 말 것을 촉구한다.

3) 세 번째 단락(54-63편)

54-63편은 하나님의 부재로 인한 탄식을 말하고(54-60편), 그에 대한 하나님의 응답(61-63편)을 들려주는 구조나. 특별히 61-63편은 2권의 구조에서 중

---

50 이태훈, "시 52편: 하나님의 인애를 의지하는 삶", 『시편 2: 어떻게 설교할 것인가』, 목회와신학 편집부 엮음 (서울: 두란노아카데미, 2009), 136.
51 VanGemeren, "Psalms", 387.
52 Kraus, *Psalms 1-59*, 513.

추적 핵심을 이루고 있다. 61-63편에서 제시된 하나님의 응답은 인간은 처음부터 입김과 같이 아무것도 아닌 존재이기에(62:9), 재물의 부재 때문에 원망하는 것은 주제넘은 행동이라는 것이다. 태생적으로 아무것도 아닌 인간이 자신에게 마땅히 재물이 있어야 하는 것처럼 재물의 부재를 한탄하는 것 자체가 어불성설이라는 논리다. 그래서 오히려 고난 가운데서 하나님의 인애를 진정으로 체험하고 계속해서 인애를 바라는 삶을 살 것을 촉구한다(63:3).

54-60편(disorientation)

54-60편은 2권에서 가장 길게 탄식을 쏟아내는 단락으로, 매우 어두운 분위기를 자아내는 시편들이다. 이런 분위기에 맞물려 이 단락에서는 원수를 저주하는 내용이 확연하게 나타난다(55:9; 58:8).[53] 나중에 자세히 설명하겠지만, 시편 전반부(1-89편)에서의 저주는 개인적 원한을 갚기 위한 저주라는 의미가 강하여 약간 부정적이다. 반면, 후반부(90-150편)에서의 저주는 하나님 나라의 완성을 기원하는 의미에서 원수들을 저주하는 탄원적 성격이 강하여 전반부처럼 그렇게 부정적이지 않다. 이런 시편의 특성을 고려할 때, 54-60편 속의 저주는 부정적인 것으로, 탄식이 매우 심한 지경에 이르렀음을 보여 주는 힌트다. 54-60편의 구조는 다음과 같다.

  A. 54-55편 – 하나님의 부재로 인한 원수의 핍박과 원수를 향한 저주.
    B. 56-57편 – 하나님의 부재 속에서 하나님의 인자를 의지함.
      C. 58편 – 부정한 통치자에 대한 저주.
    B′. 59편 – 하나님의 부재 속에서 하나님의 인자를 의지함.

---

53 2권 안에서 69편도 저주의 내용을 담고 있다(69:22-28).

A′. 60편 – 하나님의 부재로 인한 극심한 국가적 고난.

이 구조로 볼 때, 54-60편은 하나님의 부재로 인한 고통과 부정한 통치자로 인한 고난이 핵심 주제다. 이 단락은 하나님이 부재하는 것처럼 보이는 상황을 점층법으로 강조한다는 특징이 있다.

54편에서 시인은 강포한 자로부터 핍박을 받는 상황에서 하나님께 구원의 손길을 간구한다. 하나님의 부재로 인한 고통을 토로하고 구원을 베풀어 주시기를 기도하고 있는 것이다(54:5). 그렇다고 하나님이 계시지 않는다고 말하지는 않는다. 그러므로 시인은 하나님이 자신과 동행하시며 도와주시는 분이심을 잊지 않는다(54:4).

55편은 가까운 동료에게서 받는 고난이 계기가 되어 하나님께 호소하는 탄식시다(55:13, "그는 곧 너로다 나의 동료, 나의 친구요 나의 가까운 친우로다"). 이 시는 신약에서 예수님이 유다에게 배반당하신 사건을 연상시킨다. 55편의 시인은 "하나님이여 내 기도에 귀를 기울이시고 내가 간구할 때에 숨지 마소서"라고 말하여(55:1), 하나님의 부재하심을 "숨는다"라는 말로 표현한다.[54] 시인은 자신을 핍박하는 대적자를 향해 "그들의 혀를 잘라 버리소서"라고 저주를 쏟아낸다(55:9). 이런 저주는 탄식으로 인한 시인의 고통을 잘 대변해 주는 말이지만 개인을 위한 저주라는 점에서 부정적인 뉘앙스를 담고 있다.

56편은 탄식 속에서 하나님을 의지하겠다는 고백이 눈에 띄게 드러나는 시다(56:4, 10-11). 여기서 시인은 자신의 생명을 엿보고 항상 뒤쫓아 다니는 악인 때문에 괴로워하여(56:6), "나의 눈물을 주의 병에 담으소서"라고 절규한다(56:8). 이런 상황에서 시인은 하나님의 인자를 의지하겠다고 다짐하는데,

---

54 Doyle, "Where is God When You Need Him Most?", 385.

단식의 중압감으로 인해 그의 다짐이 퇴색하는 느낌을 준다.

57편도 56편과 함께 탄식 속에서 하나님의 구원을 확신하고 하나님의 인자를 신뢰하겠다는 다짐을 보인다. 특별히 57:7-11에서는 구원을 확신하고 마음을 정한 시인이 주의 인자를 의지하는 가운데 찬송의 힘을 빌려 고난에서 승리하겠다는 결심을 표명한다.

내 영광아 깰지어다. 비파야, 수금아, 깰지어다. 내가 새벽을 깨우리로다. 주여 내가 만민 중에서 주께 감사하오며 뭇 나라 중에서 주를 찬송하리이다. 무릇 주의 인자는 커서 하늘에 미치고 주의 진리는 궁창에 이르나이다. (57:8-10)

결국 56-57편은 하나님의 부재와 같은 상황 속에서 하나님의 인자를 신뢰하려는 성도의 몸부림을 보여 주고 있다(56:1; 57:1, 10).

58편은 부정한 통치자를 저주하는 내용이다(58:1, 6-8). "만삭 되지 못하여 출생한 아이가 햇빛을 보지 못함 같게 하소서"(58:8). 탄식이 극에 달하여 악인을 향해 저주를 쏟고 있는데, 이런 저주는 시인의 부정적인 측면이다. 더욱이 58:10-11에서 시인은 악인이 보복당하는 것을 의인이 기뻐할 것이라고 말한다("그의 발을 악인의 피에 씻으리로다"). 하지만 이것은 분명히 신앙의 정도에서 벗어난 말이다. 오히려 잠언서는 원수가 넘어지는 것을 기뻐하지 말라고 교훈한다(잠 24:14-18). 의인은 원수가 보복당하는 것에서 기쁨을 누리는 자가 아니라 지혜의 말씀을 행하여 하나님과 교제하는 즐거움에서 참 기쁨을 누리는 자이기 때문이다. 어쨌든 58편에서 악인을 향한 저주는 그만큼 탄식의 강도가 크다는 방증이다.

59편은 시인의 생명을 노리는 악한 자로 인해 어려움을 호소하는 시다(59:2-3). 여기서 시인은 악인의 위협 앞에서 하나님이 부재하시는 것과 같은 상황을 하나님이 주무시는 모습에 비유하며, 하나님께 "일어나"소서라고 외친다(59:5).⁵⁵ 59편에서 생명을 노리는 악한 자는 열국의 모습으로 나타나는데(59:5), 대적자로서 열국의 이미지는 5권에서 더욱 두드러진다. 대적자들은 입으로 악을 토하면서도 "누가 들으리요" 하며 자신만만한 태도를 보인다(59:7). 이런 대적자들의 말로 인해 시인은 큰 상처를 받고 있다.

하지만 59편은 자신과 짝을 이루는 56-57편처럼, 하나님의 인자를 바라겠다는 다짐으로 끝을 맺는다(59:10, 16-17). "나는 주의 힘을 노래하며 아침에 주의 인자하심을 높이 부르오리니 주는 나의 요새이시며 나의 환난 날에 피난처심이니이다"(59:16). 상처를 입은 시인이 하나님의 인자를 통해 보호를 받겠다는 애절한 호소다.

60편은 국가적 재난으로 인해 탄식하며 하나님의 도움을 구하는 내용이다(60:10). 60편의 구조는 다음과 같다.

  A. 주께서 우리를 버려 흩으셨음(60:1).
    B. 이로 인하여 땅(세상)이 흔들리고 있음(60:2).
      C. 주께서 비틀거리는 포도주를 우리로 마시게 하셨음(60:3).
        D. 과거에 주를 경외하는 자에게 진리의 깃발을 달게 하셨음(60:4).
        D′. 주의 사랑하는 자를 구원하시고 응답하소서(60:5).
    B′. 이 세상 나라들은 원래 주님의 것임(60:6-8).
      C′. 주께서 우리를 도와주지 않으심: "누가 나를 에돔에 인도할까?"(60:9)
  A′. 주께서 우리를 버리셨음: "우리 군대와 함께 나아가지 않으셨음"(60:10).
결론. 우리의 대적을 물리쳐 주소서(60:11-12).

---

55 Doyle, "Where is God When You Need Him Most?", 386.

이상의 구조는 60편의 핵심이 극심한 국가적 재난 앞에서 탄식하며 주님의 구원을 바라는 데 있음을 보여 준다(D/D´단락).

60:1은 하나님이 자신의 백성을 버리고 분노하셨다고 말하여, 탄식의 원인이 하나님께 있다는 뉘앙스를 풍긴다.[56] 더욱이 60:2은 이스라엘의 국가적 재난으로 창조 질서가 흔들리고 있음을 표현한다("주께서 땅을 진동시키사 갈라지게 하셨사오니").[57] 이것은 이스라엘이 창조 질서의 중심으로서 온 세상을 축소한 소우주(microcosm)라는 증거다(렘 10:16 참조).[58]

결국 60편은 이스라엘의 국가적 재난 앞에서, 이스라엘이 무너지면 더 이상 창조 세계도 소망이 없기에 노아의 홍수 때처럼 창조 질서가 전복된다는 점을 언급하고, 그런 일이 일어나지 않도록 하나님께 군대를 도와 대적을 물리쳐 달라고 간구하고 있다(60:11-12).

61-63편(orientation)

이 단락은 2권의 핵심 단락으로서 하나님의 부재와 관련하여 54-60편이 쏟아낸 탄식에 대한 응답으로서, 누가 하나님의 임재 안에 거하여 보호의 축복을 누리는지를 설명한다. 61-63편은 제왕시로 시작해서 제왕시로 끝나며, "주의 날개"라는 말이 앞뒤에 나타나(61:4; 63:7) 인클루지오 구조를 이룬다. 61-63편의 구조는 다음과 같다.

A. 61편(제왕시) - 주를 경외하여 보호("주의 날개 아래")를 받으라.
 B. 62편(신뢰시) - 아무것도 아닌 존재임을 깨닫고 새물보다 하나님의 인사를

---

[56] Doyle, "Where is God When You Need Him Most?", 387.
[57] Hans-Joachim Kraus, *Psalms 60-150*, trans. Hilton C. Oswald (Minneapolis: Fortress, 1993), 6.
[58] 창조 세계의 중심(microcosm)으로서 이스라엘의 존재 의의는 이스라엘이 죄를 지어 심판받을 때 온 세계도 심판을 받고 창조 질서가 전복된다는 예레미야의 진술에서 더욱 지지를 얻는다(렘 4:23-26; 10:22 참조).

바라라.

A′. 63편(제왕시) – 하나님의 인자를 바라는 자가 보호("주의 날개 아래")를 받을 것임.

61편은 제왕시로서 기본적으로 왕을 보호해 달라는 기도이지만, 모든 의인도 그와 같은 보호의 은혜를 누리기를 간구하는 시다. 61편의 구조는 다음과 같다.

A. 나의 부르짖음을 듣고 인도하소서(61:1-2).
  B. 주는 피난처이고 원수를 피하게 하는 망대이심(61:3).
    C. 내가 영원히 주의 장막에서 "주의 날개 아래"로 피할 것임(61:4).
  B′. 주는 경외하는 자에게 기업을 주셨음(61:5).
    C′. 왕을 영원히 하나님 앞에 거하게 하여 보호하소서(61:6-7).
A′. 나는 주의 이름을 찬양하고 서원을 이행할 것임(61:8).

이상의 구조를 볼 때, 61편의 핵심은 왕과 의인을 보호해 달라는 간구다(C/C′ 단락). 61:4에서 시인은 "내가 영원히 주의 장막에 머물며 내가 주의 날개 아래로 피하리이다"라고 고백한다. 여기서 "주의 장막"은 시온을 가리키기 때문에, 이 구절은 하나님의 부재로 인해 탄식하는 자에게 시온으로 대변되는 하나님 임재의 축복을 확인시켜 주는 기능을 한다. 앞의 57편이 재앙을 피하기 위해 "주의 날개 그늘 아래"에 거하는 은혜를 베풀어 달라고 호소한 상황에서(57:1), 61편은 그런 호소에 응답하고 있는 셈이다. 주의 날개로 대변되는 보호의 축복은 "주의 이름을 경외하는 자"에게 주어질 것이다(61:5). 주를 경외한다는 것은 시편 2편을 고려할 때, 하나님의 인애에 압도되어 마음에 율법을 새기는 모습이다(2:11; 1:2). 따라서 61편은 마음에 율법을 새김으로써 하나님의 임재를 경험하고, 거기서 보호의 은총을 누릴 것을 권고하고 있다.

62편은 61-63편의 핵심으로서 하나님의 인자에 초점을 맞춘다(5, 9-11절). 62편의 구조는 다음과 같다.[59]

    A. 나의 영혼은 잠잠히 하나님만을 바람이여(62:1-2).
      B. 인간은 넘어지는 담과 흔들리는 울타리 같은 존재(62:3).
        C. 인간의 죄성: 거짓과 저주를 일삼음(62:4).
          D. 하나님만이 우리의 소망(62:5-7).
   A′. 하나님을 바라라(62:8).
     B′. 인간은 입김과 같은 존재(62:9).
       C′. 인간의 죄성: 포악과 재물을 의지함(62:10).
         D′. 권능과 인자는 주님께 속한 것(62:11-12).

이상의 구조로 볼 때 62편의 핵심은 D/D′단락으로, 탄식의 상황에서도 하나님의 인자를 바라보도록 교훈하는 데 있다. "나의 영혼아 잠잠히 하나님만 바라라. 무릇 나의 소망이 그로부터 나오는도다"(62:5).

62:1-3에서 시인은 인간이 본성상 흔들리는 연약한 실존임을 선언하면서 (62:3), 자신은 반석이시고 요새이신 하나님만을 신뢰하기 때문에 크게 흔들리지 않는다고 말한다(62:2). 62:3에서 언급된 "넘어지는 담과 흔들리는 울타리 같은 사람"의 정체에 대해 크라우스는 타인으로부터 핍박을 받는 자라고

---

[59] VanGemeren, "Psalms", 421. 여기서 밴게메렌은 62편의 구조를 다음과 같이 제시한다.
    A. 하나님에 대한 신뢰(1-2절).
      B. 인간은 믿을 수 없는 존재(3-4절).
        C. 나의 구원의 하나님(5-7절).
      B′. 인간을 믿지 말고 하나님을 믿으라(8-10절).
    A′. 하나님에 대한 신뢰(11-12절).

주장한다.[60] 하지만 이 표현을 히브리어 원문에 충실하게 번역하면 다음과 같다. "너희들은 언제까지 사람을 공격하여 나중에 죽임을 당하려고 하는가? 사람은 넘어지는 담과 흔들리는 울타리 같은 존재에 불과한 것이다." 따라서 이 표현은 일반적인 사람을 겨냥한 말로서, 인간의 본성 자체가 넘어지는 담과 흔들리는 울타리같이 연약하다는 것을 증거하는 비유다.

62:9은, 인간은 연약할 뿐만 아니라 원래부터 아무것도 아닌 존재임을 부각시킨다. "아, 슬프도다. 사람은 입김이며 인생도 속임수이니 저울에 달면 그들은 입김보다 가벼우리로다"(62:9). 인간이 아무것도 아니라는 주제는 이전의 시편에서 간헐적으로 드러났지만, 62편에서 본격적으로 강조되고 있다. 결국 62:9은 성도에게 인간은 원래부터 아무것도 아닌 존재임을 일깨워서, 마치 자신이 상당한 존재인 것처럼 고난 앞에서 원망하고 당연히 재물을 가져야 하는 자처럼 재물의 부재를 탄식하는 것 자체가 주제넘은 행동임을 교훈하고 있다.

이런 맥락에서 62:10은 오히려 "포악을 의지하지 말며…재물이 늘어도 거기에 마음을 두지 말지어다"라고 말한다. 여기서 포악과 재물을 의지하지 말라는 명령은 악인에게만 해당되는 말이 아니다.[61] 성도에게도 포악과 재물을 의지하려는 마음이 있기 때문에, 62:10의 권면은 성도도 예외가 되지 않는다. 실제로 시편은 성도에게 "재물의 풍부함을 의지하지 말라"고 분명하게 경고한다(52:7). 끝으로 62:11-12은 주께 속한 권능과 인자에 주목하고, 재물보다 주님의 권능과 인자를 바라볼 것을 충고하며 시를 마무리한다. 아무것도 아닌 존재로서 인간에게 진정으로 필요한 것은 재물이 아니라 하나님의 권능과 인자임을 깨우쳐 주는 말이다.

정리하면, 62편은 인간은 원래 아무것도 아닌 존재이며 오히려 죄인임을

---

60 Kraus, *Psalms 60-150*, 14.
61 Terrien, *The Psalms*, 458 참조.

보여 숨으로써, 자신이 복 받을 자격이 있는데 복을 받지 못한다고 탄식하는 것은 잘못임을 일깨워 준다. 그래서 고난 가운데 있는 성도에게 오히려 자신의 비천함을 직시하고, 하나님의 인자를 바랄 것을 촉구한다. 성도의 비천함에도 불구하고 하나님이 아무런 대가 없이 무조건적으로 인자를 베푸셨다는 사실을 깨닫고 그 인자에 감사하면서 하나님의 인자를 계속해서 바라보도록 교훈하고 있는 것이다.

63편은 본격적으로 하나님의 인자를 바라라는 시다.[62] 이런 점에서 63편은 62편의 주제를 더욱 발전시키고 있다. 63편의 구조는 다음과 같다.

  A. 내가 성소에서 주를 바라봄(63:1-2).
    B. 주의 인자가 생명보다 나음(63:3).
      C. 주를 찬양하겠다는 다짐(63:4-6).
    B′. 주께서 나의 도움이 되셨음(63:7).
  A′. 나는 주를 가까이 따라서 보호를 받을 것임; 반면 악인은 멸망할 것임(63:8-10).
결론. 이런 하나님을 왕이 즐거워할 것임(63:11).

이상의 구조로 볼 때 63편의 핵심은 C단락으로서, 주께서 베푸시는 도우심과 인자를 찬양할 것이라는 시인의 다짐이다.

63:3에서 시인은 시온에서 나오는 "주의 인자하심이 생명보다 낫다"고 고백한다. 재물이나 생명보다 하나님의 인자가 더 귀하다는 것을 선언하는 대목이다. 63:4-6은 주의 인자를 진정으로 깨닫는다면 성도는 오히려 고난 가운데서도 찬양하게 될 것을 내비친다(63:4, "나의 평생에 주를 송축하며"). 이어서 시

---

62 Marvine E. Tate, *Psalms 51-100*, WBC 20 (Dallas, Tex.: Word Books, 1990), 127.

인은 과거에 하나님이 인자를 베풀어 "주의 날개 그늘"에서 자신을 보호하시고 교제하셨던 것을 기억하고(63:7), 그와 같은 인자가 계속될 것을 확신한다. 이처럼 주의 인자를 체험하고 찬양하며, 주의 인자가 계속될 것을 확신하는 성도는 주를 가까이 따르게 마련이다(63:8a). 끝으로 시인은 하나님이 자신을 보호하시고, 악인은 멸망시키실 것을 천명하며 시를 종결하고 있다(63:8b-10).

요약

54-63편은 2권에서 가장 긴 단락으로 2권의 핵심 사상을 담고 있다. 여기서 하나님의 응답으로서 중심 메시지를 전하는 62편은 탄식하는 성도에게 인간이 원래 아무것도 아닌 존재임을 각인시키고, 고난으로 인하여 재물이 없다고 한탄하지 말 것을 교훈한다. 원래 아무것도 아닌 존재였기에, 애초부터 탄식할 이유가 없다는 것이다. 자신이 입김과 같이 아무것도 아닌 존재임을 자각한 사람은 그동안 하나님이 아무런 대가 없이 자신에게 인자를 행하셨다는 사실을 진정으로 깨달을 수 있다. 더욱이 하나님의 인자가 생명이나 재물보다 더 귀하다는 것도 자각하게 된다. 이런 자는 더욱더 하나님의 인자를 사모하면서 자신도 하나님을 진정으로 사랑하여 그 뜻을 행하게 되어, 하나님의 보호 속에서 교제의 기쁨을 누리며 고난에서 승리하게 될 것이다(63:7).

아무것도 아닌 존재임을 깨달은 사람만이 하나님의 사랑을 진정으로 체험한다는 것은 2권뿐만 아니라 시편 전체를 관통하는 중요한 메시지다(90:6-10; 103:14-15). 예를 들어, 8편의 시인이 "사람이 무엇이기에 주께서 그를 생각하시며"라고 고백한 것은 바로 이런 이유에서다. 144편도 비슷한 고백을 한다. "여호와여 사람이 무엇이기에 주께서 그를 알아주시며 인생이 무엇이기에 그를 생각하시나이까"(144:3).

하나님의 인자를 진정으로 체험하기 위해 자신의 비천함을 알아야 한다는 사상은 신명기에서 하나님이 모세를 통해 교훈하신 것이기도 하다. 신명기는 이스라엘이 출애굽한 후에 40년 동안 광야 생활을 한 이유가, 무엇보다 가나안 땅에서 그들이 하나님의 은혜와 축복을 누리기 전에 하나님이 그들을 낮추셔서 아무것도 아닌 존재임을 깨닫도록 하시기 위함이라고 말한다. "네 하나님 여호와께서 이 사십 년 동안 네게 광야 길을 걷게 하신 것을 기억하라. 이는 너를 낮추시며"(신 8:2; 8:16 참조).

비슷하게 신약에서 바울도 하나님의 은혜를 진정으로 누리는 사람은 자신이 아무것도 아닌 존재임을 깨닫는 사람이며, 하나님은 그런 사람을 자신의 백성으로 부르신다고 말했다. "형제들아 너희를 부르심을 보라. 육체를 따라 지혜로운 자가 많지 아니하며 능한 자가 많지 아니하며 문벌 좋은 자가 많지 아니하도다"(고전 1:26).

4) 네 번째 단락(64-68편)

64-68편에서 강조점은 하나님이 만물을 주관하시는 왕이심을 깨닫고 하나님의 통치를 의지하여 고난 가운데 낙심하지 말라는 것이다. 성도들을 핍박하는 대적자들은 궁극적으로 하나님의 통치에 의해 멸망당할 것이기 때문에 성도에게는 소망이 있다는 설명이다. 이 단락은 탄식시인 64편에 대해서 긍정적인 시인 65-68편이 응답을 제공하는 구조로 되어 있다.

64편(disorientation)

64편은 행악자의 비밀한 꾀를 탄식하면서 하나님의 구원을 호소하는 내용이다(64:2). 여기서 시인은 행악자의 꾀로 자신의 마음이 혼란과 두려움에

휩싸이게 되었음을 토로한다.[63] 행악자가 비밀한 꾀를 가지고 성도를 괴롭히는 이유는 그가 하나님을 없다고 여기거나 하나님을 무관심한 분으로 생각하기 때문이다(64:5, "누가 우리를 보리요"). 그러므로 64편의 탄식은 하나님이 부재하신 상황과 밀접한 관련이 있다.

하지만 결론인 64:9-10에서 시인은 "마음이 정직한 자는 다 자랑하리로다"라고 말함으로써, 하나님이 없는 듯 보이는 상황에서도 마음이 정직한 자, 즉 마음에 율법을 새긴 자는 하나님의 공의의 심판을 목도하고, 하나님을 즐거워하게 될 것이라는 소망을 피력한다.

65-68편(orientation)

이 단락은 64편에서 언급된, 하나님의 부재로 인한 탄식과 관련하여 왕이신 하나님을 강조하고(66:7; 67:4; 68:24), 하나님의 통치를 신뢰하면서 낙심하지 말 것을 충고한다. 65-68편의 구조는 다음과 같다.

A. 65편 - 하나님의 통치와 복.
  B. 66편 - 성도를 도와주시는 왕이신 하나님, 출애굽 모티프.
A'. 67편 - 하나님의 통치와 복.
  B'. 68편 - 대적자를 물리치시는 왕이자 전사이신 하나님, 출애굽 모티프.

65-68편은 왕이신 하나님의 통치를 신뢰할 것을 촉구하면서, 고난은 왕이신 하나님이 성도를 단련시키기 위한 수단임을 밝힌다. 그리고 과거 이스라엘이 광야를 통과하여 가나안 땅에 들어갔듯이, 고난의 광야를 통과하면 반

---

63 Weiser, *The Psalms*, 458.

드시 시온의 복이 임하게 될 것이라 약속한나.

먼저 65편은 하나님의 은혜와 통치를 찬양하는 시다. 이 시의 구조는 다음과 같다.[64]

    A. 모든 육체가 하나님을 찬양하게 될 것임(65:1-2).
      B. 하나님은 죄를 용서하시는 분(65:3).
        C. 죄 용서의 복: 성전의 아름다움으로 만족, 기도 응답(65:4-5).
      B′. 하나님은 창조자이시자 통치하시는 분(65:6-8).
        C′. 하나님의 통치의 복: 만물의 풍성함(65:9-12).
    A′. 만물이 즐거이 외치고 찬양함(65:13).

이상의 구조로 보아 65편의 핵심은 C/C′단락으로서, 왕이신 하나님의 통치를 의지하여 하나님과의 교제의 기쁨과 기도 응답의 축복을 누려 고난을 이기라고 충고하는 것임을 알 수 있다.[65]

먼저 65:3은 성도를 죄 용서 받은 자로 제시한다. 이 구절에서 시인은 "죄악이 나를 이겼사오니 우리의 허물을 주께서 사하시리이다"라고 말함으로써, 자신이 죄 사함의 은혜로 성도의 삶을 누리고 있음을 고백한다. 죄를 지을 때마다 성전에서 죄 사함을 받을 수 있도록 은혜를 주신 하나님을 찬양하고 있는 것이다. 65:4a은 하나님으로부터 죄 사함 받은 자를 "주께서 택하시고 가까이 오게 하신 자"라고 진술한다. 성도가 하나님의 선택적 인애로 죄 사함을 받아 하나님의 백성이 되었다는 뜻이다. 그러므로 하나님의 은혜로 백성이 되었다는 사실만으로도 성도는 고난을 넉넉히 이길 수 있음을 내비친다.

---

64 VanGemeren, "Psalms", 432.
65 Tate, *Psalms 51-100*, 142.

65:4b-5은 성도가 누리는 복으로서 성전의 아름다움과 기도 응답을 언급한다. 특별히 성전의 아름다움은 성전에서 하나님과 나누는 교제의 기쁨을 의미한다. 이런 교제의 기쁨은 하나님의 부재로 인해 탄식하는 성도에게 매우 적절한 하나님의 응답이 아닐 수 없다. 이어서 65:8-12은 성도가 누리는 은혜와 축복이 만물을 창조하시고 다스리시는 하나님의 통치에서 나오는 것임을 교훈한다. 결국 65편은 죄 사함의 은혜를 주시며 만물을 다스리시는 하나님의 통치를 신뢰한다면, 하나님과의 교제의 기쁨과 기도 응답의 축복을 누려 고난에서 넉넉히 승리할 수 있음을 일깨워 주고 있다.

66편은 출애굽 모티프를 사용하여, 하나님의 통치를 신뢰한다면 성도는 반드시 고난을 이길 수 있음을 재차 강조한다. 66편의 구조는 다음과 같다.

  A. 온 땅이여 주를 찬양하라: 주의 원수가 복종할 것임(66:1-4).
    B. 출애굽 시 왕이신 하나님의 기적: 바다를 육지로 변하게 함(66:5-7).
      C. 우리의 실족을 허락지 않으시는 하나님께 찬양하라(66:8-9).
    B′. 출애굽 시 광야에서 하나님이 시험하시는 목적: 성도의 단련(66:10-12).
      C′. 나의 기도에 응답해 주실 하나님께 서원을 갚을 것임(66:13-15).
  A′. 너희들은 들으라: 하나님이 기도에 응답해 주셨음(66:16-20).

이상의 구조를 볼 때 66편의 핵심은 C/C′ 단락으로서, 왕이신 하나님이 자신의 백성을 도와주시고 기도 응답을 해 주시는 것을 찬양하는 것이다.

66:6은 출애굽 당시 왕이신 하나님이 이스라엘을 인도하실 때, "하나님이 바다를 변하여 육지가 되게 하셨다"는 점을 회고한다. 이로써 과거에 바다를 육지로 변하게 하셨듯이, 하나님이 고난 가운데 있는 성도의 어려운 상황을 반드시 소망의 상황으로 바꿔 주실 것을 암시한다(66:12 참조). 또한 이런 출애

굽 모티프는 성도의 고난을 출애굽 후의 광야 생활에 대비시켜, 과거 이스라엘이 광야를 지나 결국 가나안 땅에 들어간 것처럼 고난을 통과하면 반드시 시온의 복이 기다리고 있음을 교훈해 주는 효과가 있다.

66:7은 이런 은혜를 베푸신 하나님을 왕으로 묘사한다("그가 그의 능력으로 영원히 다스리시며"). 이 묘사는 출애굽 시에 기적을 베푸신 하나님이 다름 아닌 온 세상의 왕이심을 보여 주어, 현재의 고난이 반드시 역전될 것이라는 확신을 심어 준다. 그리하여 하나님의 통치를 신뢰하도록 독자를 이끈다.

66:8-9은 하나님이 "우리의 실족함을 허락하지 아니하신다"라고 강조함으로써(66:9), 아무리 어려운 상황에 있을지라도 왕이신 하나님을 신뢰한다면 성도는 결코 실족하지 않으며 오히려 하나님께 찬양할 수 있음을 내비친다. 66:10-12은 출애굽 시에 광야의 고난을 통해 이스라엘이 단련을 받았듯이, 고난은 성도를 단련시키려는 하나님의 계획임을 보여 준다.[66] "하나님이여 주께서 우리를 시험하시되 우리를 단련하시기를 은을 단련함 같이 하셨으며"(66:10). 그러므로 고난을 당한다고 원망하지 말고 고난을 통과하면서 진정으로 말씀을 따라 사는 자(인애와 공의와 의를 행하는 자)로 거듭나야 할 것을 교훈한다.

66:13-15에서 시인은 하나님이 기도 응답을 주실 것을 미리 믿고 서원으로 번제를 드릴 것을 약속한다. 구약에서 서원제의 경우는 번제가 동반되는 화목제였다. 하지만 화목제를 드리는 자의 경제적 형편을 고려하여 번제를 한 번 드리는 것으로 화목제 제사를 대신하는 경우가 있었다(레 22:18).[67] 그러므로 66편의 시인이 서원을 갚기 위해 번제를 드리겠다는 다짐은 구약의 레

---

66 크라우스는 66:10-12의 내용은 광야에서 이스라엘의 시험을 일차적으로 말하면서, 동시에 이후 이스라엘이 하나님으로부터 받은 시험을 총칭하는 것으로 이해한다. Kraus, *Psalms 60-150*, 37.
67 Nobuyoshi Kiuch, *Leviticus*, AOTC (Downers Grove, Ill.: IVP, 2007), 408 참조.

위기법을 위반한 것이 아니다. 어쨌든 66:13-15은 기도를 들어주시는 왕이신 하나님을 통해 성도는 고난 가운데 기도로 승리할 수 있음을 일깨워 준다.

끝으로 66:16-20은 하나님이 시인의 기도를 들어주신다는 것을 찬양하는 내용이다. 특별히 66:18은 "내가 나의 마음에 죄악을 품었더라면 주께서 듣지 아니하시리라"라고 말함으로써, 성도가 고난 가운데서 하나님으로부터 기도 응답을 받기 위해서는 죄를 짓지 말아야 함을 교훈한다. 고난을 당하면 성도는 신앙을 잃어버리거나 하나님을 원망하며 죄를 짓기 쉽다. 하지만 고난 때문에 죄를 짓게 되었다는 변명은 결코 합리화될 수 없다.

정리하면, 66편은 고난에 처한 성도에게 출애굽 시 왕이신 하나님이 바다를 육지로 바꿔 주셨듯이, 기적을 통해 상황을 역전시켜 주실 것을 약속한다. 그리고 출애굽 시의 광야 생활처럼 고난은 성도를 단련시키기 위한 하나님의 계획임을 제시한다(욥 23:10 참조). 하나님은 고난 가운데 있는 성도를 실족시키지 않으시며 기도에 응답해 주시는 분이시기 때문에, 왕이신 하나님의 통치를 신뢰한다면 고난을 넉넉히 이길 수 있음을 말하고, 고난 중에 죄를 짓지 말 것을 당부한다.

67편은 온 땅과 열국이 하나님의 통치로 복을 받을 것이라는 내용이다. 이런 점에서 이 시는 비슷하게 하나님 통치의 복을 다룬 65편과 평행을 이룬다. 67편의 구조는 다음과 같다.

    A. 우리에게 복을 주소서(67:1).

        B. 모든 나라가 복(구원)을 알게 하소서(67:2).

            C. 모든 나라를 다스리는 주님에 대한 찬양(67:3-4).

        B′. 모든 민족이 주를 찬송케 하소서(67:5).

    A′. 하나님이 우리에게 복(소산)을 주실 것임(67:6).

결론. 하나님의 복으로 땅의 모든 끝이 하나님을 경외할 것임(67:7).

이상의 구조로 보아 67편의 핵심은 C단락으로서, 왕이신 하나님이 종국에 모든 나라를 다스리실 것을 찬양하는 데 있다(67:4, "주는 민족들을 공평히 심판하시며 땅 위의 나라들을 다스리실 것임이니이다").

67:1에서 언급된 하나님의 복은 구원과 소출의 풍요다(67:2, 6). 시인은 이와 같은 복을 통해 열국이 하나님을 알고 기뻐하게 될 것을 내다본다(67:3).[68] 더욱이 이 복을 통해 열국은 하나님이 온 세상을 공의로 통치하시는 분이심을 깨닫게 될 것이다(67:4). 그렇다면 구체적으로 어떻게 열국이 하나님의 공의를 깨닫게 될 것인가? 하나님 통치의 복은 불의로 타인을 핍박하는 자를 공의로 심판하시고 자신을 의지하는 자를 구원하여 풍부한 소출을 주는 형태로 나타날 것이다. 그래서 이와 같은 하나님의 복을 보고 열국이 하나님의 공의에 눈을 뜨게 된다는 것이다.

끝으로 67편은 하나님이 성도에게 복을 주시는 목적이 궁극적으로 온 세상이 하나님을 경외하도록 하는 데 있음을 분명히 한다(67:7, "하나님이 우리에게 복을 주시리니 땅의 모든 끝이 하나님을 경외하리로다"). 여기서 경외한다는 것은 하나님이 주시는 복을 통해 하나님의 인애와 공의를 체험하고 그에 대해 진정으로 감사하는 모습을 가리킨다.

정리하면, 67편은 왕이신 하나님의 통치를 신뢰한다면, 고난으로부터 구원을 받고 풍부한 소출을 누리게 될 것을 약속한다. 그래서 이런 복을 받아 더욱더 여호와를 경외하는 자리로 나아갈 것을 촉구한다. 또한 하나님의 복은 단순히 개인을 위한 것이 아니기 때문에, 복을 받는 자는 자신이 속한 공

---

68 VanGemeren, "Psalms", 440.

동체와 세상에 하나님을 알리는 밑거름이 되어 증인의 삶을 살아야 함을 일깨워 준다. 따라서 하나님의 복을 받아 고난에서 빠져나온 성도가 그동안 눌렸던 감정을 발산하며 주위 사람들에게 교만한 자세로 유세를 떤다면 그것은 복의 의미를 모르는 것이다.

68편은 출애굽 모티프를 사용하여 왕이신 하나님이 전사가 되시어, 대적자들을 반드시 물리쳐 주신다는 것을 약속한다. 68편의 구조는 다음과 같다.

A. 하늘을 타고 원수들을 흩으신 하나님: 하나님은 고아의 아버지(68:1-6).
  B. 출애굽 시 광야로 행진했던 전사이신 하나님: 열국을 물리침(68:7-14).
    C. 성소에서 하나님이 반역자들로부터 선물을 받음(68:15-18).
      D. 구원의 하나님: 원수들의 머리를 깨뜨리심(68:19-23).
  B′. 성소로 행진하는 전사이신 하나님을 이스라엘은 송축하라(68:24-27).
    C′. 성소에서 하나님이 열국으로부터 예물을 받음(68:28-32).
A′. 하늘을 타고 백성에게 능력을 주시는 하나님을 찬양하라(68:33-35).

이상의 구조로 볼 때 68편의 핵심은 D단락으로서, 전사이신 하나님이 자신의 백성을 위해 원수들과 싸워 그들을 멸망시킨다는 것이 중심 메시지다. 따라서 68편은 과거에 출애굽 시 하나님이 원수들을 멸망시켰듯이, 현재 성도들을 핍박하는 원수들을 반드시 멸망시켜 주실 것이기에 낙심하지 말 것을 하나님의 응답으로 들려주고 있다. 더 나아가 고난은 또 다른 출애굽을 위한 과정임을 암시하여, 고난을 통과하면 반드시 시온의 **복**이 임하게 될 것이라고 말한다.

먼저 68:1-6은 하나님이 대적자를 물리치시고 약자를 보호해 주시는 분임을 강조한다. 특별히 68:5은 "하나님은 고아의 아버지시며 과부의 재판장이시라"고 말하는데, 이 구절에서 크게 영감을 받은 사람이 바로 조지 뮬러다. 뮬러는 1838년 초, 중병에 걸려 고생하고 있던 어느 날 습관대로 무릎을 꿇고 하나님께 기도를 드린 후 시편 68편을 묵상했다. 이때 "고아의 아버지"라는 말씀이 큰 글씨로 눈에 들어왔고 이 말씀에 영향을 받은 뮬러는 고아원 사역을 시작하게 되었다.[69]

68:5의 말씀처럼 하나님이 고아와 과부를 보호하시는 이유는, 그들이 자신의 낮아짐을 철저하게 깨닫고 거기서 하나님의 인자를 체험하여, 계속해서 하나님의 인자를 바라기 때문이다. 결국 하나님이 물리치시는 대적자들은 이런 약자의 대적자들이다. 그러므로 68:1-6은 대적자의 핍박으로 신음하는 성도들에게, 하나님 앞에서 철저하게 낮아져 하나님의 인자를 바랄 것을 교훈하는 의미가 있다. 낮아져서 하나님을 바라고 의지한다면 하나님은 성도의 대적자들을 반드시 물리쳐 주실 것이다.

68:7-14은 66편처럼 출애굽 시에 하나님이 광야에서 이스라엘을 인도하신 사건을 언급하고(68:7-8), 하나님이 가난한 자인 이스라엘을 위해 전사가 되어 대적자를 물리치셨다는 사실을 묘사한다. 밴게메렌에 따르면, 68:9-10의 "가난한 자"는 이집트에서 고통받아 궁핍에 처했던 이스라엘을 가리킨다.[70] 하지만 필자가 보기에 여기서 가난한 자는 광야 생활을 하면서 낮아져 하나님만을 바라보게 된 자들을 가리킨다고 보는 것이 더 신빙성 있다(신 8:16).[71] 이런 시각은 애굽 할렐시인 116편에서 잘 드러난다(116:6). 그리고 이런 이해는 68:1-6에서 철저하게 낮아진 약자를 위해 하나님이 그들의 대적

---

69 바실 밀러, 『열정적 기도와 기적의 사람 조지 뮬러』, 김창대 역 (서울:기독신문사, 1998), 69-70.
70 VanGemeren, "Psalms", 447.
71 Tate, *Psalms 51-100*, 176. 여기서 테이트는 68:9-10에서 말하는 "가난한 자"는 이스라엘로서, 의인의 범주에 속한 사람들을 가리킨다고 말한다. 이것은 출애굽의 광야 생활이 이스라엘을 낮추어 가난한 자로 만들어 하나님만을 의지하는 의인으로 만드는 하나님의 계획이라는 주장에 무게를 실어 준다.

자를 물리치신다는 진술에서 지지를 얻는다.

68:15-18은 시온 산과 바산의 산을 비교하여 하나님이 왕으로 계신 시온 산을 부각시키고 있다. 바산의 산은 갈릴리 호수 동쪽에 위치한 높은 산으로, 가나안 신화에서 신들이 거주하는 곳으로 알려진 산이다.[72] 따라서 전사이신 하나님이 출애굽시켜 가나안 땅을 정복케 한 후 다른 산들이 시기할 정도로 시온 산을 택하시어 거기서 자신의 위엄을 드러내셨다는 것을 독자에게 각인시켜 주고 있다.

68:24-27은 시온에 있는 성소에 행차하시는 하나님을 왕으로 진술하고 있다. "하나님이여 그들이 주께서 행차하심을 보았으니 곧 나의 하나님, 나의 왕이 성소로 행차하시는 것이라"(68:24). 그래서 대적자를 물리치시는 하나님이 바로 왕이심을 확실히 드러내고 있다.

하나님이 성소로 행차하신다는 진술에 대해 브로일즈(Craig C. Broyles)는, 언약궤가 성소로 들어가는 제의적 행차를 암시하는 것이라고 주장한다.[73] 구약에서 언약궤는 하나님의 발등상(대상 28:2; 대하 6:41), 전차(대상 28:18) 및 전사로서의 여호와(민 10:33-35), 또는 통치하시는 하나님의 보좌(삼상 4:3-4) 등 다양한 의미를 지닌다.[74] 브로일즈는 과거 이스라엘이 언약궤를 성소 밖으로 운반하는 제의적 행차 의식을 치렀다는 것을 입증해 줄 근거로 역대하 35:3을 제시한다. "온 이스라엘을 가르치는 레위 사람에게 이르되 거룩한 궤를 이스

---

72 VanGemeren, "Psalms", 449.
73 Craig C. Broyles, "The Psalms and Cult Symbolism: The Case of the Cherubim-Ark", in *Interpreting the Psalms*, ed. David Firth and Philip S. Johnston (Downers Grove, Ill.. IVP Academic, 2005), 139-156.
74 Broyles, "The Psalms and Cult Symbolism", 141-144. 실제로 97편은 언약궤를 하나님의 보좌로 말하고, 그 보좌의 기초가 공의("미쉬파트")와 의("체다카")라고 말한다(97:2; 89:13-17 참조). 132:8은 언약궤를 권능의 궤로 부르고 언약궤를 향하여 "일어나소서"라고 말하여 언약궤와 여호와를 동일시하며, 다윗성에 언약궤가 들어오는 모습을 전사이신 하나님의 행차로 묘사한다. 비슷하게도 민수기 역시 광야에서 언약궤의 움직임을 하나님의 움직임과 연결시키고 있다(민 10:33-35 참조).

라엘 왕 다윗의 아들 솔로몬이 건축한 전 가운데 두고 다시는 너희 어깨에 메지 말라"(대하 35:3). 그에 의하면 여기서 "다시는"이라는 말은 이전에 빈번히 레위인들이 언약궤를 어깨에 메고 성전 밖으로 나가 언약궤 행차 의식(ritual procession)을 치렀다는 반증으로 본다.[75] 언약궤 행차 의식에 대한 이런 암시는 47편에서 하나님이 성소로 올라가시는 모습에서도 엿볼 수 있다는 것이 그의 주장이다(47:5; 24:7-10).[76]

어쨌든 68편에서, 성소에 왕으로 행차하시는 하나님을 언급하는 것은 시사하는 바가 크다.[77] 하나님이 부재하시는 것처럼 보이는 탄식의 상황에서 68편은 하나님은 여전히 왕이시며 전사로서 전차를 타고 어디든지 임재하실 수 있는 분임을 보여 주어, 독자들에게 하나님의 임재에 대한 강한 확신을 심어 주기 때문이다(68:17). 결국 68편은 시온에서 전사로 계신 하나님이 대적자들을 물리치신다는 사실을 믿고 고난에서 승리할 것을 촉구하고 있다.

64-68편의 결론

결론적으로 64-68편은, 하나님은 모든 것을 통치하시는 왕이시면서 전사이시기 때문에 악을 행하는 자를 반드시 물리쳐 주실 것이라 약속한다. 그러므로 고난 가운데서 성도는 마음에 두려움을 갖지 말고 정직한 마음으로 하나님을 의지하는 것이 중요하다. 더욱이 고난은 성도를 가난하고 겸손한 자로 만들어 온전히 하나님을 의지하도록 단련시키는 수단이기에, 고난을 통해 오히려 자기 자신을 단련해야 할 것이다. 결국 고난 가운데서 하나님의 통치

---

75 Broyles, "The Psalms and Cult Symbolism", 144.
76 Broyles, "The Psalms and Cult Symbolism", 144.
77 한편 모빙켈(Mowinckel)은 68편이 가나안 신화의 신년 축제(가을 축제)에 기원을 두고 있으며, 이 축제 때에 하나님이 왕으로 다시 등극하시고 세계를 새롭게 하셨다고 주장한다. 하지만 그의 주장은 오늘날 받아들여지지 않는다. Kraus, *Psalms 60-150*, 49-51; Tate, *Psalms 51-100*, 174-175 참조.

를 신뢰하라는 네 번째 단락(64-68편)의 요지는 첫 번째 단락(42-50편)의 응답과 비슷하다. 이상의 관찰을 고려할 때, 2권에서 제시된 하나님의 응답은 다음과 같은 구조를 이룬다.

    A. 하나님의 통치를 신뢰하라: 인애와 공의와 의를 행하라(42-50편).
      B. 재물의 부재를 탄식하지 말라(51-53편).
      B′. 재물을 바라지 말고 하나님의 인자를 바라라(54-63편).
    A′. 하나님의 통치를 신뢰하라: 대적자는 멸망할 것(64-68편).

5) 다섯 번째 단락(69-72편)

69-72편은 2권의 결론으로서, 다윗 언약을 통해 주신 하나님의 약속은 영원할 것이기 때문에 탄식의 상황에서 낙심하지 말 것을 충고한다. 이 단락은 탄식을 다루는 69-71편과 하나님의 응답을 제시하는 72편으로 나뉜다.

    69-71편(disorientation)

69-71편은 1권의 39-41편과 밀접한 관련이 있다. 39:8에서 시인은 자신의 죄를 고백했는데, 마찬가지로 69:5의 시인도 자신의 죄를 인정하고 있다. 또한 69:4에서 "머리털보다 많다"라는 말은 40:12을 연상시킨다("죄가 나의 머리털보다 많다"). 그리고 70:1은 40:13의 내용을 반복한 시구다("하나님이여 나를 건지소서. 여호와여 속히 나를 도우소서"). 71편은 노년에 병약한 왕의 고뇌를 묘사하는데(71:9, 13, 18), 이것은 41:3의 "쇠약한 병상"을 상기시킨다.

이처럼 1권의 마지막과 2권의 마지막이 비슷하다는 점은 정말 흥미롭다. 하지만 69-72편은 38-41편처럼 회개하여 마음에 하나님의 법을 새기겠다는 다짐으로 나가기보다 고난 앞에서 탄식하는 모습에 더욱 초점을 맞추고 있다. 이런 점에서 2권은 1권보다 더 우울한 탄식적 분위기를 자아내고 있다. 69편은 왕의 고뇌를 다루는 탄식시다. 69편의 구조는 다음과 같다.

  A. 하나님께 구원을 호소함: 대적자가 "머리털보다 많음"(69:1-5).
    B. 시인이 받는 수치: "나를 두고 노래하나이다"(69:6-12).
      C. 기도 응답 호소: "인자와 진리로 내게 응답하소서"(69:13-18).
        D. 대적자의 행태: 쓸개를 먹게 하고, 초를 마시게 함(69:19-21).
        D′. 대적자를 향한 저주: 생명책에서 지워 달라는 간구(69:22-28).
    B′. 시인의 다짐: "내가 노래로 하나님의 이름을 찬송하며"(69:29-31).
      C′. 기도 응답에 대한 확신: "궁핍한 자의 소리를 들으시며"(69:32-33).
  A′. 하나님의 구원을 찬양하라: 시온을 대적자로부터 구원하실 것임(69:34-36).

이상의 구조는 69편의 핵심 메시지가 탄식의 원인인 대적자에 대한 저주에 있음을 보여 준다(D/D′).

69:1-18은 대적자로 인한 핍박으로 말미암아 시인이 하나님께 구원을 호소하고 응답해 주실 것을 간구하는 내용이다. 여기서 시인은 자신을 해하는 대적자들이 "머리털보다 많다"라고 말하고(69:4), "인자와 구원의 진리로 내게 응답하소서"라고 호소한다(69:13). 이런 호소는 자신의 죄가 "머리털보다 많다"라고 말하며 "인자와 진리로 나를 항상 보호하소서"라고 말한 40편의 시인의 기도를 연상시킨다(40:11-12).

하지만 40편의 시인은 죄가 "머리털보다 많다"라고 고백하는 반면, 69편의 시인은 대적자들이 "머리털보다 많다"라고 말함으로써 차이를 보인다. 이런 차이점은 69편의 시인이 탄식의 상황에 휘둘려 자신의 죄를 회개하기보다 대적자들에게 더 초점을 맞추고 있다는 방증으로서, 시인의 부정적인 측면을 보여 주는 대목이다. 물론 69:5에서 시인은 자신의 죄를 직시하지만 죄를 회개하기보다 인간으로서 어쩔 수 없는 자신의 비천함을 고백할 뿐이다.[78] 시인은 대적자 중에서 자신의 형제를(69:8) 언급하고, 그들로 인해 크게 탄식하는 모습을 보여 준다.

69:19-28은 대적자의 구체적인 행태를 소개하고 대적자를 저주하는 내용이다. 이어지는 69:29에서 시인은 대적자들의 비방으로 말미암아 자신이 가난한 자가 되었음을 토로한다("오직 나는 가난하고 슬프오니"). 앞의 68:10에서 하나님이 가난한 자에게 은혜를 주시겠다고 약속하신 사실을 고려할 때, 이런 토로는 자신도 가난한 자이기에 속히 구원을 베풀어 달라는 호소처럼 들린다. 실제로 시인은 계속해서 자신을 "궁핍한 자"와 동일시하고 있다(69:33).

하지만 68편에서 언급된 가난한 자는 하나님 앞에서 자신을 낮추는 자이지만, 69:19-28에서 시인의 모습은 그렇지 않다. 오히려 시인은 원수를 향한 저주를 퍼부어 부정적인 측면을 보이고 있다(69:28, "그들을 생명책에서 지우사 의인들과 함께 기록되지 말게 하소서"). 일반적으로 69편은 십자가 상에서 예수님의 수난을 예표하는 시로 여겨진다(69:21, "그들이 쓸개를 나의 음식물로 주며 목마를 때에는 초를 마시게 하였사오니"). 하지만 십자가 상에서 예수님은 원수들을 저주하지 않으셨다(마 27:34). 이런 점에서 69편의 원수를 향한 저주는 성도가 따라야 할 모범은 결코 아니다.

끝으로 69:30-36에서 시인은 하나님의 구원을 확신하고 그분을 찬양하면서 시를 끝맺고 있다. 특별히 69:30-31은 노래로 여호와께 찬송하는 것이 소로 제사를 드리는 것보다 여호와를 더 기쁘시게 한다고 선언한다. 여기서 "노래"에 해당하는 히브리어 단어는 "쉬르"(שיר)이고, "소"에 해당하는 히브리어

---

[78] VanGemeren, "Psalms", 456.

단어는 "쇼르"(שׁוֹר)다. "쉬르"와 "쇼르"라는 음성학적 유사성을 사용하여 하나님이 "쇼르"(소)보다 "쉬르"(찬양)를 원하신다는 점을 청각적 효과를 통해 강하게 부각시키고 있다. 하지만 69편은 이런 찬양의 기조로 종결됨에도 불구하고(69:30-36), "머리털보다" 많은 대적자들로 인해 심하게 탄식하는 성도의 부정적인 모습을 드러내고 있다.

70편은 계속해서 왕의 고뇌를 다루는 시로서, 여기서도 시인은 69편과 마찬가지로 자신을 가난하고 궁핍한 자로 여기고 하나님의 구원을 호소한다(70:5).[79] 이어서 71편은 늙어서 쇠약하여 가난한 자가 된 시인이 하나님께 자신을 버리지 말아 달라고 간구하는 내용이다. "늙을 때에 나를 버리지 마시며 내 힘이 쇠약할 때에 나를 떠나지 마소서"(71:9). 이사야서는 하나님이 늙은 자를 천대하시는 분이 결코 아님을 다음과 같이 표현한다. "너희가 노년에 이르기까지 내가 그리하겠고 백발이 되기까지 내가 너희를 품을 것이라"(사 46:4). 때문에 71:9의 간구는 시인이 하나님을 제대로 신뢰하지 못하고 흔들리고 있다는 방증으로 이해할 수 있다. 이런 상황에서 72편은 69-71편의 탄식에 대해 하나님의 응답을 들려준다.

72편(orientation)

72편은 솔로몬의 기도로서, 다윗 언약으로 세워진 다윗 왕권이 다윗에게서 솔로몬에게로 이양되고 있음을 시사하고 있다. 72편의 구조는 다음과 같다.

A 왕을 위한 기원: 공의("미쉬파트")와 의("체다카")를 주소서(72:1-2).

---

[79] Jerome F. D. Creach, "Psalm 79", *Interpretation* 60 (2006): 64-66. 여기서 크리치는 41편과 72편이 똑같이 종말에 정의가 서는 나라를 상정하고 있는데, 이런 상황에서 40편과 70편은 그런 나라가 도래하기 위해 성도들이 간구해야 함을 보여 준다고 주장한다.

B. 왕의 통치로 인한 땅의 축복: 산들이 평강을 줌(72:3).
    C. 가난한 자를 위한 왕의 행동: 그들을 구원, 압박하는 자를 꺾음(72:4-5).
     D. 왕의 통치의 결과: 의인이 흥왕, 평강의 풍성(72:6-7).
     D´. 왕의 통치의 결과: "모든 민족이 다 그를 섬기리로다"(72:8-11).
    C´. 궁핍한 자를 위한 왕의 행동: 그들을 구원함(72:12-15).
   B´. 땅의 축복: 산꼭대기 땅에 곡식이 풍성, 백성도 땅의 풀같이 왕성함
    (72:16).
  A´. 왕을 위한 기원: 그의 이름이 영구함, 그로 인하여 민족이 복을 받음(72:17).
  결론. 여호와를 찬양하라(72:18-20).

 이상의 구조로 볼 때 72편의 핵심은 D/D´단락으로서, 다윗 계열의 통치로 의인이 흥왕하고 평강이 넘치며, 결국 모든 민족이 다윗의 후손의 다스림을 받게 될 것이라는 내용이다. 72:17은 다윗 왕의 이름이 "해와 같이" 영원하다고 말하여, 다윗 언약이 영원한 언약임을 확증해 준다(삼하 7:16). 69-71편에서 언급된 탄식과 관련하여 72편은, 하나님이 다윗 언약을 맺으심으로써 다윗 계열의 왕을 통해 온 세상을 다스리게 하시고 축복하실 것이기 때문에 그 약속을 의지하고 고난 가운데서 낙심하지 말 것을 촉구한다.
 72:1-2은 다윗 계열의 왕에게 공의와 의를 베풀어 달라는 간구다. 다윗 언약을 통해 왕위에 오른 왕들이 공의와 의로 온 세상을 다스려서, 결과적으로 가난한 자로 대변되는 의인이 구원을 얻고 흥왕하기를 기원하는 것이다. 이런 기원은 69-71편에서 탄식하는 가난한 자들에게 확실히 큰 위로가 될 것이다. 그들도 공정한 대우를 받고 흥왕하게 될 수 있다는 소망을 품을 수 있기 때문이다.
 끝으로 72:16-17은 솔로몬 왕에게 땅의 축복과 자손의 왕성함(72:16), 열

국의 복(72:17), 이름이 장구함(72:17)이라는 축복이 임하게 될 것을 말한다.[80] 이런 축복들은 아브라함 언약의 축복과 매우 흡사하다. 아브라함 언약도 하나님의 축복으로 이름과 땅과 자손을 얻고 열국을 위한 복의 근원이 될 것을 약속하기 때문이다(창 12:1-3). 이런 의미에서, 72편에 나타나는 다윗 언약의 축복은 아브라함 언약의 축복을 성취하는 것으로 제시된다.

결국, 72편은 탄식 상황에서의 하나님의 응답으로서 다윗 언약으로 대변되는 하나님의 축복의 약속들을 신뢰하도록 촉구하는 의미를 지닌다. 다윗 언약을 맺으신 하나님은 반드시 다윗 계열의 왕을 통해 온 세상을 통치하고 성도들을 축복하실 것이기 때문에 성도들은 낙심할 필요가 없다는 뜻이다. 하지만 72편에서 제시된 다윗 언약에 근거한 축복은 유다가 주전 586년에 바벨론에 의해 멸망하고 포로로 잡혀가게 됨으로써 현실과 동떨어진 약속으로 전락하고 말았다. 이런 문제 앞에서 탄식하며 고민하는 내용이 뒤에 나오는 3권이다.[81]

그렇다고 72편이 언급하는 다윗 언약이 헛되다는 의미는 아니다. 72편이 말하는 다윗 언약의 축복은 종말에 다윗의 자손으로 오실 메시아를 통해 성취될 것이다(110편 참조). 이런 의미에서 72편은 종말의 메시아의 모습을 예표하는 메시아 시(messianic psalms)로 재해석될 수 있다.[82] 그러므로 시편의 정경적 문맥에서 볼 때 72편은, 하나님의 대리 통치자이신 메시아가 출현하면 공의와 의로 세상을 바로잡을 것이므로 성도들은 메시아의 도래를 대망하며 고난을 이기도록 교훈하는 의미를 지닌다.

80　Kraus, *Psalms 60-150*, 80.
81　이런 점에서 시 72편은 73-89편의 해석에 중요한 역할을 한다. Robert L. Cole, *The Shape and Message of Book III (Psalms 73-89)*, JSOTSup 307 (Sheffield: Sheffield Academic Press, 2000), 14.
82　VanGemeren, "Psalms," 469. 이에 반해 크라우스는 72편이 메시아적 시라는 주장에 반대한다. Kraus, *Psalms 60-150*, 80-81.

3장

시편 3권
마음을 완악하게 하지 말라

3권은 바벨론에 의해 다윗 왕권이 붕괴된 상황을 배경으로 하기 때문에,[1] 다윗 언약의 파기를 강하게 탄식한다. 따라서 3권의 기조는 시편의 다른 권들보다 훨씬 우울하다. 길링햄은 3권의 시들이 모두 포로 후기에 작성된 것으로, 다윗 왕권의 붕괴를 회고하는 분위기가 강하다고 분석했다.[2] 2권도 탄식과 희망이 교차되고 있지만, 3권은 탄식과 희망의 교차가 2권보다 훨씬 더 심하여 탄식의 강도가 더 크다는 것을 보여 준다.[3] 실제로 3권의 끝인 89편은 2권의 끝인 72편과 달리 탄식으로 끝나고 있다.

3권 안에서 소망의 메시지로 제시되는 내용은 다윗 왕권에 대한 기대(78:67-72; 89:10-37)와 시온에 대한 희망의 노래(84, 87편)다.[4] 다윗 왕권에 대한

---

1 Wilson, "The Structure of the Psalter", 238.
2 Gillingham, "The Levitical Singers", 97.
3 McCann, "Books I-III and the Editorial Purpose of the Hebrew Psalter", 97.
4 그 외에도 시편 3권 안의 희망적인 내용은 다음과 같다. 75편(악인에 대한 심판: 2, 8, 10절), 76편(왕들에 대한 심판: 9, 12절), 77:11-20(과거에 역사하신 하나님에 대한 노래), 78편(이스라엘의 죄악에도 불구하고 은혜를 주신 하나님: 67-72절), 82편(부정한 재판관들에 대한 하나님의 심판), 84편(시온의 노래), 85:8-13(회복의 희망), 87편(시온의 노래)이 등장한다. 이런 희망적인 내용은 공동체의 탄식과 교차하여 등장하므로 오히려 공허한 소리로 들리는 것도 사실이다.

기대는 과거에 하나님이 다윗에게 은혜를 주셨던 것처럼 미래에도 다윗 언약을 통해 계속해서 은혜를 베풀어 주실 것이라는 소망이 그 핵심이다. 또한 시온에 대한 희망의 노래는 하나님이 시온에 거하시기 때문에 백성을 보호해 주실 것이라는 기대로 압축된다. 하지만 3권의 우울한 분위기 때문에 이와 같은 다윗 왕권과 시온에 대한 기대는 공허한 메아리로 들린다.[5]

다윗 언약의 파기로 3권은 하나님이 정의롭지 못하다는 신정론(theodicy)의 문제를 제기한다. 한마디로 하나님이 다윗 언약에 관한 약속을 지키지 못하시고 깨뜨리셨기 때문에 정의롭지 못하다는 것이다(74, 79, 80, 84편). 다윗 언약의 파기에 따른 탄식은 88편과 89편에서 절정을 이룬다.

그렇다고 3권 안에 신정론 문제와 관련하여 해답이 전혀 없는 것은 아니다. 매칸에 의하면 3권은 역사 회고시(78편)와 같은 긍정적인 시를 통해 과거에 베풀어 주신 하나님의 은혜를 상기시키고, 하나님은 결코 불의한 분이 아니시며 오히려 불의한 쪽은 백성임을 교훈한다고 주장한다.[6] 또한 그는 신정론 문제의 해답으로 73편이 중요한 역할을 한다고 지적한다. 하지만 구체적으로 73편이 탄식하는 성도에게 어떤 해답을 제공하는지는 언급하지 않는다.[7]

필자가 보기에, 3권에서 제시된 신정론 문제의 해답은 하나님이 정의롭지 못한 것은 아니며, 따라서 현재의 고난은 성도가 마음으로 온전히 하나님의 법을 새기지 못하기 때문이라는 것이다(73편 참조). 그래서 마음의 중요성을 부각시키고, 마음을 완악하게 하지 말라고 충고하고 있다(81:12).

---

5 McCann, "Books I-III and the Editorial Purpose of the Hebrew Psalter", 98.
6 McCann, "Books I-III and the Editorial Purpose of the Hebrew Psalter", 100.
7 73편이 시편 전체에서 중요한 위치를 차지한다는 주장에 여러 학자들이 동의한다. 구체적으로 브루그만은 73편이 시편 전체의 중추적 역할을 한다고 보았다. Walter Brueggemann, "Response to James L. Mays, 'The Question of Context,'" in *The Shape and Shaping of the Psalter*, ed. J. Clinton McCann (Sheffield: JSOT Press, 1993), 40. 한편 시편 전체에서 전환점은 90편이라고 주장했던 윌슨도 브루그만과 같이 73편 역시 90편과 함께 시편의 전환점을 이루는 시라는 데 동의한다. Wilson, "The Structure of the Psalter", 239.

1. 3권의 구조

73편은 88편과 함께 개인적인 고난을 다루고, 74편은 89편과 함께 국가적 재난을 다룸으로써 3권을 인클루지오 구조로 만든다. 시의 표제를 살펴보면, 73-83편은 아삽의 시이고, 84-85편은 고라 자손의 시, 86편은 다윗시, 87-88편은 고라 자손의 시(88편은 에스라인 헤만을 언급한다), 그리고 89편은 에단의 시다. 2권이 고라 자손의 시인 42편으로 시작한다면, 3권은 고라 자손의 시인 88편을 거의 끝자락에 배치시키고 있다. 이런 의미에서 2-3권은 고라 자손의 시라는 틀로 엮인 내용이라 할 수 있다. 3권에 등장한 시들을 장르별로 구분하면 다음과 같다.

73편— 개인적 탄식시이자 지혜시.	81편— 찬양시: 하나님의 공급하심을 찬양.
74편— 국가적 탄식시: 주전 587년 성전 파괴의 주제를 다룸.	82편— 찬양시: 온 세상의 심판자로서 하나님의 통치를 찬양.
75편— 집단적 감사시.	83편— 집단적 탄식시: 이스라엘을 공격하는 강력한 동맹군들과 관련된 탄식.
76편— 시온시.	84편— 시온시.
77편— 개인적 탄식시.	85편— 감사시: 포로에서 회복시키신 하나님의 은혜에 감사함.
78편— 감사시(시온시): 이스라엘의 배교에도 불구하고 시온을 세우신 하나님의 은혜에 감사(일명 역사 회상시).	86편— 개인적 탄식시.
79편— 집단적 탄식시: 예루살렘 멸망의 주제를 다룸.	87편— 시온시.
	88편— 개인적 탄식시.
80편— 집단적 탄식시: 주전 722년 북이스라엘의 멸망과 관련된 주제를 다룸.	89편— 국가적 탄식시(제왕시): 다윗 언약이 파기된 것에 대한 탄식.

이런 장르를 토대로 3권의 구조를 분석해 보면 다음과 같다.

A. 73편— 개인적 탄식.

      B. 74편 – 국가적 탄식.

        C. 75-76편 – 시온에서 통치하시는 하나님을 찬양.

          D. 77편 – 개인/집단적 탄식.

            E. 78편 – 시온에 끼친 하나님의 은혜를 찬양.

              F. 79-80편 – 집단적 탄식.

                G. 81-82편 – 마음을 완악하게 하지 말라.

              F′. 83편 – 집단적 탄식.

            E′. 84-85편 – 시온에서의 하나님의 은혜를 찬양.

          D′. 86편 – 개인/집단적 탄식.

        C′. 87편 – 시온시.

      A′. 88편 – 개인적 탄식.

    B′. 89편 – 국가적 탄식.

이런 동심원 구조로 볼 때 3권의 핵심은 81-82편으로서, 하나님의 공급하심과 통치를 찬양하면서, 탄식하는 성도에게 마음을 완악하게 하지 말 것을 교훈하는 데 있다(81:12). 한편 3권은 다음과 같이 3단 구조로도 볼 수 있다.[8]

1단락(73-77편)	2단락(78-83편)	3단락(84-89편)
A. 마음의 문제(73편).	A′. 마음의 문제(78편).	A″. 마음에 시온의 대로(84-85편).
B. 탄식(74편).	B′. 탄식(79-80편).	B″. 탄식(86편).
C. 긍정적 답(75-76).	C′. 긍정적 답(81-82편).	C″. 긍정적 답(87편).
D. 탄식(77편).	D′. 탄식(83편).	D″. 탄식(88-89편).

이상의 구조가 보여 주듯이, 3권에서 각 단락의 서두는 마음의 문제를 공

---

8 Gillingham, "The Levitical Singers", 98. 여기서는 길링햄의 구조를 약간 변형시킨 것이다.

통적으로 언급하고 있다(73:26; 78:8; 84:5). 특별히 84:5은, 마음에 "시온의 대로"가 있는 자는 눈물 골짜기를 지나갈지라도 복을 받을 것이라고 말함으로써, 성도의 고난이 하나님이 정의롭지 못해서가 아니라 성도가 마음으로 온전히 하나님의 법을 새기지 않은 데서 비롯된 것임을 암시해 준다. 마음에 시온의 대로가 있다면, 다시 말해 마음으로 하나님의 법을 새긴다면, 어떤 역경도 이길 수 있고 궁극적으로 복을 받을 수 있다는 답을 주고 있는 것이다.

이상의 구조로 볼 때, 3권에서 탄식에 대한 하나님의 응답은 75-76편, 81-82편, 그리고 87편에서 제시된다. 1단락(73-77편)에서 긍정적인 답변을 제공하는 75-76편은 다시 하나님의 응답(75편)과 하나님의 개입(76편)이라는 패턴으로 세분화되는데, 이런 패턴은 2단락(78-83편)에서도 반복된다. 그러므로 2단락에서 긍정적인 답을 주는 81-82편을 보면, 81편은 하나님의 응답이고 82편은 하나님의 개입이다.[9] 3권에서 탄식에 대한 하나님의 응답을 구조로 만들면 다음과 같다.

  A. 겸손한 자가 되어 하나님을 경배하라(75-76편).
    B. 마음을 완악하게 하지 말라(81-82편).
  A′. 높으신 하나님 앞에서 겸손하라(87편).

이상의 구조가 보여 주듯이, 3권이 제시하는 하나님의 응답은 하나님의

---

[9] Hossfeld and Zenger, *Psalms 2*, 250. 여기서 호스펠드와 쳉어는 74-82편의 구조를 다음과 같이 제시했다.
  A. 집단 탄식(74편).
    B. 응답으로서 하나님의 신탁(75편).
      C. 하나님의 개입에 대한 찬양적 선포(76편).
  A′. 탄식(79-80편).
    B′. 응답으로서 하나님의 신탁(81편).
      C′. 하나님의 개입(82편).

정의에 의문을 제기하는 것은 교만한 마음에서 나온 것이며, 따라서 교만을 떨쳐 버리고 마음을 완악하게 하지 말라는 것임을 알 수 있다.

2. 3권의 내용

앞에서 언급한 것처럼, 3권은 73-77편, 78-83편, 그리고 84-89편이라는 3중 구조로 되어 있다. 이 세 단락에서 하나님의 응답은 모두 탄식의 흐름에 함몰되어 있는 모양새다. 그만큼 3권에 나타난 탄식의 강도가 매우 크다는 증거다. 이제 각 단락의 내용을 살펴보기로 하자.

1) 첫 번째 단락(73-77편)

73-77편이 신정론 문제와 관련하여 제시하는 하나님의 응답은, 현재의 탄식이 하나님이 정의롭지 못해서가 아니라 인간이 마음에 제대로 율법을 새기지 못한 결과라는 것이다. 그러므로 탄식으로 원망하는 것은 교만한 것임을 말하고, 겸손하여 자신이 아무것도 아닌 존재임을 깨닫도록 촉구한다. 이 단락의 구조는 다음과 같다.

 서론. 73편 - 마음의 문제를 직시하라.
 A. 74편 - 탄식.
  B. 75-76편 - 응답: 하나님은 마음이 겸손한 자를 구원하심.
 A'. 77편 - 탄식.

73편: 마음의 문제를 직시하라

73편의 내용 분석에 앞서 73편의 위치와 기능을 먼저 언급할 필요가 있다. 윌슨은 74편과 89편이 원래 다윗 왕권의 붕괴를 언급하여 인클루지오 구조를 이루고 있었는데, 나중에 73편이 74-89편의 서두로 추가되었다고 주장한다.[10] 이에 대한 증거로 윌슨은 쿰란 사본에는 현재 정경으로 인정되는 2-89편의 시들 중에 19개의 시들이 없는데, 이들 중 73편이 포함되어 있다고 지적한다. 확실히 이것은 73편이 시편의 최종 완성 단계에서 현재의 위치로 추가되었다는 증거다.[11] 이렇게 되면 3권에서 73편은 다윗 왕권이 붕괴된 원인을 포로 후기의 관점에서 설명하고 새로운 대안을 제시하는 시라고 말할 수 있다.[12]

73편은 탄식시와 지혜시가 혼합된 시다. 여기서 탄식적 내용은 다윗 언약을 찬양하는 72편의 어휘들을 사용하고 있기 때문에, 다윗 언약의 파기를 전제로 하고 있음을 보여 준다.[13] 그러면서 73편의 지혜적 요소들은 다윗 왕권의 붕괴와 맞물려서 야기된 신정론 문제에 관련된 해답을 주는 기능을 하고 있다.[14] 전반적으로 73편은, 다윗 왕권의 붕괴와 고난은 하나님이 정의롭지 못해서가 아니라 성도의 마음에 문제가 있기 때문임을 역설하고 올바른 마음으로 하나님을 의지할 것을 교훈한다.[15] 73편의 구조는 다음과 같다.

    A. 미끄러질 뻔했던 시인의 경험(73:1-2).

      B. 악인의 번영(73:3-12).

        C. 의인의 원망: 마음을 깨끗하게 한 것이 헛되다(73:13-14).

          D. 시인의 깨달음: 성소에서 하나님의 정의를 알게 됨(73:15-17).

---

10 Wilson, "The Structure of the Psalter", 239.
11 Wilson, "The Structure of the Psalter", 239.
12 Wilson, "The Structure of the Psalter", 239.
13 Cole, *The Shape and Message of Book III*, 16.
14 James L. Crenshaw, *An Introduction to The Psalms* (Grand Rapids, Mich.: Eerdmans, 2001), 123.
15 Vincent, "Shape of the Psalter", 75.

A′. 악인은 미끄러운 길에 있음(73:18).
　B′. 악인의 멸망: 그들의 형상이 사라질 것임(73:19-20).
　　C′. 하나님을 원망한 것에 대한 후회: 마음이 산란, "주 앞에 짐승"(73:21-22).
　　　D′. 시인의 깨달음: 오른손을 붙잡아 주셨음, 주는 영원한 분깃(73:23-26).
결론. 하나님을 가까이 하는 것이 복(73:27-28).

이 구조로 볼 때 73편의 핵심은 D/D′ 단락으로서, 하나님의 정의에 대한 확신을 가지고 고난 가운데서도 "영원한 분깃"이신 하나님을 의지할 것을 교훈하는 데 있다. 바벨론에 포로로 끌려간 사람들에게, 조상의 땅보다 "영원한 분깃"인 하나님을 의지하는 것이 더 낫다는 권면이다(73:26). 여기서 핵심어는 마음이라는 단어다(73:1, 7, 13, 21, 26).[16] 그래서 하나님의 정의에 대한 의심은 마음의 문제임을 일깨워 준다(73:21-22).

73편에서 하나님의 이름은 네 가지 종류로 불린다. 서두에서는 주로 "엘"(אֵל), "엘로힘"(אֱלֹהִים)과 같이 일반적인 하나님의 이름이 사용된다(73:1, 11, 17). 하지만 후반부로 가면서 주라는 뜻의 "아도나이"(אֲדֹנָי)가 하나님의 명칭으로 불린다(73:18, 20, 28 등). 이런 변화는 73편의 시인이 깨달음을 얻고 나서 하나님에 대한 지식이 더욱 깊어졌음을 의도적으로 보여 주기 위한 어법이다.

73편의 초반부(73:3-14)는 악인의 형통과 의인의 재앙을 본 시인이 하나님의 정의에 의심을 품고 낙담하는 내용이다.[17] 하지만 낙담했음에도 불구하고 시인이 악인처럼 행동하지 않은 이유는 공동체 의식 때문이다. 공동체 의식이란 다른 성도에게 덕이 되려는 의식을 말한다. "내가 만일 스스로 이르기

16　Crenshaw, *The Psalms*, 115.
17　73:3-12은 서두와 말미에 악인의 형통함과 평안함을 언급하여 인클루지오를 형성한다. Cole, *The Shape and Message of Book III*, 19.

를 내가 그들처럼 말하리라 하였더라면 나는 주의 아들들의 세대에 대하여 악행을 행하였으리이다"(73:15).

하지만 결정적으로 시인의 마음을 돌리게 한 것은 성소에서의 경험이었다. "하나님의 성소에 들어갈 때에야 그들의 종말을 내가 깨달았나이다"(73:17). 성소의 제단에서 드려지는 동물 제사는 죄인의 최후가 무엇인지를 잘 보여 주는 시각적 효과를 준다. 즉, 하나님 앞에 선 죄인은 제물로 바쳐지는 동물과 같이 죽음이라는 죗값을 치러야 함을 깨닫게 해 주는 것이다. 그러므로 성소에서 드리는 제사를 보고 시인은 신정론과 관련하여, 하나님을 원망하는 것이 어떤 결과를 가져오는지 깨닫고 마음을 돌린다.[18]

73:18에서 시인은 악인이 "미끄러운 곳"에 있어 순식간에 파멸하게 될 것을 깨닫게 된다. 73:1에서 시인은 자신의 마음이 흔들려 미끄러질 뻔했다고 말했기 때문에, 73:18의 진술은 시인도 원망으로 인해 거의 악인과 같이 미끄러지는 자리에 있었다는 것을 인정하는 셈이다. 그럼에도 시인이 악인처럼 미끄러지지 않은 것은 하나님이 그의 오른손을 붙들어 주셨기 때문이다(73:23). 같은 맥락에서 시편 37:24도 "그는 넘어지나 아주 엎드러지지 아니함은 여호와께서 그의 손으로 붙드심이로다"라고 말하여, 성도가 미끄러운 길에서 구원을 받는 것은 여호와의 손이 그의 오른손을 잡아 주시기 때문임을 보여 준다. 미끄러운 길에서 성도는 하나님의 손이 붙잡아 주지만, 악인은 미끄러운 곳에서 실족하게 된다는 것은 구약의 한결같은 증언이기도 하다.[19]

---

[18] 이에 반해 김정우는 성소에서 무슨 일이 일어났는지는 알 수 없다고 단정한다. 김정우, 『시편주석 II』 (서울: 총신대학교출판부 2005), 466.

[19] "여호와께서 강한 손과 편 팔과 큰 위엄과 이적과 기사로 우리를 애굽에서 인도하여 내시고 이곳으로 인도하사 이 땅 곧 젖과 꿀이 흐르는 땅을 주셨나이다"(신 26:8-9).
"그들이 실족할 때에 내가 보복하리라 그들의 환난의 날이 가까우니 그들에게 닥칠 그 일이 속히 오리로다"(신 32:35).
"영원하신 하나님이 네 처소가 되시니 그의 영원하신 팔이 네 아래에 있도다. 그가 네 앞에서 대적을 쫓으시며 멸하라 하시도다"(신 33:27).

시인이 미끄러운 길에 있었다는 것은 37:31에 비춰 볼 때, 그의 마음에 율법을 새기지 않았다는 반증이다. 확실히 37:31은 "그의 마음에는 하나님의 법이 있으니 그의 걸음은 실족함이 없으리로다"라고 말함으로써, 마음에 율법을 새긴 사람은 결코 미끄러진 길에 있지 않는다고 증거한다. 이런 점에서 73편은 악인의 형통과 의인의 고난 앞에서 하나님을 원망하는 것은 마음에 율법을 새기지 않는 결과임을 독자들에게 각인시켜 주어, 신정론 문제의 원인이 마음에 율법을 새기지 않아서 초래된 것임을 교훈한다. 73편의 숫자를 거꾸로 한 것이 37편인데, 37편이 73편의 신정론 문제에 대한 해답을 제시한다는 것이 참으로 신기하다.

73:21-22은 마음의 문제가 있었음을 깨닫게 된 시인이 "마음이 산란하며" 어리석었음을 고백하고 회개하는 내용이다.[20] 특별히 73:22에서 시인은 마음에 율법을 새기지 못한 어리석음을 짐승의 우둔함에 비유한다. 이것은 "존귀하나 깨닫지 못하는 사람은 멸망하는 짐승 같도다"라고 말한 49:20의 말씀을 연상시킨다. 악인의 형통을 부러워하여 원망하는 자는 짐승과 같이 현실을 올바로 깨닫지 못한 우둔한 자라는 진리다.

73:26에서 시인은 "내 육체와 마음은 쇠약하나 하나님은 내 마음의 반석이시요 영원한 분깃이시라"라고 말한다. 이로써 시인은 자신의 문제가 마음에 있었음을 더욱 인정하고, 자신의 유일한 소망은 영원한 분깃이신 하나님이심을 고백한다. 신정론의 문제가 결국 마음에 올바로 율법을 새기지 못한

"이 에스라가 올라왔으니 왕의 제칠년 다섯째 달이라 첫째 달 초하루에 바벨론에서 길을 떠났고 하나님의 선한 손의 도우심을 입어 다섯째 달 초하루에 예루살렘에 이르니라"(스 7:8-9).
"여호와여 나의 발이 미끄러진다고 말할 때에 주의 인자하심이 나를 붙드셨사오며"(시 94:18).
"여호와께서 너를 실족하지 아니하게 하시며 너를 지키시는 이가 졸지 아니하시리로다"(시 121:3).
"두려워하지 말라 내가 너와 함께함이라 놀라지 말라 나는 네 하나님이 됨이라 내가 너를 굳세게 하리라 참으로 너를 도와주리라 참으로 나의 의로운 오른손으로 너를 붙들리라"(사 41:10).
20 김성수, "시 73편: 하나님밖에 없습니다", 『시편 2: 어떻게 설교할 것인가』, 목회와신학 편집부 엮음 (서울: 두란노아카데미, 2009), 295.

것임을 다시 확인해 주고, 성도가 영원히 신뢰할 수 있는 대상은 오직 하나님뿐이라고 선언하는 것이다.

73:28은 하나님을 "피난처"로 삼는다고 말하는데, 여기서 피난처에 해당하는 히브리어 단어는 "마흐세"(מַחְסֶה)로서, 73:6이 악인의 특징으로 제시한 강포함에 해당하는 히브리어 단어 "하마스"(חָמָס)와 청각적으로 유사하다. 시인은 이런 문자적 기교(paronomasia)를 사용하여 의인은 하나님을 "마흐세"(피난처)로 의지하지만, 악인은 반대로 자신의 "하마스"(강포함)를 의지한다는 사실을 크게 부각시키고 있다.[21]

정리하면, 73편은 악인의 번영과 의인의 고난이라는 주제를 통해 다윗 왕권의 붕괴로 야기된 신정론 문제에 대한 해답을 준다. 그 해답은 현재의 고난은 하나님이 정의롭지 못해서가 아니라 마음으로 온전히 하나님의 법을 새기지 않았기 때문이라는 것이다. 그리고 73:25에서 시인이 "땅에서는 주밖에 내가 사모할 이 없나이다"라고 고백하는 것처럼, 궁극적으로 성도에게 참된 복은 재물과 같은 물질적 축복이 아니라 하나님과 교제하는 영적 축복임을 제시한다.[22]

74-77편: 탄식과 하나님의 응답

74편은 바벨론에 의해 성전이 파괴되고 다윗 언약이 파기된 것을 탄식하는 시다.[23] "그 언약을 눈여겨 보소서. 무릇 땅의 어두운 곳에 포악한 자의 처소가 가득하나이다"(74:20). 흥미롭게도 74편은 앞의 73편과 어휘적으로 긴밀하게 연관되어 있다.[24] 하지만 74편은 73편의 어휘들을 사용하여, 73편의 하

---

21 Cole, *The Shape and Message of Book III*, 24.
22 Crenshaw, *The Psalms*, 114.
23 Tate, *Psalms 51-100*, 258.
24 Cole, *The Shape and Message of Book III*, 28. 구체적으로 "성소"(73:17; 74:7), "강포"(73:6; 74:20), "오른손"

나님의 응답이 탄식의 상황에서는 효력이 없음을 보여 주고 있다. 예를 들어, 73:17에서 시인은 악인의 최후를 성소에서 깨달았는데, 74편은 그 성소가 대적자에 의해 파괴된 사실을 언급하며, 성소에서의 깨달음이 무용지물임을 한탄하고 있다.[25] "주의 성소를 불사르며 주의 이름이 계신 곳을 더럽혀 땅에 엎었나이다"(74:7). 성소에서 악인이 심판받게 될 것이라는 장밋빛 환상이 74편에서는 성소의 파괴로 고통스런 허상으로 돌변한 셈이다.[26] 74:21-23에서 시인은 고난 가운데 있는 백성을 "가난한 자"("아니")와 "궁핍한 자"("에브욘")로 묘사하고(74:21), 이런 가난한 자를 핍박하는 대적들의 소리를 외면하지 말아 달라고 하나님께 간구하며 시를 마친다.

75-76편은 74편의 탄식에 대한 응답으로 하나님이 온유한 자("아나브")의 편임을 강조한다(76:9). 여기서 온유한 자(겸손한 자)는 하나님 앞에서 자신이 아무것도 아닌 존재임을 인정하는 겸손한 자를 가리킨다.[27] 75-76편의 구조는 다음과 같다.

   A. 하나님의 기이한 일들에 감사(75:1).
     B. 하나님의 속성: 땅에서의 올바른 판단(75:2-3).
       C. 하나님이 교만한 자를 낮추심(75:4-8).
         D. 하나님이 의인의 뿔을 높여 주심(75:9-10).
     B′. 하나님의 속성: 시온에서 전쟁을 없애심(76:1-3).

(73:23; 74:11), "파멸"(73:18; 74:3) 등이다.
25 74:12-17에서 시인은 성소(성전)가 파괴된 상황에서 하나님의 우주적 능력을 호소한다. 그래서 하나님의 창조 사역을 되새기고 구원을 베풀어 주실 것을 요구한다. 하나님의 창조를 언급한 것은 거꾸로 성전이 창조 세계의 중심이라는 사실을 암시하는 말로 볼 수 있다. 그래서 창조 세계의 중심인 성전이 무너진 상황에서 하나님께, 다시 창조의 능력으로 성전을 회복시켜 주셔서 온 세상의 질서를 다시 세워 달라고 호소하는 것으로 이해할 수 있다.
26 Cole, *The Shape and Message of Book III*, 36.
27 김창대, "탄식적 상황에서 하나님의 응답", 24.

  C′. 하나님이 강한 자와 장사들을 낮추심(76:4-5).
   D′. 하나님이 온유한 자(겸손한 자)를 구원하심(76:6-9).
 A′. 하나님께 서원을 갚고 경외할 이에게 예물을 드리라(76:10-12).

 이상의 구조를 볼 때, 75-76편은 하나의 단락으로 묶여 있고, 그 핵심이 D/D′단락임을 알 수 있다. 75:10은 하나님이 의인의 뿔을 높이 들어 주실 것이라고 말하는데, 여기서 의인은 교만한 자의 반대로서(75:4-5) 겸손한 자를 가리킨다. 이 겸손한 자는 76:9에서 온유한 자("아나브")로 다시 표현된다. 그래서 75-76편은 교만한 자를 낮추고 겸손한 의인, 즉 온유한 자를 구원하시는 하나님의 은혜를 돋보이게 하고 있다.

 결국 75-76편은 탄식의 상황에 처하여 하나님의 정의에 의문을 제기하는 자들에게 마음으로 교만하지 말 것을 교훈하고 있다. 즉, 낮아져서 겸손한 자세로 하나님을 의지하라는 교훈이다. 그렇게 되면 하나님 사랑을 진정으로 깨달아 자신도 하나님을 사랑하고 경외할 수 있다는 것이다(76:11). 이런 사람은 오히려 원망 대신에 마음에 율법을 새기고 인애와 공의와 의를 행하여, 궁극적으로 하나님의 구원을 받게 될 것이다(76:9).

 77편은 하나님이 자신의 백성을 버리셨다고 다시 탄식하는 내용이다(77:8, "그의 인자하심은 영원히 끝났는가, 그의 약속하심도 영구히 폐하였는가"). 이러한 탄식은 75-76편에서 제시된 하나님의 응답을 무색케 만들고, 전체적으로 3권의 암울한 분위기를 심화시키고 있다.

2) 두 번째 단락(78-83편)

78-83편은 신정론 문제를 제기하며 탄식하는 자들에게 탄식의 원인이 마음의 문제임을 다시 확인시켜 주고, 마음을 완악하게 하지 말 것을 훈계한다

(81:12). 이 단락의 구조는 다음과 같다.

서론. 78편-마음의 문제를 직시하라.
A. 79-80편-탄식.
　B. 81-82편-하나님의 응답: 마음을 완악하게 하지 말라.
A´. 83편-탄식.

78편: 마음의 문제를 직시하라

78편은 새로운 단락(78-83편)을 시작하는 관문으로, 77편에서 묘사된 탄식의 상황이 왜 있게 되었는지를 설명해 주는 기능을 한다.[28] 78편은 일명 역사 회고시라 불리는데, 여기서 시인은 과거에 이스라엘이 하나님께 행한 배교 행위들을 회상하고, 그럼에도 다윗과 시온을 택하신 하나님의 은혜를 찬양한다(78:68-72). 이렇게 이스라엘의 배교와 하나님의 은혜를 병치시키는 이유는, 이스라엘의 배교에도 불구하고 하나님이 은혜를 베풀어 주신 사랑을 기억하고 그 사랑에 보답하여 마음에 율법을 새기는 삶을 살도록 권면하기 위함이다(78:8, 22, 32, 37, 56). 그리하여 신정론 문제의 원인이 성도가 올바른 마음을 갖지 않았기 때문이라는 힌트를 준다. 78편의 구조는 다음과 같다.

서론: 마음이 완악해지지 않기 위해 율법을 지키라(78:1-8).
A. 출애굽 시 광야에서 이스라엘(에브라임)의 배교: 믿지 않음(78:9-22).
　B. 배교에도 불구하고 광야에서 만나와 메추라기로 먹여 주심(78:23-29).
　　C. 하나님의 심판: 그들의 날을 헛되이 보내게 하심(78:30-33).

---

[28] Cole, *The Shape and Message of Book III*, 62.

  D. 하나님의 자비: 이스라엘이 바람임을 아시고 불쌍히 여기심(78:34-39).
 A′. 출애굽 시 광야에서 이스라엘의 배교: 하나님을 시험함(78:40-53).
  B′. 배교에도 불구하고 가나안 땅을 기업으로 주심(78:54-55).
   C′. 하나님의 심판: 실로에 있는 요셉의 장막을 떠나심(78:56-67).
    D′. 하나님의 자비: 시온과 다윗을 택하심(78:68-72).

  이상의 구조는 78편의 핵심이 D/D′단락으로서, 이스라엘의 배교에도 불구하고 하나님이 베풀어 주신 자비에 초점을 맞추고 있음을 보여 준다.[29] 특별히 78:39은 이스라엘이 "바람"임을 기억하시고 하나님이 자비를 베푸셨다는 것을 강조한다. 그리하여 성도들에게, 스스로 바람과 같은 보잘것없는 존재임을 깨달아 오히려 고난 가운데서 하나님의 은혜를 깨닫고 하나님을 사랑하는 마음에서 율법을 지킬 것을 권면하고 있다.

  78:1-8은 서론으로서 이스라엘의 배교의 역사를 회고하는 목적을 기술한다. 한마디로, 그 목적은 과거 출애굽 시의 이스라엘처럼 마음을 완악하게 하지 말고 여호와의 규례를 지키도록 하기 위함이라는 것이다. 그래서 78:7은 "그들로 그들의 소망을 하나님께 두며 하나님께서 행하신 일을 잊지 아니하고 오직 그의 계명을 지키도록 하는 것"이라고 밝힌다.

  78:8은 이스라엘의 배교의 원인이 완악한 마음 때문이라고 말한다. "그들의 조상들 곧 완고하고 패역하여 그들의 마음이 정직하지 못하며 그 심령이 하나님께 충성하지 아니하는 세대와 같이 되지 아니하게 하려 하심이로다." 여기서 마음이 완악하고 정직하지 않은 모습은 후에, 하나님께 향하여 마음이 정함이 없는 모습으로 나타난다(78:37). 또한 마음이 완악한 모습은 다시

---

29 Kraus, *Psalms 60-150*, 131.

율법을 행하지 않는 모습, 더 나아가 믿음 없는 모습으로 표현된다(78:10, 22, 32, 37). "그들이 그의 율법 준행을 거절하며"(78:10). "이는 하나님을 믿지 아니하며"(78:22).

율법을 지키지 않는 모습을 믿음 없음과 동일시하는 것은 언뜻 수긍이 가지 않는다. 하지만 율법의 지향점이 결국 믿음을 추구하는 삶이라고 이해한다면 전혀 이상할 것이 없다.[30] 믿음이란 하나님의 사랑을 깨달은 사람이 그 반응으로, 하나님을 향한 인애를 가지고 하나님의 뜻을 행하는 공의의 모습을 가리킨다(합 2:4 참조). 이런 믿음을 위해 율법은 하나님의 사랑을 보여 주고 하나님의 뜻을 계시하는 기능을 한다. 그래서 하나님의 사랑을 보게 하고, 하나님을 향한 인애와 공의의 삶, 즉 믿음의 삶으로 인도하는 것이다. 따라서 78편에서 율법을 지키는 것이 믿음의 모습과 동일시되는 것은 충분히 이해될 수 있다.

여기서 잠시 율법이 구체적으로 어떻게 믿음의 삶을 살도록 도와주는지 살펴보자. 율법에는 다음과 같은 세 가지 기능이 있다. 첫째, 하나님의 의의 기준을 보여 준다. 그래서 인간이 행해야 할 의로운 삶이 무엇인지를 제시한다. 둘째, 죄를 깨닫게 하고, 동시에 제사법의 경우처럼 하나님의 죄 사함의 은혜를 보여 준다. 셋째, 율법을 지키는 사람에게는 풍성한 복을 누리게 하여, 복의 배후에 있는 하나님의 사랑을 깨닫도록 이끈다.

이런 율법의 기능들은 율법이 하나님의 은혜를 체험케 하는 통로임을 일깨워 준다.[31] 실제로 율법 안에 제사법이 있다는 사실은 하나님이 인간에게 율법을 모두 지킬 것을 기대하지도 않으셨다는 방증이다. 또한 율법은 시대

30　김창대, 『한 권으로 꿰뚫는 소예언서』, 282-285.
31　Willem A. VanGemeren, "The Law is the Perfection of Righteousness in Jesus Christ: A Reformed Perspective", in *Five Views on Law and Gospel*, ed. Stanley N. Gundry (Grand Rapids, Mich.: Zondervan, 1996), 53.

의 흐름에 따라 변화될 수 있기 때문에 그 조항들은 절대적인 것이 아니다. 결국 율법은 순간순간 우리에게 계시하시는 하나님의 뜻을 깨닫도록 인도하면서 동시에 율법을 지킴으로써 얻는 복을 통해 하나님의 사랑을 볼 수 있는 눈을 갖게 하는 데 그 목적이 있다. 그러므로 율법을 문자적으로 지키면 무조건 복을 받는다는 율법주의 또는 공로주의는 결코 하나님의 의도가 아니다. 그런 율법주의에는 하나님에 대한 진정한 사랑이 자리 잡을 수 없다.

따라서 율법을 지켜서 율법 배후에 있는 하나님의 사랑과 뜻을 알아 자발적으로 인애와 공의를 행하는 모습(믿음의 삶) 대신에, 자신의 행위를 의지하여 율법을 지켜 어떤 대가만을 바라는 것은 결코 진정한 율법 준수가 아니다. 그래서 바울은 로마서 9:31-32에서 "의의 법을 따라간 이스라엘은 율법에 이르지 못하였으니 어찌 그러하냐. 이는 그들이 믿음을 의지하지 않고 행위를 의지함이라"라고 말한다. 다시 말해, 율법 배후에 있는 하나님의 사랑을 알아서 믿음으로 나아가지 않고, 율법을 지키는 것을 복을 얻기 위한 공로로 생각하고 자신들의 공로적 행위를 의지했다고 질타하고 있는 것이다. 확실히 바울의 이 말은 구약에서 율법의 목적이 믿음의 삶을 지향하는 것이었음을 잘 입증해 주는 대목이다.[32] 율법의 지향점이 인애와 공의를 추구하는 믿음의 삶이라는 점은 106편에서 다시 엿볼 수 있다(106:12, 24).

78:38-39은 마음으로 믿지 않는 이스라엘의 배교에도 불구하고 하나님이 지속적으로 은혜를 베푸신 이유를 다음과 같이 설명한다. "오직 하나님은 긍휼하시므로 죄악을 덮어 주시어 멸망시키지 아니하시고 그의 진노를 여러 번 돌이키시며 그의 모든 분을 다 쏟아내지 아니하셨으니 그들은 육체이며 가고 다시 돌아오지 못하는 바람임을 기억하셨음이라." 한마디로 인간이 연약

---

32 Walter C. Kaiser, Jr., "The Law as God's Gracious Guidance for the Promotion of Holiness", in *Five Views on Law and Gospel*, ed. Stanley N. Gundry (Grand Rapids, Mich.: Zondervan, 1996), 177.

하다는 사실을 알고 불쌍히 여기셨기 때문이라는 것이다.

78:56-67의 내용은 배교하는 이스라엘로 인하여 실로에 있었던 성막이 파괴되고 블레셋에게 언약궤를 빼앗긴 사건을 배경으로 한다(삼상 4장 참조). 성막이 파괴되고 언약궤를 이방 나라에 빼앗겼다는 것은 하나님이 더 이상 가나안 땅에서 이스라엘과 함께 거하지 않는다는 의미였다.[33] 이것은 율법 준수에 실패한 이스라엘이 하나님의 심판으로 하나님 백성의 지위를 상실하는 지경에 이르렀음을 시사한다. 하지만 78:68-72은 하나님이 마음을 돌이키심으로 시온을 택하시고 다윗과 언약을 맺어 이스라엘을 다시 축복하신 은혜의 사건을 기술한다. 이로써 배교에도 불구하고 끊임없이 백성을 사랑하시는 하나님의 은혜가 크게 부각되고 있다.

결국 78편은 마음에 율법을 새기는 모습, 즉 인애와 공의와 의를 행하는 모습을 믿음으로 설명하고, 신정론의 문제는 하나님이 정의롭지 못해서가 아니라 백성들이 그런 믿음을 갖지 못했기 때문임을 교훈한다(78:37). 그래서 마음에 율법을 새겨 탄식의 상황을 이길 것을 강조한다. 하나님은 이런 자에게 반드시 다윗 언약의 축복을 이루어 주실 것이다(78:65-72).

79-83편: 탄식과 하나님의 응답

79편은 다시 74편과 같이 예루살렘의 멸망과 성전의 파괴를 탄식하는 내용이다(79:1, 10).[34] "하나님이여 이방 나라들이 주의 기업의 땅에 들어와서 주의 성전을 더럽히고 예루살렘이 돌무더기가 되게 하였나이다"(79:1). 그래서 이 시는 78:65-72에서 제시된, 다윗과 시온을 향한 하나님의 축복이 약속이

---

33 김성수, "시 78편: 역사가 주는 교훈을 들으라", 『시편 2: 어떻게 설교할 것인가』, 목회와신학 편집부 엮음 (서울: 두란노아카데미, 2009), 335.
34 Cole, *The Shape and Message of Book III*, 76.

무의미하다고 항변한다.

여기서 79:8을 주목할 필요가 있다. "우리 조상들의 죄악을 기억하지 마시고 주의 긍휼로 우리를 속히 영접하소서. 우리가 매우 가련하게 되었나이다." 이 구절은 예루살렘의 멸망과 성전 파괴가 조상의 죄로 인한 것임을 불평하는 말인데, 이런 불평은 명백히 잘못된 것이다. 이것은 79편의 시인이 탄식 때문에 상황을 제대로 파악하지 못하고 있음을 보여 주는 대목이다. 에스겔 선지자는 에스겔 18장에서 예루살렘의 멸망이 당시 사람들의 죄악 때문임을 확실하게 밝히고 있다. 그리고 3권에 나타난 신정론의 문제에 본격적으로 해답을 제시하는 4권의 90편은 예루살렘의 멸망이 당시 백성들의 죄로 인해 하나님이 분노하신 결과라고 분명하게 선을 긋는다(90:9, "우리의 모든 날이 주의 분노 중에 지나가며").

80편은 79편의 후속으로 회복과 구원을 간구하지만(80:3, 7, 19), 탄식적 분위기를 계속 유지하고 있다. 80:6에서 시인은 79:4의 "우리의 이웃"과 "조소"라는 표현을 그대로 사용하여, "우리의 이웃"에게 다툼거리가 되고 원수들이 "비웃는다"고 탄식한다.[35] 그러면서 주께서 구원을 베풀어 주신다면 주의 이름을 부르겠다고 다짐하며 시를 끝맺고 있다(80:18). 하지만 주의 구원을 호소하며 주의 이름을 부르겠다는 다짐은 문맥상 어색해 보인다.

앞서 80:16에서 시인은 "주의 면책으로 말미암아 멸망했다"고 고백했기 때문에, 고난의 원인이 백성의 죄로 인한 것임을 인정하는 듯하다. 만약 그렇다면 시인은 주의 이름을 부르겠다고 다짐하기보다 죄를 회개하고 말씀을 순종하는 삶을 살겠다고 다짐하는 편이 더 옳았을 것이다. 이런 섬에서 80편도 79편처럼 현재의 고난을 조상의 탓으로 돌린다는 인상을 주고 있다.

---

35 Cole, *The Shape and Message of Book III*, 86.

81-82편은 79-80편의 탄식에 대한 응답으로, 탄식하는 성도들에게 마음을 완악하게 하지 말 것을 교훈한다(81:12). 먼저 81편의 구조는 다음과 같다.

서론: 하나님께 즐겁게 찬양하라(81:1-4).
A. 출애굽 시의 하나님의 구원: 악인을 벌하고 백성들을 만족시키셨음(81:5-7).
　B. 하나님의 요구: 말씀을 들으라(81:8-10).
　　C. 출애굽 시의 백성들이 하나님의 요구를 거절: 마음이 완악했음(81:11-12).
　B´. 하나님은 백성들이 말씀 듣기를 원하심(81:13).
A´. 미래의 하나님의 구원: 악인을 벌하고 백성들을 만족시키실 것임(81:14-16).

81편의 핵심은 하나님의 은혜를 받기 위해서는 말씀에 순종해야 하며, 이를 위해 마음을 완악하게 하지 말도록 교훈하는 것이다(81:12). 덧붙여 79-80편의 탄식에 대한 응답으로, 하나님이 반드시 대적자를 벌하실 것이라고 약속한다(81:5, 14).

81:5-7은 출애굽 시에 하나님이 고난 가운데 있는 백성들의 기도를 들으시고 악인을 벌하시어 백성을 만족시키셨던 사실을 상기시켜, 탄식의 상황에 있는 성도에게 기도로 승리할 것을 권면한다. 여기서 광야 생활에 대한 언급은 독자들에게 이스라엘이 광야를 통과한 후에 가나안 땅의 축복을 얻은 것처럼, 현재의 고난도 광야 생활과 같은 것이기에 고난이 지나가면 반드시 하나님의 축복이 기다린다는 사실을 일깨우는 효과가 있다.

81:8-10은 하나님이 이스라엘을 애굽에서 나오게 하시고 광야에서 인도하실 때 이스라엘에게 말씀에 순종할 것을 요구하신 사실을 지적한다. 그래서 광야 생활에 비유되는 고난 앞에서 성도는 말씀(십계명)에 순종해야 함을 교훈한다. 특별히 81:10은 "네 입을 크게 열라. 내가 채우리라"라고 말함으로

써, 성도가 지켜야 할 말씀이, 입을 여는 것처럼 그렇게 어려운 일이 아님을 알려 준다. 하지만 81:11-12은 이스라엘이 말씀대로 행동하지 않았음을 말하고, 말씀대로 행하지 못하는 이유가 마음의 완악함 때문임을 강조한다.[36] 그래서 마음을 완악하게 하지 말라는 충고가 이 시의 중심 메시지를 이룬다.

결론으로 시인은 마음의 완악함을 버린다면 하나님이 속히 원수들을 물리쳐 주실 것이라고 약속한다(81:14). 이런 약속은 거꾸로 성도가 현재 고난받는 이유는 하나님이 정의롭지 못해서가 아니라 성도가 마음이 완악해서 마음에 율법을 새기지 않았기 때문임을 보여 주는 것이다. 이런 점에서 81편은 신정론 문제의 해답을 선명하게 제공해 주고 있다.[37]

82편은 하나님이 공의와 의로 세상을 판단하시는 분임을 제시하여, 79-80편에 묘사된 대적자들을 하나님이 반드시 심판해 주실 것이라 확언한다.[38] 따라서 82편은 공의라는 주제를 자연스럽게 강조한다(82:3).[39] 82편의 시인은 하나님이 성도에게 바라시는 것은 공의("미쉬파트")와 의를 행하는 것임을 지적하고, 81:12이 말하는 마음의 완악함은 하나님이 원하시는 공의와 의가 실종된 상태임을 드러내 준다. 82편의 구조는 다음과 같다.

  A. 하나님이 재판자들(신들)을 판단하심(82:1).
    B. 재판자들의 공의롭지 못한 판결(82:2).
      C. 하나님은 공의를 기대하심(82:3-4).
      C′. 악인은 공의를 실행하지 않음(82:5).
    B′. 하나님의 공의로운 판결(82:6-7).

---

36 Tate, *Psalms 51-100*, 327.
37 Cole, *The Shape and Message of Book III*, 101.
38 이런 점에서 82편과 81편은 서로 많은 공통점이 있다. Hossfeld and Zenger, *Psalms 2*, 336.
39 McCann, *The Book of Psalms*, 123.

A´. 하나님이 세상을 판단하심(82:8).

82:1은 하나님이 "신들의 모임" 가운데서 재판하신다고 말한다. 여기서 "신들"로 번역된 히브리어 단어는 "엘로힘"(אֱלֹהִים)이다. "신들"이라는 표현은 언뜻 다신론을 옹호하는 말처럼 들리기 때문에 구약의 정서와 맞지 않는다. 실제로 이 표현은 고대 우가릿의 가나안 신화에서 등장하는, 천상회의에 참여한 신들을 가리키는 말에서 나온 것이다. 하지만 82편에서 시인은 상상력을 동원하여 이런 가나안 신화의 표현을 새로운 의미로 변형시켰다.[40] 혹자는 "신들"이라는 표현을 천사를 지칭하는 말로 이해하기도 한다.[41] 하지만 이 표현은 가나안 신화에서 나온 것으로, 시편 안에서 이스라엘 신앙으로 채색되어 그 의미가 탈바꿈된 것으로 보는 것이 더 정확하다.

82:2-3에서 이 신들은, 세상에서 공의와 의로 가난한 자와 고아를 판단하지 못하는 재판관들을 가리키는 말로 바뀐다.[42] 신약에서 예수님 역시 이 구절을 사람에게 적용하셨다(요 10:34, "율법에 기록된 바 내가 너희를 신이라 하였노라 하지 아니하였느냐").[43] 82:5은 "땅의 모든 터가 흔들린다"라고 말하여, 인간이 공의를 행하지 않을 때 하나님의 창조 질서도 위협받는다는 신학을 보여 준다(89:11-14 참조).

결국 81-82편은 하나님이 세상을 공의로 판단하는 분이심을 강조하여, 성도의 고난은 하나님이 정의롭지 못해서가 아니라 궁극적으로 인간의 마음이 완악하기 때문임을 일깨워 준다. 더 나아가 마음의 완악함은 하나님의 품성을 닮아 공의와 의를 행하는 모습에 반하는 것임을 교훈하여, 고난 가운데

---

40 기민석, "시 82편: 우가릿의 목소리, 이스라엘의 노래",「구약논단」15권 2호 (2009): 111-130 참조.
41 J. A. Emerton, "The Interpretation of Psalm 82 in John 10", *JTS* 11 (1960): 329-332.
42 하경택, "시편 82편의 해석과 적용: 하나님이여, 이 땅을 심판하소서",「구약논단」15권/3호 (2009): 62.
43 인간을 "엘로힘"(신)의 차원에서 이해할 수 있는 근거를 보기 위해서는 신 32:8-9를 참조하라.

서 낙심하지 말고 공의와 의를 행할 것을 촉구한다. 흥미롭게도 81-82편은 다음과 같이 통일적 구조를 이룬다.

   A. 하나님의 규례: 찬양하라(81:1-4).
      B. 과거에 하나님이 악인을 벌하고 백성을 만족시키셨음(81:5-7).
         C. 하나님의 말씀을 들으라: 우상숭배를 하지 말라(81:8-10).
            D. 백성들이 하나님의 요구를 거절: 완악한 마음(81:11-12).
         C′. 하나님의 말씀을 듣는 자가 얻는 축복(81:13-16).
  A′. 하나님의 규례: 공의와 의를 행하라(82:1-4).
      B′. 하나님이 악인을 벌하실 것임(82:5-8).

이상의 구조는 81-82편의 중심 주제가 완악한 마음이라는 것을 더욱 확증해 준다(D단락). 그리고 완악한 마음이란 82:1-4의 진술처럼 공의와 의를 행하지 않는 모습임을 독자들에게 더욱 선명하게 부각시켜 준다.

83편은 이스라엘을 공격하는 대적자들의 연합 공세를 묘사하고(83:1-8), 하나님의 구원을 절박하게 호소하는 탄식시다. "주는 미디안인에게 행하신 것같이, 기손 시내에서 시스라와 야빈에게 행하신 것같이 그들에게도 행하소서"(83:9). 여기서 시인은 이스라엘의 대적자들을 저주하고 하나님이 그들에게 보수해 주실 것을 간구하는데(83:9-17), 이것은 오히려 이스라엘의 죄를 드러내는 모양새로 작용한다.[44] 마음에 율법을 새기지 않은 상태에서 악의 세력에 대한 보응만을 간구하는 것은 잘못이기 때문이다. 결국 83편의 탄식은 강도가 너무 크기에, 81-82편의 긍정적인 응답을 잠식시키고 있다.

---

44 Cole, *The Shape and Message of Book III*, 114.

3) 세 번째 단락(84-89편)

84-89편은 고난으로 인하여 인간의 마음이 완악해질 수 있는 상황에서, 종말에 시온이 세상의 중심으로 우뚝 솟을 것이고 모든 민족이 시온에서 나올 것을 예고하여, 시온의 축복을 사모할 것을 촉구한다(87편). 더욱이 시온에 거하시는 하나님은 홀로 높임을 받는 분이시기에(87:5, "지존자"), 시온으로 대변되는 하나님 임재의 축복을 받기 위해서는 자신의 낮아짐을 진정으로 인정하는 겸손한 자가 될 것을 권면한다.

이런 점에서 84-89편의 핵심어는 시온이다. 하지만 88편과 89편은 종말의 희망으로 제시된 시온이 현재 파괴된 데 대한 깊은 탄식과 상실감을 드러내고 있다. 그 결과 이 시들은 84-85편과 87편에서 제시된 하나님의 응답을 공허한 약속으로 전락시키고, 3권 전체를 우울한 분위기로 만들고 있다.[45] 84-89편의 구조는 다음과 같다.[46]

　서론. 84-85편 – 마음의 문제를 직시하라.
　A. 86편 – 탄식.
　　B. 87편 – 하나님의 응답: 종말의 시온은 세상의 중심이 될 것임.
　A′. 88-89편 – 탄식.

84-85편: 마음의 문제를 직시하라

84편은 고라 자손 시의 두 번째 그룹을 시작하는 시다. 84편의 요지는 바른 마음을 가진다면 고난을 이길 수 있다는 것이다. 84편의 구조는 다음과

45　Walton, "Psalms: A Cantata about the Davidic Covenant", 27.
46　Georg Fischer, "Composition des Psaumes 84-88", in *The Composition of the Book of Psalms*, ed. Erich Zenger (Leuven: Uitgeverij Peeters, 2010), 466 참조.

같다.

서론. 주의 장막이 사랑스러움(84:1).
  A. 내가 여호와의 궁정을 사모하여 부르짖음(84:2).
    B. 주의 집에 사는 자들은 복이 있음(84:3-4).
      C. 마음에 시온의 대로가 있는 자의 복: 보호와 공급(84:5-7).
  A′. 만군의 하나님이여 나의 기도를 들어주소서(84:8-9).
    B′. 주의 궁정에서 한 날이 다른 곳에서의 천 날보다 나음(84:10).
      C′. 정직하게 행하고 주께 의지하는 자의 복: 좋은 것을 받음(84:11-12).

이상의 구조는 84편의 핵심이 마음에 시온의 대로가 있는 자, 즉 정직하게 행하고 하나님을 의지하는 자의 축복에 초점을 맞추고 있음을 보여 준다(C/C′ 단락). 이로써 신정론 문제와 관련하여 84편은, 성도의 고난은 하나님이 정의롭지 못해서가 아니라 성도의 마음에 시온의 대로가 없기 때문임을 제시한다.

84편은 시온에서 하나님의 임재를 누리며 교제하는 축복을 찬양함으로 시작한다. "만군의 여호와여 주의 장막이 어찌 그리 사랑스러운지요"(84:1). 이어서 84:2은 그런 교제의 축복을 받기 위해 하나님께 부르짖는 자가 되어야 함을 교훈한다("내 마음과 육체가 살아 계시는 하나님께 부르짖나이다"). 시온의 축복을 받기 위해서는 무엇보다 기도가 중요함을 일깨워 주고 있는 것이다.

84:5은 "주께 힘을 얻고 그 마음에 시온의 대로가 있는 자는 복이 있다"라고 말함으로써, 시온이 축복을 갈망하며 기도하는 자는 기본적으로 마음에 시온의 대로가 있는 자임을 밝힌다. 앞의 구조가 보여 주듯이, 84:5은 84:11-12과 짝을 이루기 때문에, 마음에 시온의 대로가 있는 자는 정직하게 행하고 하나님을 의지하는 자다. 여기서 하나님을 의지하는 행위는 인애를

가리키며, 정직하게 행한다는 것은 하나님의 뜻을 실천하는 공의의 모습을 의미한다. 그러므로 마음에 시온의 대로가 있는 자는 인애와 공의와 의를 행하는 자, 즉 마음에 율법을 새기는 자임을 알 수 있다.

84:6은 마음에 율법을 새긴 자가 눈물 골짜기와 같은 혹독한 고난 속에서도 샘물과 이른 비와 같은 하나님의 은택을 입게 될 것이라 말한다. 특별히 눈물과 샘물이라는 물의 은유를 사용하여 하나님의 놀라운 은혜를 극적으로 전달하고 있다.[47] 결국 84편은 마음에 시온의 대로가 있는 자는 하나님으로부터 은혜를 받아 고난에서도 승리할 것이라 말하여, 마음에 율법을 새길 것을 촉구하고 있다.

85편은 포로 후기에 작성되어 3권의 현 위치에 놓인 것이라 추정된다(85:1, "야곱의 포로 된 자들이 돌아오게 하셨으며").[48] 그래서 3권의 탄식을 포로 후기의 탄식으로 재해석하도록 유도하고, 84편과 함께 탄식에 대한 응답을 들려주고 있다. 85편의 구조는 다음과 같다.

   A. 과거의 하나님의 은혜: 포로에서 귀환, 죄 사함(85:1-3).
    B. 계속적인 하나님의 인애를 간구(85:4-7).
    B′. 하나님의 구원이 경외하는 자에게 임할 것(85:8-9).
   A′. 미래의 여호와의 은혜: 인애와 진리, 의와 화평, 땅의 산물(85:10-13).

이상의 구조로 볼 때, 85편의 핵심 메시지는 현재의 고난 속에서 하나님의 구원을 경험하기 위해서는 경외하는 자가 되어야 한다는 것이다. 후반부인 85:8-13은 72편처럼 다윗 언약을 통해 평화와 의의 왕국이 도래할 것이

---

[47] VanGemeren, "Psalms", 544.
[48] Kraus, *Psalms 60-150*, 174.

라는 신념을 보여 준다.[49] 특별히 85:9은 다윗 언약으로 야기된 축복의 수혜자를 "경외하는 자"라고 정의한다. 경외하는 자는 시편의 문맥에서 볼 때, 하나님의 인애에 압도된 자가 마음에 율법을 새겨 하나님을 향해 인애와 공의를 행하는 자다(2:11; 112:1; 128:1; 145:18-20 참조).

　그러면 누가 경외하는 자가 될 수 있는가? 이 물음에 대한 답으로 85:1이 중요한 힌트를 제공한다. "여호와여 주께서 주의 땅에 은혜를 베푸사 야곱의 포로 된 자들이 돌아오게 하셨으며"(85:1). 이 말은 포로 생활이라는 고난을 통과하면서 하나님의 인애와 공의를 체득한 자만이 진정으로 경외하는 자가 될 수 있다는 의미를 함축하고 있다. 물론 고난을 통과하면서 모든 사람이 하나님의 인애와 공의를 체험하고 변화되는 것은 아니다. 하지만 일반적으로 고난을 통과하면서 사람은 하나님의 인애와 공의를 체험하고 자신도 하나님을 향해 인애와 공의를 실천하는 경외자가 될 가능성이 높다.

　결국 85편은 포로 생활의 고통을 경험했고 현재에도 고난으로 씨름하는 포로 후기 성도들에게 고난은 하나님의 인애와 공의를 체득할 수 있는 기회가 될 수 있음을 설득시켜, 오히려 고난을 통과하면서 하나님을 닮아 인애와 공의를 행하는 경외하는 자가 되도록 촉구하고 있다.

　정리하면, 84편은 마음에 시온의 대로가 있는 자가 하나님을 향해 가는 모습에 초점을 맞추고 있다면, 85편은 하나님이 그분을 경외하는 자를 찾아오시는 모습에 초점을 맞추고 있다.[50] 이런 쌍방향의 흐름 속에서 84-85편은 하나님이 마음에 시온의 대로가 있는 자(인애와 공의를 행하는 경외하는 자)를 위해 인애와 진리, 이아 화평, 땅의 산물을 주신다는 것을 약속한다(85:10-13). 그리하여 고난에 처한 성도들에게, 마음으로 인애와 공의를 행하여, 하나님을 경

49　Cole, *The Shape and Message of Book III*, 134-135.
50　Cole, *The Shape and Message of Book III*, 134-135.

외하는 자가 될 것을 촉구한다. 흥미롭게도 84-85편은 다음과 같이 통일된 구조를 가진다.[51]

    A. 성전에서 하나님이 주시는 축복: 화평(84:1-4).
      B. 하나님의 복을 받는 자: 마음에 시온의 대로가 있는 자(84:5-7).
        C. 하나님을 향한 간구(84:8-9).
          D. 하나님이 좋은 것을 주심(84:10-12).
          D′. 하나님이 은혜를 주심: 포로에서 귀환(85:1-3).
        C′. 하나님을 향한 간구(85:4-7).
      B′. 하나님의 복을 받는 자: 경외하는 자(85:8-9).
    A′. 땅에서 하나님이 주시는 축복: 의와 화평과 진리와 긍휼(85:10-13).

이상의 구조로 볼 때, B단락과 B′단락의 평행은 마음에 시온의 대로가 있는 자가 경외하는 자임을 분명하게 확인해 준다.

86-89편: 탄식과 하나님의 응답

86편은 개인적 탄식시인 동시에 3권에서 유일하게 등장하는 다윗시로서, 교만한 자로부터 구원해 달라고 하나님께 호소하는 내용이다(86:14).[52] 여기서 고난의 정체가 구체적으로 무엇인지는 알 수 없다. 하지만 아마도 86:8에서 "주여 신들 중에 주와 같은 자가 없사오며 주의 행하심과 같은 일도 없나이다"라는 시인의 고백을 고려할 때, 열국의 침략으로 고통을 당하는 상황과

---

51 Hossfeld and Zenger, *Psalms 2*, 366.
52 콜에 의하면 85:10-13은 85편의 전반부에 대한 결론일 뿐만 아니라 84편의 결론으로 기능한다. Cole, *The Shape and Message of Book III*, 127.

연관이 있는 것처럼 보인다. 86편의 구조는 다음과 같다.

   A. 하나님의 구원 호소: 은혜를 베푸소서(חנן/"하난"; 86:1-4).
    B. 주의 선(טוב/"토브"): 죄 사함, 인자하심, 기도 응답(86:5-7).
     C. 주님의 특성: 다른 신들과 비교해 "주와 같은 자가 없음"(86:8-10).
      D. 시인의 다짐: 경외하며 전심으로 찬양할 것(86:11-13).
     C′. 주님의 특성: 교만하고 포악한 자들과 달리 "노하기를 더디하심"(86:14-15).
   A′. 하나님의 구원 호소: 은혜를 베푸소서(חנן/"하난"; 86:16).
    B′. 주의 은총(טובה/"토바"): 도움과 위로를 줌(86:17).

테이트(Tate)의 주장처럼, 86:11은 86편의 구조에서 중심적 위치를 차지하는 핵심 구절이다.[53] 이 구절에서 시인은 85편이 언급한, 경외하는 자를 향한 하나님의 약속에 근거하여 "일심으로 주의 이름을 경외할 것"이라 다짐하고 하나님의 도움을 간청한다(86:11). 85편이 경외하는 자에게 구원이 임할 것이라고 말한 상황에서(85:9), 86편의 시인은 자신이 여호와를 경외하며 전심으로 찬양할 것을 다짐하고 있다. 86편의 시인은 이처럼 하나님을 경외하며 찬양할 것이므로 자신을 해하려는 교만한 자로부터 구원해 달라고 하나님께 호소한다(86:14). 하지만 전체적으로 86편의 분위기는 암울한 현실을 그리고 있어, 이런 호소는 공허한 메아리처럼 울릴 뿐이다.

다윗 왕권의 붕괴를 탄식하는 3권의 분위기 속에서 86편이 다윗시라는 사실은 시사하는 바가 크다. 다윗 언약이 와해된 것처럼 보이는 상황에서 86

---

[53] 크라우스는 86편을 신뢰시로 보고 있지만 이것은 문맥을 잘못 이해한 것이다. Kraus, *Psalms 60-150*, 183. 반면 밴게메렌은 이 시를 개인적 탄식시로 정의하고 있다. VanGemeren, "Psalms", 556.

편은 다윗의 입을 통해 하나님의 구원을 호소하고 다시 한 번 은혜를 베풀어 주시기를 간구하는 의미를 담고 있기 때문이다. 86편은 하나님이 "노하기를 더디 하시며 인자와 진실이 풍성하신" 분이시기 때문에 죄 용서를 통해 상황을 역전시켜 주실 것이라는 희망을 피력한다(86:15). 하지만 다윗 왕권이 붕괴된 상황에서 이런 다윗의 기도는 마치 소 잃고 외양간 고치는 격이어서 애처롭게 들린다.

87편은 시온시로서, 86편의 호소와 관련하여 "지존자"이신 하나님이 종말에 시온을 세우실 것이고(87:5), 시온은 모든 민족의 근원이 되어 모든 민족이 시온에서 나와 하나님을 알게 될 것을 내다본다. 종말에 시온이 세워지면 86편의 모든 기도가 응답될 것이기에, 고난 속에서 낙심하지 말도록 교훈하고 있는 셈이다. 87편의 구조는 다음과 같다.

서론. 하나님이 시온을 사랑하심(87:1-2).
A. 너(시온)는 영광스럽다(87:3).
  B. 민족들이 시온의 백성이 될 것: "거기서 났다 하리로다"(87:4).
    C. 모든 사람들의 근원이 될 시온을 지존자가 세우실 것임(87:5).
  B′. 민족들이 시온의 백성이 될 것: "거기서 났다 하시리로다"(87:6).
A′. 너(시온)는 나의 모든 근원이다(87:7).

이상의 구조로 볼 때 87편의 핵심은 C단락으로서, 종말에 지존자이신 하나님이 시온을 세우시고 거기서 모든 민족들이 나온다는 내용이다. 이것은 종말에 시온이 세상의 중심이 된다는 것을 의미한다.[54] 그러므로 87편은 "모

---

54 Tate, *Psalms 51-100*, 378.

든 민족이 와서 주의 앞에 경배하게 되리라"(86:9)는 기원이 성취되어 시온에서 모든 민족이 하나님의 백성이 될 것을 암시한다(87:4). 종말에 드러날 이런 시온의 위상은 성도들에게, 시온의 화려한 부활을 믿고 고난을 이기도록 촉구하는 효과를 준다.[55]

87:4에서 민족들(라합, 바벨론, 블레셋, 두로, 구스 등)이 "거기서 났다"라는 진술은 민족들이 시온의 백성이 되어 시온에 거하는 시민이 될 것이라는 의미를 내포한다.[56] 종말에 세워질 시온에서 모든 민족이 하나님의 자녀가 되어 하나님을 알게 될 것이라는 뜻이다. 이어서 87:5은 87편의 핵심으로서, 종말에 시온을 새롭게 세우시는 분이 다름 아닌 "지존자"이심을 강조한다. 여기서 지존자로 번역된 "엘욘"(עֶלְיוֹן)은 47편에 하나님이 시온에서 높임을 받으신다고 할 때 사용된 단어 "알라"(עָלָה)와 같은 어근의 낱말이다. 그래서 홀로 높임을 받으시는 하나님이 시온에 거하신다는 것을 내비친다. 시온에서 하나님이 홀로 높임을 받으신다는 말은 시온에 교만한 자가 설 자리가 없다는 뜻이기도 하다(사 33:5; 57:15 참조). 그러므로 87:5은 종말에 시온에 거하는 백성이 되기 위해 하나님 앞에서 겸손한 자가 되어야 한다는 의미를 함축하고 있다. 다시 말하면, 현재의 고난 앞에서 성도의 자세는 교만하여 원망하는 것이 아니라 낮아진 자세로 하나님을 의지하고 섬기는 모습이어야 한다는 교훈이다.

88편은 시편에서 가장 어둡고 우울한 탄식시로서 죽음의 문턱에 선 시인이 고통과 질병으로 깊은 한숨과 절망감을 쏟아내는 내용이다.[57] 대개 탄식시는 탄식으로 시작하여 어느 정도 하나님에 대한 신뢰로 끝나지만, 88편은 신뢰에 대한 부분 없이 처음부터 끝까지 탄식으로 점철되어 있다. 또한 88편

---

55 Kraus, *Psalms 60-150*, 189.
56 Hossfeld and Zenger, *Psalms 2*, 376.
57 Hossfeld and Zenger, *Psalms 2*, 383.

은 84-87편의 어휘들을 사용하여, 인자하심과 성실하심으로 특징지어지는 다윗 언약을 부정하고 있다(88:11; 89:24 참조).[58]

89편은 본격적으로 다윗 왕권이 붕괴되면서 다윗 언약이 철회된 사실을 애통해하는 내용이다. 89편의 구조는 다음과 같다.

  A. 창조 세계와 다윗 언약을 인자와 성실로 세우신 여호와를 찬양할 것임 (89:1-5).
    B. 여호와께서 창조 세계를 세우고 통치하심: 의와 공의가 주의 보좌의 기초 (89:6-14).
      C. 여호와는 백성을 의로 높이지게 하심(89:15-18).
        D. 인자와 성실로 다윗 언약 체결(89:19-29).
        D′. 다윗 언약은 결코 폐기되지 않음(89:30-37).
      C′. 여호와께서 다윗의 영광을 땅에 엎으셨음(89:38-45).
    B′. 여호와께서 허무하게 사람을 창조하심: "인자와 성실이 어디 있나이까" (89:46-51).
  A′. 여호와를 찬송할지어다(89:52).

이상의 구조로 볼 때 89편의 핵심은 D/D′단락으로서, 창조 세계와 역사의 통치 원리인 인자와 성실로 다윗 언약이 체결되었다는 사실을 강조하고, 그 언약이 영원함을 제시하는 데 있다. 하지만 이런 강조점에도 불구하고 다윗 왕권이 붕괴되었다는 것을 역설적으로 보여 주어, 하나님을 크게 원망하는 분위기로 시를 끝맺고 있다.

---

58 87편의 영광스런 분위기와 88편의 탄식은 매우 큰 대조를 보인다. Cole, *The Shape and Message of Book III*, 166.

먼저 시인은 창조와 역사에서 하나님의 통치 원리인 인자와 성실을 찬양한다(89:1, 2, 5, 8, 14, 24, 28, 33, 49).[59] 이 시에 나타난 인자와 성실은 지금까지 시편이 말한 인자와 진리를 달리 표현한 것으로 인애와 공의와 의를 의미한다. 이어서 시인은 다윗 언약도 인자와 성실에 기초하여 세워져서(89:1-4, 33-34), 다윗 언약이 창조 질서의 일환으로 세워진 영원한 언약임을 선언한다. "그(다윗)의 후손이 장구하고 그의 왕위는 해 같이 내 앞에 항상 있으며, 또 궁창의 확실한 증인인 달 같이 영원히 견고하게 되리라 하셨도다"(89:36-37).

하지만 89:38에서 반전이 일어난다. 다윗 언약이 파기된 것을 탄식하기 때문이다. "그러나 주께서 주의 기름 부음 받은 자에게 노하사 물리치셔서 버리셨으며 주의 종의 언약을 미워하사 그의 관을 땅에 던져 욕되게 하셨으며"(89:38-39). 따라서 89편은 약속을 깨뜨리신 하나님께 "정말로 당신이 하나님이십니까?"라는 논조로 하나님을 원망하는 분위기를 풍긴다. 이런 점에서 89편은 88편과 함께 3권에서 제시된 긍정적 답변을 공허한 말로 만들고 있다.

바벨론에 의해 다윗 왕권이 붕괴되어 다윗 언약이 파기된 상황에서 89편의 탄식은 어느 정도 이해할 만하다. 하지만 시인의 탄식에는 하나님의 한 번 약속은 영원한 약속이라는 인간적 신념 속에서 하나님이 무조건 축복하셔야 한다는 잘못된 신앙관이 녹아 들어가 있다. 이것은 하나님의 자유를 제한하는 주제넘은 사고방식이다. 하나님은 인간의 생각과 달리 자신의 방식대로 약속을 이루어 가시는 분이다.

다윗 언약의 경우가 그러하다. 다윗 왕권의 붕괴는 인간적인 시각에서 보면 다윗 언약이 파기된 것 같지만, 하나님의 관점에서 보면 다윗 언약은 결코 폐기될 수 없는 것이다. 그러므로 인간의 생각과 달리 하나님은 나중에

---

[59] Hee-Suk Kim, "An Intertextual Study of Psalm 88 in the Context of Psalms 84-89 and Its Theological Implications", *KRJ* 17 (2011): 24-25.

다윗의 자손인 예수 그리스도를 보내시어 그를 만왕의 왕으로 삼고 다윗 언약을 성취하셨다(빌 2:10-11). 이런 점에서 성도는 하나님의 약속을 기계적으로 신봉하기보다 그 약속이 하나님의 자유로운 방식으로 이루어진다는 점을 깨닫고 약속의 축복을 누리기 위해 항상 하나님의 주권을 인정하는 경외의 자세를 견지해야 한다. 그러므로 4권이 3권의 탄식에 대한 응답으로 인간의 생각과 하나님의 생각이 다름을 부각시킨다는 것은 결코 우연이 아니다.

4) 결론

3권은 다윗 왕권의 붕괴로 야기된 신정론 문제와 맞물려서 탄식의 강도가 가장 큰 내용으로 이루어져 있다. 그렇지만 탄식적 분위기 속에서 3권이 신정론 문제에 대해 전혀 해답을 주지 않는 것은 아니다. 3권 안에도 긍정적인 시들이 있어 어느 정도 신정론 문제와 관련하여 답을 주고 있다. 여기서 3권의 핵심적 충고는 마음을 완악하게 하지 말라는 것이다(81:12). 전체적으로 3권에서 제시된 하나님의 응답들은 다음과 같은 의미 있는 구조를 이룬다.[60]

    서론: 마음에 하나님의 법을 새기라(73편).
    A. 하나님의 구원을 받기 위해 겸손한 자가 되라(75-76편).
       B. 마음을 완악하게 하지 말라(81-82편).
    A′. 시온의 축복을 받기 위해 겸손한 자가 되라(87편).

여기서 겸손한 자란 자신의 낮아짐(비천함)을 철저하게 자각하고, 하나님의 인자를 받아들여서 자신도 하나님을 향해 진정성 있게 사랑을 가지고 행

---

60 김성수, "시 89편: 다윗 언약을 폐하셨습니까?", 『시편 2: 어떻게 설교할 것인가』, 목회와신학 편집부 엮음 (서울: 두란노아카데미, 2009), 400.

하는 사람을 뜻한다. 하지만 3권의 응답은 3권의 탄식적 분위기에 밀려 그저 탄식하는 성도의 주위를 맴도는 허망한 소리로 전락하고 만다. 따라서 신정론과 관련된 탄식에 대한 응답은 4권에서 본격적으로 이루어진다.[61]

3. 3권의 신학적 메시지

3권에서 희망으로 제시되는 두 축은 다윗 언약(78:67-72; 89:1-38)과 시온의 노래(84편과 87편)다. 하지만 이 희망들은 다윗 언약의 붕괴와 시온의 파괴로 인해 헛된 꿈으로 추락한다. 따라서 3권에서 가장 중요한 화두는 신정론의 문제(the issue of theodicy)다. 과연 하나님이 정의로운 분이신가 하는 물음이다. 앞서 말한 대로, 이에 대한 해답은 4권에서 본격적으로 다루어지지만, 3권 안에서도 어느 정도 해답의 힌트를 제공하고 있다.[62]

구체적으로 3권에서 하나님의 응답을 제시해 주는 시는 73편, 78편, 81편, 그리고 84-85편이다. 특별히 84-85편은 신정론 문제로 탄식하는 성도에게 마음에 시온의 대로가 있는 자가 복이 있을 것이라 말함으로써(84:5), 마음으로 하나님을 경외할 것을 촉구한다(85:9). 여기서 마음으로 하나님을 경외한다는 것은 마음에 율법을 새기는 모습을 달리 표현한 것이다.

그래서 신정론 문제와 관련하여 3권의 해답은, 탄식의 상황이 발생한 것은 하나님이 정의롭지 않으셔서가 아니라 성도가 마음에 하나님의 율법을 새기지 않았기 때문이라는 것이다. 이처럼 마음에 율법을 새기라는 해법은 이미 1편, 37편, 그리고 40편에서 제시된 것이나. 3권의 이런 해설책이 4권으로 넘어가면서 더욱 분명해지는 것은 단순히 우연이 아니다. 흥미롭게도 73편, 78편,

---

61 김창대, "탄식적 상황에서 하나님의 응답", 25.
62 Wilson, "Shaping the Psalter", 81; Vincent, "The Shape of the Psalter", 79.

81편, 그리고 84-85편에서 제시된 해결책은 다음과 같이 4권의 시들과 짝을 이루며 반복된다.[63]

시편 73편 ————————————————	시편 94편
시편 78편 ————————————————	시편 101편
시편 81편 ————————————————	시편 95편
시편 84-85편 ————————————————	시편 103편

이상의 대칭 구조가 보여 주듯이, 4권의 94편은 73편의 내용을 그대로 답습하고 있다. 또한 78:72이 말하는 "마음의 완전함"(םת/"톰")은 101편에서 다시 반복된다(101:2, "완전한 마음"). 그리고 81편에서 "마음을 완악하게 하지 말라"라는 명령은 95편에서 재현되고(95:8), 84-85편에서 마음으로 경외하라는 교훈은(85:9) 103편에서 다시 나타나고 있음을 알 수 있다(103:17, "여호와의 인자하심은 자기를 경외하는 자에게").

---

63 Kim, "The Problem of Theodicy", 13-16.

4장

시편 4권

하나님의 통치를 신뢰하고 낮아져서 주님의 인자를 사모하라

4권은 다윗 왕권의 붕괴로 야기된 신정론 문제와 관련해서 포로기와 포로 후기 공동체에게 하나님의 응답을 들려준다.[1] 이런 점에서 윌슨은 4권을 시편 전체의 핵심이라고 주장했다.[2]

4권은 모세의 기도인 90편으로 시작한다. 그래서 모세 시대 때는 인간 왕 대신에 하나님이 왕이 되시어 이스라엘을 직접 인도하셨다는 점을 상기시켜, 다윗 왕조의 붕괴를 원망하는 것은 잘못임을 시사해 준다. 그리고 이스라엘의 진정한 왕이신 하나님을 의지하도록 촉구한다(90:1-2). 더 나아가 인간은 하나님의 뜻을 모두 알 수는 없기 때문에 하나님의 주권에 복종해야 함을 권면한다(90:4-7). 인간의 생각과 하나님의 생각이 다르다는 설명이다(92:5). 또한 4권의 중심부에 위치한, 하나님의 왕 되심을 강조하는 등극시를 통해(95-99편), 하나님의 통치를 신뢰하도록 권면한다(95-99편).

4권은 궁극적으로 하나님의 은혜로 인해 언약의 축복들이 모두 회복될

---

1 Vincent, "Shape of the Psalter", 75.
2 Wilson, *The Editing of the Hebrew Psalter*, 215.

것을 암시한다(103:17-19 참조).³ 그래서 4권은 하나님이 언약을 기억하시고 포로로 끌려간 자들을 돌아오게 하실 것을 내다보며 마무리한다(106:45-47). 여기서 언급된 언약은 일차적으로 다윗 언약을 가리키지만 기존의 언약들도 포함하는 것이다(105편 참조).

4권은 3권이 신정론 문제의 해답으로 제시한, 고난과 탄식은 마음에 율법을 새기지 않았기 때문이라는 신학을 더욱 분명히 한다. 마음에 율법을 새긴 성도는 탄식에서 벗어날 수 있고, 오히려 이전에 주어진 하나님의 은혜의 약속들을 누리게 될 것을 제시한다. 이런 점에서 4권은 다윗 왕권의 붕괴 이후, 종말에 하나님이 어떻게 하나님 나라를 세우실 것인지에 관한 종말의 회복 프로그램을 제시하기보다, 어떻게 성도가 마음에 하나님의 율법을 새겨 온전히 하나님을 섬길 것인가 하는 문제에 초점을 맞추고 있다.⁴

특별히 103-106편은 하나님의 통치 원리로 인자(인애)를 강조하여, 하나님의 인자를 진정으로 깨닫는 사람만이 마음에 율법을 새길 수 있음을 선명하게 부각시킨다(103:17; 106:45).⁵ 그렇다면 누가 진정으로 하나님의 인자를 깨달을 수 있는가? 이 물음과 관련하여 4권은 일관되게 인간이 풀이나 꽃과 같이 곧 시들고 마는, 아무것도 아닌 존재임을 일깨워 준다(90:3, 6, 10; 103:10, 14-15 참조). 그러므로 고난을 통과하면서 자신이 죄인이며 아무것도 아닌 존재임을 직시하는 사람만이 아무런 대가 없이 주시는 하나님의 인자를 진정으로 깨달을 수 있다는 교훈을 준다. 이런 교훈은 이미 시편의 다른 권에서도 제시되었지만, 4권에서 더욱 확연하게 드러난다는 특징이 있다.

---

3 VanGemeren, "Psalms", 652.
4 이런 점에서 확실히 4권은 종말의 프로그램을 제시하는 책이 아니다. Whybray, *Reading the Psalms as a Book*, 88-99 참조.
5 그래서 린지 윌슨(Lindsay Wilson)은 시편 103-106편은 하나님의 통치를 강조하면서, 시편 4권의 결론을 이룬다고 주장한다. Lindsay Wilson, "On Psalms 10-106 as a Closure to Book IV of the Psalter", in *The Composition of the Book of Psalms*, ed. Erich Zenger (Leuven: Uitgeverij Peeters, 2010), 755-766.

1. 4권의 구조

4권에서 90-92편과 94편, 그리고 말미인 105-106편은 모세 시대를 연상시키는 어휘와 주제들을 공통적으로 사용하고 있어, 전체적으로 4권을 인클루지오 구조로 구성하고 있다. 이외에도 모세의 출애굽과 광야 생활을 연상시키는 표현들이 4권 곳곳에 등장하고 있다.[6] 이런 점에서 4권은 모세라는 틀("Mosaic frame")로 이루어져 있다.[7]

이전까지 시편에서 모세의 이름은 오직 한 번밖에 언급되지 않았지만 (77:21), 4권에서는 총 7번이나 등장한다(90:1; 99:6; 103:7; 105:26; 106:16, 23, 32). 모세 시대는 율법을 강조한 시대이기에, 4권은 율법이라는 단어를 자주 사용하고(94:12; 99:7; 103:18; 105:45), 율법을 지킬 것을 촉구하고 있다(94:12-15; 95:8-10, 101:2). 이처럼 모세와 율법이 강조되는 이유는, 3권에서 제기된 신정론 문제에 대한 해답으로 마음에 율법을 새길 것을 교훈하기 위함이다. 4권에 나타나는 시들을 장르별로 구분하면 다음과 같다.

90편 – 지혜시+탄식시	100편 – 감사시
91편 – 지혜시	101편 – 찬송시
92편 – 감사시	102편 – 탄식시
93편 – 등극시	103편 – 감사시+지혜시
94편 – 탄식시+지혜시	104편 – 찬양시: 창조주의 능력을 찬양.
95편 – 등극시	105편 – 회고시: 아브라함에서 출애굽까지의 역사 안에서 베푸신 하나님의 은혜를 찬양. 목적은 율법 준수(45절).
96편 – 등극시	
97편 – 등극시	106편 – 회고시: 출애굽에서 포로기까지 이스라엘의 배교에도 불구하고 베푸신 하나님의 은혜에 감사. 율법 준수 강조(3절).
98편 – 등극시	
99편 – 등극시	

---

6 Vincent, "Shape of the Psalter", 76.
7 Wilson, "Shaping the Psalter", 76.

4권의 시들이 배열된 형태를 보면, 그 내용의 흐름이 마치 내러티브와 같이 잘 짜인 이야기로 구성되어 있다. 예를 들어, 90:12은 "지혜로운 마음"을 가질 것을 간구하는데, 이런 간구는 탄식의 상황에서 성도가 원망하는 이유는 마음에 율법을 새기지 않았기 때문임을 보여 준다. 그래서 다음에 나오는 93-99편은 성도에게 지혜의 마음을 가지고 왕이신 하나님을 신뢰할 것을 촉구한다. 그 결과 101:2에서 지혜를 얻은 시인은 그 응답으로서, "완전한 마음"으로 하나님을 섬길 것을 다짐한다. 여기서 "완전한 마음"이란 90편이 말한 "지혜로운 마음"으로서, 율법이 새긴 마음을 달리 표현한 것이다.

하지만 이런 긍정적 흐름은 102편의 탄식시에 와서 흐트러진다. 102편은 표제가 말해 주듯, "고난 당한 자가 마음이 상하여 그의 근심을 여호와 앞에 토로하는 기도"다. 따라서 101편에서 지혜를 가지고 "완전한 마음"으로 하나님을 섬기려는 결심은 102편에 와서 작심삼일로 끝나고 마는 셈이다. 이런 상황에서 103편은 90편과 같은 지혜시로서 인간의 연약함을 다시 부각시킨다. "이는 그가 우리의 체질을 아시며 우리가 단지 먼지뿐임을 기억하심이로다"(103:14; 90:9). 그리고 103:8은 인간의 연약함에도 불구하고 은혜를 주시는 하나님의 인자를 강조한다(103:17). 한마디로 인간이 완전한 마음(율법을 새긴 마음)을 갖기 위해서는 자신의 비천함에도 불구하고 하나님이 베푸신 인애를 알고 그 사랑에 압도되어야 한다는 것을 교훈하고 있다. 이런 자는 자연스럽게 하나님이 원하시는 인애와 공의와 의를 행할 것이라는 설명이다.

결론으로 104-106편은 창조와 역사의 영역 안에서 하나님이 베푸셨던 인애에 초점을 맞춘다. 이로써 고난에 처한 성도들에게, 하나님이 베푸신 사랑을 깨달아, 그들도 하나님을 향해 인애와 공의와 의를 행할 것을 촉구한다(106:3). 이런 자에게 하나님은 더욱더 풍성하게 인자를 베풀어 주실 것이다(106:45). 결국 4권은 시임에도 불구하고 마치 산문처럼 시의 내용을 통일적 이야기로 전개하여, 마음에 율법을 새겨 인애와 공의와 의를 실천할 것을 독려하고 있다. 4권은 탄식 및 긍정적인 내용의 관점에서 다음과 같은 구조를 이룬다.[8]

    A. 90편— 탄식 가운데 지혜로운 마음을 간구.
      B. 91-93편— 하나님의 통치: 악인의 보응; 의인을 향한 보호.
    A′. 94편— 탄식 가운데 지혜를 얻음(8절).
      B′. 95-100편— 하나님의 통치: 공의와 의로 통치.
    A″. 101-102편— 찬송에서 탄식으로 전환.
      B″. 103-106편— 하나님의 통치: 인애와 공의와 의로 통치.

또한 4권은 마음이라는 관점에서 다음과 같은 수사적 구조를 이룬다.[9]

    A. 지혜로운 마음을 달라는 간구(90편).
      B. 하나님의 왕적 은혜를 의지하라(91-93편).
    A′. 마음이 정직한 자의 축복(94편).
      B′. 하나님의 왕권을 신뢰하고 정직한 마음을 가지라(95-100편).
    A″. 완전한 마음과 상한 마음(101-102편).
      B″. 낮아져서 하나님의 왕권과 인자하심을 찬양하라(103-106편).

---

8 한편 하워드는 4권을 90-94편, 95-100편, 그리고 101-106편으로 나눈다. David M. Howard, Jr., "A Contextual Reading of Psalms 90-94", in *The Shape and Shaping of the Psalter*, JSOTSup 159, ed. J. Clinton McCann (Sheffield: JSOT Press, 1993), 111.

9 이와 달리 이은애는 시편 4권의 구조를 90-92편(하나님은 피난처), 93-100편(하나님은 왕이심), 그리고 101-106편(인간의 반응)이라는 3중 구조로 이해한다. 이은애, "시 93-100편의 야훼-왕 찬양시편의 구조와 역할", 「구약논단」 33집 (2009): 84. 이 분석에서 단점은 시 94편을 등극시로 보았다는 것이다.

이상의 구조로 볼 때, 4권은 3개의 단락(90-93편; 94-100편; 101-106편)으로 나뉘고, 각 단락은 마음이라는 말로 시작한다는 공통점이 있다(90:12; 94:15; 101:2; 102:4). 이렇게 4권이 마음에 초점을 맞추는 목적은 신정론의 문제 제기가 결국 마음에 율법을 새기지 못한 데서 연유된 결과임을 보여 주기 위함이다.

2. 4권의 내용

1) 첫 번째 단락(90-93편)

90-93편은 하나님의 뜻을 다 알 수 없다는 인간의 한계를 지적하고 지혜로운 마음을 구해 마음에 율법을 새길 것을 권면한다(90:12). 마음에 율법을 새기는 자에게 하나님은 보호의 은총을 베풀어 주시는 반면(91:12), 그렇지 않은 악인에게는 반드시 심판의 보응을 하실 것이다(92:11). 그러므로 고난에 처한 사람들에게 이와 같은 하나님의 통치를 신뢰할 것을 촉구한다(93편).

90편: 지혜의 마음을 주소서

90편은 지혜시로서, 가깝게는 89권의 탄식에 대한 응답이면서, 멀게는 3권의 탄식에 대한 해결책을 제시하는 시다. 내용적으로 이 시는 지혜시답게 인간의 생각과 하나님의 생각이 다르다는 것을 일깨우고, 창조자이자 왕이신 하나님을 신뢰할 것을 교훈한다. 90편의 구조는 다음과 같다.[10]

    A. 주는 대대로 우리의 거처가 되심(90:1-2).
      B. 영원한 하나님과 덧없는 인간의 대조(90:3-6).

---

10 90편의 구조는 밴게메렌의 구조를 약간 변형시킨 것이다. VanGemeren, "Psalms", 592.

    C. 인간의 죄악으로 인한 하나님의 분노(90:7-10).
    C′. 하나님의 분노에 대한 올바른 반응: 지혜의 마음을 간구(90:11-12).
  B′. 고난당하는 인간을 위해 하나님의 인자를 호소(90:13-16).
A′. 하나님의 은총으로 우리를 견고하게 하소서(90:17).

90편의 핵심은 C′단락으로 탄식에 대한 답변이며, 하나님의 생각은 인간의 생각과 다르기 때문에 "지혜로운 마음"을 가질 것을 촉구하는 데 있다.[11]

먼저 90편의 시인은 영원하신 하나님과 덧없는 인생을 대조시켜(90:3-6), 하나님의 시간과 계획은 인간이 알 수 없기에 함부로 원망해서는 안 된다는 것을 조언해 준다. "주의 목전에는 천 년이 지나간 어제 같으며 밤의 한 순간 같을 뿐임이니이다"(90:4). 무한하신 하나님에 비해 인간은 풀이나 꽃과 같이 곧 시드는 존재다(90:6). 때문에 시인은 "우리의 연수가 칠십이요 강건하면 팔십이라도 그 연수의 자랑은 수고와 슬픔뿐이요 신속히 가니 우리가 날아가나이다"라고 고백한다(90:10). 이 고백에는 인간 왕권이 무너진 것을 보고 영원하신 하나님을 원망하는 것은 짧은 인생을 사는 인간으로서 주제넘은 행동이라는 뜻이 담겨 있다. 90:8은 오히려 고난이 인간의 죄성으로 말미암아 비롯된 것임을 보여 준다("주께서 우리의 죄악을 주의 앞에 놓으시며").[12]

그러므로 시인은 고난받는 상황 속에서의 인간의 태도는 원망이 아니라 하나님께 지혜의 마음을 구하는 호소여야 한다고 가르친다. "우리에게 우리 날 계수함을 가르치사 지혜로운 마음을 얻게 하소서"(90:12). 여기서 지혜로운 마음은 일차적으로 고난 속에서 자신의 죄를 돌아보고, 고난 배후에 있는 하나님의 뜻이 무엇인지를 깨닫는 마음이다. 같은 맥락에서 야고보서도

---
[11] Cole, *The Shape and Message of Book III*, 230.
[12] Howard, "A Contextual Reading of Psalms 90-94", 111.

고난당한 자는 먼저 하나님께 지혜를 구하라고 권면한다. "내 형제들아 너희가 여러 가지 시험을 당하거든…지혜가 부족하거든 모든 사람에게 후히 주시고 꾸짖지 아니하시는 하나님께 구하라, 그러하면 주시리라"(약 1:2-5). 고난을 당할 때 고난의 이유를 알게 되면 더 이상 그것은 고난이 아니기 때문에, 고난에 처한 성도에게 그 이유를 알게 되도록 지혜를 구할 것을 촉구한다.

또한 시편의 문맥을 고려할 때, 90:12의 "지혜로운 마음"은 마음에 율법을 새긴 상태를 가리킨다. 그러므로 이에 대한 언급은 마음에 하나님의 법을 제대로 새기지 않기 때문에 고난이 왔다는 것을 시사해 준다. 이런 점에서 이 구절은 73편처럼 마음에 율법을 새길 것을 일깨워 준다.

90:13-17은 성도가 마음에 율법을 새겨서 고난을 헤쳐 나가기 위해 하나님의 인자를 구한다는 것을 가르쳐 준다. 그래서 시인은 "우리를 괴롭게 하신 날수대로와 우리가 화를 당한 연수대로 우리를 기쁘게 하소서"라고 기도하고 있다(90:15). 이 대목에서 마음에 율법을 새기려는 사람은 원망하지 않고 하나님께 기도하며 하나님의 인자를 구하는 자임을 배울 수 있다. 한편 90:13-16은 90:3-6과 짝을 이루기 때문에, 고난은 인간으로 하여금 인간 자체가 덧없는 존재임을 깨닫게 해 준다는 것을 내비친다. 이와 관련하여 문은미는 90편에서 덧없는 존재로서의 인간의 연약한 모습은 포로기의 고난을 반영하는 것이라고 이해한다.[13] 정리하면, 90편은 하나님의 생각과 인간의 생각은 다르기 때문에 고난 앞에서 함부로 원망하는 것은 지혜롭지 못한 것임을 강조한다. 그리고 비록 인생은 풀과 꽃같이 덧없는 존재이지만(90:5), 고난 가운데서 자신이 그런 존재임을 자각하고 지혜의 마음(율법을 새긴 마음)을 구한다면 오히려 기쁨으로 탄식에서 벗어날 수 있음을 교훈한다(90:14). 지혜의

---

13 그래서 문은미는 90편에서 인간이 초라한 존재라는 인식은 포로기의 포로 생활을 가리키는 메타포라고 주장한다. 문은미, "시편의 구성적 접근을 통한 시편 제4권의 이해", *Canon & Culture* 3/2 (2009): 181.

마음을 가질 때, 풀과 꽃처럼 연약하여 쓰러질 수밖에 없는 우리의 인생도 견고해질 수 있다는 것이 90편의 메시지다. "우리의 손이 행한 일을 견고하게 하소서"(90:17).

91-93편: 하나님의 왕적 은혜

91-93편은 탄식의 상황에서도 지혜로운 마음을 가지고 자발적으로 마음에 율법을 새기는 자에게 하나님의 왕적 은혜가 임하게 될 것이라 말한다. 91-93편에서는 초두와 말미에 각각 "지존자"(91:1)와 "높이 계신 여호와"(93:4) 라는 말이 등장하여 인클루지오 구조를 이룬다.

91편의 시인은 하나님을 "지존자"라고 부르며 시작하는데(91:1), 이 말은 시온에서 왕으로 계신 하나님을 달리 표현한 명칭이다(47:8; 87:5 참조). 이런 점에서 91편은 하나님이 베푸시는 은혜가 하나님의 왕적 은혜임을 제시해 준다. 91편에서 하나님의 왕적 은혜는, 악인을 보응하고(91:8) 의인을 보호하시는 것으로 요약된다. "그가 너를 그의 깃으로 덮으시리니 네가 그의 날개 아래에 피하리로다"(91:4). "그가 너를 위하여 그의 천사들을 명령하사 네 모든 길에서 너를 지키게 하심이라"(91:11).

91:14은 이런 보호의 은혜를 받는 의인을 하나님을 사랑하는 자로 표현한다. 91편을 90편과 연결시켜 읽으면, 91편의 의인은 지혜의 마음을 가진 자이므로, 91:14은 지혜의 마음을 가진 의인이 하나님을 사랑하는 자임을 보여 주는 셈이다. 결국 이것은 성도가 지혜의 마음인, 율법을 새긴 마음을 가지기 위해서는 하나님의 사랑을 깨달아 사신노 하나님을 사랑해야 한다는 것을 확인시켜 준다.

91:14에서 의인이 하나님을 사랑하는 자라는 말은, 참된 의인은 대가를 바라며 하나님을 섬기지 않고 전적으로 사랑의 마음으로 하나님을 섬기는

자라는 의미가 함축되어 있다. 그러므로 91편에서 하나님을 사랑하는 의인은 하나님의 보호라는 대가를 위해서 하나님을 사랑하는 자가 아니라, 하나님의 사랑에 감격하여 자발적이며 진정으로 하나님을 사랑하고 섬기는 자를 가리킨다. 이때 91:14은 대가를 위해서가 아니라 진정으로 하나님을 사랑하는 마음으로 섬기는 의인에게 왕적 은혜인 보호의 은총이 임하게 될 것을 약속한다. 끝으로 시인은 하나님을 사랑하는 의인에게 기도 응답과 장수의 축복이 주어질 것이라 말함으로 시를 종결한다(91:15-6, "내가 그를 장수하게 함으로").

92편은 91편의 왕적 은혜를 실제로 체험한 시인이 하나님을 찬양하는 내용이다.[14] "내 원수들이 보응받는 것을 내 눈으로 보며 일어나 나를 치는 행악자들이 보응 받는 것을 내 귀로 들었도다"(92:11). 먼저 92:1-3은 하나님의 인자와 성실을 찬양하여, 89편에서 하나님의 인자와 성실에 의구심을 품었던 것이 잘못임을 분명히 한다. 하나님이 여전히 인자와 성실로 은혜를 베푸신다는 점을 독자들에게 확신시키고 있는 것이다. 지혜의 마음을 가지고 새롭게 하나님의 왕적 은혜를 체험한 시인은 하나님을 찬양하며 다음과 같이 고백한다. "주의 생각이 매우 깊으시니이다"(92:5). 이 고백은 인간의 생각과 하나님의 생각이 다르다는 것을 가르쳐 준 90편의 교훈에 동의하면서, 동시에 변화된 시인의 마음을 표출한 것이다.

92:7은 악인을 풀로 묘사하고 92:12-15은 의인을 열매 맺는 나무에 비유하여, 1편의 열매 맺는 의인의 모습을 연상케 해 준다. 그래서 하나님의 왕적 은혜를 입은 성도는 1:1-2처럼 마음으로 율법을 묵상하며 마음에 율법을 새기는 자임을 보여 준다.[15] 92:10에서 시인은 하나님의 왕적 은혜로 자신의 뿔

14　Hossfeld and Zenger, *Psalms 2*, 424.
15　Richard D. Patterson, "Psalm 92:12-15: the Flourishing of the Righteous", *Bibliotheca Sacra* 166 (2009): 284.

이 높이 들렸다고 말한다. 이 말은 3권 안에서 신정론 문제의 해답으로서 시온에 계신 하나님이 "의인의 뿔을 높이 들리로다"라고 말한 75:10의 진술을 상기시킨다. 이런 점에서 92:10은 신정론 문제와 관련된 3권의 해답을 반복하고, 하나님이 정의로운 분이심을 재차 확인해 주고 있다.

   91-92편에서 제시된 하나님의 보응의 심판과 의인을 향한 보호는 하나님의 왕적 은혜이기 때문에, 91-92편에 이어지는 93편은 자연스럽게 하나님의 왕권을 찬양한다.[16] 먼저 93편의 장르는 하나님의 왕권을 찬양하는 등극시다. 93편이 하나님의 왕권을 찬양하는 또 다른 목적은 궁극적으로 왕이신 하나님의 주권적 은혜를 항상 의지하도록 촉구하기 위함이다. 93편의 구조는 다음과 같다.

   서론. 여호와는 세계를 다스리시는 왕이심(93:1).
  A. 주의 보좌가 견고히 있었음(93:2a).
    B. 주는 영원부터 계셨음(93:2b).
      C. 높이 계신 여호와는 물과 바다(무질서의 세력)보다 크심(93:3-4).
  A'. 주의 증거(율법)들은 매우 확실함(93:5a).
    B'. 주는 영원무궁하심(93:5b).

   이상의 구조로 볼 때 93편의 핵심은 C단락으로서, 왕으로 높이 계신 여호와의 왕권을 찬양하고, 여호와가 어떤 무질서의 세력보다 위대하심을 제시하는 데 있다.[17] 그러므로 왕이신 하나님을 계속해서 신뢰할 것을 권면한다.

---

16 그래서 91편과 92편은 93편에서 하나님의 별칭으로 부른 "높이 계신 여호와"(93:3)라는 표현과 비슷한 "지존자"라는 용어를 사용하고 있다(91:1; 92:1).
17 Kraus, *Psalms 60-150*, 236.

93:2은 "주의 보좌"를 언급하는데, 4권에서 주의 보좌의 통치 원리는 바로 공의와 의다(97:2). 이런 점에서 93편은 공의와 의로 통치하시는 하나님의 모습을 제시하고, 성도 역시 공의와 의에 순응하는 삶을 살아서 하나님의 왕적 은혜를 받을 것을 간접적으로 교훈한다. 93:3은 성도가 하나님의 왕적 은혜에 의지할 수 있는 이유를 보여 준다. 한마디로 왕이신 하나님이 물로 대변되는 무질서의 세력을 물리치시듯 성도의 대적자들을 반드시 물리쳐 주실 것이기 때문이다.

93:4은 "높이 계신 여호와"를 언급하여, 여호와만이 시온에서 홀로 높임을 받는 분이심을 일깨워 준다. 이것은 시온에서 여호와의 통치를 받는 사람은 교만하지 않고 겸손한 자여야 한다는 것을 함의한다(사 57:15 참조). 이런 겸손의 덕목은 94편에서 더욱 강조된다. 그래서 94편은 여호와의 통치를 거부하는 사람을 직접적으로 교만한 자라고 표현한다(94:2, "교만한 자들에게 마땅한 벌을 주소서").[18]

끝으로 93:5은 시온에서 증거(율법)가 나온다고 말함으로써, 시내 산을 시온으로 대체한다.[19] 이것은, 시온으로부터 오는 하나님의 왕적 은혜를 받기 위해서는, 성도들이 시내 산에 거하는 사람처럼 율법을 지키는 자가 되어야 한다는 힌트를 제공한다. 이 대목에서, 시온에 거하여 하나님의 임재의 축복인 보호를 누리기 위해서는 마음에 율법을 새겨 행해야 한다는 진리를 다시 깨닫게 된다.

정리하면 91-93편은 90편과 연계되어, 지혜의 마음을 가져 마음에 율법을 새기는 사람은 하나님의 통치를 받아 왕적 은혜를 누리는 자임을 교훈한

---

18 Hossfeld and Zenger, *Psalms 2*, 450.
19 J. S. Kselman, "Sinai and Zion in Psalm 93", in *David and Zion: Biblical Studies in Honor of J. J. M. Roberts*, ed. B. F. Batto and K. L. Roberts (Winona Lake, Ind.: Eisenbrauns, 2004), 76.

다. 여기서 왕적 은혜는 악인을 보응하고 의인을 보호하는 것을 의미한다. 이런 왕적 은혜를 누리기 위해서는 무엇보다 겸손한 자세를 유지해야 한다. 그러므로 이 시편들은 성도에게 겸손한 자세로 왕적 은혜를 누려 고난을 이길 것을 권면한다. 더 나아가, 이 겸손한 자세는 마음에 율법을 새기는 모습을 유지하는 데 필수 요소라는 사실을 일깨워 준다.

2) 두 번째 단락(94-100편)

94-100편은 탄식의 원인으로 마음의 문제를 다시 거론하며 시작한다(94:15). 이 단락의 교훈의 핵심은 마음의 완악함을 버리고 여호와의 통치를 신뢰하여 탄식의 상황을 이길 것을 권고하는 데 있다. 왕이신 여호와께서 모든 상황을 주관하고 계시기 때문에 그분의 통치를 믿고 마음을 완악하게 먹지 말라는 뜻이다. 이를 위해 여호와의 통치를 선포하는 등극시가 중심부에 포진되어 있다(95-99편). 마지막으로 100편은 후렴으로서, 여호와의 통치의 은혜를 요약하고 여호와의 왕권을 찬양할 것을 촉구한다(100:4, "그의 궁정에 들어가서 그에게 감사하며 그의 이름을 송축할지어다").

94편

94편 초반부는 다시 악인의 형통함을 보고 탄식하는 내용으로(94:1-7), 4권의 긍정적인 분위기와 엇박자를 내고 있다. 하지만 이런 탄식은 94:8 이후에 기술되는 지혜의 통찰을 통해 다시 상쇄되고 있다. 94:15에서 하나님은 결코 마음이 정직한 자를 버리지 않으신다는 사실을 깨달은 시인은 자신이 탄식으로 인해 잠시 미끄러운 길에 있었음을 고백한다. "여호와여 나의 발이 미끄러진다고 말할 때에 주의 인자하심이 나를 붙드셨사오며"(94:18). 이런 점에서 94편은 내용상 73편과 매우 유사하다. 94편과 73편의 유사점들은 다음과

같은 도표로 제시될 수 있다.[20]

73편	94편
• 악인의 번영(3-12절)	• 악인의 번영(3절)
• 의인의 고난(14절)	• 의인의 고난(12절)
• 악인의 결국(17, 18, 27절)	• 악인의 결국(13, 23절)
• 마음(לֵבָב/"레바브", 1, 7, 13, 21, 26절)	• 마음(לֵב/"레브", 15절)
• 미끄러운 길(2, 18, 23절)	• 미끄러운 길(18절)
• 반석(צוּר/"추르", 27절)	• 반석(צוּר/"추르", 22절)

하워드(Howard)는 94편의 탄식이 4권에 위치한 것은 아직 하나님의 왕권이 온전히 성취되지 않은 현실을 반영하는 것이라고 주장한다.[21] 하지만 94편과 73편의 유사성을 고려한다면, 94편은 신정론 문제의 해답을 제시하기 위해 현 위치에 있다고 보는 것이 더 설득력 있다. 그러므로 94편은 73편처럼 고난과 탄식의 원인이 하나님이 정의롭지 않아서가 아니라 성도가 마음으로 하나님의 법을 따르지 못한다는 데 있음을 독자들에게 일깨워 준다. 94편의 구조는 다음과 같다.[22]

  A. 복수하시는 하나님(94:1-2).

    B. 악인의 핍박: 주의 백성을 짓밟음(94:3-7).

      C. 하나님이 악인을 징벌하실 것임(94:8-11).

      C´. 하나님이 교훈을 받은 자에게 복을 주심: 보호와 평강(94:12-15).

    B´. 악인의 핍박으로 시인이 미끄러질 뻔했음: 주의 인자가 붙들어 줌(94:16-22).

---

20 Kim, "The Problem of Theodicy", 19.
21 Howard, *The Structure of Psalms 93-100*, 174-175.
22 94편의 구조는 밴게메렌의 구조를 약간 변형시킨 것이다. VanGemeren, "Psalms", 610.

A′. 하나님이 악인을 심판하실 것임(94:22-23).

이상의 구조로 볼 때 94편의 핵심은 C′단락(94:12-15)으로서, 교훈을 받는 자에게 하나님이 복을 주신다는 것이다. 그러므로 고난에 처한 성도가 주의 법으로 교훈을 받아 마음에 율법을 새긴다면 고난을 이길 수 있다는 메시지를 주고 있다. 이것은 거꾸로 고난과 탄식은 마음에 율법을 새기지 않았기 때문임을 지적해 주는 셈이기도 하다. 이 시는 교훈을 받는 자에게는 하나님의 평강과 보호의 축복이 임하는 반면에, 악인은 보응의 심판을 받게 될 것이라 말하여, 91-92편에서 제시된 왕적 은혜를 다시 확인시켜 준다.

앞서 말한 대로 94:12-15은 94편에서 중심 메시지를 제시하는 중요한 소단락이다.[23] 이 소단락의 구조는 다음과 같다.

A. 고난의 징벌을 통해 주의 법으로 교훈을 받는 자(94:12).
　B. 하나님은 교훈을 받는 자에겐 보호와 평안을 주시고, 악인에겐 심판의 보응을 하심(94:13).
　B′. 하나님은 자기 백성을 버리지 않으심(94:14).
A′. 마음이 정직한 자(94:15).

94:12은 "여호와여 주로부터 징벌을 받으며 주의 법으로 교훈하심을 받는 자가 복이 있나니"라고 말하여, 고난이 징계임을 보여 주면서, 동시에 고난을 통해 성도가 교훈을 받아 마음에 율법을 새길 수 있음을 내비친다. 94:13-14은 고난을 통해 교훈을 받고 마음에 율법을 새겨 행하는 자가 하나님의 보

23　테이트는 94:12-15은 94편의 중심일 뿐만 아니라 90-99편의 중심이기도 하다고 주장한다. Tate, *Psalms 51-100*, 494.

호와 평안을 누리게 될 것이라 말한다. 이어서 94:15은 "마음이 정직한 자"를 언급하는데, 이 표현은 94:12의 "주의 법으로 교훈하심을 받는 자"와 평행을 이루고 있기 때문에, 마음이 정직한 자는 마음으로 주의 법을 따르는 자임을 알 수 있다.[24]

94:18에서 시인은 자신이 악인의 핍박으로 거의 미끄러질 뻔했다고 고백하는데, 시편 37:31에 비춰 볼 때 이것은 자신이 마음에 율법을 온전히 새기지 못했음을 인정하는 말이다. 37:31에 의하면 마음에 율법을 새긴 사람은 결코 미끄러운 길에 있지 않기 때문이다. 그렇지만 시인은 그때마다 하나님의 인자하심이 자신을 붙들어 주셨다고 찬양한다(94:18). 이런 찬양의 모습을 보면서, 쉽게 넘어질 수밖에 없는 성도가 계속해서 마음에 율법을 새길 수 있는 것은 전적으로 하나님의 은혜였음을 알 수 있다. 결국 94편은 성도에게, 고난을 통과하면서 교훈을 받아 하나님의 인자하심을 깨닫고 마음에 율법을 새기도록 촉구한다. 그렇게 하는 자는 하나님의 왕적 은혜인 보호와 평안을 누리게 될 것이고, 악인은 반드시 보응을 받게 될 것이다.

95-100편: 하나님의 왕권을 찬양

95-100편은 왕이신 하나님의 위엄을 선포하고, 하나님의 통치 앞에서 인간의 올바른 행동이 무엇인지를 교훈한다. 95-100편은 초두와 말미에 백성을 양으로 표현하는 어구들이 나와서 인클루지오 구조를 이룬다(95:7; 100:3).[25] 특별히 95-99편은 하나님의 왕 되심을 선포하는 등극시로서, 하나님이 모든 만물을 창조하셨기 때문에 모든 민족이 하나님의 통치 안에 있음을

---

24 Kraus, *Psalms 60-150*, 241.
25 김성수, "시 95편: 모든 신 위에 크신 이스라엘의 왕 여호와", 『시편 3: 어떻게 설교할 것인가』, 목회와신학 편집부 엮음 (서울: 두란노아카데미, 2008), 123.

강조한다. 이어서 100편은 95-99편의 후렴으로, 왕이신 하나님께 감사할 것을 권면하는 내용이다.

① 하나님의 통치를 신뢰하라(95-99편)

등극시인 95-99편은 하나님의 통치를 강조하고, 고난 가운데 성도의 올바른 태도가 무엇인지를 교훈한다. 하나님은 결코 고난의 상황을 손 놓고 좌시하시는 분이 아니기 때문에 고난 가운데 있는 성도의 올바른 태도는 하나님의 통치를 신뢰하는 것이어야 한다. 또한 하나님은 어떤 상황에서도 성도의 예배를 받기에 합당하신 분이기 때문에 성도는 고난 속에서도 하나님께 예배하는 모습을 잃지 말아야 한다고 지적한다(95:6; 99:5). 이를 위해 마음을 완악하게 하지 말 것을 충고한다(95:8).

더 나아가 95-99편은 성도가 하나님의 은혜로 구원받았다는 사실 자체만으로도 충분히 감사할 수 있기에, 고난 앞에서 성도는 항상 새 노래로 구원을 노래할 수 있어야 한다고 말한다(96:2; 98:2). 오히려 구원의 은혜를 소중히 여기고 감사하는 태도를 가져야 한다는 논리다. 또한 왕이신 하나님의 통치 방식은 공의와 의이기 때문에 하나님을 사랑하여 공의와 의를 행하는 것이 성도의 올바른 본분임을 밝힌다(97:2, 8, 10). 95-99편의 구조는 다음과 같다.

A. 95편 — 왕이신 여호와께 예배하라, 마음을 완악하게 하지 말라.
  B. 96편 — 새 노래로 구원을 찬양하라, 여호와께서 세계를 심판하실 것임.
    C. 97편 — 의와 공의가 하나님의 보좌: 공의와 의를 행하라.
  B′. 98편 — 새 노래로 구원을 찬양하라, 여호와께서 세계를 심판하실 것임.
A′. 99편 — 여호와의 발등상 앞에서 예배하라, 공의와 의를 행하라.

이 구조로 볼 때 95-99편의 핵심은 C단락으로서, 하나님의 통치 원리인 공의(공평)와 의를 강조하여 공의와 의를 행할 것을 촉구하는 데 있다. 공의와 의는 105-106편의 문맥에서 볼 때, 율법을 달리 표현한 말이다(105:45; 106:3). 이런 점에서 95-99편의 중심 메시지는 탄식의 상황에 있는 성도에게, 왕이신 하나님의 통치 원리인 공의와 의를 따라 마음에 율법을 새길 것을 권면하는 것이다. 이런 자가 결국 고난을 이기게 될 것이다.

95편은 출애굽 모티프를 사용하여 왕이신 하나님을 향한 성도의 태도가 어떠해야 하는지를 제시한다. 95편의 구조는 다음과 같다.

  A. 여호와께 감사함으로 나아가며 노래하자(95:1-2).
   B. 여호와의 위대하심: 만물이 여호와의 것(95:3-5).
    C. 왕이신 하나님을 향한 태도: 예배하라(95:6-7a).
    C′. 왕이신 하나님을 향한 태도: 마음으로 완악하게 하지 말라(95:7b-9).
   B′. 여호와의 근심: 여호와께 속한 백성이 마음으로 미혹됨(95:10).
  A′. 미혹된 백성은 여호와의 안식에 들어오지 못함(95:11).

이상의 구조가 보여 주듯이 95편의 핵심은 C/C′단락으로서, 왕이신 하나님에 대한 올바른 태도가 무엇인지를 교훈하는 것이다. 구체적으로 95:6은 하나님께 무릎 꿇고 경배하자고 말함으로써, 왕이신 하나님에 대한 올바른 태도는 예배하는 것임을 보여 준다. 즉, 성도는 아무리 고난 가운데 있을지라도 왕이신 하나님께 예배할 수 있다는 것이다. 95:8은 출애굽 시에 므리바와 맛사에서 이스라엘이 행한 불순종을 언급하고, 이런 불순종은 왕이신 하나님에 대한 도전이기에(출 17:7) 마음을 완악하게 하지 말 것을 교훈한다. 끝으로 95:10은 "내가 사십 년 동안 그 세대로 말미암아 근심하여 이르기를 그들은 마음이 미혹된 백성이라 내 길을 알지 못한다 하였도다"라고 말하여, 마음이 완악한 모습이 하나님의 말씀에 순종하지 않는 모습임을 천명한다. 이런 점에서 완악한 마음은 94편이 말하는 "정직한 마음"과 반대되는 것이다.[26] 결국 95편은 탄식하는 성도에게, 왕이신 하나님의 통치를 신뢰한다면 고난 가운데서도 하나님께 합당한 예배를 드릴 것이고(95:6), 마음으로 완악하지 않을 것이라고 가르쳐 준다(95:8). 이런 자에게 하나님은 고난 가운데서도 안식의 축복을 베풀어 주실 것이다(95:11).

96편은 출애굽을 통해 하나님이 이스라엘을 구원하신 사건을 떠올리고, 이 사건을 통해 하나님이 이스라엘뿐만 아니라 열국에게 왕으로서의 존귀와 위엄을 드러내셨음을 선언한다(96:3).[27] 96편의 특이점은, 하나님을 찬양하라고 열국을 초대하는 부분이다(96:7).[28] 이것은 96편과 짝을 이루는 98편에서도 마찬가지다(98:4, "온 땅이여 여호와께 즐거이 소리칠지어다"). 96편의 구조는 다음과 같다.

  A. 여호와의 구원을 만민 가운데 선포하라: "새 노래로 여호와께 노래하라" (96:1-3).

    B. 만국의 신들은 우상, 여호와께서 하늘을 지으셨음(96:4-5).

      C. 만국의 족속들아 여호와께 영광을 돌리며 예배하라(96:6-9).

      C′. 세계를 다스리는 여호와께서 만민을 공평하게 심판하실 것임(96:10).

    B′. 하늘과 땅, 바다와 밭과 숲은 여호와 앞에 즐거이 노래하라(96:11-12).

---

26 이런 이유로 94편과 95편은 서로 밀접한 관련이 있다. Hossfeld and Zenger, *Psalms 2*, 456.
27 96편은 사 40-55장과 어휘와 주제 면에서 유사하다. 예를 들면, 새로운 노래(사 42:10; 시 96:1), 하나님이 통치하실 것임(사 52:7; 시 96:10), 열국을 향한 하나님의 구원(사 42:1; 45:22; 49:1; 52:10; 55:4-5; 96:7) 등이다. McCann, *The Book of Psalms*, 45.
28 McCann, *The Book of Psalms*, 45.

A´. 여호와께서 세계와 백성을 심판하러 오실 것임(96:13).

이상의 구조로 볼 때, 96편의 핵심은 C´단락으로서, 왕이신 하나님이 만민을 공평하게 심판하실 것임을 교훈하는 것이다. 그리하여 이 시는 왕이신 하나님이 열국을 주관하시는 분이므로, 포로기와 포로 후기에 열국의 압제로 인해 고난당하는 성도들에게 왕이신 하나님의 통치를 신뢰하고 고난을 이기도록 촉구하고 있다.

96:1-3은 여호와께서 자신의 백성을 구원하신 사건을 찬양한다. 여기서 백성을 구원하신 사건이 어떤 사건인지는 분명하지 않다. 일시적인 어려움으로부터 구원하신 것일 수도 있고, 출애굽의 구원 사건처럼 하나님의 자녀로 구원하신 사건일 수도 있다. 하지만 앞서 95편은 출애굽의 구원 사건을 언급하고 있기 때문에, 문맥상 96:1-3에서 말하는 구원 사건은 하나님이 이스라엘을 자신의 백성으로 만드시는 구원 사건을 가리키는 것임을 알 수 있다.

이 대목에서 출애굽의 구원 사건을 언급하는 목적은, 성도가 아무리 고난 가운데 있을지라도 하나님의 은혜로 구원받았다는 사실을 깨닫는다면 그 사실 자체만으로도 하나님께 찬양할 수 있다는 것을 교훈하기 위함이다. 더욱이 96:1에서는 구원받은 백성이 항상 새 노래로 찬양할 수 있다고 말한다. 하나님으로부터 구원을 받은 자는 매일 매일 새로운 은혜를 받기 때문에 새롭게 찬양할 수 있다는 것이다. 분명, 이것은 고난 가운데 있는 성도에게 큰 위안이 아닐 수 없다. 시인은 이런 하나님의 구원을 보고 열국도 여호와 앞에 예배할 것을 촉구한다(96:7-9).

96:10-13은 왕이신 하나님이 종말에 세계와 백성을 공평(מֵישָׁרִים/"메샤림")과 의(צֶדֶק/"체데크")와 진실로 심판하실 거라 예언한다(96:10, 13; 98:9). 물론 하나님의 공의는 아직 이루어지지 않았고, 현실은 오히려 불의가 판치는 형국

이지만, 96편은 하나님이 반드시 열국을 심판하실 것이기 때문에 성도는 고난 가운데서 왕이신 하나님을 신뢰하고 하나님의 성품을 본받아 공의와 의를 행해야 한다는 것을 함축적으로 보여 준다.

97편은 95-99편의 중심축을 이르는 시다. 이 시의 구조는 다음과 같다.

  A. 여호와의 통치를 기뻐하라(97:1).
    B. 여호와의 통치 원리: 공의와 의(97:2).
      C. 자연에서 나타난 여호와의 영광(97:3-6).
        D. 신들아 여호와께 경배하라(97:7).
    B′. 시온에서 여호와의 통치 원리: 공의(97:8).
      C′. 땅과 신들보다 뛰어난 여호와의 영광(97:9).
        D′. 여호와를 사랑하는 자여 악을 미워하라(97:10-11).
  A′. 여호와의 통치를 기뻐하라(97:12).

이 구조는 패널 구조이기 때문에 97편의 핵심은 D′단락으로서, 여호와의 통치를 신뢰하는 자는 여호와의 성품에 따라 악을 미워하는 자가 되어야 한다는 것이다. 97편은 이런 자를 여호와를 사랑하는 자로 규정하고 있다(97:10). 그래서 여호와의 통치를 신뢰하는 자는 하나님을 사랑하고 악을 미워하여 여호와의 통치 원리인 공의와 의를 좇는 자임을 보여 준다(97:2, 8).

97:10-11에서 시인은 "여호와를 사랑하는 자"를 "성도" 또는 "마음이 정직한 자"로 표현한다. 여기서 "성도"로 번역된 히브리어 단어는 "하시딤"(חֲסִידִים)으로서, 인애를 체험하여 자신도 인애를 베푸는 자라는 의미를 갖는다. 성도는 "여호와를 사랑하는 자"와 평행을 이루기 때문에, 인애를 베푼다는 것은 여호와를 사랑하는 것을 의미한다. 이 대목은 오늘날 우리에게 귀중

한 교훈을 준다. 성도가 여호와를 사랑하는 마음이 없다면 교회에 다닐지라도 그는 결코 성도가 아니라는 사실이다. 그러므로 97편은 오늘날의 성도들에게 과연 여호와를 진정으로 사랑하는가를 진지하게 자문하도록 만든다.

97:11에서 "의인을 위하여 빛을 뿌리고"라는 말은 비록 성도가 어두운 탄식의 상황에 있을지라도 정직한 마음을 품고 하나님을 사랑하여 공의와 의를 행한다면 반드시 빛을 보게 될 것이라는 의미다.[29] 결국 97편은 여호와의 통치를 신뢰하는 자는 빛에 거하게 될 것이라 말하여, 성도들에게 낙심하지 말고 인애와 공의와 의를 행하여 기쁨으로 고난을 이길 것을 권면하고 있다.[30]

98편은 96편과 같이 출애굽의 구원 사건을 상기시키고 온 세상을 공의와 의로 심판하시는 왕이신 하나님을 돋보이게 한다. 먼저 98:3은 출애굽의 구원 사건을 겨냥하여 하나님이 "이스라엘의 집에 베푸신 인자와 성실을 기억하셨으므로 땅 끝까지 이르는 모든 것이 우리 하나님의 구원을 보았도다"라고 선언한다. 98편이 이처럼 출애굽의 구원 사건을 언급하는 것은 왕 되신 하나님의 위엄을 보여 주려는 목적도 있지만, 열국의 지배하에 놓인 포로기(포로 후기)의 성도들에게 하나님이 다시 제2의 출애굽의 은혜를 베풀어 주셔서 그들을 구원하실 것이라는 신념을 심어 주기 위함이다.[31] 더 나아가 출애굽의 은혜로 이스라엘이 구원받았다는 사실을 상기시키는 것은, 96편처럼 하나님의 은혜로 구원받았다는 사실 자체만으로도 성도는 고난 가운데서 하나님께 감사하여 새 노래로 찬양할 수 있다는 것을 교훈하기 위함이다(98:1).

98:9은 하나님이 땅을 반드시 공평과 의로 심판하실 것이라 말함으로써, 포로기와 보노 후기에 싱도들을 핍박하는 열국의 대적자들을 하나님이 반

---

29 Tate, *Psalms 51-100*, 519.
30 Tate, *Psalms 51-100*, 520.
31 김성수, "시 98편: 왕이 심판하러 임하실 것이라", 『시편 3: 어떻게 설교할 것인가』, 목회와신학 편집부 엮음 (서울: 두란노아카데미, 2008), 147.

드시 심판하여 멸하실 것을 선언한다. 그러므로 고난 가운데 낙심하지 말고 심판자이자 왕이신 하나님의 통치를 신뢰하며, 하나님의 구원의 은혜에 감사하는 차원에서 인애와 공의와 의를 행할 것을 촉구한다.[32] 하나님이 구원을 위해 성도에게 인애와 성실을 베푸셨기 때문에(98:3), 성도가 인애와 공의와 의를 행하는 것은 당연한 일이다.

99편은 95-99편의 결론으로서, 95-98편의 내용을 요약해 주는 시다.[33] 99편의 구조는 다음과 같다.

    A. 왕이신 여호와 앞에서 만민이 떨고 땅이 흔들림(99:1-2).
      B. 시온에 계신 여호와의 특징: 거룩함, 공의와 의를 행하심(99:3-4).
        C. 여호와의 발등상 앞에서 경배하라(99:5).
    A′. 여호와 앞에서 제사장들(모세, 아론, 사무엘)이 부르짖고 응답받음(99:6).
      B′. 여호와의 특징: 증거와 율례를 주심, 보응의 심판과 죄 용서(99:7-8).
        C′. 성산에서 여호와께 예배할지어다(99:9).

이상의 구조로 볼 때, 99편의 핵심은 C/C′ 단락이다. 그래서 99편은 등극시 그룹(95-99편)을 마치면서 예배를 받으시기에 합당한 하나님께 예배할 것을 당부한다.[34] 이 시는 여호와의 성품이 공의와 의로 특징지어진다는 사실을 다시 언급하여(99:4), 참된 예배는 하나님의 성품을 닮아 공의와 의를 행하는 삶이 동반되어야 함을 간접적으로 드러내고 있다. 99편은, 왕이신 하나님의 통치를 신뢰하는 성도의 올바른 반응은 기도하는 것임을 새롭게 일깨

---

32 VanGemeren, "Psalms", 628 참조.
33 Hossfeld and Zenger, *Psalms 2*, 491.
34 Hossfeld and Zenger, *Psalms 2*, 491.

워 준다(99:6). 99:7은 하나님의 통치를 신뢰하는 자가 공의와 의의 삶을 살 때 그런 삶이 율법을 행하는 삶임을 99:4과의 평행을 통해 드러내 준다. 결국 99편은 등극시들(95-98편)을 마무리하면서, 고난으로 신음하는 성도에게 여전히 하나님께 예배하고 공의와 의를 행하며 기도할 것을 요약해서 말하고, 고난에서 승리하도록 동기부여를 하고 있다.

② 후렴(100편)

100편은 95-99편(등극시)의 후렴으로서,[35] 여호와의 통치의 은혜를 체험한 성도의 반응을 보여 주는 시다. 110편의 구조는 다음과 같다.

A. 온 땅이여 여호와를 찬송하며 그의 앞에 나아갈지어다(100:1-2).
   B. 여호와의 은혜: 우리를 지으심, 우리는 그의 기르시는 양(100:3).
A′. 감사와 찬송으로 그의 궁정에 들어가라(100:4).
   B′. 여호와의 은혜: 인자와 성실이 영원함(100:5).

이상의 구조로 볼 때 100편의 핵심은 B/B′단락으로서, 왕이신 하나님이 자신과 언약을 맺은 백성에게 영원히 인자와 성실을 베푸신다는 점을 강조하고 찬양할 것을 촉구하는 데 있다. 이렇게 찬양을 촉구하는 것은 찬양이 여호와의 통치를 체험하고 바라는 자의 합당한 태도이기 때문이다.[36]

먼저 100:1-2은 이스라엘의 경계를 넘어 온 땅에게 왕이신 하나님께 감사하며 그분을 섬길 것을 촉구한다.[37] 구체적으로 100:2은 "기쁨으로 여호와

---

35 Hossfeld and Zenger, *Psalms 2*, 497.
36 Kraus, *Psalms 60-100*, 274.
37 Hossfeld and Zenger, *Psalms 2*, 497.

를 섬기며 노래하면서 그의 앞에 나아갈지어다"라고 말한다. 여기서 "섬기다"에 해당하는 히브리어 단어 "아바드"(עבד)는 단순히 성전에서 예배를 드리는 행위만을 의미하는 말이 아니다. 이것은 전 생애의 삶을 하나님께로 향하게 하는 것을 뜻한다. 즉, 모든 영역에서 하나님의 뜻을 따르는 종(עֶבֶד/"에베드")의 삶을 사는 것이다. 결국 100편은 진정으로 하나님을 왕으로 인정하는 사람은 모든 상황에서 찬양하면서 전 생애에 걸쳐 하나님을 섬기는 자라는 교훈을 준다.

3) 세 번째 단락(101-106편)

101-106편은 인간이 하나님의 통치를 신뢰한다 할지라도 그의 마음이 연약하기 때문에, 과연 마음에 율법을 새기는 삶, 즉 인애와 공의와 의의 삶을 실천할 수 있는가 하는 물음을 제기한다(101-102편). 이런 물음과 관련하여 103편은 궁극적으로 인간의 소망은 하나님의 인자에 달려 있으며, 그 인자를 진정으로 체험하는 사람만이 하나님의 통치를 신뢰하고 마음에 율법을 새길 수 있음을 교훈한다. 그러므로 관건은 성도가 하나님의 인자에 진정으로 눈을 떠야 한다는 것이다. 그렇다면 어떻게 하나님의 인자를 진정으로 깨달을 수 있겠는가?

이에 대해 103편은 하나님의 인자를 진정으로 체험하기 위해서 성도는 자신이 체질상 먼지이며 시드는 풀이나 꽃과 같이 아무것도 아닌 존재임을 직시해야 한다고 말한다(103:14-15). 아무것도 아닌 존재임을 자각하는 사람만이 진정으로 하나님의 인애를 체험할 수 있다는 말이다. 이 점은 시편 2권이 강조한 바이기도 한데, 103편에서 다시 부각되고 있는 셈이다(62:9). 실로, 자신이 무엇이 된 것처럼 생각하는 사람은 하나님의 사랑을 받을 때, 그것을 자신의 공로로 인한 대가로 생각하고 하나님의 사랑을 자신의 이익을 위한 디딤돌로 삼으려 할 것이다. 하지만 자신이 아무것도 아닌 존재임을 아는 사람은 하나님이 아무런 대가 없이 사랑을 베푸시는 것을 보고, 자신도 하나님을 진정으로 사랑하게 될 것이다.

결론으로 104-106편은 창조 질서와 역사 안에서 왕이신 하나님이 어떻게 인자를 베푸셨는지를 상기시키고, 하나님의 인자를 진정으로 깨닫고 마음에 율법을 새겨 인애와 공의("미쉬파트")와 의("체다카")의 자리로 나갈 것을 촉구한다. "정의('미쉬파트')를 지키는 자들과 항상 공의('체다카')를 행하는 자는 복이 있도다"(106:3). 시편 전체를 놓고 볼 때, 이런 101-106편의 내용은 시편 메시지의 절정이다.

101-102편

101-102편은 90편과 94편처럼 마음의 문제를 다시 거론한다. 먼저 101편은 95-100편에서 제시된, 하나님의 통치를 신뢰하라는 촉구에 대한 반응으로, 마음으로 하나님을 온전히 섬길 것을 다짐한다. "완전한 마음으로 내 집 안에서 행하리이다"(101:2). 여기서 "완전한 마음"이란 시편 전체의 문맥에서 볼 때, 마음에 율법을 새기는 모습(인애와 공의와 의를 행하는 모습)이다. 101:5에서 시인은 "자기의 이웃을 은근히 헐뜯는 자를 내가 멸할 것이요"라고 말함으로써, 마음에 율법을 새긴 자는 자신의 행복만을 추구하는 자가 아니라 공동체를 위해 행동하는 자임을 보여 준다. 율법이 지향하는 공의와 의의 삶은 공동체를 세운다는 진리를 여기서 엿볼 수 있다(잠 11:10).

한편, 101편은 다윗시이기 때문에, 4권 안에서 하나님의 왕권의 도래와 함께 메시아를 통한 다윗 왕권의 회복을 바라보게 하는 효과가 있다. 그래서 101편은 탄식의 상황일지라도 성도가 완전한 마음으로 하나님을 섬긴다면, 다윗 언약이 회복될 것이라는 암시를 주고 있다.

102편은 탄식시로시 이 시의 표제가 말하듯이, "고난 당한 자가 마음이 상하여 그의 근심을 토로하는 기도"다. 102:5에서 시인은 "나의 탄식 소리로 말미암아 나의 살이 뼈에 붙었나이다"라고 탄식한다. 4권 안에서 왜 이런 탄식시가 나오는지 의문을 제기할 수 있다. 결론적으로 보면, 4권의 문맥에서 102편의 탄식은 인간이 아무리 101편처럼 완전한 마음으로 하나님을 섬기기로 굳게 다짐할지라도 그 다짐이 헛되다는 것을 시사해 준다. 그래서 90:5-6처럼 인간이 풀과 꽃같이 연약한 존재임을 다시금 확인해 주고 있다 (102:11, "내 날이 기울어지는 그림자 같고 내가 풀의 시들어짐 같으니이다"). 여기서 인간에게 진정한 소망은 하나님밖에 없다는 것을 깨달을 수 있다. 이 깨달음은 다음에 나오는 103편에서 더욱 두드러지게 제시된다. 끝에서 102편의 시인은 천지가 없어질지라도 하나님은 영원한 분이심을 강조하여(102:25-27), 무한하신 하나님과 헛된 인생을 대조한 90편의 내용을 반복하며 시를 종결한다.[38]

결국 102편은 101편에서 인간이 완전한 마음으로 행하려 결심할지라도 인간은 다시 마음으로 원망할 수밖에 없는 존재임을 부각시켜, 인간의 한계를 여실히 보여 준다. 그리하여 3권에서 제시된 신정론의 문제가 인간의 연약한 마음 때문임을 분명하게 각인시켜 준다.[39]

103-106편

103-106편은 4권의 결론을 이룬다.[40] 아무리 완전한 마음으로 행한다고 할지라도 용두사미로 끝날 수밖에 없는 인간의 연약함 앞에서, 103-106편

---

[38] 히 1:10-12은 시 102:25-27을 인용하여 그리스도에 적용시키고 있다.
[39] Andrew Witt, "Hearing Psalm 102 within the Context of the Hebrew Psalter", *Vetus Testamentum* 62 (2012): 582-606.
[40] Lindsay Wilson, "On Psalms 103-106 as a Closure to Book IV of the Psalter", in *The Composition of the Book of Psalms*, ed. Erich Zenger (Leuven: Uitgeverij Peeters, 2010), 757.

은 인간에게 궁극적으로 필요한 것은 하나님의 인자임을 교훈하고 그 인자를 바라볼 것을 촉구한다.[41] 구체적으로 103-106편은 왕이신 하나님의 통치 원리인 인애와 공의와 의를 다시 소개하면서, 특별히 죄를 용서하시는 하나님의 인자(인애)를 크게 부각시킨다. 실제로 103-106편은 인자("헤세드")라는 단어가 서두와 말미에 등장하여 인클루지오 구조를 이루고 있으며(103:17; 106:45), 인자에 많은 초점을 두고 있다. 하나님의 인자라는 주제는 5권에서 더욱 발전된다(107:8; 136편; 144:2; 145:8). 103-106편의 구조는 다음과 같다.

A. 103편─죄인이며 비천한 인간을 향한 하나님의 인자를 강조.
  B 104편─창조 세계에서 하나님의 통치 원리: 인애와 공의와 의.
  B′. 105편─역사 안에서 하나님의 통치 원리: 인애와 공의와 의.
A′. 106편─죄인을 향한 하나님의 인자를 강조.

이상의 구조로 보아 103-106편의 핵심은 B/B′ 단락으로서, 창조 세계와 역사 안에서 하나님이 피조물에게 인애와 공의와 의를 행하셨다는 사실을 강조하는 것이다. 이런 강조를 통해 이 단락은 인간이 하나님의 인애와 공의와 의에 합당하게 살지 못했음을 깨닫도록 유도하고, 그럼에도 인간의 죄를 용서하시는 하나님의 인애를 돋보이게 하여, 그 인애를 의지할 것을 촉구하고 있다. 이런 점에서 103-106편의 실질적인 메시지의 절정은 죄인을 향한 하나님의 인자다. 이렇게 인자를 강조하는 이유는 성도가 진정으로 죄를 용서하시는 하나님의 인사를 깨닫을 때 그 자신도 하나님을 향한 인애를 가지

---

[41] 문은미는 자신의 박사학위 논문에서 102편의 탄식은 포로기의 상황을 대변해 주는 기능을 한다고 주장한다. EunMee Moon, "The Sapiential Reading of Psalms 107-18 in the Framework of Books IV and V of the Psalter" (Ph. D. Diss., Trinity Evangelical Divinity School, 2008), 90.

고 공의와 의를 행할 수 있기 때문이다(103:17; 105:45; 106:3, 45).

그렇지만 인간은 쉽게 하나님의 인자에 감격하지 못한다. 더욱이 어려운 상황에 놓이게 되면 오히려 하나님을 원망하기 마련이다. 이런 상황에서 103편은 자신이 체질상 시들어 없어지는 풀과 꽃처럼 아무것도 아닌 존재임을 깨달은 사람만이 하나님의 인자에 감격하여 그 인자에 부합한 삶을 살 수 있다는 것을 확실하게 교훈하고 있다(103:14-15). 이런 점에서 필자가 보기에 시편 103편은 시편 전체의 백미다.

① 103편

103편은 4권의 결론을 이끌기 때문에, 실질적으로 4권의 핵심이다. 그러면서 이 시는 시편 전체의 내용을 요약하는 시라 할 정도로 시편에서 가장 중요한 시다. 103편의 구조는 다음과 같다.[42]

 A. 내 영혼아 여호와를 송축하라(1-2절).
  B. 송축의 이유: 모든(כֹל/"콜") 필요를 채우시는 여호와의 인자("헤세드")(3-5절).
   C. 여호와는 의("체다카")와 공의("미쉬파트")를 행함(6-7절).
    D. 여호와의 인자: 죄 용서, 경외하는 자를 불쌍히 여김(8-13절).
     E. 인간은 체질상 아무것도 아닌 존재: 죄인, 먼지, 풀과 꽃(14-16절).
    D′. 경외하는 자가 여호와의 인자를 받음(17a절).
   C′. 법도(공의와 의)를 지키는 자가 여호와의 의를 누림(17b-18절).
  B′. 송축의 이유: 여호와께서 모든(כֹל/"콜") 것을 통치하심(19-22a절).
 A′. 내 영혼아 여호와를 송축하라(22b절).

---

42 이 구조는 O'Kenndy의 구조를 약간 변형시킨 것이다. D. F. O'Kennedy, "The Relationship between Justice and Forgiveness in Psalm 103", *Scriptura* 65 (1998): 110.

이상의 구조로 볼 때 103편의 중심 메시지는 E단락으로서, 인간이 부족한 존재(죄인, 먼지, 풀과 꽃)임을 드러내는 것이다. 하나님의 통치 원리가 인애와 공의와 의임을 밝히면서(103:6, 8), 하나님이 인간의 죄인 됨과 비천함에도 불구하고 인애를 베푸신다는 사실을 강조하고 있다.

구약에서 103편처럼 하나님의 통치 원리로서 인애와 공의와 의를 모두 함께 언급하는 경우는 흔치 않다(시 25편; 단 9:4-19 참조). 보통 인애와 공의는 서로 상반된 개념이라고 생각하기 쉽다. 하지만 오케네디(O'Kennedy)는 인애와 공의가 서로 보완적이라고 주장한다.[43] 그에 의하면, 하나님의 공의는 의인을 핍박하는 악인을 심판하는 모습으로 나타나지만, 동시에 그것은 핍박받는 의인을 구원하는 인애의 행위와 연관된다는 것이다. 그러므로 오케네디는 인애와 공의는 상호보완적이며, 하나님은 자신의 인애와 공의를 백성들도 닮아 행하기를 원하신다고 설명한다.[44] 필자는 오케네디의 의견에 기본적으로 동의하면서, 하나님의 공의는 하나님의 사랑이 외형적 행동으로 발산된 것이기 때문에, 인애는 공의의 토대이며 공의는 인애를 더욱 증진시키는 수단이라고 생각한다. 이런 점에서 인애와 공의는 서로 동전의 양면과 같은 것이다.

어쨌든 103편은 인애("헤세드")란 말을 세 번씩이나 언급할 정도로, 하나님의 성품 중에서 하나님의 인애를 크게 부각시킨다(103:8, 11, 17).[45] 더욱이 하나님의 인애는 죄를 용서하시는 형태로 두드러지게 나타난다. "그가 네 모든 죄악을 사하시며"(103:3). "우리의 죄악을 따라 우리에게 그대로 갚지는 아니하셨으니"(103:10).

---

43 O'Kennedy, "The Relationship between Justice and Forgiveness in Psalm 103", 119.
44 O'Kennedy, "The Relationship between Justice and Forgiveness in Psalm 103", 119.
45 Paul E. Dion, "Psalm 103: A Meditation on the 'Ways' of the Lord", Élise et Théologie 21 (1990): 29. 여기서 디온은 103편이 죄의 용서 모티프를 강조하고 있다고 주장한다. 비슷하게 오케네디도 죄 용서가 103편의 중심 메시지라고 말한다. D. F. O'Kennedy, "The Relationship between Justice and Forgiveness in Psalm 103", 113.

103편은 죄를 용서하시는 하나님의 인애를 강조함으로써, 다음과 같은 교훈과 확신을 심어 준다. 첫째, 102편의 탄식은 죄라는 것이다. 둘째, 성도가 진정으로 마음에 율법을 새기기 위해서는 죄를 용서하시는 하나님의 인애를 절대적으로 깨달아야 한다는 것이다. 셋째, 신정론 문제와 관련하여 89편의 다윗 왕권의 붕괴는 인간의 죄의 결과라는 교훈이다.[46] 마지막으로 넷째, 다윗 언약의 철회로 탄식하는 성도들에게 하나님이 죄 용서의 인애를 베푸심으로 언약을 회복시켜 주실 것이라는 확신을 준다.[47] 이런 의미에서 밴게메렌은 103편에서 "주님은 용서하시고 구원하시고 인도하시며 언약의 모든 축복을 회복하시는 분으로 묘사된다"라고 지적한다.[48]

103편의 중심축을 이루는 103:14-16은 인간의 비천함을 강하게 보여 준다. 구체적으로 103:14은 "이는 그가 우리의 체질을 아시며 우리가 단지 먼지뿐임을 기억하심이로다"라고 말하여, 인간은 기본적으로 하나님의 인애를 받을 자격이 없는 비천한 존재임을 분명히 한다. 그러므로 인간은 죄인이며 원래부터 아무것도 아닌 존재이기 때문에, 이런 사실을 알고 하나님의 사랑에 진정으로 감격하여 감사할 것을 충고하고 있다.

103:17은 하나님의 인애에 진정으로 감사하는 사람을 "경외하는 자"로 선언한다(103:13 참조). 여호와를 경외하는 자란, 아무것도 아닌 자신에게 하나님이 대가 없이 무한한 사랑을 부어 주시는 것을 보고, 그 사랑에 압도되어 하나님을 진정으로 섬기는 자라는 시편 2편의 신학을 다시금 확인시켜 주는 셈이다(2:11).[49] 그 결과로 여호와를 경외하는 자는 하나님을 향해 자신도 아무

---

46 Kim, "The Problem of Theodicy", 23.
47 89편도 103편과 같이 하나님의 인애(헤세드)가 키워드로 등장하는 것은 결코 우연이 아니다(89:2, 24, 28).
48 VanGemeren, "Psalms", 652.
49 103편에서 인간이 아무것도 아닌 존재라는 사실은 하나님의 무한한 자비와 대조되어 더욱 뚜렷하게 제시된다. Weiser, *The Psalms*, 662.

런 대가 없이 자발적으로 인애를 베풀고 하나님의 뜻인 공의를 실천하게 된다.

　103편이 말하는 여호와를 경외하는 자의 모습을 잘 보여 준 자가 바로 창세기의 아브라함이다. 창세기 22:12은 "네가 네 아들 네 독자까지도 내게 아끼지 아니하였으니 내가 이제야 네가 하나님을 경외하는 줄을 아노라"라고 말하여, 아브라함이 하나님을 경외하는 자였음을 언급한다. 아브라함이 여호와를 경외하는 자가 된 것은 그가 독자 이삭을 바친 그의 공로적 행동 때문인 것처럼 언뜻 비칠 수도 있다. 하지만 아브라함의 생애를 처음부터 꼼꼼히 추적한다면 이야기는 달라진다.

　창세기 22:2은 창세기 12:1과 매우 유사하다. 이 두 구절에서 "스스로 가라"(לֶךְ לְךָ/"레크 레카")라는 표현이 동일하게 나타나기 때문이다. 창세기 22장에서 하나님은 아브라함에게 모리아 땅에 "내가 네게 일러 준" 곳으로 가라고 명령하시는데, 이 명령은 창세기 12장에서 처음 하나님이 아브라함에게 나타나셔서 "내가 네게 보여 줄" 땅으로 가라고 하신 명령과 동일하다. 창세기 22장에서 하나님이 아브라함에게 12장의 명령을 연상시키는 표현을 사용하여 모리아 땅으로 가라고 명하신 이유는 아브라함이 12장의 부르심에 합당하게 살지 않았기 때문이다. 사실 아브라함은 처음 부르심을 받고 가나안 땅에 왔지만 하나님의 명령에 배치되는 행동을 여러 번 했다. 가뭄이 들 때 약속의 땅인 가나안을 떠났고, 더욱이 하갈 사건의 경우처럼 이삭을 주시겠다는 하나님의 약속을 온전히 믿지 못했다(창 16-17장).

　이런 상황 가운데, 창세기 22장에서 하나님은 아브라함을 믿음의 조상으로 만드시기 위하여 아브라함에게 다시 제2의 기회를 주어 비슷한 명령을 하고 계신 것이다. 이것을 아브라함이 모를 리 없었다. 따라서 모리아 땅에 지시한 곳으로 가라는 하나님의 명령을 들었을 때, 아브라함은 자격 없는 자신에게 또 다른 순종의 기회를 주신 하나님의 인애를 느끼고 자발적으로 하나님의 뜻에 순종했다. 즉, 이삭을 바치는 아브라함의 순종은 자격 없는 자신에게 하나님이 베푸신 인애에 감격한 결과로서의 행동이다. 창세기 22:12은 그런 아브라함을, 하나님을 경외하는 자로 인정했다. 그러므로 창세기 22장이 말하는 경외하는 자의 특성은, 철저하게 낮아져서 하나님의 인애를 진정으로 깨닫는 자라는 의미를 내포하고 있다. 103편이 말하는 여호와를 경외하는 자도 바로 이런 의미를 내포한다.

결국 시편이 말하는 경외하는 자는 단순히 계명을 지키는 자가 아니라 자신의 부족함에도 불구하고 하나님이 인애를 베푸셨다는 사실을 깨닫고 하나님의 인애에 감격하며 압도당하는 자를 의미한다. 이것은 147:11에서 여호와를 경외하는 자가 여호와의 인애를 바라는 자와 평행을 이룬다는 점에서 더욱 지지를 얻는다("여호와는 자기를 경외하는 자들과 그의 인자하심을 바라는 자들을 기뻐하시는도다"). 여호와의 인애에 압도당하여 계속해서 그 인애를 바라는 경외자는 자연히 여호와를 위해 자신도 인애와 공의와 의를 자발적으로 실천하려 애쓸 것이다. 그리고 그런 노력조차도 하나님의 은혜로 돌릴 것이다. 그 이유는 자신이 원래부터 아무것도 아닌 존재임을 잘 알고 있기 때문이다.

오늘날 세속적 심리학은 낮은 자존감에 시달리는 사람들에게 인간이 소중한 존재임을 주입시켜 자존감 문제를 해결하려 한다. 하지만 성경은 인위적인 방법으로 사람의 가치를 높이려는 시도를 경계한다. 디모데후서 3:1-2은 말세에 "사람들이 자기를 사랑한다"고 말하여, 스스로의 가치를 높이는 것의 위험성을 지적한다. 그러므로 103편은 자신이 원래 아무것도 아닌 존재임을 깨닫는 사람만이 오히려 소망이 있음을 말하고 있다.

정리하면, 103편은 탄식의 상황을 통해 하나님의 인애를 체험하는 경외자가 되어 하나님이 원하시는 인애와 공의와 의를 행할 것을 교훈한다. 이런 사람에게 하나님은 더욱더 인애를 베푸시어 소원 성취와 병 고침의 은혜를 누리게 해 주실 것이다(103:3, 5, 17). 특별히 103:5에서 "소원을 만족"시킨다는 것은 "청춘이 독수리처럼 새로워"지는 모습과 평행을 이루고 있다. 그러므로 103편은 고난 속에서도 경외하는 자의 모습을 유지한다면 하나님이 그들의 상황을 새롭게 변화시켜 주실 것이기 때문에 고난 가운데서 낙심하지 말 것을 충고하고 있다.

② 104-106편

104-106편은 창조와 역사 안에서 이루어지는 하나님의 통치 원리를 선명하게 부각시킨다.[50] 104편이 창조 세계에서 피조물을 향해 하나님이 베푸시는 인애와 공의와 의에 초점을 맞추고 있다면, 105-106편은 역사 안에서 자신의 백성에게 베푸시는 하나님의 인애와 공의와 의에 초점을 맞추고 있다. 이로써 104-106편은, 창조 세계와 역사가 상호 긴밀한 관계 속에서 하나님의 통치 원리인 인애와 공의와 의에 의해 움직인다는 사실을 지적하고, 성도에게 인애와 공의와 의를 행할 것을 촉구한다.[51]

104편은 하나님이 세상을 창조하셨음을 선언하는 창조 이야기다(104:5-6, 9). 104편의 구조는 다음과 같다.

    A. 창조자이신 하나님의 영광을 송축하라(104:1-4).
      B. 하나님이 땅과 바다를 창조하셨음(104:5-9).
        C. 하나님의 인애: 동물, 땅, 사람, 나무를 만족시키심(104:10-18).
      B′. 하나님이 달, 해, 바다 등 모든 것을 창조하셨음(104:19-26).
        C′. 하나님의 인애: 창조물에 양식과 호흡 공급, 지면을 새롭게 하심(104:27-30).

---

[50] Wilson, "On Psalms 103-106 as a Closure to Book IV of the Psalter", 765.
[51] Wilson, "On Psalms 103-106 as a Closure to Book IV of the Psalter", 760.

A′. 여호와의 영광을 평생 찬양하리로다(104:31-34).

결론. 죄인들은 땅에서 소멸될 것임(104:35).

이상의 구조로 볼 때 104편의 핵심은 C/C′ 단락으로서, 창조물들이 하나님의 인애로 양식을 얻으며 만족을 누린다는 점을 강조하는 데 있다.

창조 세계는 하나님의 창조 원리에 따라 질서대로 정연히 움직이고 있다(104:9, 26). 특별히 시인은 이런 창조 질서의 원리를 하나님의 지혜로 명명한다(104:24). 시편 33편과 36편은 창조 질서의 원리를 인애와 공의와 의로 말하고 있기 때문에, 104편이 말하는 지혜는 인애와 공의와 의를 달리 표현한 것이다. 104편은 하나님의 통치 원리인 인애와 공의와 의가 창조 세계에서 실현되고 있음을 보여 주고, 인간도 인애와 공의와 의를 행할 것을 촉구한다.[52] 실제로 104:15은 "사람의 마음을 기쁘게 하는 포도주와 사람의 얼굴을 윤택하게 하는 기름과 사람의 마음을 힘있게 하는 양식을 주셨도다"라고 말하여, 창조물과 인간이 모두 하나님의 인애로 혜택을 누리고 있음을 교훈한다.

결국 104편은 인간을 포함한 모든 창조물은 하나님의 통치 원리인 인애와 공의와 의에 따라 지음받은 것이며, 그 원리에 따라 창조물이 만족을 누린다는 것을 보여 준다. 그러므로 이런 창조 질서의 원리에 부합하여 성도 역시 인애와 공의와 의의 삶을 살 것을 촉구한다. 그렇게 살지 않는다면 하나님의 심판이 임하게 될 것이다(104:35, "죄인들을 땅에서 소멸하시며 악인들을 다시 있게 못하게 하시리로다").

105편은 역사 회고시로서 역사 속에서 아브라함의 부르심에서부터 이스

---

52 이처럼 구약에서 창조 주제는 항상 역사 안에서 하나님과 인간의 행동을 밀접하게 관련시킨다. 이스라엘이 창조 주제를 역사화(historicizing)하는 경향에 대해서 모빙켈(Mowinckel)은 "출애굽 전승의 영향" 때문이라는 견해를 밝혔다. Sidney Kelly, "Psalm 46: A Study in Imagery", *JBL* 89 (1970): 311에서 인용함.

라엘의 가나안 정착에 이르기까지 하나님이 언약이라는 통치 수단을 통해 어떻게 백성에게 인애와 공의와 의를 베푸셨는지를 회고하는 내용이다.[53] 이렇게 회고하는 목적은, 언약을 통해 제시된 하나님의 통치 원리에 따라 성도가 인애와 공의와 의를 행하도록 동기부여를 하기 위함이다. 105:7은 하나님이 역사 속에서 공의를 구현하는 분임을 분명하게 말한다. 이 구절에서 개역개정판 한글 성경이 "판단"으로 번역한 히브리어 단어는 "미쉬파트"로서 공의를 뜻한다. 105편의 구조는 다음과 같다.[54]

  A. 여호와를 찬양하라(105:1-6).
    B. 하나님이 족장들에게 땅을 주겠다고 언약을 맺으심(105:7-11).
      C. 아브라함을 아비멜렉에게서 보호하심(105:12-15).
        D. 애굽에서 요셉과 이스라엘에게 공급하심(105:16-23).
      C′. 모세를 통해 바로에게서 이스라엘을 보호하심(105:24-36).
        D′. 광야에서 이스라엘에게 메추라기와 물을 공급하심(105:37-43).
    B′. 여러 나라의 땅을 소유하게 하심(105:44).
  A′. 하나님의 율례를 지키라(공의와 의를 행하라)(105:45).

이상의 구조로 볼 때 105편의 핵심은 D/D′ 단락으로서, 과거에 하나님이 이스라엘에게 베푸신 인애를 강조하는 것이다. 이로써 과거에 하나님이 언약적 인애로 이스라엘을 보호하시고 양식을 공급하셨듯이, 포로 후기의 성도들에게도 반드시 동일한 인애를 베풀어 주실 것을 일깨워 주며, 하나님의 인애와 공의와 의에 따라 행동할 것을 권면한다.

---

53 특별히 105:1-15은 대상 16:8-22과 내용이 같다.
54 105편의 구조는 밴게메렌의 구조를 약간 변형시킨 것이다. VanGemeren, "Psalms", 665.

105:9은 하나님의 통치 수단으로 언약을 내세운다. 언약을 맺는다는 것은, 하나님 편에서는 백성을 위해 인애와 공의와 의를 행할 것을 맹세하는 행위이고, 백성 편에서는 하나님을 향해 인애와 공의와 의를 행할 것을 다짐하는 행위다. 구약에서 언약이 종종 인애와 병치되기도 하고(시 106:45; 사 54:10; 단 9:4), 율법과 평행을 이루기도 하는 것은 바로 이런 이유에서다(사 24:5; 호 8:1). 실제로 105:10에서 시인은 언약을 "율례"와 동일시하고, 언약을 맺은 당사자들은 율례가 지향하는 인애와 공의와 의를 행할 의무가 있음을 내비친다. 이상의 관찰들은 언약의 원리가 인애와 공의와 의임을 드러내 준다. 이런 점에서 105편은, 하나님은 언약이라는 수단을 통해 역사 속에서 인애와 공의와 의를 행하시는 분이며, 언약 백성 역시 인애와 공의와 의를 행할 의무가 있음을 교훈하는 셈이다.

105:12-15은 얼핏 아브라함과 무관한 내용처럼 보이지만, 자세히 들여다보면 아브라함이 그랄 왕 아비멜렉에게서 구원받은 사건을 암시하고 있다(창 20:7).[55] 이 구절은 하나님이 아브라함에게 땅을 주시겠다는 언약적 인애에 근거하여, 아브라함을 보호하셨음을 상기시킨다.

105:45은 하나님이 언약을 통해 이스라엘에게 인애를 베푸신 목적이 그들로 율법을 지키도록 하는 데 있었음을 분명히 한다. "이는 그들이 그의 율례를 지키고 그의 율법을 따르게 하려 하심이로다"(105:45). 여기서 "율례"(חֹק/"호크")와 "율법"("토라")을 지키는 행위는 106:3에서 언급된 공의("미쉬파트")와 의("체다카")를 실천하는 모습으로 다시 표현된다. 창세기 18:19은 하나님이 아브라함을 선택한 이유를 그가 의("체다카")와 공도("미쉬파트")를 행하도록 하기 위함이라고 말하고, 창세기 26:5은 그렇게 행한 아브라함을 율례(חֻקָּה/"후카")와

---

[55] Kraus, *Psalms 60-150*, 311.

법도("토라")를 모두 행한 자라고 진술한다. 그러므로 율법을 지킨다는 것은 궁극적으로 공의와 의를 행하는 것임을 알 수 있다.

결국 105편은 하나님이 역사 속에서 언약을 맺으시고 인애와 공의와 의를 행하셨다는 것을 상기시키고, 언약을 맺으신 목적이 성도 역시 하나님을 향해 인애를 가지고 율법을 행하도록 하는 것, 즉 공의와 의를 추구하도록 하는 데 있음을 교훈한다. 특별히 하나님이 언약을 통해 백성을 보호하시고 공급하셨음을 상기시켜, 인애에 보답하는 차원에서 성도는 마땅히 인애와 공의와 의를 행할 의무가 있음을 강조한다.

106편은 역사 회고시로서 역사 속에서 이스라엘의 배교에도 불구하고 죄를 용서하시고 계속해서 은혜를 베푸신 하나님의 인애를 부각시킨다. 이런 점에서 106편의 주제는 죄를 용서하시는 하나님의 인애를 강조한 103편의 주제와 평행을 이룬다. 106편의 구조는 다음과 같다.

    A. 여호와의 인자하심은 영원함(106:1-2).
      B. 공의와 의를 행하기 위해 백성을 구원해 달라는 호소(106:3-5).
        C. 백성의 죄에도 불구하고 홍해 바다에서 하나님이 구원하심(106:6-12).
          D. 광야 생활 초기의 죄: 하나님 시험, 질투(106:13-18).
            E. 호렙산에서의 죄: 우상숭배, 구원을 잊음(106:19-23).
            E′. 가나안 정탐과 관련된 죄: 원망(106:24-27).
          D′. 광야 생활 말기의 죄: 하나님의 뜻 거역(106:28-33).
        C′. 가나안 정복의 은혜에도 불구하고 백성이 죄를 지음(106:34-43).
    A′. 포로로 끌려간 백성을 위한 여호와의 인자하심(106:44-46).
      B′. 우리를 구원하소서(106:47).
    결론. 하나님을 영원히 찬양할지어다(106:48).

이상의 구조로 볼 때 106편의 핵심은 E/E′단락으로서, 하나님의 구원에도 불구하고 과거 이스라엘이 죄를 지었다는 사실을 상기시키는 것이다. 특별히 호렙 산과 가나안 정탐 시 이스라엘이 우상을 숭배하고 원망했음을 강조한다. 이로써 이스라엘의 죄악과 하나님의 인애를 대조시켜, 그럼에도 죄를 용서하시고 계속해서 은혜를 베푸신 하나님의 인애를 부각시킨다. 이것은 하나님의 행동의 근거가 과거와 현재에도 동일하게 인애에 있음을 보여 주는 것이기도 하다(106:7, 45).[56] 그래서 시인은 끝에서 하나님의 인애에 기초하여 백성을 포로 생활에서 돌아오게 해 달라고 기원하고 있다.

106:3은 "정의를 지키는 자들과 항상 공의를 행하는 자는 복이 있도다"라고 말한다. 여기서 "정의"와 "공의"로 번역된 히브리어 단어는 각각 "미쉬파트"와 "체다카"로서, 공의와 의로 번역하는 것이 더 정확하다. 이 구절은 하나님이 백성에게 인애를 행하시는 목적이 그들로 하여금 인애와 공의를 행하도록 하는 데 있음을 보여 준다.

106:45에서 시인은 하나님이 언약을 기억하신다고 말한다. 여기서 언약은 무슨 언약을 가리키는가? 이 언약의 의미는 주위의 시들을 통해 밝혀질 수 있다.[57] 어떤 학자는 이 언약이 105편에 근거하여 아브라함 언약을 가리킨다고 주장한다(105:9).[58] 하지만 105편은 아브라함 언약만을 전제하고 있지 않다. 105편은 가나안 땅 정복을 다루고 있기 때문에 모세 언약도 내포되어 있다(105:44). 또한 4권은 3권의 다윗 언약 철회를 염두에 두고 배열된 시들이기 때문에, 106:45에서 하나님이 기억하시는 언약은 다윗 언약도 포함된다. 그리고 주위의 시인 104편은 창조 세계가 노아 언약에 의해 유지되고 있다는 전

---

56 Judith Gärtner, "The Torah in Psalm 106", in *The Composition of the Book of Psalms*, ed. Erich Zenger (Leuven: Uitgeverij Peeters, 2010), 485.
57 Gärtner, "The Torah in Psalm 106", 486.
58 Hutchinson, "The Psalms and Praise", in *Interpreting the Psalms*, 97.

제 속에서 내용을 전개한다. 이런 점에서 106:45이 말하는 언약 속에는 노아 언약도 포함된다. 결국 106:45에서 하나님이 기억하시는 언약은 바벨론 포로 생활로 인해 인간의 시각에서 파기된 것처럼 보이는 다윗 언약, 모세 언약, 아브라함 언약뿐만 아니라, 노아 언약까지를 아우르는 언약이라고 말할 수 있다.

예레미야 선지자는 유다가 바벨론에 의해 포로로 끌려감으로써, 다윗 언약, 모세 언약, 아브라함 언약, 그리고 심지어 노아 언약까지 취소되고 있음을 선포했다(렘 4:23-26).[59] 바벨론에 포로로 잡혀간 사건으로 인하여 노아 언약까지 영향을 받는 것은 이스라엘이 세상의 중심이기 때문이다. 역사 속에서 언약들로 세워진 이스라엘의 존재가 붕괴된다면, 창조 세계도 더 이상 소망이 없기 때문에 노아 언약으로 유지되던 창조 질서가 전복되는 것이다(렘 4:23, "보라 내가 땅을 본즉 혼돈하고 공허하며").

이상의 논의를 종합할 때, 106:45에서 암시된 바, 바벨론의 포로 생활에서 돌아올 때 회복될 언약은 이전에 취소된 것처럼 보이는 다윗 언약과 모세 언약, 아브라함 언약, 그리고 노아 언약을 가리킨다. 신약은 예수님이 맺으신 새 언약이 이전의 언약들을 완성하는 언약임을 증거한다. 그러므로 새 언약은 시편 106편의 예언을 궁극적으로 성취하고, 하나님이 자신의 약속을 지키시는 분임을 확증해 주는 의미가 있다.

정리하면, 106편은 백성들의 죄에도 불구하고 하나님이 인애를 베푸셨다는 사실을 교훈한다. 그리하여 103편처럼 고난에 처한 성도들에게, 그들이 죄인임에도 불구하고 하나님이 인애를 베푸셨다는 사실에 감사하고 그들도 인애와 공의와 의의 삶을 실 것을 촉구한다. 이런 사람은 복을 받아 결과적으로 고난을 이기게 될 것이다.

---

[59] Changdae Kim, "Jeremiah's New Covenant within the Framework of the Creation Motif" (Ph. D. Diss., Trinity International University, 2006), 104.

5장

시편 5권

계속해서 마음에 율법을 새겨 대적자를 이기라

5권의 서두인 107편은 하나님이 포로로 잡혀간 백성들을 다시 모으셨다는 말로 시작하여(107:3), 5권을 포로 후기의 배경에서 읽도록 유도한다. 실제로 5권은 포로 후기의 상황을 직접적으로 언급하는 시들이 눈에 띈다(126, 136-137편 등).

5권의 핵심 주제는 하나님의 인애다.[1] 그래서 5권은 서두와 말미에 하나님의 인애를 부각시켜(107:8-9, 20, 41; 145:8, 17), 인클루지오 구조를 형성한다. 이처럼 5권이 또다시 하나님의 인애를 강조하는 이유는 성도가 고난 가운데서 계속적으로 인애와 공의와 의를 행하는 자가 되기 위해서는 무엇보다 하나님의 인애를 깨닫고 그것을 바라는 자세가 필요하기 때문이다.

5권은 하나님의 인애를 체험하는 사람들을 궁핍한 자(אֶבְיוֹן/"에브욘"), 또는 가난한 자(겸손한 자; עָנָו/"아나브", 또는 עָנִי/"아니")로 부르고 있다(107:41; 109:31;

---

1 W. Dennis Tucker, Jr., "Empires and Enemies in Book V of the Psalter", in *The Composition of the Book of Psalms*, ed. Erich Zenger (Leuven: Uitgeveru Peeters, 2010), 724.

149:4).² 이것은 하나님의 인애를 계속해서 깨닫고 바라기 위해서는 성도 스스로 자신이 아무것도 아니라는 가난한 자의 의식을 항상 가져야 한다는 것을 의미한다. 이렇게 가난한 자가 될 때, 하나님의 사랑인 인애를 진정으로 체험하고 감격하여, 자신도 하나님과 이웃에게 사랑을 베풀 수 있다는 논리다. 5권은 이런 가난한 자를 성도로 표현하고 있는데, 성도에 해당하는 히브리어 단어는 "하시딤"(חֲסִידִים)으로서 하나님의 인애를 받아 인애를 베푸는 자라는 뜻이다(149:1 참조).³ 성도의 정체성을, 가난하여 하나님의 인애를 본받아 그 자신도 인애를 행하는 자로 규정하는 것이다. 그러므로 5권은 자연스럽게 가난한 자의 대적자들을, 인자를 베풀지 않는 교만한 자로 묘사한다(109:16).⁴

가난한 자가 인애와 공의와 의를 행한다는 것은 마음에 율법을 새기는 모습을 뜻한다. 그러기에 5권은 마음이라는 단어를 크게 부각시키고(108:1; 111:1; 138:1; 139:23; 141:4; 143:4), 계속해서 마음에 율법을 새길 것을 강조한다. 특별히 5권의 중앙에 위치한 119편은 마음에 율법을 새긴다는 표현을 자주 사용하여(119:11, 34, 97, 161 참조), 탄식의 상황에 있는 성도들에게 마음판에 계속해서 율법을 새길 것을 교훈한다. 이런 점에서 5권의 메시지는 마음에 율법을 새길 것을 강조하는 1권의 메시지를 반복하고 있다(1편과 112편 비교).

5권의 또 다른 특징은 탄식의 상황에 있는 성도들에게 하나님 나라의 완성을 바라보도록 유도한다는 것이다(144:5; 145:11-13). 그래서 5권은 마지막에서 "여호와여 주의 하늘을 드리우고 강림하시며 산들에 접촉하사 연기를 내게 하소서"라고 말하며, 하나님 나라가 임하기를 기원한다(144:5). 더 나아가

---

2   4권에서도 "아니"(עָנִי)라는 말이 등장한다(102편의 표제). 하지만 이 단어는 "고난당하는 자"와 같이 고난 앞에서 깊게 탄식하는 의미로 사용되어, 5권의 "가난한 자"("아니")의 의미와 차별된다.
3   Donatella Scaiola, "The End of the Psalter", in *The Composition of the Book of Psalms*, ed. Erich Zenger (Leuven: Uitgeveru Peeters, 2010), 709.
4   Tucker, "Empires and Enemies in Book V of the Psalter", 729.

145:13은 "주의 나라는 영원한 나라이니 주의 통치는 대대에 이르리이다"라고 노래함으로써, 하나님 나라의 영원성을 강조하고 하나님 나라의 완성을 신뢰하고 대망할 것을 교훈한다.[5]

5권은 이런 하나님 나라의 완성이 구체적으로 메시아가 오심으로써 이루어질 것을 내다본다. 예를 들어, 118편은 "여호와의 이름으로 오는 자가 복이 있음이여 우리가 여호와의 집에서 너희를 축복하였도다"라고 말함으로써 (118:26), 종말에 대적자를 물리치는 메시아의 출현을 암시한다. 실제로 이 말씀은 신약에서 예수님의 오심으로 성취되었다(요 12:13; 마 21:9; 23:39). 또한 132편은 "내가 거기서 다윗에게 뿔이 나게 할 것이라"고 약속하여, 종말에 다윗의 자손인 메시아가 오게 될 것을 예언한다(132:17). 누가는 이 시편의 말씀을 예수 그리스도께 적용하여 "우리를 위하여 구원의 뿔을 그 종 다윗의 집에 일으키셨으니"라고 선언했다(눅 1:69). 특별히 110편은 메시아가 오게 되면 악인은 멸망하고 성도가 땅을 차지하게 될 것이라 약속한다(110:5; 111:6). 메시아로 인해 대적자들이 사라지고 그 자리에서 하나님 나라가 완성될 것이라는 예언이다. 결국 5권은 고난에 처한 성도들에게, 계속해서 마음에 율법을 새길 것을 독려하면서, 메시아를 통해 이루어지는 하나님 나라에 대한 소망을 가지고 고난을 이길 것을 충고하고 있다.

1. 5권의 구조

엄밀한 의미에서 5권의 범위는 107-145편이고, 할렐루야 시로 불리는 146-

---

5 이에 반해 빈센트는 5권에서 종말론적 관심은 그리 크지 않다고 주장한다. 그에 의하면 5권에서 종말론적 관심은 144-145편에서 나타나고, 나머지는 찬양이라고 일축한다. Vincent, "The Shape of the Psalter", 79. 하지만 그의 견해는 종말에 나타날 메시아를 암시하는 시들의 중요성을 평가절하하고 있다.

150편은 후렴이다. 5권은 지혜를 언급하며 시작하는데(107:43), 마찬가지로 145편도 여호와 경외라는 지혜 사상으로 끝난다(145:19). 그러므로 5권은 지혜 모티프를 통해 인클루지오 구조를 이루고 있다. 5권의 구조는 다음과 같다.

    A. 107편(서론)— 지혜 있는 자는 여호와의 인자하심을 깨달으라(43절).
      B. 108-110편— 다윗시.
        C. 111-118편— 온 열국과 만물을 다스리시는 하나님.
          D. 119편— 율법시: 마음에 율법을 새김.
        C′. 120-137편— 시온에서 다스리시는 하나님.
      B′. 138-144편— 다윗시.
    A′. 145편(결론)— 왕이신 여호와의 인자하심을 찬양하라(1, 8, 11-13절).
후렴. 146-150편— 찬양.

5권은 동심원 구조로서, 119편이 중심 축(pivotal center)을 이룬다. 이런 점에서 밀러(Patrick D. Miller)는 최종 완성된 시편의 관점에서 볼 때 119편이 5권의 핵심이라고 주장한다.[6] 계속해서 마음에 율법을 새길 것을 강조하는 119편에 이어 시온 순례시(120-134편)가 배치된 것은 신학적으로 중요한 의미를 갖는다. 1-2편이 율법과 시온을 함께 언급하고 시온의 복을 위해 마음에 율법을 새기라고 교훈한 상황에서, 119편도 120-134편과 묶여 시온의 축복이 마음에 율법을 새긴 자에게 주어진다는 신학을 제공하기 때문이다.

5권에는 두 그룹의 다윗시가 등장한다(108-110편; 138-145편). 첫 번째 그룹은 108-110편으로서, 여기서 다윗은 107:39-42의 교훈에 귀 기울이는 "지혜

---

6 Miller, "Deuteronomy and Psalms", 11.

로운 사람"(107:43)으로 그려진다.[7] 108:1에서 다윗은 자신의 마음이 정해졌음을 고백한다("내 마음을 정하였사오니"). 두 번째 그룹은 138-145편인데, 여기서도 다윗은 모범적 인물로 묘사된다.[8] 그러므로 138편에서 다윗의 모습은 108편처럼 마음을 정한 자의 전형적인 모델로 제시된다(138:1, "내가 전심으로 주께 감사하며"). 이런 점에서 108-110편은 138-145편과 평행을 이룬다.

113-118편은 애굽 할렐시(Egyptian Hallel)다.[9] 애굽 할렐시가 5권 안에 위치한 것은 열국의 지배를 받고 있는 포로 후기의 상황이 과거 이집트의 지배를 받았던 이스라엘의 상황과 비슷하기 때문이다. 그래서 113-118편은 과거에 하나님이 출애굽을 통해 이스라엘을 구원해 주셨듯이, 포로 후기 공동체에게 또 다른 출애굽의 은혜를 베풀어 주실 것을 기원한다. 더 나아가 애굽 할렐시는 출애굽의 이상이었던 하나님 나라의 완성을 간구한다는 뜻을 담고 있다(114편; 135-136편 참조).[10]

앞서 말한 대로, 120-134편은 시온 순례시로서 성전에 올라가는 노래다. 하지만 엄밀한 의미에서 시온 순례시는 성전 순례에 관련된 노래라기보다 제2의 출애굽을 통해 바벨론에서 시온으로 돌아오게 하신 하나님을 찬양하는 노래다. 더욱이 120-134편은 열국의 지배로 인해 계속 포로 생활을 이어가는 포로 후기 공동체에게 하나님이 제3의 출애굽의 은혜를 베풀어 주실 것을 기원하는 신학적 의미도 함축되어 있다. 이런 점에서 시온 순례시는 또 다른 출애굽의 은혜를 간구하는 애굽 할렐시와 평행을 이룬다. 참고로 111-112편은 135-136편처럼 하나님을 찬양하는 쌍둥이 시(hymnic twin psalms)다. 더욱이

---

7   Wilson, *Editing of the Hebrew Psalter*, 221.
8   Wilson, *Editing of the Hebrew Psalter*, 221.
9   5권 안에는 3개의 그룹이 할렐시다. "애굽 할렐시"(113-118편), "위대한 할렐시"(120-136편), 그리고 5권의 송영으로 나온 "할렐시"(146-150편)다. VanGemeren, "Psalms", 713.
10 Hutchinson, "The Psalms and Praise", 98.

111-112편은 애굽 할렐시(113-118편) 앞에 첨가된 것인데, 135-136편도 비슷하게 시온 순례시(120-134편) 뒤에 첨가되어 있다.

흥미로운 점은 113-118편이 출애굽의 구원을 떠올리게 한다면, 율법시인 119편은 시내 산에서 율법을 받는 장면을 연상시킨다는 것이다. 그리고 시온 순례시인 120-134편은 광야의 노정을 끝내고 시온에 도착하는 장면으로 풀이될 수 있다. 이런 점에서 5권의 내용은 출애굽 사건, 시내 산에서의 율법 수여, 그리고 시온(예루살렘)으로의 입성이라는 역사적 사건의 흐름을 따라 전개되는 모양새를 갖추고 있다.[11] 내용상 5권의 구조는 다음과 같다.

  A. 여호와의 인자하심(107편).
    B. 마음을 정함(108편).
      C. 탄식(109편).
        D. 여호와를 경외하는 자가 땅의 축복을 누릴 것임(110-117편).
          E. 탄식(118편).
            F. 율법시: 마음에 율법을 새김(119편).
        D′. 여호와를 경외하는 자가 시온의 축복을 누릴 것임(120-136편).
          E′. 탄식(137편).
    B′. 마음을 정함(138-139편).
      C′. 탄식(140-144편).
  A′. 여호와의 인자하심(145편).
  (에필로그: 146-150편)

---

11 Dirk Johannes Human, "From Exile to Zion", in *The Composition of the Book of Psalms*, ed. Erich Zenger (Leuven: Uitgeverij Peeters, 2010), 527.

5권은 3-4권과 달리 주요 단락이 탄식으로 끝나는 특징이 있다. 이런 탄식의 위치를 통해 5권은 다음과 같은 구조를 이룬다.[12]

서론. 107편.
  A. 108-109편— 첫 번째 단락(여기서 탄식은 109편).
    B. 110-118편— 두 번째 단락(여기서 탄식은 118편).
      C. 119편— 세 번째 단락.
    B'. 120-137편— 네 번째 단락(여기서 탄식은 137편).
  A'. 138-144편— 다섯 번째 단락(여기서 탄식은 140-144편).
결론. 145편.

5권의 기조는 대체로 하나님의 왕권을 찬양하는 분위기다. 이런 분위기에서 5권 안에 탄식시가 나온다는 것은 언뜻 이해하기 어렵다. 아마도 5권에서 탄식은 포로 후기의 열악한 상황에서 비롯된 것처럼 보인다. 하지만 더 깊이 분석하면 5권의 탄식은 1-4권의 탄식과 달리, 하나님 나라를 방해하는 악의 세력을 겨냥하여 그들을 저주하고, 하나님 나라가 속히 도래하기를 기원한다는 의미를 갖는다(109:8-20; 137:7-9; 140:10-11; 143:12). 악의 세력이 빨리 사라지고 하나님 나라가 도래하기를 염원하는 것이다. 이런 점에서 5권의 탄식은 고난으로 인한 절박감에서 나오는 탄식이 아니라 하나님 나라의 완성을 기원하는 탄원에 가깝다. 그러므로 5권의 탄식시는 탄원시로 보는 것이 더 정확하다.

---

12 앞에서 논의한 것처럼, 시편에서 탄식시들이 주요한 단락 경계 표지로 기능하고 있음을 볼 수 있다. 특별히 시편 2권이 그런 경우다.

2. 5권의 내용

1) 서론(107편)

107편은 포로 귀환을 기원했던 106:43-48의 호소에 대한 응답으로 바벨론 포로 생활에서 유다를 돌아오게 하신 하나님의 인애를 찬양하는 내용이다.[13] 그러므로 자연스럽게 107편의 핵심어는 인애다. 인애(인자하심)는 언약적 용어이기 때문에, 107편은 4권의 마지막 부분에서 언급된 언약(106:45)이 성취될 것이라는 힌트를 준다.[14] 107편의 구조는 다음과 같다.

  A. 여호와의 인애를 찬양하라: 백성을 속량하고 모으셨음(107:1-3).
    B. 여호와의 인애: 주린 영혼을 만족시키고 인도하셨음(107:4-9).
      C. 죄 용서의 인애: 말씀을 거역한 자를 사망에서 건지심(107:10-15).
      C′. 죄 용서의 인애: 죄를 짓는 자에게 말씀을 보내어 건지심(107:16-22).
    B′. 여호와의 인애: 위험에 처한 자를 안전한 항구로 인도하심(107:23-32).
  A′. 여호와의 인애를 깨달으라: 악인을 심판하시고, 궁핍한 자에게 인애를 베푸심(107:33-43).

이상의 구조를 볼 때, 107편의 강조점은 백성들이 죄인임에도 불구하고, 하나님이 인애를 베풀어 주셔서 구원하셨다는 데 있다(C/C′ 단락). 이처럼 인애에 대한 강조 때문에 각각의 소단락에는 하나님의 인애(인자하심)라는 단어가 공통적으로 나타난다(107:1, 8, 15, 21, 31, 43). 107편이 죄 용서의 인애를 부각시키는 것은 하나님의 죄 용서의 인애로 인해 이스라엘을 포로 생활에서 돌아

---

13 김정우, 『시편 주석 III』 (서울: 총신대학교 출판부, 2010), 304.
14 Hutchinson, "The Psalms and Praise", 97.

오게 했다는 것을 각인시켜 주기 위함이다. 그래서 계속해서 하나님의 인애에 감사하고 그 인애를 사모할 것을 촉구한다. 이렇게 한다면 포로 후기에 탄식의 상황에서도 하나님의 인애로 공급과 보호를 받아 넉넉히 고난을 이길 수 있다는 것이다(107:4-8, 28-31).

107:41은 하나님의 인애를 받는 자를 궁핍한 자(אֶבְיוֹן/"에브욘")로 명시한다. 여기서 궁핍한 자란, 포로 생활이라는 고난을 통과하면서 낮아지고 심지어 자신이 죄인임을 절감한 사람이다.[15] 그러므로 이 구절은 포로 후기 공동체에게 궁핍한 자처럼 겸손함을 유지하여 지속적으로 하나님의 인애의 수혜자가 될 것을 권면하는 의미를 담고 있다.

정리하면, 107편은 포로 후기의 성도들에게 포로 생활을 통과하면서 궁핍한 자처럼 겸손했을 때 하나님의 죄 용서의 인애로 그들이 구원받았다는 사실을 상기시키고, 현재의 고난 속에서도 계속 가난한 자의 자세를 유지하여 하나님의 인애를 체험할 것을 촉구한다. 이런 사람은 자신도 계속해서 하나님을 향해 사랑을 품고 공의와 의를 행하게 될 것이다. 이런 점에 107편의 교훈은 계속해서 마음에 율법을 새기는 자가 되라는 권고로 요약될 수 있다.

2) 첫 번째 단락(108-109편)

108편에서 시인은 "마음을 정하였다"라고 고백하며 시작된다(108:1). 이런 고백은 107편의 권고에 대한 화답으로서, 마음에 율법을 새겨 인애와 공의와 의를 실천하겠다는 다짐이다. 이렇게 다짐한 시인은 "만민 중에서 주를 찬양한다"고 말한다(108:3). 여기서 만민은 열국(뭇나라)으로서 성도를 압박하는 대적자들을 가리킨다. 실제로 108:9-13에서 열국은 다윗을 가로막는 대적자들

---

15 문은미, "시편의 구성적 접근을 통한 시편 107편의 이해: 시편 5권의 서론으로서 시편 107편의 기능과 메시지를 중심으로", 「개혁신학」 25권 (2009): 281.

로 나타난다. 포로 후기는 열국의 지배를 받는 상황이었기 때문에, 포로 후기를 배경으로 하는 5권 안에서 열국은 하나님 나라를 막는 대적자의 전형으로 제시된다.[16] 따라서 108편에서 언급된, 다윗을 대적하는 열국은 포로 후기에 유다를 대적하는 열국으로 재해석되고 있다. 확실히 5권에서 열국의 이미지는 시편의 전반부와 달리 부정적 뉘앙스를 띤다(110:5; 115:2; 118:10-11).[17]

108:3에서 시인이 대적자인 열국 앞에서 하나님을 찬양하는 것은 대적자를 이기는 무기가 찬양임을 시사해 준다. 대적자를 이기고 승리하는 원동력으로서 찬양의 힘은 8편에서 어느 정도 예견되었고(8:2), 149편에서 더욱 두드러지게 제시된다. "그들의 입에는 하나님에 대한 찬양이 있고…이것으로 뭇 나라에 보수하며"(149:6-7).

108:4에서 시인은 "주의 인자하심"과 "주의 진실"을 노래하고 있다. 여기서 인자와 진실에 해당하는 히브리어 단어는 각각 "헤세드"(חֶסֶד)와 "에메트"(אֱמֶת)로서, 인애와 공의와 의를 달리 표현한 것이다(호 2:19-20; 미 7:20). 그러므로 시인은 하나님의 인애와 공의와 의를 찬양하고, 자신도 하나님을 본받아 인애와 공의와 의를 행할 것이라는 의지를 표명하고 있다. 여기서 우리는 찬양이 성도에게 대적자를 물리칠 수 있을 힘을 줄 뿐만 아니라 인애와 공의와 의를 행할 수 있는 원동력이 된다는 것을 발견할 수 있다.

결국 108편은 마음에 율법을 새겨서 인애와 공의와 의를 행하려고 다짐할 때, 열국으로 대변되는 대적자들이 방해물이 된다는 것을 시사하고, 이런 방해물을 극복하기 위해 하나님을 찬양하도록 권고한다. 찬양의 힘을 사용한다면 대적자를 물리치고 지속적으로 마음에 율법을 새길 수 있다는 설명이다.

---

16 쳉어는 5권의 배열이 최종적으로 주전 200년에 완성되었다고 주장한다. Zenger, "Der jüdischer Psalter – ein anti-imperiales Buch?" 97.

17 Tucker, "Empires and Enemies in Book V of the Psalter", 723-731 참조.

109편은 탄식시(탄원시)로서, 대적자로 인한 환난을 언급한다(109:4). 앞서 지적한 대로, 여기서 탄식은 아직 포로 후기에 하나님 나라가 온전히 서지 않은 상황에서 대적자를 저주하고, 하나님 나라가 속히 임하기를 간구하는 탄원이다. 109편의 구조는 다음과 같다.

  A. 하나님의 개입으로 인한 구원 호소(109:1).
    B. 대적자들의 말과 행동: 핍박, 선을 악으로 갚음(109:2-5).
      C. 대적자를 향한 저주(109:6-15).
    B′. 대적자들의 행동과 말: 핍박, 가난한 자를 저주(109:16-20).
      C′. 대적자를 향한 심판 간구(109:21-29).
  A′. 하나님이 궁핍한 자를 구원하실 것임(109:30-31).

이 구조로 볼 때 109편의 핵심은 C/C′단락으로서, 악인을 향한 저주와 그들에 대한 심판이라는 것을 보여 준다. 109편의 키워드는 "가난한 자"("아니")와 "궁핍한 자"("에브욘")로서(16, 22, 31절), 이들은 108편의 "마음이 정한 자"를 달리 표현한 것이다(108:1).[18] 가난하고 궁핍한 자는 대적자에게 사랑을 베풀지만, 대적자는 오히려 사랑을 악으로 갚아 인애를 베풀지 않는 자로 묘사된다(109:4, "나는 사랑하나 그들은 도리어 나를 대적하니"). 따라서 109편의 시인은 대적자를 저주하고(109:6-15), 대적자를 심판해 달라고 탄원하고 있다(109:21-29).

특별히 109:22에서 시인은 "나는 가난하고 궁핍하여 나의 중심이 상함이

---

[18] 109:16에서 가난한 자는 "마음이 상한 자"와 평행을 이룬다. 마음이 상한 자는 부정적 뉘앙스를 풍기는 것처럼 보이기 때문에 108:1의 "마음을 정했다"는 고백과 어울리지 않는다. 실제로 4권에서 비슷한 표현인 "마음이 시들다"라는 말은 마음이 흔들린다는 부정적 의미다(102:4). 하지만 5권의 문맥에서 "마음이 상한 자"는 4권처럼 마음이 흔들린다는 의미가 아니라 대적자로 인한 고난으로 말미암아 하나님을 간절히 사모하는 상태를 가리킨다(140-144편 참조). 34:18에서 언급된 "마음이 상한 자"(마음이 부서진 자)는 통회하고 회개하는 마음을 가리키므로, 긍정적인 뉘앙스를 띤다.

니이다"라고 말한다. 여기서 "가난하고 궁핍하다"라는 말은 107:41의 "궁핍한 자"를 연상시킨다. 107:41에서 궁핍한 자는 철저히 가난해져서 진정으로 하나님의 인자를 체험하고 자신도 인애와 공의와 의를 행하는 자다. 이런 문맥을 고려할 때, 109편의 궁핍한 자는 하나님과 이웃에게 사랑을 베풀어 인애와 공의를 행하는 자임을 알 수 있다.

결국 109편은 탄식의 상황에 있는 성도들에게, 대적자들 앞에서 낙심하지 말고, 적극적으로 하나님께 대적자를 물리쳐 달라고 기도해야 한다는 교훈을 준다. 108편이 대적자를 물리치기 위해서는 찬양할 것을 권고했다면, 109편은 대적자를 이기기 위해서는 가난하고 낮은 자세를 견지하면서 대적자의 심판을 위해 기도해야 한다는 충고를 주고 있다.

3) 두 번째 단락(110-118편)

110편은 메시아의 출현을 예표하는 제왕시이고, 118편도 메시아를 암시하는 시이기에(118:26, "여호와의 이름으로 오는 자가 복이 있음이여"), 110-118편은 메시아라는 틀로 인클루지오 구조를 형성하고 있다.[19] 110-118편의 핵심은 하나님이 메시아를 보내어 그로 하여금 108-109편에서 대적자로 제시된 열국(뭇 나라)을 물리치게 하시고 백성에게 땅을 차지하는 복을 내려 주실 것이라는 약속이다(110:5; 111:6; 113:4; 114:1; 115:2, 16; 117:1; 118:10). 여기서 열국과 땅을 차지하는 복은 여호와를 경외하는 자가 누리게 될 것이다(111:5, 10; 112:1; 115:11, 13; 118:4). 전체적으로 110-118편의 구조는 다음과 같다.

A. 하나님이 메시아를 통해 열국을 정복하고 다스리실 것임(110편).

---

19 김진규는 5권에서 제왕시의 전략적 배열을 통해, 제왕시인 110편은 종결 송영(111편) 및 추가적 송영(112-118편)과 함께 묶인다고 주장한다. 김진규, "제왕시의 전략적 위치에서 본 시편 89편," 「구약논단」 15권 2호 (2009): 96.

B. 하나님의 통치의 수혜자: 경외하는 자가 열국을 소유(111편).
　　　C. 경외하는 자의 특징: 마음이 정함, 공의와 의를 행함(112편).
A´. 출애굽 사건을 통해 하나님이 열국과 만물 위에 높아지셨음(113-114편).
　　B´. 하나님의 통치의 수혜자: 경외하는 자가 땅을 소유(115편).
　　　C´. 경외하는 자의 특징: 하나님의 인애를 찬양, 서원을 갚음, 감사(116-117편).
결론. 경외하는 자의 간구: 열국을 정복해 달라는 호소, 메시아에 대한 기대(118편).

　이상의 구조를 볼 때, 110-118편은 110-112편과 113-118편으로 나뉘는 이중 구조다. 여기서 핵심은 C/C´단락으로, 종말에 열국과 땅을 소유하는, 여호와를 경외하는 자의 특징을 보여 주는 데 있다. 한마디로 여호와를 경외하는 자의 특징은 하나님의 인애를 체험하여 자신도 하나님을 의지하고(인애) 공의와 의를 행한다는 것이다. 이런 점에서 110-118편의 여호와를 경외하는 자는 108-109편에서 말하는 "마음을 정한 자"와 동일 인물이다. 결국 110-118편의 요지는 포로 후기에 고난에 처한 성도들에게 종말에 출현할 메시아를 통해 땅의 축복을 받게 될 것을 약속함으로써, 지속적으로 마음에 율법을 새기는 여호와를 경외하는 자의 삶을 촉구하는 것이다.

110-112편

　110편은 "주의 오른편에 있는 자"(메시아)가 나타나서 대적자인 열국을 물리치고 하나님 나라를 완성시킬 것을 예고하는 내용이다. 110:1에서 언급된 "오른쪽"이라는 말은 109편에서 사용된 "오른쪽"과 연결어구(catchword)를 이루어(109:6, 31), 110편이 109편의 호소에 대한 응답으로 기능하고 있음을 보여 준다. 109편에서 시인은 하나님께, 자신의 오른편에 서서 열국(대적자)를 물리쳐 달라고 간구했는데, 이에 대한 응답으로 110편은 하나님이 자신의 오른편에 있는 메시아를 보내시어 열국을 물리쳐 주실 것을 예언하고 있다(110:6). 110편의 구조는 다음과 같다.

   A. 주께서 여호와의 오른쪽에 앉아 계심(110:1).
     B. 주께서 원수들을 다스리실 것임(110:2).
       C. 주의 백성이 거룩한 옷을 입고 새벽 이슬같이 나타날 것임(110:3).
       C′. 주는 멜기세덱의 서열을 따른 영원한 제사장(거룩한 자)(110:4).
   A′. 오른쪽에 계신 주께서 왕들을 깨뜨리실 것임(110:5).
     B′. 주께서 뭇 나라를 심판하실 것임(110:6-7).

이상의 구조를 볼 때, 110편의 핵심은 여호와의 오른쪽에 계신 주(메시아)가 열왕들을 정복할 때, 주의 백성이 왕이면서 동시에 제사장인 메시아를 따라 거룩한 옷을 입은 제사장으로 변형될 것이라는 예언이다(C/C′ 단락).

110:1에서 다윗은 하나님의 오른편에 있는 자를 "아돈"(אָדוֹן, 주라는 뜻)이라고 부르기 때문에, 이 메시아적 인물이 신적인 인물임을 암시한다. 구약은 오른쪽에 앉아 있는 인물을 총 네 번 언급한다(왕상 2:19; 22:19; 대하 18:18; 시 110:1). 오른쪽에 앉아 있는 대상은 주로 여호와 옆에 있는 천사다. 그리고 110:1의 "네 원수"라는 명칭은 시편에서 하나님의 직접적인 대적자를 가리키는 표현이다(8:2; 21:8; 66:3; 74:23; 89:10, 51; 92:9). 또한 110:5에서 "노하시는 날"이라는 표현은 구약에서 하나님의 분노를 가리킬 때 사용되는 어구다(욥 20:28; 애 2:1, 21-22; 슥 2:2-3). 이런 관찰을 종합할 때, 110:1의 "주"라는 말은 신적 인물을 가리키는 호칭으로 충분히 이해할 수 있다.[20]

---

[20] Barry C. Davis, "Is Psalm 110 A Messianic Psalm?", *Bibliotheca Sacra* 157 (2000): 164.

윌슨(Wilson)은, 110편에서 등장하는 주는 왕적 인물이 아니라고 주장한다. 그에 의하면 2절의 "다스리다"라는 말은 통치를 의미하는 "말라크"(מָלַךְ)가 아니라 "라다"(רָדָה)로서, 단순히 "권위를 행사하다", "감독하다"라는 뜻이라는 지적이다.[21] 하지만 110:2은 "주의 권능의 규"라고 말하고 있기 때문에, 여기서 주는 왕적 권위를 가지고 있음이 분명하다.

110:3은 메시아의 사역으로 거룩한 옷을 입은 주의 백성이 나타나게 될 것을 예고한다. "주의 백성이 거룩한 옷을 입고 즐거이 헌신하니 새벽 이슬 같은 주의 청년들이 주께 나오는도다"(110:3). 여기서 "거룩한 옷"은 제사장 아론이 입는 거룩한 옷을 연상시키기 때문에, 이 구절은 "주의 백성"이 제사장으로 변형된다는 힌트를 준다.[22] 그렇다면 메시아의 사역으로 주의 백성이 어떻게 제사장으로 변형될 수 있는가? 이 물음과 관련하여 주목해야 할 구절이 110:4이다. 이 구절은 메시아를 제사장으로 부르고 있기 때문에, 메시아를 따르는 주의 백성이 그를 본받아 제사장처럼 변하는 것이라고 풀이할 수 있다.

110:4은 여호와의 오른편에 있는 메시아가 멜기세덱의 서열을 따르는 영원한 제사장이라고 선언한다.[23] 데이비스(Davis)는 메시아가 제사장적 역할을 갖는 것은, 메시아가 대적자들을 죽여 하나님께 제물로 드리기 때문이라고 해석한다.[24] 하지만 대적자가 하나님께 제물이 된다는 것은 구약의 제사법에 맞지 않다. 하나님께 드리는 제물은 어디까지나 하나님의 백성의 죄를 청산하기 위한 것이다. 110편은 구체적으로 메시아가 어떻게 제사장 역할을 하는

---

21 Gerald H. Wilson, "King, Messiah, and the Reign of God: Revisiting the Royal Psalms and the Shape of the Psalter", in *The Book of Psalms: Composition and Reception*, ed. Peter W. Flint and Patrick Miller (Boston: Brill, 2005), 399.
22 Davis, "Is Psalm 110 A Messianic Psalm?", 165.
23 Kraus, *Theology of the Psalms*, 110. 여기서 크라우스는, 110편에서 왕-제사장 직을 가진 다윗 계열의 메시아는 가나안 땅의 여부스족의 전승에서 기인되었을 가능성을 제기한다.
24 Davis, "Is Psalm 110 A Messianic Psalm?", 166.

지를 밝히고 있지 않지만, 이사야 53장과 연결시켜 읽으면, 그 역할은 자신을 직접 속건제물로 바치는 것으로 이해할 수 있다(사 53:10).

정리하면, 110편은 종말에 메시아의 출현과 사역으로 열국(대적자)이 멸망하게 될 것을 예언하여, 대적자로 인해 깊은 수렁에 빠진 성도들을 위로한다. 무엇보다 종말에 메시아의 사역을 통해 성도들은 거룩한 옷을 입은 제사장으로 변형될 것이다. 그러므로 110편은 성도들에게 미래의 거룩한 제사장답게 현재의 삶을 거룩하게 살 것을 촉구한다. 여기서 거룩한 삶이란, 마음에 율법을 새겨 인애와 공의와 의를 실천하는 삶이란 것은 두말할 필요가 없다.

111편은 110편의 "주의 백성"을, 열국을 기업으로 얻는 왕적 존재로 묘사한다(111:6). 그러므로 백성이 제사장으로 변형될 것을 예고한 110편과 함께 111편을 읽으면, 110-111편은 메시아 사역의 결과로 주의 백성이 왕 같은 제사장으로 변화될 것을 예언하는 의미를 지닌다(벧전 2:9). 왕 같은 제사장은 모세 언약의 이상이기 때문에, 결국 종말의 메시아는 모세 언약을 성취하는 분임을 알 수 있다(출 19:6, 계 5:10 참조). 111편의 구조는 다음과 같다.

A. 전심으로 여호와께 감사하라(111:1).
　B. 여호와의 행사: 인애와 의(111:2-4).
　　C. 경외하는 자의 복: 양식, 언약 기억, 열국을 소유함(111:5-6).
　B′. 여호와의 행사: 진실과 공의(111:7-8).
　　C′. 백성(경외하는 자)의 복: 구원, 언약을 세움(111:9).
A′. 여호와를 경외하고 찬송하라(111:10).

이상의 구조로 보아 111편의 핵심은 C/C′ 단락으로서, 여호와를 경외하는 자가 받는 복에 있음을 보여 준다. 111편의 시인은 110:3의 "주의 백성"을 여호와를 경외하는 자로 표현하고(111:5), 여호와를 경외하는 자가 열국(대적자)을 기업으로 얻어 땅을 차지하고, 양식을 얻으며, 하나님과 언약을 맺게 될 것이라 약속한다(115:5-6, 9). 열국을 기업으로 얻음, 양식의 공급, 그리고 언약 회복은 포로 후기 사람들의 절대적인 희망사항이었기 때문에, 111편의 내용은 포로 후기에 고난에 처한 사람들에게 확실히 큰 위로의 말씀이다. 특별히 시편에서 열국을 기업으로 얻어 땅을 차지한다는 것은 왕적 축복이다(2:7-9). 열국을 기업으로 얻어 땅을 차지한다는 축복은 이후 5권의 시편들에서 계속하여 중요한 주제로 떠오른다.

끝으로 111:10에서 시인은 앞서 말한 축복을 누리기 위해 여호와를 경외하는 자가 될 것을 다시 강조한다("여호와를 경외함이 지혜의 근본이라"). 이 구절에서 여호와를 경외하는 자가 "그의 계명을 지키는 자"와 평행을 이룬다. 그래서 여호와를 경외하는 것이 단순히 율법을 문자적으로 지키는 행위를 의미하는 것처럼 비친다. 하지만 실제로 그렇지는 않다. 앞서 말한 대로 시편에서 여호와를 경외한다는 것은 아무런 대가 없이 베푸시는 여호와의 사랑에 압도되어 자신도 하나님을 사랑하고, 율법에 나타난 하나님의 뜻을 자발적으로 실천하려는 모습(공의)을 가리킨다.

결국 111편은 종말에 메시아의 출현으로 성도들이 열국을 기업으로 차지하게 될 것을 약속하여, 대적자 앞에서 낙심하지 않도록 교훈한다. 열국을 기업으로 얻어 땅을 차지한다는 축복을 제시하여 성도들에게 용기를 주고 있는 셈이다. 또한 이런 축복은 여호와를 경외하는 자가 누릴 것이기 때문에(111:5), 하나님의 사랑을 진정으로 깨닫아 마음에 율법을 새기는 자가 될 것을 촉구한다(111:10).

112편은 111편의 축복의 수혜자인 여호와를 경외하는 자가 어떤 특징을 가지고 있는지에 대해 더욱 구체적으로 소개하는 내용이다. 이렇게 소개하는 목적은 그런 특징을 계속해서 유지하여 복을 받고 고난을 이기도록 권고하기 위함이다. 한편 111-112편은 모두 지혜시로서, 어휘 면에서 서로 유사하다. 그렇다고 이 두 시를 한 사람이 썼다고 주장할 수는 없다. 아마도 112편의 저자가 111편을 참조했을 것이라고 추정할 수 있다.[25] 112편의 구조는 다음과 같다.

  A. 여호와를 경외하는 자: 계명을 즐거워함(112:1).
    B. 경외하는 자의 복: 땅에서 강성(땅을 차지), 재물(112:2-3).
      C. 경외하는 자의 특징: 인애와 공의를 행함(112:4-5).
        D. 의인은 영원히 기억됨(112:6).
  A′. 여호와를 경외하는 자: 여호와를 의뢰, 마음을 정함(112:7).
    B′. 경외하는 자의 복: 두려움이 없음(112:8).
      C′. 경외하는 자의 특징: 재물을 베풂(인애), 영원한 의(112:9).
        D′. 악인은 영원히 소멸됨(112:10).

이상의 구조는 112편의 핵심이 악인과 의인의 운명을 대조하는 데 있음을 보여 준다(D/D′ 단락). 112:1은 "여호와를 경외하며 그의 계명을 크게 즐거워하는 자는 복이 있도다"라고 선언하며 시작한다. 계명을 지키는 것이 무거운 짐이 될 수 있는 상황에서, 어떻게 여호와를 경외하는 자는 계명을 즐거워할 수 있는가? 결론적으로 말해, 여호와를 경외하는 자는 그분의 사랑에 압도되어 자신도 하나님을 사랑하는 마음에서 자발적으로 그분의 뜻을 지키려 하기 때문에 계명 준수를 즐거워하는 것이다. 나중에 112편의 시인은, 여

---

[25] Zakovitch, "The Interpretative Significance of the Sequence of Psalms 111-112, 113-118, 119", 218.

호와를 경외하는 자는 "마음을 굳게 정한다", 또는 "여호와를 의뢰한다"라고 말함으로써(112:7), 하나님을 사랑하고 의지하여 마음에 율법을 굳게 새기는 자임을 보여 준다.

따라서 112편에서 언급된, 여호와를 경외하는 자는 하나님의 사랑에 압도되어 마음에 율법을 새긴 자로 압축된다. 이 점은 이 시가 마음에 율법을 새길 것을 강조한 1편과 어휘 면에서 유사하다는 사실로부터 더욱 지지를 얻는다.[26] 예를 들어, 112편은 1편처럼 초두가 "아쉬레"(אַשְׁרֵי, 복이 있는)로 시작하고, 말미도 1편의 끝처럼 "토베드"(תֹּאבֵד, 망하다)로 끝난다. 또한 내용도 1편과 같이 의인과 악인의 운명을 대조시키는 데 초점을 맞추고 있다.

112:2은 "그의 후손이 땅에서 강성함이여"라고 말함으로써, 여호와를 경외하는 자가 땅을 차지하게 될 것이라는 111편의 진술을 확증해 준다. 또한 112:4은 여호와를 경외하는 자의 모습을 "그는 자비롭고 긍휼이 많으며 의로운 이로다"(112:4)라고 말하여, 여호와를 경외하는 자가 인애와 공의와 의를 행하는 자임을 선명하게 부각시켜 준다.

정리하면, 110-112편은 포로 후기에 열국이라는 대적자로 인해 신음하는 성도들에게 종말에 메시아가 출현하여 열국을 물리치고 여호와를 경외하는 자에게 땅을 차지하는 복을 베풀어 주실 것이라 약속한다. 그래서 메시아의 출현과 땅의 축복이라는 동기부여를 통해, 낙심하지 말고 여호와를 경외하여 지속적으로 마음에 율법을 새길 것을 권면한다.

오늘날 우리 주위에도 여러 모양으로 우리를 핍박하는 대적자들이 있다. 그래서 대적자들로 인하여 마음이 상하고, 말씀대로 사는 것에 의욕을 잃는 경우가 종종 있다. 이런 상황에서 110-112편의 말씀은 불의한 대적자로 인

---

26 Zakovitch, "The Sequence of Psalms", 217.

하여 몸서리를 치는 성도들에게 의미심장한 교훈이 아닐 수 없다. 우리는 이 교훈에 따라 그리스도의 재림 시 이루어질 하나님 나라의 완성을 고대하고 낙심하지 말아야 할 것이다. 또한 주님의 축복을 바라보고 인애와 공의와 의의 삶을 지속적으로 살아가야 할 것이다. 그렇게 한다면 고난 가운데서도 필요를 채워 주시는 하나님의 공급하심을 경험하게 될 것이고(112:3), 마침내 대적자가 보응을 받게 되는 날을 보게 될 것이다(112:8).

113-118편

113-118편은 애굽 할렐시로서 유월절을 기념하며 불렀던 노래다. 유월절에 애굽 할렐시가 사용되었다는 증거는 신약에서 유월절을 기념할 때 찬송하며 감람산으로 올라갔다는 기록에서 어느 정도 엿볼 수 있다(마 26:30; 막 14:26). 애굽 할렐시의 구조는 다음과 같다.

A. 113-114편— 출애굽 사건으로 하나님이 열국과 자연 위에 높아지셨음.
B. 115편— 경외하는 자에게 주시는 복: 땅의 복.
C. 116-117편— 경외하는 자의 특징: 하나님의 인자를 찬양.
결론. 118편— 열국을 정복해 달라는 호소.

또한 수사학적으로 애굽 할렐시는 다음과 같이 동심원 구조를 이룬다.

A. 113편— 출애굽 사건으로 하나님이 열국 위에 높아지셨음.
  B. 114편— 만물이 하나님의 행하심을 보고 두려워함.
    C. 115편— 경외하는 자의 복: 자손의 번성, 땅을 주심.
    C′. 116편— 경외하는 자의 특징: 인애를 실천, 서원 갚음, 감사.

B′. 117편 — 열국도 경외하는 자와 같이 하나님의 인애를 찬양하라.
A′. 118편 — 과거의 은혜를 근거로 열국을 정복케 달라는 호소.

이상의 구조를 볼 때, 113-118편의 수사학적 강조점은 경외하는 자에게 주시는 하나님의 복과 경외하는 자의 특징에 있다(C/C′ 단락). 그래서 113-118편은 앞의 110-112편의 내용처럼, 여호와를 경외하는 자가 누릴 복을 제시하여 여호와를 경외하는 모습, 즉 마음에 율법을 새기는 모습을 지속적으로 견지하도록 촉구하고 있다.

먼저 113편은 성도를 "가난한 자"와 "궁핍한 자"("에브욘")로 명명하여(113:7), "빈궁한 자"("에브욘")를 언급하는 112편과 연결되고 있다(112:9).[27] 113편의 중심 메시지는 하나님이 가난했던 이스라엘을 이집트에서 구원하여 열국 위에 높아지셨다는 것이다. "여호와는 모든 나라보다 높으시며 그의 영광은 하늘보다 높으시도다"(113:4). 이것은 출애굽의 사건으로 열국이 하나님 앞에 무릎을 꿇게 되었다는 뜻이다. 그래서 포로 후기에 여전히 열국의 지배로 말미암아 가난한 자로 전락한 성도들에게 하나님이 다시 열국을 물리쳐 주실 것이라는 희망을 불어넣고 있다.

114편은 출애굽 사건이 열국뿐만 아니라 땅에 사는 모든 만물에 하나님의 위엄을 보여 준 사건임을 강조한다(114:7, "땅이여 너는 주 앞 곧 야곱의 하나님 앞에서 떨지어다").[28] 이것은 궁극적으로 온 땅이 여호와의 앞에 굴복하게 되리라는 의미다.

정리하면, 113-114편은 출애굽 사건이 보여 주듯이 하나님은 열국과 만물 위에 뛰어난 분이시기에, 종말에 반드시 열국이 하나님에 의해 굴복당할

---

27 Zakovitch, "The Sequence of Psalms", 220.
28 Richard D. Nelson, "Psalm 114", *Interpretation* 63 (2009): 172.

것을 확신시켜 준다. 그리하여 포로 후기에 성도들의 신앙의 발목을 잡고 있는 대적자들이 궁극적으로 사라지게 될 것을 약속하여, 고난 가운데서 낙심하지 말도록 교훈한다.

115편은 하나님이 과거 이스라엘을 출애굽시켜 가나안 땅을 선물로 주셨던 것처럼, 하나님이 포로 후기 성도를 위해 반드시 열국을 물리치고 땅을 선사해 주실 것을 암시한다(115:16, "하늘은 여호와의 하늘이라도 땅은 사람에게 주셨도다"). 앞의 113-114편이 종말에 열국을 굴복시킬 하나님의 모습을 표현했다면, 115편은 열국을 굴복시킨 후에 땅을 차지하는 복을 내려 주실 하나님의 모습을 그리고 있는 셈이다. 115편의 구조는 다음과 같다.[29]

    A. 인자하고 진실하신 주의 이름에 영광을 돌리소서(115:1-2).
      B. 하나님은 하늘에 계셔 모든 것을 행하심, 열국의 신은 우상(115:3-8).
        C. 여호와를 경외하는 자여 여호와를 의지하라(115:9-11).
        C′. 여호와를 경외하는 자에게 복이 임함(115:12-15).
      B′. 하늘에 계신 여호와께서 땅을 사람에게 주심(115:16).
    A′. 우리는 여호와를 송축하리로다(115:117-18).

이상의 구조는 115편의 핵심이 여호와를 경외하는 자에게 임할 복에 있음을 보여 준다(C/C′ 단락). "높은 사람이나 낮은 사람을 막론하고 여호와를 경외하는 자들에게 복을 주시리로다"(115:13).

115:3-8에서 시인은 하나님과 열국의 신들을 대조하고, 열국이 의지하는 신들은 우상인 반면 하나님은 하늘에 계신 참 신(神)이심을 선포한다. 그러므

---

29 밴게메렌의 115편의 구조도 이와 비슷하다. VanGemeren, "Psalms", 719.

로 성도들에게 열국의 위협을 두려워하지 말라고 교훈한다. 열국을 두려워하여 그들의 우상을 섬긴다면 성도들도 우상과 같이 가증한 존재로 전락하게 될 것이다(115:8). 이어서 시인은, 여호와는 열국의 신보다 뛰어난 분이시므로 여호와만을 의지할 것을 촉구한다(115:9). 끝으로, 여호와를 경외하는 자에게 궁극적으로 땅의 축복이 임하게 될 것을 암시한다(115:16).

결국 115편은 111편처럼 땅의 축복이라는 동기부여를 통해 여호와를 경외하는 자가 될 것을 권면한다. 그렇다면 이런 축복을 받는 여호와를 경외하는 자의 특징은 무엇인가? 이 물음에 대한 힌트로 115:1은 "오직 주는 인자하시고 진실하시므로 주의 이름에만 영광을 돌리소서"라고 말한다. 이로써 여호와를 경외하는 자가 기본적으로 여호와의 인자(인애)와 진실을 진정으로 체험하는 자임을 다시 확인해 준다.

116편은 115편의 땅의 축복을 받게 될, 여호와를 경외하는 자의 특징을 더욱 선명하게 드러내 준다. 116편은 명시적으로 여호와를 경외하는 자라는 표현을 사용하지 않고 대신에 "하시딤"을 언급한다. "하시딤"의 의미는 "인애를 베푸는 자"라는 뜻인데, 개역개정판 한글 성경은 이 단어를 "경건한 자"로 번역하여 그 의미를 분명하게 드러내지 못했다(16:15). "하시딤"(성도)은 시편에서 여호와를 경외하는 자와 병치되어(145:10, 19), 여호와를 경외하는 자의 속성을 보여 주는 명칭이다. 결국 116편은, 여호와를 경외하는 자를 "하시딤"으로 표현함으로써 여호와를 경외하는 자가 하나님의 인애를 체험하고 자신도 인애를 베푸는 자임을 확실하게 드러내 준다. 116편의 구조는 다음과 같다.

 A. 나를 사망의 줄에서 건지신 하나님을 사랑하고 기도할 것임(116:1-4).
  B. 은혜롭고 의로우신 여호와께서 나를 구원하셨음(116:5-6).
   C. 은혜를 입은 자의 복: 평안, 생명의 땅에서 여호와와 동행하는 것

(116:7-11).

　　C′. 은혜를 입은 자의 태도: 주의 은혜를 무엇으로 보답할까(116:12-14).

　B′. 여호와는 경건한 자("하시딤")를 죽음에서 구원하심(116:15).

A′. 나의 결박을 풀어 주신 하나님을 감사하고 찬양할 것임(116:16-18).

　　이상의 구조를 볼 때, 116편의 핵심은 하나님의 은혜를 입어 평안을 얻고 생명의 땅을 차지하는 경건한 자("하시딤")의 올바른 태도가 무엇인지를 보여 주는 것이다(C/C′ 단락).

　　116편에서 시인은 자신을 경건한 자("하시딤")와 동일시하는데(116:15), 앞서 말한 대로 경건한 자는 여호와를 경외하는 자로서 "사망의 줄이 나를 두르고 스올의 고통이 내게 이르므로 내가 환난과 슬픔을 만났다"라는 고백처럼 (116:3), 극심한 고통 중에서 하나님의 구원의 인애를 체험한 사람이다.

　　116:9에서 시인은 "내가 생명이 있는 땅에서 여호와 앞에 행하리로다"라고 말함으로써, 경건한 자(여호와를 경외하는 자)가 "생명이 있는 땅"을 차지하는 복을 누리게 될 것을 암시한다. 이로써 여호와를 경외하는 자가 땅을 차지하는 축복을 얻게 될 것이라는 115편의 진술을 다시 확인해 주고 있다.[30] "생명이 있는 땅"은 시편 27:13의 말씀을 연상시킨다. 27:13은 성도가 종말에 "산 자들의 땅"에서 하나님과 교제의 기쁨을 나누게 될 것을 보여 주는 말씀이다. 이런 점을 고려할 때, 116:9은 여호와를 경외하는 자가 궁극적으로 땅을 차지하고 거기서 하나님과 교제의 기쁨을 온전히 누리게 될 것을 시사해 준다.

　　116:12에서 "내게 주신 모든 은혜를 내가 여호와께 무엇으로 보답할까"라

30　여러 주석가들은 116:9에서 언급된 "생명이 있는 땅"을, 죽음에서 생명을 얻는 것으로 이해한다. 하지만 이 구절은 앞의 115편과 연결되어, 궁극적으로 여호와를 경외하는 자가 땅을 차지한다는 의미로 보는 것이 더 설득력 있다. Kraus, *Psalms 60-150*, 387 참조.

는 말은 여호와를 경외하는 자의 모습이 어떠해야 하는지를 잘 보여 주는 대목이다. 여호와를 경외하는 경건한 자는 하나님의 인애에 감격하는 자이기에, 항상 하나님의 인애에 보답코자 행동하는 자임을 매우 감동적으로 일깨워 주고 있다.

116:15에서 개역개정판 한글 성경이 "그의 경건한 자들의 죽음은 여호와께서 보시기에 귀중한 것이로다"라고 번역한 부분은 언뜻 이해하기 어렵다. 문자적으로 해석하면 여호와께서 경건한 자들의 죽음을 좋게 보신다는 뜻으로 이해할 소지가 있다. 결론적으로 이 구절은 여호와께서 경건한 자의 죽음을 가볍게 허락하지 않으신다는 의미다. 그래서 여호와의 구원으로 인해, 경건한 자들은 쉽게 죽음을 당하지 않는다는 것을 가리킨다.[31] 끝으로 시인은 하나님의 은혜를 입은 경건한 자(여호와를 경외하는 자)는 어떤 상황에서도 하나님의 인애를 감사하고 찬양할 수 있음을 말하면서 시를 종결한다(116:16-18). 하나님의 인애를 아는 성도라면 고난 중에도 감사와 찬양의 삶을 살 수 있다는 것이다.

정리하면, 115편의 땅의 축복을 누리는, 여호와를 경외하는 자는 하나님을 사랑하여 그 사랑에 항상 보답코자 행동하는 자임을 116편은 교훈한다(116:1, 12). 확실히 이런 사람은 평안과 함께 생명의 땅에서 여호와와 동행하는 복을 누리게 될 것이다(116:7-9). 그러므로 116편은 하나님의 사랑을 항상 잊지 않는, 여호와를 경외하는 자가 되어 고난을 이길 것을 충고한다.

117편은 시편에서 가장 짧은 시로서, 열국도 여호와를 경외하는 자와 같이 하나님의 행사를 보고 그분의 인자를 찬양하도록 촉구한다.[32] 116편에서

---

31 VanGemeren, "Psalms", 728.
32 한편 스니만(Fanie Snyman)은 117편이 원래 포로기를 배경으로 쓰인 시라고 주장한다. Fanie Snyman, "Reading Psalm 117 against an Exilic Context", *Vetus Testamentum* 61 (2011): 109-118.

여호와를 경외하는 자는 하나님의 인애를 감사하는 자로 나타나는데(116:17), 117편은 열국에게 그런 감사의 찬양을 통해 여호와를 경외하는 자가 될 것을 권고하고 있는 셈이다.

118편은 113-118편의 결론이자 110-118편의 결론이다. 118편에서 시인은 110-117편에서 언급된 "여호와를 경외하는 자"를 자신과 동일시하고, 여호와를 경외하는 모든 자들에게 하나님의 인자를 찬양하도록 권고한다(118:4). 이런 점에서 확실히 여호와를 경외하는 자는 110-118편의 중심 문구다(111:5; 112:1; 115:11; 118:4). 118편의 구조는 다음과 같다.

  A. 여호와를 경외하는 자는 여호와의 인자를 찬양하라(118:1-4).
    B. 여호와께서 나의 간구를 들으심: 여호와는 내 편(118:5-9).
      C. 뭇 나라(대적자)를 여호와의 이름으로 내가 끊을 것임(118:10-14).
        D. 의인의 장막의 기쁜 소리: 여호와의 오른손이 권능을 베풂(118:15-16).
      C´. 여호와로 인해 내가 죽음에서 구원받았음(118:17-21).
        D´. 우리가 즐거워함: 건축자의 버린 돌이 머릿돌이 됨(118:22-24).
    B´. 여호와께 구원을 간구: 여호와의 이름으로 오는 자가 복(118:25-26).
  A´. 여호와께 제물을 드리고 주를 높이며 감사하라(118:27-29).

이상의 구조로 볼 때 118편의 핵심은 D/D´ 단락으로서, 열국을 물리쳐 주실 여호와의 인자를 신뢰하고 기뻐하라는 교훈이다. 덧붙여 여호와의 인자를 신뢰하고 기뻐하는 자는 미래에 구원과 축복을 주려고 여호와의 이름으로 오는 메시아의 출현을 위해 기도해야 한다는 것을 일깨워 준다(118:25-26).

118:26에서 시인은 "여호와의 이름으로 오는 자가 복이 있음이여 우리가 여호와의 집에서 너희를 축복하였도다"라고 말하는데, 여기서 "여호와의 이

름으로 오는 자"의 정체가 모호하다. 크라우스(Kraus)는 이 정체를 제사를 드리기 위해 성전 문에 오는 일반 성도로 이해하고, 그런 자를 제사장이 축복하는 장면이라고 해석한다.[33] 하지만 앨런(Allen)은 여기서 "여호와의 이름으로 오는 자"는 118편의 문맥을 고려하면, 열국이라는 대적자를 물리치는 왕이라고 주장한다.[34] 실제로 118:10은 여호와의 이름으로 왕이 열국을 끊을 것이라는 기대를 보여 준다. 이런 맥락에서 118:26의 "여호와의 이름으로 오는 자"는 열국을 물리치는 사명을 완성할 종말의 메시아적 인물을 예표하는 것으로 앨런은 이해한다.[35]

118:26에서 언급된 "여호와의 이름으로 오는 자"는 구원을 호소하는 118:25의 내용과 밀접하게 연관되기 때문에, 이 인물은 미래의 구원을 가져다주는 자임이 확실하다. 또한 "여호와의 이름"은 "여호와의 권위"를 상징하는 것이기에, 118:26은 여호와의 권위를 가지고 미래에 열국을 물리치기 위해 오는 메시아에 대한 예언으로 충분히 확대해석할 수 있다.[36]

결국 118편은 "여호와의 이름으로 오는 자"인 메시아의 출현을 내다보고, 메시아를 통해 열국(대적자)이 정복될 것이라는 희망을 제시하고 있다(118:26; 마 21:9; 23:39). 앞서 118:25은 "여호와여 구하옵나니 이제 구원하소서"라고 외치는데, 여기서 "이제 구원하소서"에 해당하는 히브리어 표현은 "호쉬안나"(הוֹשִׁיעָה נָּא)다. 신약은 이 "호쉬안나"를 예수 그리스도에게 적용하여, 118편에서 드러나는 메시아에 대한 기대가 예수 그리스도에 의해 성취되었음을 증거한다(마 21:9, "호산나 다윗의 자손이여 찬송하리로다").[37]

---

33 Kraus, *Psalms 60-150*, 400.
34 Allen, *Psalms 101-150*, 125.
35 Allen, *Psalms 101-150*, 125.
36 Mark D. Futato, *The Book of Psalms*, Tyndale Cornerstone Biblical Commentary (Carol stream, Ill.: Tyndale House Publishers, 2009), 366.
37 호산나의 뜻은 "찬양하라"라는 뜻이 아니라 "구원하소서"라는 뜻이다.

정리하면, 113-118편은 110-112편처럼 포로 후기의 탄식의 상황에 있는 성도들에게 종말에 여호와께서 메시아를 보내어 열국(뭇 나라)으로 대변되는 대적자를 물리쳐 주시고, 여호와를 경외하는 자에게 땅을 차지하는 축복을 베풀어 주실 것이라 약속한다. 그래서 마음에 율법을 새기고 지속적으로 인애와 공의와 의를 행하는, 여호와를 경외하는 자가 될 것을 촉구하고 있다. 특별히 메시아는 성도들이 마음에 율법을 새기는 데 걸림돌이 되는 대적자들을 멸하실 것이기 때문에, 메시아를 대망하고 고난에서 승리할 것을 113-118편은 권고한다. 한편 110-118편이 메시아에 대한 기대로 시작해서(110편) 메시아에 대한 기대로 끝난다는 것(118편)은 고난당하는 성도들의 유일한 희망은 메시아밖에 없음을 시사해 준다.

오늘날 이미 예수 그리스도가 초림하여 오신 상황에서, 110-118편의 내용처럼 메시아를 대망하며 여호와를 경외하라는 말은 언뜻 현실과 동떨어진 듯한 느낌을 준다. 하지만 그리스도께서 약속하신 축복은 재림 시에 온전히 성취되는 것이기 때문에, 110-118편의 교훈은 오늘날 우리에게도 여전히 유효하다. 그러므로 성도는 다시 오실 예수님을 바라보며 여호와를 경외하는 모습, 즉 마음에 말씀을 새기고, 항상 주님의 은혜를 어떻게 갚을지 고심하는 모습을 견지해야 할 것이다. 이런 모습을 견지할 때, 성도는 반드시 대적자들을 이기고 하나님께 영광 돌리는 삶을 살 수 있을 것이다.

4) 세 번째 단락(119편)

119편은 5권의 중심이다.[38] 119편을 앞의 110-118편과 관련하여 읽으면, 율

---

38 윌슨은 시 119편이 시편 5권의 중심이라고 말한다. Wilson, "The Shape and Shaping of the Psalter", 79. 비슷하게 밀러도 최종 완성된 시편의 관점으로 볼 때 시 119편이 시편 5권의 핵심이라고 이해한다. Patrick D. Miller, "Deuteronomy and Psalms: Evoking a Biblical Conversation", *JBL* 118 (1999): 11.

법시인 119편은 땅을 차지하는 축복이, 여호와를 경외하여 마음에 율법을 새긴 자에게 임한다는 점을 더욱 강조한다. 그래서 포로 후기의 유다 공동체에게 마음에 율법을 새긴 모습을 지속적으로 견지하도록 촉구한다. 웨스터만(Westermann)은 한때 시편이 율법시인 1편과 119편의 틀로 구성되어 있었다고 주장했다.[39] 이 주장이 맞다면 119편은 시편 전체에서 시편의 신학을 잘 요약해 주는 시라고 말할 수 있다.

119편 안에는 지혜, 탄식, 찬양, 감사, 그리고 죄의 고백 등의 요소가 산재되어 있기 때문에, 119편은 탄식과 찬양이 섞여 있는 118편과 매우 긴밀한 관련이 있다. 119편은 1편과 19편과도 많은 어휘들을 공유하고 있어(1, 15-16, 23-24, 72, 98, 103, 127, 133절 참조), 율법이 키워드를 이룬다. 메이즈(Mays)는 119편에서 율법과 관련된 어휘가 총 19번 등장한다고 말한다.[40] 119편이 말하는 율법의 의미는 시편 전체의 문맥에서 볼 때, 모세의 율법처럼 성문화된 계명을 가리키기보다는 하나님의 가르침이라는 포괄적인 의미를 갖는다.[41]

119편은 이합체시로서 각각의 연(stanza)의 서두에 히브리의 알파벳 순서에 따른 자음이 차례대로 나타나는 구조다. 이런 이합체시의 구성은 119편이 성도의 삶에서 율법이 적용되어야 함을 보여 주기 위해 모든 논점들을 다루었다는 효과를 준다.[42]

119:1은 "행위가 온전하여 여호와의 율법을 따라 행하는 자들은 복이 있다"라는 말로 시작한다. 여기서 "행위가 온전하다"라는 말은 모든 행동에서 전혀 죄가 없는 완전무결한 상태를 뜻하는 것이 아니다. 이 구절에서 "온전하

---

39 Claus Westermann, *Praise and Lament in the Psalms* (Edingburgh: T&T Clark, 1981), 252-253.
40 James Luther Mays, "The Place of the Torah-Psalms", *JBL* 106 (1987): 9.
41 Kraus, *Psalms 60-150*, 420.
42 119편을 자세하게 묵상한 글로 다음의 책을 참고하라. 크리스토퍼 애쉬, 『시편 119』, 김진선 역 (서울: 성서유니온선교회, 2011).

다"로 번역된 히브리어 단어는 "타밈"(תָּמִים)으로서, 지혜 문학에서 겉과 속이 한결같은 모습을 가리키는 낱말이다(잠 11:3, 5, 20 참조).[43] 그러므로 "행위가 온전하다"라는 말은 겉과 속이 한결같은 모습을 뜻하는 것일 뿐, 죄가 없는 상태를 가리키는 말이 아니다. 그래서 겉과 속이 한결같은 모습을 유지하기 위해 비록 죄를 지을지라도 즉시 회개한다는 의미를 담고 있다.

119:1은 이런 자를 "여호와의 율법을 따라 행하는 자"라고 다시 정의한다. "율법을 따라 행하는 자"란 지금까지 시편이 줄기차게 강조한, 마음으로 율법을 새기는 자를 달리 표현한 것이다. 실제로 119편은 마음에 율법을 새기는 모습을 반복해서 강조한다(11, 32, 34, 69, 92, 97, 113, 127, 143절). "내가 주께 범죄하지 아니하려 하여 주의 말씀을 내 마음에 두었나이다"(119:11).

그렇다면 마음에 율법을 새기는 모습이 어떻게 "행위가 온전한" 모습과 일치하는가? 앞서 말한 대로, 마음에 율법을 새긴다는 것은 내면적으로 하나님을 향한 사랑인 인애를 마음에 품고서 외형적으로 하나님의 뜻을 실천하는 공의의 모습을 의미한다. 이런 점에서 마음에 율법을 새기는 것은 겉과 속이 한결같은 모습이기에, "행위가 온전한" 모습으로 충분히 볼 수 있다. 결국 119:1은 마음에 율법을 새기는 것이 온전한 행위임을 제시하여, 고난받는 성도들에게 마음에 율법을 새기도록 권고한다.

5권의 서두에서 성도는 마음에 율법을 굳게 새기기로 결심한 자로 제시되었다(108:1). 이런 문맥을 고려할 때, 119:1이 마음에 율법을 새기라고 권고하는 것은 1-4권의 분위기와 달리 이미 마음에 율법을 새겨서 하나님 나라를 갈망하는 포로 후기의 성도들을 겨냥한 말씀이다. 따라서 마음에 율법을 새기기로 결심한 자들에게 계속해서 율법을 마음에 새기도록 당부하는 말이다.

---

43 잠 11장의 핵심어는 "투마"(תֻּמָּה, 성실, 11:3) 또는 "타밈"(תָּמִים, 완전한 자, 11:5, 20)이다. 이 단어들은 같은 의미군에 속한 낱말로서 겉과 속이 한결같은 인격을 가리킨다.

119:9-10은 "청년이 무엇으로 그의 행실을 깨끗하게 하리이까…주의 계명에서 떠나지 말게 하소서"라고 말하여, 율법에서 떠나지 않고 율법을 지키는 것이 포로 후기에 고난에 처한 성도가 취할 유일한 대안임을 보여 준다.[44] 고난 가운데서 성도는 환경의 어려움으로 하나님을 원망하고 행실을 더럽힐 수 있음을 경고하여, 마음에 율법을 새기는 모습으로 행동을 바르게 할 것을 촉구하는 것이다.

119:19에서 시인은 자신을 "땅에서 나그네" 된 자로 소개한다. 이런 소개는 열국의 지배를 받아 사실상 땅을 잃은 포로 후기 공동체의 비참한 모습을 잘 보여 주는 대목이다(119:157 참조). 하지만 이 구절에서 시인은 "주의 계명들을 내게 숨기지 마소서"라고 기원하고 있기 때문에, 성도가 하나님으로부터 말씀을 지속적으로 받아 그 말씀대로 행한다면, 110-118편이 제시한 땅을 차지하는 축복을 얻게 될 것이라는 암시를 준다.[45]

119:67-68은 "고난 당하기 전에는 내가 그릇 행하였더니 이제는 주의 말씀을 지키나이다. 주는 선하사 선을 행하시오니 주의 율례들로 나를 가르치소서"라고 기도한다. 이 구절은 5만 번의 기도 응답을 받은 조지 뮬러가 60대 나이에 소천한 부인의 장례예배를 인도하면서 설교 본문으로 채택한 말씀으로 유명하다.[46] 이 구절은 고난이 오히려 마음에 율법을 새기게 하는 수단임을 보여 준다. 그러면 어떻게 고난이 마음에 율법을 새기게 해 주는 수단이 되는가? 고난을 통과하면서 사람은 그동안 알지 못했던 하나님의 뜻을 깨닫고 더욱 낮아지게 된다. 그러면서 동시에 하나님이 그동안 자신에게 베푸셨던 사랑을 알게 된다. 그래서 하나님을 사랑하는 가운데 하나님의 말씀인 율

---

44 Kent A. Reynolds, "The Answer of Psalm CXIX 9", *Vetus Testamentum* 58 (2008): 265-269.
45 신약에서 땅을 차지하는 주제는 영적인 천국을 소유하는 주제로 더욱 발전한다(마 5:3 참조).
46 바실 밀러, 『열정적 기도와 기적의 사람 조지 뮬러』, 110.

법을 자발적으로 실천하려는 마음을 갖게 되는 것이다. 이런 의미에서 확실히 고난은 마음에 율법을 새기게 만드는 통로다.

119:107-108에서 시인은 하나님께 찬양할 때, 말씀으로 교훈해 주실 것을 기도한다. "내 입이 드리는 자원제물을 받으시고 주의 공의(말씀)를 내게 가르치소서"(119:108). 하나님의 말씀을 받기 위해 먼저 찬양하는 시인의 모습이다. 이렇게 찬양을 통해 말씀을 받길 원하는 이유는 말씀만이 어두운 상황을 헤쳐 나가게 하는 힘이 되기 때문이다(16:7 참조). 119:105이 "주의 말씀은 내 발에 등이요 내 길에 빛이니이다"라고 말하는 것도 이런 이유에서다. 이로써 고난으로 인해 사방이 어두움으로 둘러싸여 있을 때, 찬양을 통해 말씀을 받아 그 빛을 따라 행동한다면, 어두움을 헤치고 승리할 수 있다는 교훈을 얻을 수 있다(미 6:8 참조).

119:92에서 시인이 "주의 법이 나의 즐거움이 되지 아니하였더면 내가 내 고난 중에 멸망하였으리이다"라고 고백한다. 이 고백은 왜 시인이 말씀을 받길 열망했는지를 잘 보여 준다. 성도는 말씀을 받아 행할 때 하나님과 형용할 수 없는 교제의 기쁨을 누려서, 고난에서 승리할 수 있기 때문이다. 따라서 이 구절은 말씀 순종에서 오는 기쁨이 고난을 이기게 하는 승리의 원동력임을 일깨워 준다. 말씀에서 오는 교제의 기쁨이 성도가 누릴 수 있는 최고의 복임을 다시금 확증해 주는 셈이다.

이런 이유에서 시인은, 앞서 "주의 율례들을 내게 가르치소서"라고 호소하였고(119:12), 주의 말씀이 자신의 기쁨임을 선포했던 것이다(119:24). 말씀에서 오는 기쁨이 진정한 축복임을 알기에, 시인은 "내가 주의 계명들을 금 곧 순금보다 더 사랑하나이다"라고 고백한다(119:127). 말씀을 순종할 때 누리는 하나님과의 교제의 기쁨으로 인해, 주의 계명이 꿀보다 더 달고 금보다 더 귀하다고 선언하는 것이다.

119:138은 "주께서 명령하신 증거들은 의롭고 지극히 성실하니이다"라고 말한다. 한마디로 증거로 표현된 주의 말씀이 의롭고 성실하다는 뜻이다. 하나님 편에서 의와 성실은 항상 사랑(인애)과 공의를 동반한다. 사랑과 공의가 배제된 의는 있을 수 없기 때문이다. 그러므로 주의 말씀이 의롭고 성실하다는 것은 단순히 도덕적으로 선하고 완전무결하다는 것을 강조하기 위한 말이 아니다. 여기서의 초점은 하나님의 말씀이 백성을 향한 온전한 사랑과 뜻을 베푸는 데 조금도 부족함이 없음을 강조하는 것이다. 결국 이 구절은, 주의 말씀이 궁극적으로 성도를 향한 하나님의 사랑을 표출하는 통로임을 보여 주어, 말씀을 받아 하나님의 사랑을 체험하고 그분의 뜻에 순종하여 더욱더 하나님과의 교제의 기쁨을 나누도록 권면하고 있다.

정리하면, 119편은 땅의 축복을 누리기 위해 성도들에게 지속적으로 마음에 율법(말씀)을 새기도록 교훈한다. 이를 위해, 율법이 성도의 길을 밝은 빛으로 인도하고, 행실을 바르게 해 주며, 무엇보다 하나님의 사랑을 깨닫게 해 주어 그분과의 교제의 기쁨을 누리도록 해 주는 효과가 있음을 일깨워 준다. 일찍이 16편은 이런 기쁨을 성도의 생명이라고 정의했다(16:11). 앞서 말한 대로, 마음에 율법을 새기고 지킨다는 것은 인애와 공의와 의를 행한다는 뜻이다. 그러므로 119편의 핵심 메시지는 인애와 공의와 의를 행할 때 하나님과의 교제에서 오는 기쁨을 얻어 넉넉히 고난을 헤쳐 나갈 수 있음을 반복해서 강조하는 것이다.

5) 네 번째 단락(120-137편)

120-137편은 119편의 뒤에 위치하여, 119편의 "마음에 율법을 새긴 자"가 시온에서 하나님이 베푸시는 복들(평강, 보호, 수고한 대로 먹음, 자식의 축복, 가정과 공동체의 번영)을 누리게 될 것을 노래한다(121:6; 122:8-9; 127:1-3; 128:2-3). 나중에

시온은 온 세상의 중심으로 나타날 것이기 때문에, 시온의 복은 종말에 땅을 차지하는 복으로 이어질 것이다(125:3). 이를 위해 하나님은 종말에 메시아를 보내어 열국으로 대변되는 대적자를 물리치고, 시온에서 성도들에게 땅을 차지하는 축복을 허락하실 것이다(132:17-18). 메시아를 통해 대적자를 물리치신다는 점에서, 120-137편은 메시아를 통해 열국을 물리쳐 주실 것을 예언한 110-118편과 평행을 이룬다(110:1, 5; 118:26).

한편 율법시인 119편 다음에 성전에 올라가는 노래인 시온 순례시(120-134편)가 놓인 것은 시온과 율법의 상관관계를 잘 보여 주는 대목이다. 119편이 시온 순례시 앞에 배열된 것에 대해 닐슨(K. Nielson)은, 성전이 제대로 기능하지 못한 포로 후기의 상황에서 119편이 강조하는 율법에 대한 순종이 120-134편에서 서술된, 성전에 올라가는 행동의 대안으로 제시된 것이라고 주장한다.[47] 어쨌든 119편이 시온 순례시인 120-134편과 함께 배열된 것은 시온에서 하나님의 통치라는 축복을 받기 위해서는 적어도 율법에 순종해야 한다는 것을 강조하기 위한 배열자의 의도다. 이런 의도는 율법과 시온을 서로 병치시킨 1-2편에서 이미 드러난 것이기도 하다.

내용적으로 120-137편은 성전에 올라가는 노래(시온 순례시)인 120-134편과 135-137편으로 나뉜다. 120-134편이 시온의 복에 초점을 맞추고 있다면, 135-137편은 시온에서 축복하시는 하나님의 인애에 초점을 맞추고, 그런 인애에 근거해서 대적자를 물리쳐 달라고 호소하는 내용이다.[48]

---

47 Kirtsten Nielson, "Why not Plough with an Ox and as Ass Together? Or: Why not Read PS 119 Together with PSS 120-134?" *SJOT* 14 (2000): 56-66.
48 Human, "From Exile to Zion", 529.

성전에 올라가는 노래(120-134편)

길링햄은 시온 순례시인 120-134편의 구조를 다음과 같이 제시했다.[49]

A. 120-122편: 시온에 도착.
　B. 123-126편: 탄식시. 결론은 신뢰로 끝남.
　　C. 127-129편: 시온에서 하나님의 축복.
　B'. 130-131편: 회개의 시. 결론은 신뢰로 끝남.
A'. 132-134편: 시온에서 떠남.

하지만 필자는 각 시에 나타난 키워드나 핵심 주제로 보아, 120-134편이 다음과 같은 구조를 이루고 있다고 생각한다.

A. 120편: 평강의 장소 시온(120:7).
　B. 121편: 천지를 지으신 여호와(121:2).
　　C. 122편: 다윗의 집의 보좌(122:5).
　　　D. 123편: 긍휼 호소(123:2).
　　　　E. 124편: 고난 속에서 구원(124:5).
　　　　　F. 125편: 여호와를 의지하는 자는 흔들리지 않음(125:1).
　　　　　　G. 126편: 시온의 포로를 돌려 보내실 때 꿈꾸는 것 같음(126:1).
　　　　　F'. 127-128편: 여호와를 경외하는 자의 복(128:1).
　　　　E'. 129편: 고난 속에서 구원(129:4).
　　　D'. 130-131편: 인자하심 호소(130:7).

49　Gillingham, "Zion Tradition", 319.

        C´. 132편: 다윗 언약 성취 기원(132:10-12).
    A´. 133편: 형제간의 화평(133:1).
        B´. 134편: 천지를 지으신 여호와(134:3).

또한 120-134편은 탄식시(탄원시)가 단락의 시작을 알리는 표지로 기능하기 때문에 다음과 같은 소단락으로 세분화될 수 있다.

    A. 120-122편— 시온의 일반적 축복: 평강과 보호.
        B. 123-124편— 탄원과 응답: 천지를 지으신 하나님이 대적자를 물리치실 것임.
            C. 125-128편— 탄원과 응답: 여호와를 경외하는 자가 시온의 축복을 누림.
        B´. 129-132편— 탄원과 응답: 메시아가 대적자를 물리칠 것임.
    A´. 133-134편— 시온의 일반적 축복: 평강과 보호.

이상의 구조를 볼 때, 120-134편의 핵심은 125-128편으로서 여호와를 경외하는 자가 시온의 복을 누릴 수 있다는 것이다(128:1, 4).

시온 순례시(120-134편)는 초두와 말미에 성도가 현재 누릴 수 있는 시온의 복으로 평강과 보호를 언급한다(121-122, 133-134편). 하지만 시온 순례시의 중심축을 이루는 125-128편에서는 땅의 복(125:3)과 같이 다양한 복들을 열거한다.[50] 그리고 이런 복들을 "여호와를 경외하는 자"가 받을 것이라고 말한다(128:1, "여호와를 경외하며 그의 길을 걷는 자마다 복이 있도다"). 이런 짐에서 땅의 축복

---

50 Susanne Gillmayr-Bucher, "'Like Olive Shoots around Your Table': Images of Space in the Psalms of Ascent", in *The Composition of the Book of Psalms*, ed. Erich Zenger (Leuven: Uitgeverij Peeters, 2010), 490.

을 받기 위해 경외하는 자가 될 것을 촉구한 110-118편과 평행을 이루고 있다(111:5; 112:1; 115:11; 118:4).

시온 순례시는 먼저 하나님의 은혜로 바벨론 포로 생활에서 시온으로 귀환한 사실(제2의 출애굽)을 노래하면서, 열국의 지배를 받고 있는 포로 후기의 상황에서 다시 제3의 출애굽을 기원하는 의미도 담고 있다. 이런 점에서 시온 순례시는 또 다른 출애굽의 은혜를 열망하는 애굽 할렐시(113-118편)와 평행을 이룬다.

한편 시온 순례시에서 시온은 정치, 행정의 중심지가 아니라 천지를 지으신 하나님의 임재를 구현한 영적 장소로 제시된다(121:1-2).[51] 포로 후기 시대에 성전을 순례한다는 것은 매우 힘든 일이었기에, 자연히 사람들은 이런 시온 순례시를 읽음으로써 성전 순례를 대체하게 되었다.[52] 이런 변화로 시온에서의 예배는 특정 사람들의 전유물이 아니라 모든 사람들이 쉽게 접근할 수 있는 예배로 변모할 수 있었다. 일종의 민주화인 셈이다.[53] 그리하여 시온의 개념이 자연스럽게 지리적인 장소에서 개인, 가정, 성읍, 공동체와 같이 하나님의 임재가 임하는 모든 장소로 확대될 수 있었다(겔 48:35 참조). 이제 120-134편의 시들의 내용을 살펴보기로 하자.

① 120-122편

이 단락은 서두와 말미에 화평이라는 단어가 나타나서, 인클루지오 구조를 이룬다(120:6; 122:8).[54] 이런 인클루지오 구조는 120-122편을 하나의 소단

---

51 Gillingham, "The Levitical Singers", 96.
52 Human, "From Exile to Zion", 530.
53 Gillingham, "The Levitical Singers", 122.
54 김성수는 120-122편이 예루살렘에 대한 갈망(120편), 여행(121편), 그리고 예루살렘 도착(122편)이라는 구성으로 이루어졌다고 주장한다. 김성수, "성전에 올라가는 노래(시 120-134) 문맥 속에서의 시편 121편 해석",「교회와 문화」제15호 (2004): 171.

락으로 읽으라는 힌트다. 120-122편의 구조는 다음과 같다.

A. 120편 – 나는 화평을 원하나 대적자는 싸우려고 함.
  B. 121편 – 시온에서 여호와께서 성도를 지켜 주심(보호).
A'. 122편 – 시온의 축복으로서 평안(평강).

120편의 시인은 먼저 시온에서 인간의 고통에 응답하시는 하나님을 찬양하고(120:1), 시온의 축복을 베풀어 주셔서 대적자를 물리치고 화평(평강)을 누리게 해 달라고 기원한다(120:6-7). 이어서 121편은 하나님이 천지의 창조자이시자 이스라엘을 도와주시는 보호자이심을 드러낸다(121:1-3). 특별히 121편은 성도를 지키시는 여호와의 모습을 점진적으로 발전시키고 있다.[55] 포로 후기에 시온이 열국의 지배를 받고 있는 상황에서, "내가 산을 향하여 눈을 들리라. 나의 도움이 어디서 올까. 나의 도움은 천지를 지으신 여호와에게서로다"라는 말은 열국으로 인해 두려워 떠는 성도들에게 참으로 눈물나게 하는 위안이 아닐 수 없었다.

결국 121편은 포로 후기에 열국의 지배로 시온이 외관상 초라해 보이지만, 여전히 천지를 지으신 하나님이 시온에서 통치하고 계시기 때문에, 시온의 하나님을 의지한다면 종말에 온전히 구현될 시온의 복(보호)을 현재에도 누릴 수 있음을 교훈한다. "낮의 해가 너를 상하게 하지 아니하며 밤의 달도 너를 해치지 아니하리로다"(121:6).

122편은 예루살렘이 주의 보좌임을 진술하여(122:5), 시온이 천지를 지으신 하나님의 거처이자 세상의 중심임을 천명한다. 이런 사실은 여전히 성도

---

[55] Hunter, *An Introduction to the Psalms*, 64.

가 시온을 의지할 수 있고, 종말에 이루어질 시온의 축복을 미리 누릴 수 있다는 근거로 작용한다. 더욱이 성도가 시온의 복을 누린다는 것은 세상의 중심인 시온의 시민이 되어 세상을 소유한다는 신학적 의미를 갖는다. 실제로 이사야 선지자는 시온에 거하는 모습을 땅을 차지하는 모습과 연관시키고 있다(사 57:13).[56] 이런 점에서 122편은 시온의 복으로 땅을 차지하는 복이 있음을 내비치고 있다.

122:8은 시온의 축복으로 "평안"(화평)을 언급한다. 37편에 의하면 화평은 온유한 자("아나브")가 누리는 최고의 복이기 때문에(37:11, 37), 시온에서 화평을 누리는 자는 다름 아닌 온유한 자임을 알 수 있다. 그러므로 122:8은 종말에 완성될 시온의 복(평강)을 선취하기 위해서는 하나님의 말씀을 마음에 새기는 온유한 자가 되어야 함을 암시해 준다. 그런 자가 된다면 성도는 고난 가운데서도 확실히 평강의 축복을 누리게 될 것이다.

② 123-124편

이 단락은 시온의 복을 방해하는 대적자를 탄식하고(123편), 그에 대한 응답(124편)을 들려주는 구조다. 120-134편에서 탄원시는 단락의 시작을 알리는 신호이기 때문에, 탄원시인 123편에서 새로운 단락이 시작됨을 알 수 있다.

123편은 탄원시로서, 대적자로부터 받는 심한 멸시 앞에서 여호와의 인자를 간구한다. 123:1에서 시인은 "하늘에 계신 주여 내가 눈을 들어 주께 향하나이다"라고 말하고 있다. 시온이 대적자로 인해 암울한 상황에 놓여 있을 때, 하늘에 계신 하나님을 향해 하소연하는 것이다. 이런 호소연의 밑바탕에는 종말에 하나님이 시온을 회복시키시고 시온의 복을 온전히 베풀어 달라

---

[56] John N. Oswalt, *The Book of Isaiah: Chapters 40-66*, NICOT (Grand Rapids, Mich.: Eerdmans, 1998), 483.

는 탄원이 자리 잡고 있다. 따라서 종말에 대적자를 물리쳐 주시고 시온의 복을 이루어 달라고 기원하고 있는 것이다.

123:4은 시인의 대적자를 교만한 자로 묘사한다. 이는 131:1에서 성도를 겸손한 자로 그리는 것과 같은 맥락이다. 여기서 교만에 대한 언급은 종말에 성도가 시온에 거하기 위해서는 홀로 높으신 하나님 앞에 지속적으로 겸손해야 한다는 것을 시사해 준다. 결국 123편은 시온의 축복을 누리기 위해 성도는 하나님께 대적자의 심판을 탄원할 수 있음을 보여 준다.

124편은 123편의 탄원에 대한 응답으로 하나님이 과거에 백성을 구원하셨던 사실을 상기시킨다. "우리의 영혼이 사냥꾼의 올무에서 벗어난 새 같이 되었나니 올무가 끊어지므로 우리가 벗어났도다"(124:7). 그래서 과거에 이스라엘이 하나님의 은혜로 올무에서 구원을 받았던 것처럼, 현재의 성도들도 반드시 하나님의 은혜로 대적자의 올가미에서 구원을 얻을 것이라는 확신을 심어 준다.[57] 종말에 시온에서 하나님의 임재가 가시화될 때 구원이 온전히 이루어지겠지만, 현재에도 성도는 그런 구원의 복을 미리 누릴 수 있다는 교훈이다.

끝으로 124:8은 "우리의 도움은 천지를 지으신 여호와의 이름에 있도다"라고 말하여, 천지의 창조자이신 하나님이 궁극적으로 시온을 새롭게 하시어 대적자가 없는 세상을 만들어 주실 것을 내비친다. 그래서 포로 후기 성도들에게 하나님의 위대함을 의지하고, 종말에 이루어질 시온의 복을 기대하며 고난을 이길 것을 권면하고 있다.

124편의 교훈은 오늘날 우리에게도 시의적절한 메시지다. 악인이 득세하고 의인이 고난받는 상황에서 우리도 하나님의 말씀에서 떠나려는 유혹을 종종 경험하곤 한다. 하지만 그럴수록 우리는 124편의 말씀에 따라 과거에

---

[57] Kraus, *Psalms 60-150*, 442.

베풀어 주신 은혜를 기억하고 천지를 지으신 하나님이 현재에도 우리를 도와주신다는 사실을 잊지 말아야 할 것이다. 그렇게 한다면 종말의 시온의 복을 미리 누려서 기쁨으로 지금의 고난을 이길 수 있을 것이다.

③ 125-128편

이 단락은 시온 순례시의 핵심으로서 시온의 구체적인 복을 제시하고, 그런 복이 종말에서뿐만 아니라 현재에도 여호와를 경외하는 자가 누릴 수 있음을 더욱 강조한다. 125편은 "여호와여 선한 자들과 마음이 정직한 자들에게 선대하소서"라고 간구함으로써, 어느 정도 탄원적 요소를 가지고 있다(125:4). 이런 점에서 125편의 탄원은 새로운 단락의 신호로 기능하고 있다. 이어서 126편도 탄원의 성격을 가지고 있고, 127-128편은 125-126편의 탄원에 대한 응답의 역할을 하고 있다.

125편은 여호와를 의지하는 자를 위한 구원을 탄원하는 내용이다. 그러면서 여호와를 의지하는 자에게 시온의 어떤 복이 임하는지를 기술하여, 시온의 복을 바라볼 것을 촉구한다. 125편의 구조는 다음과 같다.[58]

  A. 여호와를 의지하는 자는 시온 산같이 흔들리지 않음(125:1).
    B. 여호와께서 그의 백성을 예루살렘처럼 둘러 보호하심(125:2).
      C. 악인이 의인의 땅에서 권세를 누리지 못함(125:3).
    B′. 여호와여 마음이 정직한 자에게 선대하소서(125:4-5a).
  A′. 이스라엘에게는 평강이 있을 것임(125:5b).

---

58 이 구조는 밴게메렌의 125편의 구조를 약간 변형시킨 것이다. VanGemeren, "Psalms", 787.

이상의 구조는 125편의 핵심이 탄식의 상황에서 궁극적으로 의인이 땅을 차지하여 악인의 위협을 받지 않을 것이라는 시온의 복에 초점을 맞추고 있음을 보여 준다(C단락).

125:1-2은 하나님이 인간을 시온 산처럼 보호하신다고 말한다. 이것은 시온의 복을 통해 성도가 보호를 받는다는 의미이면서, 동시에 성도의 몸이 시온처럼 하나님 임재의 장소임을 일깨워 준다.[59] 125:3은 악인이 의인에게 분배된 땅에 서지 못할 것을 말하여, 종말에 악인이 사라지고 의인이 땅을 차지하는 축복을 누리게 될 것을 보여 준다("악인의 규가 의인들의 땅에서는 그 권세를 누리지 못하리니").[60] 119편의 시인이 "땅에서 나그네"와 같다고 말한 상황에서(119:19), 125:3에서 제시된 땅의 축복에 대한 소망은 포로 후기 공동체에게 큰 위로가 되었음이 틀림없다. 결국 125편은 시온의 복으로 땅의 축복과 평강, 그리고 하나님의 보호를 제시하고, 그런 복을 마음이 정직한 자에게 반드시 베풀어 달라고 탄원하고 있다.

126편도 125편과 함께 탄원의 성격을 갖는다. 먼저 이 시는 바벨론 포로 생활에서 시온으로 돌아오게 하신 하나님의 은혜를 노래하며 시작한다. "여호와께서 시온의 포로를 돌려 보내실 때에 우리는 꿈꾸는 것 같았도다"(126:1). 이처럼 시인이 포로 귀환을 찬양하는 배후에는, 포로 후기에 열국의 지배로 여전히 포로 생활의 연장선상에 있는 성도들을 하나님이 속히 포로의 속박으로부터 건져 달라는 탄원이 내포되어 있다. 바벨론에서 포로를 해방시켜 주신 것처럼 열국으로부터 시온을 온전히 해방시켜 달라는 기원이다. 126:4에서 시인이 "여호와여 우리의 포로를 남방 시내들 같이 돌려 보내소

---

59 이 사상은 신약에서 더욱 분명하게 드러나, 사도 바울은 성도가 성전임을 선언한다(엡 3:20-22).
60 125:3에서 개역개정판이 "땅"으로 번역한 히브리어 단어는 "고랄"(גּוֹרָל)로서, 여기서는 제비뽑기를 통해 분배된 땅을 의미한다(민 36:2-3; 수 14:2; 15:1). C. Van Dam, "גּוֹרָל", in *NIDOTTE* 1: 840-842.

서"라고 간구한 것은 바로 이런 맥락에서다.[61]

끝으로 시인은 그런 회복을 위해 성도가 끝까지 인내하고 낙심하지 말 것을 권면하며 마무리한다. "울며 씨를 뿌리러 나가는 자는 반드시 기쁨으로 그 곡식 단을 가지고 돌아오리로다"(126:6). 낙심은 성도가 하나님의 복을 받는 데 큰 방해거리가 됨을 잘 보여 주는 말씀이다. 결국 126편은 하나님께 시온을 열국의 포로로부터 온전히 회복시켜 달라고 탄원하면서, 성도들에게는 시온의 영광을 고대하며 고난 속에서 인내할 것을 촉구한다. 그렇게 인내로 자신이 맡은 사명을 묵묵히 감당한다면 반드시 회복의 축복이 임하게 될 것이라는 교훈이다.

127편은 125-126편의 탄원에 대한 응답으로서 성도가 고난 가운데서 누릴 수 있는 시온의 복을 다시 열거한다. 구체적으로 가정과 성읍을 시온에 비유하고 가정과 성읍의 번성을 시온의 축복으로 제시하고 있다. 먼저 127:1에서 시인은 "여호와께서 집을 세우지 아니하시면 세우는 자의 수고가 헛되며"라고 선언한다. 그리고 127:2은 수고의 떡을 먹고 평안한 잠을 자는 것을 시온의 복으로 묘사한다("그의 사랑하시는 자에게는 잠을 주시는도다"). 127:4은 "자식은 장사의 수중의 화살"과 같다고 말하여, 화살이 장사의 몸을 보호해 주듯, 부모가 늙어서 힘이 없을 때 자식이 부모를 보양하는 자임을 가르쳐 준다. 그래서 시온을 의지하는 자는 이런 자식의 축복을 받게 될 것을 일깨워 준다.[62] 이어서 127:5-6은 가정을 예루살렘의 축복과 연결시켜, 가정을 시온의 복이 성취되는 곳으로 교훈한다.[63]

결국 127편은 시온의 복으로 수고한 대로 **떡을** 먹는 것, 평안한 잠, 자손

---

61 VanGemeren, "Psalms", 792 참조.
62 Leslie C. Allen, *Psalms 101-150*, WBC 21 (Waco, Tex.: Word, 1983), 181.
63 Gillmayr-Bucher, "Images of Space in the Psalms of Ascent", 493.

의 축복, 가정과 공동체의 번영을 제시하고, 고난 가운데서도 이런 시온의 복을 받아 넉넉히 승리할 수 있음을 가르쳐 준다. 이런 시온의 복들은 128편에 다시 반복적으로 언급된다.

128편은 125-126편의 탄원에 대한 응답으로, 127편에서 언급된 시온의 복을 동일하게 열거하면서, 누가 그런 시온의 복을 누리는지에 초점을 맞춘다. 128편의 구조는 다음과 같다.

 A. 여호와를 경외하는 자가 복이 있음(128:1).
  B. 시온의 복: 수고한 대로 먹음, 가정의 축복(128:2-3).
 A′. 여호와를 경외하는 자는 복을 얻을 것임(128:4).
  B′. 시온의 복: 예루살렘의 번영, 자식의 복, 평강(128:5-6).

이상의 구조는 외형상 128편의 핵심이 시온의 복에 있음을 보여 준다(B/B′단락). 하지만 이 복들은 127편에서 이미 제시된 것이기 때문에, 128편의 실질적인 핵심은 그런 복을 누리는 사람이 누구인지를 밝히는 데 있다. 128편은 시온의 축복을 누리는 사람이 바로 여호와를 경외하는 자라고 선언한다(128:1, 4). 그러므로 시온의 복을 받기 위해 여호와를 경외하는 자, 즉 인애와 공의와 의를 행하는 자가 될 것을 촉구한다. 결국 128편은 여호와를 경외하는 자가 땅의 복(125:3), 가정과 공동체의 복(127:1; 128:3, 5), 자손의 복(128:6)을 얻는다는 것을 일깨워, 여호와를 경외하도록 독려한다.

④ 129-132편

129-132편은 탄원(129-131편)과 탄원에 대한 응답(132편)으로 나뉜다. 먼저 129편은 고난 가운데 하나님이 주신 구원을 회상하고, 대적자들이 수치를

당하게 해 달라고 탄원하고 있다(129:5).[64] 129편의 구조는 다음과 같다.

> A. 과거 대적자들이 이스라엘을 괴롭혔지만 이기지 못했음(129:1-2).
>   B. 시온이 밭처럼 갊을 당할 때 나의 등도 갊을 당했음(129:3-4).
>   B'. 시온을 미워하는 자들이 수치를 당하게 해 달라는 호소(129:5).
> A'. 대적자들은 지붕의 풀과 같이 마르게 될 것임: 복을 받지 못함(129:6-8).

이상의 구조를 볼 때, 129편의 핵심 메시지는 바벨론 포로 생활에서 돌아온 성도들이 바벨론에 의한 시온의 멸망을 회상하고, 더 이상 시온이 황폐해지지 않도록 하나님께 대적자를 물리쳐 달라고 탄원하는 것이다(B'단락). 129:3에서 "밭 가는 자들이 내 등을 갈아 그 고랑을 길게 지었도다"라는 말은 시온이 밭처럼 갊을 당할 때 유다의 등도 밭이 되어 고랑이 생겼다는 뜻으로서(미 3:12 참조), 시온과 공동체가 하나라는 사상을 보여 준다.[65]

130편은 확실한 탄원시로서 "여호와여 내가 깊은 곳에서 주께 부르짖었나이다"라는 말로 시작한다(130:1). 130:4에서 시인은 죄를 용서하신 하나님의 성품을 언급한다("사유하심이 주께 있음은 주를 경외하게 하심이니이다"). 그래서 죄 용서의 은혜를 통해 다시 하나님이 이스라엘을 구원해 주실 것을 호소한다(130:8). 이 대목에서 우리는 포로 후기의 탄식의 상황이 죄에 기인했고, 인간의 참된 소망과 구원은 전적으로 하나님의 죄 용서하심에 달려 있음을 다시 확인할 수 있다.[66]

---

64 길링햄은 129편을 탄원시의 범주에 넣지 않았다. 하지만 129편은 포로에서 돌아왔지만 여전히 대적자들이 있는 상황을 상정하고 있기 때문에 대적자를 물리쳐 달라는 탄원의 성격을 가지고 있다고 보는 것이 더 설득력 있다.
65 Gillmayr-Bucher, "Images of Space in the Psalms of Ascent", 494.
66 James L. Mays, "A Question of Identity: The Threefold Hermeneutic of Psalmody", *Asbury Theological Journal* 46 (1991): 94.

130편이 죄의 문제를 언급하는 이유는, 시인이 대적자를 물리쳐 달라고 탄원하면서 자신의 죄를 깨달았기 때문이다. 이 점은 오늘날 탄원 기도를 드리는 성도가 명심해야 할 부분이다. 탄원 기도를 드릴 때, 우리는 먼저 우리의 죄와 부족함을 철저히 고백해야 한다. 탄원을 드리면서 죄의 문제를 직시하고 다시 대적자를 물리쳐 달라고 기도하는 모습은 143편에 다시 나타난다 (143:2, "주의 종에게 심판을 행하지 마소서").

131편에서 시인은 대적자를 교만한 자로 묘사하고, 자신은 겸손한 자임을 밝힌다(131:1). 그래서 하나님께 교만한 대적자를 물리쳐 달라고 탄원한다. 131:2에서 시인은 젖 뗀 아이가 어머니 품에 있는 것같이 여호와를 의지하여 평안을 누리고 있음을 고백한다. 이런 고백을 통해 하나님이 반드시 대적자를 물리쳐 주실 것이라는 확신을 표명하며 시를 마무리한다.

정리하면, 129-131편은 자신의 죄를 인정하고 하나님 앞에서 낮아진 성도가 하나님의 구원을 의지하며 대적자를 물리쳐 달라고 탄원하는 내용이다. 이런 탄원은 하나님의 부재를 원망하며 탄식하는 1-3권의 탄식과는 차별화된다. 129-131편의 탄원은 속히 하나님 나라가 임하여 시온의 축복이 온 세상에 온전히 나타나기를 갈구하는 의미에서 드려지고 있다.

132편은 129-131편의 탄원에 대한 응답이다. 132편의 구조는 다음과 같다.

  A. 다윗의 겸손을 기억하소서(132:1).
    B. 여호와를 위한 다윗의 맹세: 여호와의 처소를 발견할 것임(132:2-5).
      C. 법궤를 향한 다윗의 말: "평안한 곳으로 들어가소서"(132:6-8).
        D. 제사장은 의를 옷 입고 성도는 즐거이 외치라(132:9).
  A′. 다윗을 외면하지 마소서(132:10).
    B′. 다윗을 위한 여호와의 맹세: 언약을 지키면 왕권이 영원할 것임(132:11-12).

C′. 시온을 향한 여호와의 말: "내가 영원히 쉴 곳이라"(132:13-14).
　　D′. 제사장은 구원을 옷 입고 성도는 즐거이 외칠 것임(132:15-16).
결론. 다윗에게서 뿔(메시아)이 나와 원수에게 수치를 줄 것임(132:17-18).

　이상의 구조는 132편의 핵심이 다윗 언약의 축복을 신뢰하고 제사장을 포함한 성도들이 즐겁게 찬양해야 한다고 교훈하는 데 있음을 보여 준다(D/D′단락). 포로 후기는 다윗 언약이 파기된 것처럼 보이는 상황이었기에, 다윗 언약에 대한 언급은 언뜻 이해하기 힘들다. 하지만 하나님 편에서 다윗 언약은 결코 폐기될 수 있는 성질의 것이 아니기 때문에, 132편은 다윗 언약이 여전히 유효함을 알리고 있다. 그래서 129-131편의 대적자로 인한 탄식에 대한 응답으로, 132편은 다윗 언약이 파기된 것은 아니기에 하나님이 다윗의 후손인 메시아를 보내어 원수들을 물리쳐 주실 것을 강조하고 있다(132:17-18).
　구체적으로 132:17-18은 "다윗에게 뿔이 나게 할 것이라. 내가 내 기름 부음 받은 자를 위하여 등을 준비하였도다"라는 하나님의 말씀을 인용하여, 종말에 다윗 언약을 회복할 메시아의 출현에 소망을 가지도록 촉구한다.[67] 종말에 메시아가 와서 다윗 언약이 회복되면, 열국으로 대변되는 대적자는 정복당하고 의인은 땅을 차지하는 시온의 복을 누리게 될 것이다. 따라서 132편은 탄원하는 성도들에게 종말에 메시아를 통해 다윗 언약의 축복이 회복될 것을 약속하여, 고난 속에서 희망을 가질 것을 당부한다.

(5) 133-134편

　133-134편은 120-122편처럼 시온의 복인 평강과 보호에 초점을 맞추어,

67　VanGemeren, "Psalms", 809.

전체적으로 120-134편을 인클루지오 구조로 만들고 있다. 먼저 133편은 시온에서 형제가 아름답게 동거하는 모습을 찬양하며 시작한다. 133:1은 형제가 연합하여 동거하는 모습을 시온 산에 헬몬의 이슬이 내리는 장면에 빗대어 설명하면서, 형제의 친밀한 교제와 평강을 시온의 복으로 제시하고 있다. 134편은 천지를 지으신 하나님을 언급하고(134:3), 121:1-2처럼 천지의 창조자이신 여호와께서 시온에서 백성을 보호하신다는 사실을 다시 상기시킨다.

결국 133-134편은 고난 가운데서도 성도는 아름다운 공동체 속에서 화평을 누릴 수 있음을 말하여, 종말의 시온의 복을 미리 체험할 수 있다는 것을 교훈한다. 따라서 고난을 통과하는 성도에게는 무엇보다 좋은 공동체(교회)와 충실한 성도와의 교제가 중요함을 드러낸다. 이 점은 오늘날 분열로 몸살을 앓고 있는 한국 교회가 꼭 귀담아 들어야 할 부분이다.

⑥ 120-134편의 신학적 메시지

시온 순례시(120-134편)는 성도의 몸이 시온이라는 사상을 보여 주고(125:1), 시온을 가정(128편), 형제의 연합(133편), 성읍(127편), 공동체(129편)로 확대시키고 있다.[68] 특별히 129:3은 시온이 밭같이 황폐하게 되었을 때에 유다도 밭 가는 자에 의해 황폐하게 되었다고 진술하여, 시온과 유다를 일치시키고 있다.[69] 그래서 시온 순례시는 시온이 지역에만 국한되지 않고 하나님의 임재를 경험할 수 있는 모든 영역이 될 수 있음을 나타낸다.

또한 120-134편은 시온에 속하여 하나님 임재의 축복을 누리기 위해서는 다음과 같은 자세를 취해야 한다고 교훈한다. 즉, 여호와를 의지하고 마음이 정직하며(125:1, 4), 교만하지 않은 것이다(131:1). 이런 모습은 한마디로 여호와

---

68 Gillmayr-Bucher, "Images of Space in the Psalms of Ascent", 493-494.
69 Gillmayr-Bucher, "Images of Space in the Psalms of Ascent", 494.

를 경외하는 자의 모습이다(128:1, 4). 이런 교훈들을 종합해 보면, 시온의 복을 누리는 자는 119편에서 말하는 바와 같이 마음에 율법을 새기는 자임을 알 수 있다. 더 나아가 126:5은 "눈물을 흘리며 씨를 뿌리는 자는 기쁨으로 거두리로다"라고 말함으로써, 시온의 복을 받기 위해서는 수동적인 자세를 탈피하고 적극적으로 씨를 뿌리듯이 인내로 하나님이 주신 사명을 감당하는 자가 되어야 함을 가르쳐 준다.[70]

이런 사람에게 하나님은 가정과 성읍의 번성(127:1), 공동체의 하나됨(133), 평강과 보호라는 복을 고난 가운데서도 누리도록 허락해 주실 것이다. 그리고 궁극적으로 대적자에 대한 승리(129:4), 땅 소유(125:3)의 복을 종말에 베풀어 주실 것이다. 포로 후기에 시온이 열국의 지배를 받고 있는 상황에서, 이런 복은 확실히 성도들에게 큰 위로가 되었을 것이다. 비록 시온이 현재는 초라하지만, 여호와를 경외하고 마음에 율법을 새긴다면 성도는 자신이 선 곳에서 시온의 복을 영적으로 선취할 수 있다는 희망을 가질 수 있기 때문이다.

끝으로 시온 순례시는 미래에 메시아의 출현으로 그런 복들이 성취될 것을 내다보고, 탄식의 상황에 있는 성도들에게 메시아가 와서 하나님 나라가 완성될 것을 기대하고 낙심하지 말 것을 촉구한다(132편). 이 대목에서 인간의 궁극적인 소망은 오직 예수 그리스도밖에 없다는 사실을 다시금 엿볼 수 있다.

120-134편의 메시지는 오늘날에도 매우 많은 시사점을 던져 준다. 오늘날 우리의 상황도 포로 후기의 상황 못지않게 탄식적이기 때문이다. 세상을 선도해야 할 교회는 오히려 불미스런 스캔들로 세상의 지탄을 받는 대상이 되었다. 더욱이 한국 교회의 부정적 이미지는 복음 전파에 큰 걸림돌이 되고 있고, 설상가상으로 교회 내에 경건한 성도들에게도 큰 타격을 주고 있다.[71]

---

70 VanGemeren, "Psalms", 792.
71 김창대, "탄식적 상황에서 하나님의 응답", 2-3.

이런 탄식의 상황에서 시온 순례시는 현재를 사는 성도들에게 궁극적으로 악인이 사라지고 의인이 땅을 차지할 것을 확신시켜, 낙심하지 말도록 권면한다. 비록 사방이 탄식의 상황으로 둘러싸여 있을지라도 하나님을 바라고 기도할 때, 천지를 지으신 하나님이 하늘에 있는 예루살렘 성에서 직접 우리를 도와주실 것이다. "내가 산을 향하여 눈을 들리라. 나의 도움이 어디서 올까. 나의 도움은 천지를 지으신 여호와에게서로다"(121:1-2). 이 얼마나 큰 위로인가! 이런 점에서 시온의 노래는 포로 후기의 성도들뿐 아니라 오늘날 우리에게도 귀중한 노래로 불려야 마땅할 것이다.

하나님의 인자하심을 향한 찬양과 탄원(135-137편)

135-137편은 120-134편의 내용에 대한 결론이다.[72] 세부적으로 이 단락은 하나님의 인자를 찬양하는 135-136편과 그 인자에 기초해서 탄원을 드리는 137편으로 나뉜다.

① 135-136편

앞서 말한 대로, 120-134편은 열국의 지배를 받아 실질적으로 포로 생활을 하고 있는 포로 후기 공동체를 위해 하나님이 메시아를 보내어 대적자를 물리치시고 시온을 회복시키시어 시온의 복을 온전히 베풀어 주실 것을 약속했다. 이런 문맥에서 135-136편은 시온을 온전히 회복시켜 주실 하나님의 인자를 찬양한다는 의미를 담고 있다.

먼저 135편은 미래에 베풀어 주실 하나님의 인자를 찬양하는 근거로 과거에 베풀어 주신 하나님의 인자를 부각시킨다. 135편의 구조는 다음과 같다.

---

72 Human, "From Exile to Zion", 529.

A. 이스라엘을 특별한 소유로 삼으신 여호와를 찬송하라(135:1-4).

　B. 창조자이신 여호와는 모든 신들보다 위대하심(135:5-7).

　　C. 출애굽에서 가나안 정복까지 하나님이 백성에게 베푸셨던 인애(135:8-12).

　　C´. 하나님이 자기 백성을 판단하심으로 행하시는 인애(135:13-14).

　B´. 열국의 신들은 우상: 그것들을 만든 자도 우상처럼 가증함(135:15-18).

A´. 여호와를 송축하라(135:19-21).

이상의 구조로 볼 때 135편의 핵심은 C/C´단락으로서, 하나님이 백성을 이집트에서 구원하여 가나안 땅으로 인도하시고 다스려 주셨던 인애를 상기시키고 그런 하나님의 인애를 찬양하는 것이다. 결국 이는 하나님이 미래에도 인애를 베풀어 주셔서 시온을 회복시키실 것이라는 확신을 표명하는 것이다.

먼저, 135:4에서 시인은 과거에 출애굽을 통해 이스라엘을 특별한 소유 (סְגֻלָּה/"세굴라")로 삼으셨던 하나님의 인애를 찬양한다(출 19:5). 이어서 135:8-12은 출애굽한 이스라엘을 광야를 거쳐 시온으로 인도하셨던 하나님의 인애를 노래하고, 135:13-14은 현재에 베푸시는 하나님의 인애에 초점을 맞춘다. 특별히 135:14에서 시인은 "여호와께서 자기 백성을 판단하시며"라고 말하여, 여호와께서 백성을 위해 다스리시고 그들의 억울함을 신원하여 주신다는 점을 역설한다. 또한 135:15-18은 하나님 앞에서 열국의 신들은 우상에 불과하기 때문에 미래에 하나님이 작정하신 일들을 열국이 결코 방해할 수 없다는 점을 일깨워 준다. 이로써 135편은 과거와 현재, 그리고 미래에 하나님의 인애로 그분이 작정하신 계획이 반드시 이루어질 것을 교훈한다.

136편은 하나님의 인애라는 주제를 더욱 발전시켜, 창조와 역사라는 두 영역에서 하나님이 만물과 이스라엘에게 베푸셨던 인애를 찬양한다. "지혜로 하늘을 지으신 이에게 감사하라 그 인자하심이 영원함이로다"(136:5). "우리를 우리의 대적에게서 건지신 이에게 감사하라. 그 인자하심이 영원함이로다"(136:24).

정리하면 135-136편은 하나님의 인애를 찬양하여, 미래에도 하나님이 인애를 베푸셔서 시온을 대적의 손으로부터 온전히 회복시켜 주실 것이라는 신념을 독자들에게 각인시키고 있다. 또한 시온의 복을 온전히 바라는 자는 이와 같은 하나님의 인애를 항상 기억하고 그 인애를 감사하는 자가 되어야 한다는 교훈을 준다.

② 137편

137편은 탄원시다. 120-137편의 끝에 탄원시가 나오는 것은 120-137편과 짝을 이루는 110-118편이 탄원시로 끝나는 것과 유사하다. 137편의 시인은 "우리가 바벨론의 여러 강변 거기에 앉아서 시온을 기억하며 울었도다"라는 말로 시작한다(137:1). 이처럼 시편은 고난당하는 성도가 하나님 앞에서 우는 것을 긍정적으로 평가한다(126:6 참조). 하지만 시인은 자신이 고난 가운데서도 생명과 기쁨을 가질 수 있었다고 말하는데, 그 이유는 시온에 대한 기억 때문이다(137:5-6). 시온에서 누렸던 하나님과의 교제의 기쁨을 기억하고 그것을 사모하는 자는 분명 미래에도 하나님이 동일한 은혜를 주실 것을 믿고 고난을 이길 것이다.

끝으로 137:7-9에서 시인은 악인들의 약탈로 시온이 폐허가 되었던 사실을 떠올리고, 시온을 대적했던 악한 세력들(에돔과 바벨론)을 저주하며 하나님의 보응을 간구한다. 여기서 저주는 개인적 원한을 갖기 위한 저주가 아니라 하나님의 나라를 방해하는 악의 세력을 제거해 달라는 의미에서의 저주이기에 꼭 부정적인 것만은 아니다.[73] 이런 점에서 5권 속의 저주는 시편의 전반

---

[73] 한편 크라우스는 137편의 저주도 부정적으로 이해한다. Kraus, *Psalms 60-150*, 504.

부(1-89편)에서 나타나는 개인적 원한을 위한 저주와는 차별화된다(69:22-24 참조). 결국 137편은 종말에 시온의 복을 온전히 이루어 주실 하나님의 인애에 근거하여 그런 인애가 속히 이루어질 수 있도록 악의 세력에 대한 심판을 탄원하고 있다.

6) 다섯 번째 단락(138-144편)

138-144편은 성도가 고난을 통과하면서 계속해서 마음에 율법을 새기기 위해 어떤 자세를 가져야 할지를 말하고, 최종적으로 하나님 나라가 임하기를 간구해야 한다고 교훈한다. 발혼(Ballhorn)에 의하면, 138-144편은 하나님의 왕권을 부각시키기 때문에, 이 단락에서 다윗은 자신의 왕권을 모든 사람들에게 양도하는 자로 묘사된다고 본다(144:3-4 참조).[74] 모든 사람들이 왕적인 지위를 갖는다는 발혼의 주장은 8편의 신학과 일치하는 것이기 때문에 신빙성이 있다. 하지만 다윗 왕권과 하나님의 왕권을 대립시키는 부분에서는 설득력이 없다.[75] 144:10에서 시인은 여전히 다윗을 언급함으로써 여전히 다윗 왕권의 회복을 기대하고 있기 때문이다.[76]

138-144편은 전반부(138-139편)와 후반부(140-144편)로 나뉜다. 138-139편이 대적자인 원수를 이기기 위해서 마음을 정하고 마음에 율법을 새기려는 시인의 의지를 보여 준다면, 140-144편은 대적자로 인한 핍박에 초점을 맞춰 하나님께 대적자를 물리치시고 하나님 나라가 임하게 해 달라는 탄원을 제시한다.

---

74 E. Ballhorn, *Zum Telos des Psalters: Der Textzusammenhang des Vierten and Fünften Psalmenbuches (Ps 90-150)* (Berlin: Philo, 2004).

75 Harm van Grol, "David and His Chasidim: Place and Function of Psalms 138-145", in *The Composition of the Book of Psalms*, ed. Erich Zenger (Leuven: Uitgeverij Peeters, 2010), 309.

76 van Grol, "David and His Chasidim", 318.

마음에 율법을 새기기 위한 올바른 자세(138-139편)

5권의 서두에 위치한 108편은 "하나님이여 내 마음을 정하였사오니"라고 시작했는데(108:1), 108편과 짝을 이루는 138편 역시 전심으로 주께 감사하고 찬양할 것을 다짐하며 시작한다. 여기서 "전심으로 감사하고 찬양한다"라는 말은 5권의 문맥상, 마음에 율법을 새기는 모습을 뜻한다. 이어서 139편도 마음의 문제를 다룬다. 이런 점에서 138-139편의 핵심어는 마음이다(138:1; 139:23). 138편의 구조는 다음과 같다.

  A. 전심으로 주의 인자와 성실을 감사하며 찬양할 것을 다짐함(138:1-2).
    B. 주께서 행하신 일: 기도 응답, 나의 영혼을 강건케 함(138:3).
      C. 열왕이 주의 크신 영광과 전지하심을 감사하고 찬양할 것임(138:4-5).
    B′. 주께서 행하신 일: 원수들의 분노를 막으심, 나를 구원하심(138:7).
  A′. 주의 인자가 영원함(138:8).

이상의 구조로 볼 때 138편의 핵심은 C단락으로서, 열국의 왕들이 주님의 인애에 감사하고 찬양할 정도로 주의 영광이 크다는 것을 강조하는 것이다. 그러므로 성도가 마음에 율법을 계속 새기기 위해서는 크신 하나님의 인애를 기억하고 찬양해야 한다는 교훈을 준다. 하나님의 인애를 잊어버린다면 율법을 지키는 행위가 대가만을 바라는 공로주의로 전락할 수 있다는 경고다. 그러므로 주의 크신 인애를 계속해서 감사하고 찬양하는 자세를 가질 것을 촉구하는 것이 138편의 요지다.

한편 138편의 특이점은 지금까지 대적자로 묘사된 열국이 하나님의 영광을 보고 감사하게 될 것을 고대한다는 점이다(138:4, "세상의 모든 왕들이 주께 감사할 것은"). 열국 안에서도 구원받을 성도가 나올 수 있음을 보여 주는 것이다.

이것은 거꾸로 포로 후기에 유다 공동체와 열국이라는 구도가 의인과 악인의 구도로 바뀌어져서, 유다 공동체 안에서도 악인이 나올 수 있다는 힌트다.

139편은 전지전능한 하나님이 성도의 출생부터 모든 것을 다 알고 계신다는 것을 교훈하는 내용이다. 139편의 구조는 다음과 같다.

  A. 주는 나의 행동과 말을 모두 아심(139:1-6).
    B. 내가 주의 앞에서 어디로 피하리이까(139:7-12).
      C. 모태에서 내 형질이 이루기 전에 나를 아셨음(139:13-16).
    B´. 주의 생각이 내게 어찌 그리 보배로우신지요(139:17-20).
  A´. 나를 살피사 마음과 뜻을 아옵소서: 나를 영원한 길로 인도하소서(139:21-24).

이상의 구조를 볼 때, 139편의 핵심은 성도가 모태에서 태어나기도 전에 이미 하나님은 그의 모든 것을 아심을 찬양하는 것이다(C단락). "내 형질이 이루어지기 전에 주의 눈이 보셨으며 나를 위하여 정한 날이 하루도 되기 전에 주의 책에 다 기록이 되었나이다"(139:16). 이와 같은 고백은 하나님이 시인의 모든 것을 알고 계신다는 뜻이지만, 하나님이 항상 사랑의 눈으로 모든 일을 감찰하시고 인애를 베풀어 주신다는 의미도 담겨 있다. 그러므로 시인은 하나님이 자신의 모든 것을 세세히 돌보신다는 사실에 감탄한다(139:17, "하나님이여 주의 생각이 내게 어찌 그리 보배로우신지요").

끝으로 139:23-24에서 시인은 하나님 앞에서 자신의 마음을 숨길 수 없음을 알고 다음과 같이 간구한다. "하나님이여 나를 살피사 내 마음을 아시며 나를 시험하사 내 뜻을 아옵소서. 내게 무슨 악한 행위가 있나 보시고 나를 영원한 길로 인도하소서." 138:1의 진술처럼 전심으로 주께 감사하고 찬양하는 모습이 훼손되지 않기를 간청하고 있는 것이다.

결국 139편의 요점은, 탄식의 상황에서 성도가 지속적으로 마음에 율법을 새겨 그것을 자발적으로 지키기 위해서는 자신이 항상 하나님 앞에 서 있다는 신전의식(코람 데오)을 가져야 한다는 것이다. 인간은 탄식의 상황에 처하면 하나님이 없는 것처럼 생각하고, 마음에 율법을 새기는 모습에서 멀어지려는 유혹을 받는다. 139편은 그런 인간의 연약한 모습을 경고하고, 오히려 세밀하게 돌보시는 하나님의 인애를 신뢰하며, 자신이 항상 하나님 앞에 서 있다는 신전의식으로 충만할 것을 권고한다. 마음에 지속적으로 율법을 새기기 위해 하나님을 항상 의식하고 도움을 구하는 자가 되어야 한다는 충고다.

정리하면, 138-139편은 5권의 서두에서 제시된 정한 마음(율법이 새겨진 마음)을 유지하는 것이 중요함을 다시금 확인해 준다. 그리고 이를 위해 율법 배후에 있는 하나님의 인애를 잊지 말고 신전의식을 가질 것을 교훈한다. 이렇게 한다면 성도는 원수들의 핍박에서 벗어나게 될 것이다(138:7; 139:22).

탄원(140-144편)

140-144편은 탄원시들로서, 하나님께 대적자들을 물리쳐 달라고 탄원하는 내용이다(140:1; 141:10; 142:6; 143:9; 144:7). 대적자들이 호시탐탐 성도를 넘어뜨리려고 계략을 세우는 상황에서, 140-144편은 성도가 그런 악인의 손에 넘어가지 않기 위해서는 항상 깨어서 하나님의 보호와 구원을 간구해야 한다고 교훈한다(140:4; 141:1; 142:6; 143:9). 특별히 141:1에서 시인은 자신의 기도가 "분향함"과 같이 되게 해 달라고 말함으로써, 구원을 위한 성도의 기도는 성소 안에 있는 꺼지지 않는 향단 불과 같이 항상 드려져야 한다는 점을 일깨워 준다(레 24:1-4). 성도는 끊임없이 하나님과의 교제 속에서 기도를 쉬지 말아야 한다는 교훈이다(살전 5:17).

이 단락의 특징은 시인이 하나님의 보호와 구원을 간구하는 과정에서 대적자들을 저주한다는 점이다(140:10; 141:6, 10; 143:12). "악인은 자기 그물에 걸리게 하시고 나만은 온전히 면하게 하소서"(141:10). 120-137편이 저주로 끝나듯이(137편), 마찬가지로 138-144편의 후반부인 140-144편도 대적자를 향한 저주를 쏟아내고 있다. 앞서 말한 대로, 5권에서 저주는 탄원의 성격을 띠기 때문에, 140-144편의 저주는 개인적 원수를 향한 저주가 아니라 하나님 나라의 도래를 방해하는 악의 세력들을 저주하여, 하나님 나라가 빨리 임하게 해 달라는 탄원의 의미다.

140-144편도 마음과 관련된 단어를 사용하여, 마음에 율법을 새기는 모습에서 벗어나지 않도록 하나님께 도움을 청한다(141:4; 142:3; 143:4). 인간의 마음은 쉽게 흔들리기 때문에 자신의 힘으로는 마음에 율법을 새길 수 없음을 고백하는 것이다. "내 마음이 악한 일에 기울어 죄악을 행하는 자들과 함께 악을 행하지 말게 하시며"(141:4). 이런 맥락에서 143편의 시인은 "주의 눈 앞에는 의로운 인생이 하나도 없나이다"라고 말하여(143:2), 자신의 죄성을 탄식한다. 마음에 율법을 새기는 것이 절대적으로 하나님의 은혜에 달려 있음을 인정하고 하나님의 인애를 간구하고 있는 셈이다.

끝으로 144편은 대적자를 물리쳐 달라는 탄원과 함께 하나님 나라의 도래를 강력하게 기원한다. 144편의 구조는 다음과 같다.[77]

    A. 내가 여호와를 찬송할 것임: 여호와는 요새, 산성, 방패(144:1-2).
      B. 주의 은혜: 여호와여 사람이 무엇이기에 알아 주십니까(144:3-4).
        C. 하나님의 강림하심을 간구: 원수들을 무찌르소서(144:5-8).
      B′. 주의 은혜: 주는 구원을 베푸시는 자(144:9-10).

---

[77] VanGemeren, "Psalms", 856.

C′. 이방인의 손에서 구원해 주실 것을 간구(144:11).

A′. 여호와를 자기 하나님으로 삼는 백성은 복이 있음(144:12-15).

이상의 구조로 볼 때 144편의 핵심은 C/C′단락으로서, 하나님이 강림하셔서 강권적인 개입을 통해 원수를 물리쳐 달라고 호소하는 것이다.[78]

144:3에서 시인은 "여호와여 사람이 무엇이기에 주께서 그를 알아 주시며"라고 말하여, 8편의 내용을 반복한다. 성도가 아무것도 아닌 존재임에도 불구하고 하나님의 은혜로 인해 하나님의 형상으로 지어진 사실을 찬양하는 것이다. 이로써 시인은 인간의 연약함과 하나님의 인애를 대조시켜서, 하나님의 인애에 기대어 하나님의 도움을 바라고 있다.[79] 이 대목에서, 하나님의 도움을 받는 자는 항상 자신의 비천함을 알고 하나님 앞에서 겸손해야 한다는 것을 알 수 있다.

144:4에서 갑자기 "사람은 헛것 같고 그의 날은 지나가는 그림자 같으니이다"라는 말은 사람이 하나님의 형상으로 창조되었다는 신학을 부정하는 것처럼 들린다.[80] 하지만 사람이 하나님의 형상으로서 궁극적으로 왕이라는 사실은 구약이 처음부터 강조한 사상이다(창 1:26; 출 19:6; 시 135:4; 계 5:10 참조). 그리고 시편은 이미 종말의 메시아를 통해 성도가 왕적 존재가 될 것을 예언했다(110:3; 111:6). 결국 144:4의 진술은 앞의 143:3처럼 인생의 비천함에도 불구하고 하나님이 성도를 하나님의 형상인 왕으로 삼으셨다는 사실을 다시 확인해 주는 반어법이다. 성도가 왕적 존재라는 것은, 거꾸로 성도는 왕의 의무

---

[78] 144편의 구조는 동심원 구조와 패널 구조가 혼합된 변형이다: A-X(B/C)-A′-X′(C′/B′). 그래서 핵심은 C/C′단락이다.

[79] VanGemeren, "Psalsm", 857.

[80] 이와 같은 관점에서 쓴 글로 다음을 참조하라. 김희석, "시 144편에 나타난 다윗 왕권과 그 신학적 함의", 「구약논단」 16권/4호 (2010): 71-92 참조.

답게 인애와 공의와 의를 행해야 한다는 의미를 담고 있다. 결국 144:3-4은 하나님의 인애로 자신이 왕적 존재가 되었음을 인식하는 성도가 왕적 신분을 지닌 자답게 인애와 공의와 의를 온전히 행하기 위해 하나님의 도움을 바라는 모습을 제시하고 있다.

144:5은 왕적 존재로서 성도가 온전히 인애와 공의와 의를 행할 수 있도록 하나님 나라의 도래를 강력하게 기원한다. "여호와여 주의 하늘을 드리우고 강림하시며 산들에 접촉하사 연기를 내게 하소서." 이런 기원은 일차적으로 대적자인 원수를 무찌르기 위함이다(144:6). 하지만 궁극적으로 이것은 마음에 율법을 새기는 데 걸림돌이 되는 대적자를 물리쳐서 온전히 인애와 공의와 의를 행하게 해 달라는 간구다.

144:5에서 하나님의 강림을 기원하는 호소는 이 시의 본래적 의미에서 보면, 다윗이 자신의 원수를 물리치기 위한 호소다. 하지만 144편이 5권의 끝부분에 위치하면서, 이 호소는 하나님이 직접 강림하여 하나님 나라를 온전히 세워 달라는 기원의 의미로 재해석되고 있다. 앞서 5권은 종말에 열국이 심판을 받고 악인이 사라지게 되면 그 자리에서 의인이 땅을 차지하는 복을 누리게 될 것을 강조해 왔다. 이런 정경적 문맥에서 144편은 하나님의 강림을 통해 하나님 나라가 세워져서 그와 같은 복들이 온전히 구현되기를 기원하고 있는 것이다. 144:5의 기원이 하나님 나라의 완성과 관련되어 있다는 주장은 뒤에 나오는 145편에서 지지를 얻는다. 이 시는 명시적으로 "주의 나라"를 언급하여 하나님 나라를 찬양하고 있기 때문이다(145:11).

144:12-15은 하나님 나라의 도래로 인해 백성이 누리는 풍요의 축복을 묘사한다. 특별히 시인은 하나님의 강권적 개입을 통해 대적들이 사라져서 거리가 평화로 넘쳐나게 될 모습을 내다본다(144:14). 하나님 나라의 복을 풍요와 평강으로 요약하고 있는 셈이다. 그리고 결론으로 이런 축복을 누리는

백성에게 복이 있음을 선언한다(144:15).

결국 144편의 요지는 모든 사람이 왕이 되어 온전히 마음에 율법을 새겨서 인애와 공의와 의를 행할 수 있도록 하나님 나라의 도래를 호소하는 것이다. 그래서 원수들이 사라지고 온전히 하나님 나라가 완성되기를 기원하고 있다. 이 대목에서 성도란 하나님 나라를 대망하며 그 나라가 속히 임하기를 간구하는 자임을 깨달을 수 있다. 따라서 성도로서 우리는 아무것도 아닌 자신을 하나님이 왕적 존재로 삼으셨다는 사실에 감사하고, 어떤 상황에서도 하나님 나라를 소망하며 왕적 신분답게 인애와 공의와 의를 행하는 삶을 살도록 노력해야 할 것이다.

7) 결론: 145편

145편은 앞의 140-144편의 탄원에 대한 응답이면서, 5권의 결론이자 시편 전체의 결론이다.[81] 5권의 마지막 시인 145편이 다윗시라는 점은 매우 의미심장하다. 다윗시인 145편은 3권에서 다윗 왕조의 실패로 제기된 신정론의 문제를 의식하면서 다윗의 입을 통해 주님의 통치를 강조한다는 의미가 있기 때문이다.

구조상 145편은 이합체시로 모든 것을 다룬다는 의미를 갖고 있다.[82] 거시적인 시각에서 145편은 5권의 서두인 107편과 어휘와 주제 면에서 유사하여 전체적으로 5권을 인클루지오 구조로 만들고 있다.[83]

---

81 Patrick D. Miller, "The End of the Psalter: A Response to Erich Zenger", *JSOT* 80 (1998): 105. 또한 다음의 글을 참고하라. Erich Zenger, "The Composition and Theology of the Fifth Book of Psalms, Psalms 107-145", *JSOT* 80 (1998): 77-102.
82 Adele Berlin, "The Rhetoric of Psalm 145", in *Biblical and Related Studies Presented to Samuel Iwry*, ed. A. Kort and S. Morchaser (Winona Lake, Ind.: Eisenbrauns, 1985), 18.
83 강소라, "시편 145편: 시편에서의 위치와 기능",「구약논집」4 (2008): 32.

107편	145편
• 여호와께 감사하라(1, 8, 32절).	• 여호와를 송축하라(1, 10, 21절).
• 여호와의 인자하심(1, 8, 31절).	• 여호와의 인자하심(8, 17절).
• 인생을 향한 주의 기적(8, 15절).	• 인생을 향한 주의 영광(12절).
• 높은 자를 낮추시고, 가난한 자를 구원하심(39-41절).	• 넘어진 자와 비굴한 자를 높여 주심(14절).
• 주린 자를 채워 주심(9, 36절).	• 양식을 주심(15절).
• 영혼을 만족시키심(9절).	• 소원을 만족시키심(16절).
• 부르짖는 자에게 응답하심(6, 13절).	• 부르짖는 자를 들으심(18, 19절).
• 악인은 입을 닫게 될 것(42절).	• 악인의 멸망(20절).

더 나아가 145:18-20은 여호와를 경외하는 자가 축복을 받고 악인은 멸망할 것이라 말하여, 1-2편의 주제들을 다시 반복한다. 이런 점에서 145편은 시편 전체를 인클루지오 구조로 만들고 있다(1:2, 6; 2:8, 11, 12).[84] 145편의 구조는 다음과 같다.

  A. 왕이신 여호와의 이름과 영광을 송축하라(145:1-6).

    B. 그의 지으신 모든 것(מַעֲשֶׂה/"마하세")을 향한 여호와의 인자(145:7-9).

      C. 성도("하시딤")의 의무: 송축하라(145:10).

        D. 하나님의 나라: 영원한 나라(145:11-13).

        D´. 하나님 나라의 통치 방식: 비굴한 자를 일으키심, 양식 공급, 소원 만족(145:14-16).

    B´. 여호와의 지으신 모든 것(מַעֲשֶׂה/"마하세")을 향한 그의 인자(145:17).

      C´. 성도(간구하고 경외하고 사랑하는 자)의 복: 소원 만족, 보호(145:18-20).

  A´. 여호와의 이름과 영광을 송축하라(145:21).

---

84 Miller, "The End of the Psalter", 105-106 참조.

이상의 구조로 볼 때, 145편의 핵심은 D/D´단락으로서, 하나님 나라의 영원성과 하나님 나라의 통치 방식을 보여 주는 데 있다. "주의 나라는 영원한 나라이니 주의 통치는 대대에 이르리이다"(145:13). 그래서 하나님 나라의 영원성을 강조하고, 하나님 나라의 통치는 불의가 만연한 현재에도 실행되고 있음을 밝힘으로써,[85] 고난 가운데 있는 성도들에게 위로를 준다. 하나님 나라의 통치를 신뢰한다면 걱정할 필요가 없고, 오히려 모든 만물과 함께 하나님을 찬양할 수 있다는 논리다(145:21).[86]

145:14-16은 왕이신 하나님이 자신을 의지하는 자에게 인자를 베푸셔서 하나님 나라의 통치를 지금도 수행하고 계신다는 점을 밝힌다. 다시 말해 하나님은 성도가 넘어질 때 일으켜 세워 주시고, 양식을 주시며, 소원을 만족시켜 주셔서 하나님의 통치를 현재에도 증명하고 계신다는 얘기다. 그러므로 탄식의 상황에 있는 성도들이 낙심할 필요가 없음을 교훈한다. 145:15에서 하나님이 "먹을 것을 주신다"라는 진술은 먹을 것을 걱정해야 했던 포로 후기 사람들에게 정말 큰 위안이 아닐 수 없었다. 이런 은혜는 탄식스러운 오늘날의 상황에도 마찬가지로 큰 위안이 된다.

145:10에서 언급된 성도는 히브리어로 "하시딤"으로서, 인자를 베푸는 자라는 뜻이다. 145:18-20은 그런 성도를 다시 "간구하는 자", "여호와를 경외하는 자", "여호와를 사랑하는 자"로 표시하여, 성도가 인자를 베풀 수 있는 이유는 간구를 통해 여호와의 사랑을 체험하기 때문임을 보여 준다. 즉, 간구를 통해 성도는 여호와의 사랑을 더욱 체험하여, 여호와를 사랑하는 경외자로 온전히 성장한다는 점을 일깨워 준다.

---

[85] Kraus, *Psalms 60-150*, 549. 하나님의 통치가 하나님의 인자하심을 통해 실행되고 있다는 것은 시 103편이 잘 보여 준다(103:17-19). 또한 2권에서는 72편, 1권에서는 41편이 이 점을 어느 정도 보여 주고 있다.
[86] Miller, "The End of the Psalter", 106.

앞서 말한 대로 시편에서 여호와를 경외하는 자는 여호와의 사랑에 압도되어 자신도 여호와를 사랑하고, 계속해서 그 사랑을 바라는 자다(2:11; 5:7; 147:11 참조). 145:18-20이 간구를 통해 여호와의 사랑을 깨달아 여호와를 사랑하는 자를 여호와를 경외하는 자로 묘사하는 것은 바로 이런 이유에서다.

사람이 여호와를 사랑하여 경외하는 자가 되면, 자연히 그도 여호와의 뜻인 공의와 의를 행하게 될 것이다. 그러므로 여호와를 경외하는 모습은 마음에 율법을 새기는 상태를 의미한다. 이런 점에서 145편의 여호와를 경외하는 자에 대한 언급은 시편의 서론인 1-2편의 주제를 다시 반복하는 셈이다. 끝으로 145편은 여호와께 간구하여 여호와를 경외하고 사랑하는 자에게 소원 성취와 보호의 축복이 임하게 될 것을 약속한다(145:18-20).

여기서 잠시, 오해를 막기 위해 성도의 간구에 대해 설명하고자 한다. 어떤 이들은 간구를 기복적 수단으로 평가절하하여, 신앙생활에서 간구를 소홀히 한다. 물론 하나님보다 하나님이 주시는 복(선물)에만 관심을 갖고 간구하는 것은 잘못이다. 그렇지만 간구 자체가 순수한 신앙을 훼손하는 것은 아니다. 성도가 간구하는 것은, 하나님이 성도에게 하나님에 대한 사랑의 증표로 그렇게 간구하도록 명령하셨기 때문이다. 마치 어린아이가 부모를 의지하여 무엇을 달라고 할 때, 부모는 그것을 자신들을 향한 사랑의 표시로 받아주는 것과 같은 이치다.

하나님은 성도가 간구할 때 복을 주시고 무엇보다 성도로 하여금 하나님의 사랑을 체험케 하여, 하나님과의 교제의 기쁨을 나누도록 인도하신다. 간구하는 과정에서 하나님과의 깊은 교제의 기쁨을 나누게 된다는 말이다. 그러므로 간구의 최종 목적은 하나님과 성도가 서로 사랑을 주고받는 데 있다. 이런 이유에서 시편은 간구가 성도의 표지임을 역설적으로 증거하고 있다.

시편은 성도가 간구해야 할 내용으로 다음과 같은 기도제목들을 열거한다.

기본적으로 자신의 죄성 제거(19:13; 39:8), 병 고침(107:20), 양식 공급(111:5), 주님의 인도(31:3), 가정과 공동체의 축복(126-127편), 지도자를 위한 중보(20:1-2; 128:5), 악의 세력에 대한 심판(108:12), 하나님 나라의 완성(144:5) 등이다. 이런 간구의 중요성을 누구보다 잘 알고 있었던 바울은 성도들에게 다음과 같이 권면했다. "모든 기도와 간구를 하되 항상 성령 안에서 기도하고 이를 위하여 깨어 구하기를 항상 힘쓰며 여러 성도를 위하여 구하라"(엡 6:18).

끝으로 145:20의 후반절은 악인의 멸망을 예고함으로써, 종말에 하나님의 주권적 통치로 대적자가 정복되어 의인이 땅을 차지할 것이라는 5권의 신학을 다시 확인해 준다(110:5; 111:6; 115:16; 118:10; 125:3). 땅을 차지하는 복은 1권이 말한 신학적 주제이기 때문에(25:13; 37:11), 땅의 주제가 5권과 1권을 짝으로 묶어 주고 있다. 결국 145편은 땅의 축복을 부각시켜 마음에 율법을 새긴 성도(간구하고 경외하고 사랑하는 자)가 그런 승리의 축복을 쟁취할 것을 시편의 결론으로 교훈하고 있다.

정리하면, 145편은 종말에 하나님 나라가 반드시 임할 것을 확신시키고, 동시에 현재의 고난 가운데서도 성도가 하나님 나라의 통치의 은혜를 미리 경험할 수 있음을 강조한다. 구체적으로 왕이신 하나님은 오늘날 우리에게 필요한 양식을 공급하시고, 우리의 선한 욕구를 만족시켜 마음의 기쁨을 주시며, 고난 중에도 우리를 존귀한 자리에 있게 하시기 때문에 낙심할 필요가 없다는 교훈을 주고 있다(145:14-16).

145편의 말씀은 오늘날 우리의 삶에도 적용되는 귀중한 메시지다. 그러므로 하나님 나라의 통치의 은혜를 받기 위해 우리도 필요를 간구하고 하나님 나라의 완성을 위해 기도해야 할 것이다. 이런 간구를 드릴 때 우리는 더욱더 하나님의 사랑을 체험하고 하나님을 사랑하게 되어 인애와 공의와 의를 행하는 자가 될 수 있다. 그 결과 종말에 완성된 하나님 나라의 시민이 되어 땅을 차지하는 축복을 누리게 될 것이다.

8) 에필로그(146-150편)

146-150편은 일명 할렐루야시로서 시편의 후렴 역할을 한다. 146-150편은 하나님의 찬양을 점층적으로 강조한다. 처음에는 찬양의 주체가 개인(146편)과 공동체(147편)에서 시작하다가 나중에는 온 창조 세계(148-150편)로 확대되기 때문이다. 그래서 150편은 "호흡이 있는 자마다 여호와를 찬양할지어다"라고 말하며 끝맺는다(150:6).[87]

146-150편에서의 찬양은 성도가 아무리 고난 가운데 있을지라도 하나님을 향해 찬양할 수 있다는 것을 일깨워 준다.[88] 146-150편에서 찬양의 내용들은 145편에서 언급한 것들을 더욱 발전시킨 것이다.[89] 예를 들어, 지으신 만물을 향한 여호와의 진실함(146:7; 145:9), 비굴한 자를 일으키심(146:8; 145:14), 여호와의 인자하심(147:11; 145:8), 여호와를 향한 찬양(148:13; 150:6; 145:1), 악인에 대한 심판(149:7-8; 145:20) 등이 그러하다. 이런 점에서 146-150편은 145편의 내용과 긴밀한 연관을 가지고 있다. 146-150편의 구조는 다음과 같다.

> A. 146편 — 시온에서 여호와의 통치를 찬양하라: 억눌린 자를 구원, 양식 공급.
> B. 147편 — 겸손한 자를 향한 여호와의 인자: 예루살렘을 창조, 말씀(율법)을 주심.
> C. 148편 — 구원의 하나님을 온 세계가 찬양하라.

---

87 Human, "From Exile to Zion", 528.
88 Miller, "The End of the Psalter", 108.
89 Miller, "The End of the Psalter", 107-110.

B´. 149편— 겸손한 자를 향한 여호와의 구원: 이스라엘을 창조, 두 날 가진 칼을 주심.
　A´. 150편— 시온에서 여호와를 찬양하라: 호흡 있는 자는 여호와를 찬양하라.

　이상의 구조를 볼 때, 146-150편의 핵심은 C단락으로서, 온 세계가 여호와의 통치를 찬양해야 한다는 것이다.
　서론인 1-2편이 율법과 시온을 언급한 것처럼, 146-150편도 율법과 시온이라는 주제를 다루고 있다.[90] 이로써 시온에서 하나님의 축복을 받기 위해서는 마음에 율법을 새겨야 한다는 시편의 신학을 더욱 돋보이게 한다(146:10; 147:19). 146-150편은 직접적으로 마음을 언급하지는 않지만, 의인을 하나님을 경외하는 자, 겸손한 자, 인애를 베푸는 자(성도)로 묘사하여 마음으로 율법을 새길 것을 암시하고 있다(147:11; 149:1, 4).
　끝으로 149:5-7은 하나님이 성도에게 찬양을 통해 열국을 물리칠 수 있는 두 날 가진 칼을 주셨음을 선언한다("그들의 입에는 하나님에 대한 찬양이 있고 그들의 손에는 두 날 가진 칼이 있도다. 이것으로 뭇 나라에 보수하며 민족들을 벌하며"). 찬양이 대적자를 물리칠 수 있는 힘이 된다는 것이다. 찬양으로 대적자를 물리칠 수 있다는 사상은 지금까지 시편이 강조한 것이기도 하다(8:2; 16:7 참조). 실제로 108:3에서 다윗은 "만민 중에 주를 찬양한다"고 말하여 열국으로 대변되는 대적자를 찬양으로 이기는 모습을 보여 주었다(108:12 참조). 이런 맥락에서 149편의 시인은 찬양으로 대적자를 물리칠 수 있다는 점을 우리에게 다시 확인해 주고 있다.
　그렇다면 성도는 찬양으로 어떻게 대적자를 물리칠 수 있는가? 시편은 성

90　Gillingham, "The Levitical Singers", 102.

도가 하나님으로부터 말씀을 듣고 그 말씀에 순종하여 하나님과의 교제의 기쁨을 누릴 때, 진정한 찬양을 드릴 수 있다고 말한다. "주의 의로운 규례들로 말미암아 내가 하루 일곱 번씩 주를 찬양하나이다"(119:164). 이렇게 진정으로 찬양할 때, 성도는 하나님으로부터 대적자를 이길 수 있는 지혜를 얻는 것이다. 심지어 성도가 대적자로 인해 말씀을 듣고 싶지 않은 상황에 놓여 있을 때조차, 찬양은 성도에게 말씀을 듣고자 하는 열망을 불러일으킨다 [119:108, "여호와여 구하오니 내 입이 드리는 자원제물(찬양)을 받으시고 주의 공의(말씀)를 내게 가르치소서"]. 그래서 궁극적으로 하나님과의 교제의 기쁨 속에서 대적자를 이기는 지혜를 갖도록 해 준다. 이런 점에서 찬양은 확실히 대적자를 물리치는 원동력이 된다.

여기서 우리는 찬양에 대한 올바른 신학을 정립할 수 있다. 오늘날 교회 예배를 보면, 소위 열린 예배라는 형식을 취하며 찬양을 크게 강조한다. 하지만 찬양 시간이 지나고 말씀을 듣는 시간이 오면, 찬양팀을 비롯한 많은 성도들이 흥미를 잃고 정적에 싸이는 경우를 보게 된다. 하지만 시편에 의하면 찬양은 말씀으로 인한 기쁨을 표출하고, 말씀에 순종하기 위해 드리는 것이다. 그러므로 이런 찬양의 의미를 안다면, 결코 찬양 후의 말씀 듣는 시간을 소홀히 하지 않을 것이다. 그리고 올바른 찬양을 통해서 반드시 대적자를 물리치는 힘을 얻으려 할 것이다.

정리하면, 146-150편은 고난을 당하는 성도에게 대적자 앞에서 낙심하지 말고 마음에 말씀을 깊이 새겨 거기서 오는 기쁨으로 찬양하여 대적자를 이기고 고난에서 승리할 것을 촉구한다. 찬양의 힘으로 고난을 이기라는 충고는 고난을 당할 때 인간적인 방법으로 사람을 의지해서는 안 된다는 의미이기도 하다. 그러므로 146편의 시인은 "귀인들을 의지하지 말며 도울 힘이 없는 인생도 의지하지 말지니"라고 권면한다(146:3). 우리는 146-150편의 권면에 따라, 고난 앞에서 사람을 의지하지 말고 겸손한 자세로 여호와로부터 오는 말씀을 듣고 거기서 오는 교제의 기쁨과 찬양을 통해 고난을 이겨야 할 것이다. 분명 이런 자는 왕이신 여호와의 돌봄을 받아 고난에서 승리하는 축복을 누릴 것이다.

3. 5권의 신학적 메시지

1) 하나님의 통치와 탄원

5권의 주요 내용은 시온에서 열국을 통치하시며 백성에게 복을 주시는 하나님을 찬양하는 것이다. 이런 분위기에서 5권에 탄식시가 나온다는 것은 매우 의외다. 하지만 이런 탄식시는 앞의 권들과 다르게, 하나님을 향한 신뢰를 바탕으로 하나님의 나라가 속히 임하기를 바라는 마음에서 대적자를 물리쳐 달라는 탄원의 성격이 강하다.

    5권은 주요 단락의 끝에 이런 탄식과 함께 악인을 향한 저주의 내용이 공통점으로 나타나는 특징이 있다. 이것은 온 세상에 하나님 나라가 임할 수 있도록 적극적으로 악을 제거해 달라고 기도해야 한다는 것을 일깨워 준다. 같은 이유에서 요한계시록은 성도들이 보좌 옆에서 하나님께 원수를 갚아 달라고 신원하고 있음을 보여 준다(계 6:10; 18:20). "큰 소리로 불러 이르되 거룩하고 참되신 대주재여 땅에 거하는 자들을 심판하여 우리 피를 갚아 주지 아니하시기를 어느 때까지 하시려 하나이까?"(계 6:10) 물론 개인적인 복수를 위한 저주는 있을 수 없다. 원수를 갚는 것은 오직 하나님의 몫이기 때문이다. 하지만 하나님 나라의 통치가 이루어지는 차원에서 악의 세력에 대한 심판을 간구할 수는 있다.

2) 하나님의 인애

5권은 첫머리에 하나님의 인자하심을 거론하고, 말미 역시 인자하심으로 끝맺을 정도로 하나님의 인자하심을 크게 강조한다(107:8, 15, 21, 31, 43; 145:8). 인자하심에 대한 강조는 일차적으로 하나님이 바벨론 포로에서 유다 공동체를 귀환시켜 주셨기 때문이다(107:3).[91] 아울러 애굽 할렐시(113-118편)와 시온 순례시(120-134편)가 보여 주듯이, 이집트와 바벨론에서 돌아오게 하신 하나님이 포로 후기에 열국의 지배로 인해 다시 포로로 전락한 유다 공동체를 구원해 주실 것을 기원하기 위해 하나님의 인자하심을 부각시키고 있다. 하나님의 인자하심이라는 주제는 136편에서 절정에 이르고, 5권의 결론인 145편에서 재차 확인된다(145:8).

145편은 하나님의 인자하심을 하나님의 통치 방식으로 묘사하고, 하나님의 통치는 영원한 통치이기에 불의가 득세하는 현실 속에서도 하나님은 인자하심을 통해 자신의 통치를 실행하고 계신다는 것을 보여 준다. 구체적으로 145:14은 "여호와께서는 모든 넘어지는 자들을 붙드시며 비굴한 자들을 일으키시는도다"라고 말하여, 고난 속에서도 하나님은 인자하심으로 성도를 넘어지지 않게 붙들어 주신다는 점을 일깨워 준다. 또한 145:15은 하나님이 고난 가운데 있는 성도들에게 양식을 주신다고 말함으로써, 왕이신 하나님이 현실 속에서 인자하심을 베푸셔서 성도의 필요를 반드시 채워 주실 것이라 교훈한다.

5권이 하나님의 인자하심을 돋보이게 하는 것은, 하나님의 인자하심을 절실히 체험한 자만이 성도가 될 수 있음을 교훈하기 위한 것이기도 하다. 그리면 누가 하나님의 인자하심을 절실히 체험할 수 있는가? 이에 5권은 고난을

---

[91] Tucker, "Empires and Enemies in Book V of the Psalter", 725.

통과하면서 자신을 돌아보고 자신의 낮아짐과 죄성을 진정으로 깨닫는 사람이어야 한다고 말한다. "가난한 자를 먼지 더미에서 일으키시며"(113:7). "여호와여 주께서 죄악을 지켜보실진대 주여 누가 서리이까?"(130:3) 이렇게 자신의 낮아짐과 죄성을 고백하는 사람만이 하나님의 인애를 진정으로 체험하여 자신도 하나님과 사람에게 인자(인애)를 실천하는 성도가 될 수 있음을 깨우쳐 주고 있는 것이다.

이런 5권의 메시지는 우리에게 올바른 성도상이 무엇인지를 새롭게 정의해 준다. 즉, 성도는 하나님의 사랑을 절실히 체험하여 자신도 인애와 공의의 삶을 살려고 노력하는 자라는 사실이다. 성도의 핵심은 하나님을 사랑하는 마음이고, 이런 사랑의 마음이 믿음의 본질이다. 교회를 다닌다고 하면서 하나님에 대한 사랑을 절실히 느끼지 못하는 사람이라면 그는 결코 믿음을 가진 성도라고 말할 수 없다. 단지 교회의 뜰만 밟고 가는 자에 지나지 않는 것이다.

3) 열국에 대한 심판

포로 후기에 유다는 여전히 열국의 지배를 받고 있었기에, 열국은 하나님 나라의 도래를 지연시키는 대적자의 전형이었다. 이런 배경 때문에 5권이 제시하는 열국의 이미지는 매우 부정적이다.[92] 시편 전반부는 시온을 열국이 순례하는 장소로 묘사하고 있지만(68:28-29; 86:9; 87편), 5권은 시온을 그런 장소로 말하고 있지 않다. 대신 열국에게 시온에서 통치하시는 여호와를 찬양하노록 촉구할 뿐이다(117:1; 148:11).

107:41은 하나님의 백성을 "가난한 자"(אֶבְיוֹן/"에브욘")로 부르는데, 이것은

---

[92] Tucker, "Empires and Enemies in Book V of the Psalter", 723.

열국에 의해 억압받는 포로 후기 유다의 상황을 반영한 것이다.[93] 110편은 대적자의 정체를 열국이라 분명하게 밝히고(110:1, 5),[94] 종말에 출현할 메시아에 의해 열국이 심판받게 될 것을 예언한다(110:5). 이어서 111편은 주의 백성이 메시아와 함께 열국을 기업으로 얻게 될 것을 예고한다(111:6).

119편의 시인은 열국의 지배로 인해 "땅에서 나그네"된 포로 후기 상황을 상정하고(119:19), 마음에 율법을 새겨 그런 탄식의 상황을 이길 것이라고 다짐한다. 이어서 나오는 시온 순례시(120-134편)는 종말에 시온에서 하나님이 반드시 열국을 물리치시고, 여호와를 경외하는 자(마음에 율법을 새긴 사람)에게 땅을 차지하는 축복을 주실 것을 강조한다(125:3, "악인의 규가 의인들의 땅에서는 그 권세를 누리지 못하리니"). 더 나아가 135편은 열국의 우상이 아무것도 아님을 선포하여(135:15-18; 115:4-8 참조), 열국을 두려워할 필요가 없음을 일깨워 준다. 137편은 열국으로 대변되는 대적자를 저주하고(137:7-9), 144편은 하나님 나라가 최종적으로 임하여 열국이 정복되기를 기원한다(144:5-6). 끝으로 145편은 종말에 하나님의 통치로 열국(악인)이 사라지고 의인이 땅을 차지하게 될 것을 재차 확인하고 마친다(145:20).

물론 5권이 열국에 대해 모두 부정적인 것만은 아니다. 포로 후기에 열국은 대적자의 전형으로 묘사되지만, 열국 안에서도 하나님의 백성이 나올 여지를 마련해 주고 있다. 그래서 138:4-5은 열국에서 의인이 나올 것을 암시한다. 이 점은 포로 후기에 기록된 말라기서에서 더욱 자세히 설명되고 있다. 말라기 선지자는 열국에서 의인이 나올 수 있고, 유다 공동체 안에 오히려 악인이 나올 수 있다는 점을 분명히 한다.[95] 따라서 시편은 궁극적으로 열국

---

93 Tucker, "Empires and Enemies in Book V of the Psalter", 725.
94 Tucker, "Empires and Enemies in Book V of the Psalter", 730.
95 Paul L. Redditt, "Themes in Haggai-Zechariah-Malachi", *Interpretation* 61(2007): 191.

을 적대시하는 책이 아니라 열국을 향한 선교의 사명을 오히려 북돋아 주는 책이다.

4) 119편의 위치

와이브레이(Whybray)는 시편이 한때 1-119편으로만 이루어져 있었다고 주장할 정도로,[96] 시편에서 119편의 위치를 중요하게 여겼다. 하워드(Howard)는 119편과 129-134편이 함께 병치된 이유가 119편이 제시하는 여호와의 율법에 대한 순종과 120-134편이 제시하는 여호와를 의지하라는 명령을 함께 묶어 주기 위한 목적 때문이라고 설명한다.[97]

밀라드(Millard)는 쿰란 문서인 11QPsa에서 119편이 132편 뒤에 배치된 것을 주목하고, 이것은 예루살렘의 제사장들과 갈등을 빚었던 쿰란의 에세네 파들이 의도적으로 시온의 성전을 강조하는 134편 대신에 132편을 시온 순례시의 끝으로 삼은 결과라고 주장한다.

필자가 보기에 한글 성경이 따르는 맛소라 사본에서 119편이 120-134편 앞에 위치해 있는 것은 율법을 지키는 삶과 성전 순례의 삶을 함께 보여 줌으로써,[98] 성전으로 올라갈 수 없는 사람에게 율법 준수가 성전 순례의 대안임을 제시해 주기 위함이라고 생각한다.[99] 이렇게 되면 맛소라 사본을 따르는 유대인들은 주후 70년에 성전이 로마에 의해 파괴되기 전부터 이미 성전을 대체할 수 있는 대안을 갖고 있었던 셈이다.[100] 더 나아가 119편은 120-134편

---

[96] Whybray, *Reading the Psalms as a Book*, 74.
[97] Howard, "Editorial Activity in the Psalter", 63.
[98] Kirsten Nielson, "Why not Plough with an Ox and as Ass Together? Or: Why not Read PS 119 Together with PSS 120-134?", *Scandinavian Journal of the Old Testament* 14 (2000): 62.
[99] Nielsen, "Why not Read Ps 119 Together with Pss 120-134?", 63.
[100] Matthias Millard, *Die Komposition des Psalters: Ein formgeschichtlicher Ansatz*, FAT 9 (Tübingen: Mohr, 1994), 227-230.

앞에 놓임으로써, 119편이 말하는 마음에 율법을 새긴 자가 시온의 축복을 받을 것을 교훈하는 효과를 갖는다.

119편은 앞의 애굽 할렐시(113-118편)와도 관련이 있다. 애굽 할렐시는 출애굽 사건을 회고하고, 제2의 출애굽의 은혜를 통해 바벨론 포로에서 돌아오게 하신 하나님의 은혜를 찬양하는 내용이다. 하지만 포로 후기의 현실은 여전히 열국의 지배를 받고 있는 상황이기에 애굽 할렐시의 마지막인 118편은 열국을 물리쳐 달라는 호소로 끝나고 있다(118:10). 이런 문맥에서 율법시인 119편은 마음에 율법을 새긴 사람만이 열국을 물리치고 땅을 차지할 수 있다는 신학을 제공해 주는 의미가 있다.

119편의 이런 신학은 오늘날의 성도들에게도 귀중한 메시지다. 오늘날의 상황도 불확실성이라는 면에서 탄식적인 포로 후기의 상황과 매우 흡사하기 때문이다. 이런 상황 가운데 119편의 메시지는 우리의 삶이 비록 어려울지라도 마음에 율법을 새기는 모습을 끝까지 견지하여 종말에 하나님 나라를 유업으로 얻도록 교훈한다.

6장
시편의 신학적 메시지

1. 율법

시편은 처음부터 복 있는 사람을 주야로 율법을 묵상하는 자라고 말할 정도로 율법에 많은 관심을 보인다(1:2). 여기서 율법으로 번역된 히브리어 단어 "토라"(תורה)는 모세의 율법만을 가리키기보다, 순간순간 하나님으로부터 오는 가르침을 뜻하는 낱말이다.[1] 시편에서 율법이 하나님의 가르침이라는 사실은 32편이 잘 보여 준다. "내가 네 갈 길을 가르쳐 보이고 너를 주목하여 훈계하리로다"(32:8). 확실히 여기서 율법은 미래의 삶을 위한 하나님의 가르침으로 제시되고 있다. 더욱이 119편은 율법을 말씀과 동일시하고 "주의 말씀은 내 발에 등이요 내 길에 빛이니이다"(119:105)라고 말하여, 율법이 성도가 매 순간 따라야 할 하나님의 빛임을 더욱 돋보이게 한다.

시편 안에서 율법을 찬양하는 율법시(토라시)로는 1편과 19편, 그리고 119편

---

[1] 하나님의 가르침은 결국 하나님의 공의를 이루기 위함인데, 모세의 율법의 지향점이 공의라는 점에서 모세의 율법과 하나님의 가르침은 서로 연속선에 있는 것이다.

이 있다. 1:2은 "여호와의 율법을 즐거워하여"라고 말함으로, 인간이 율법을 즐거워할 수 있다는 점을 일깨워 준다. 그렇다면 인간은 어떻게 율법(가르침 또는 말씀)을 즐거워할 수 있는가?[2] 이 물음에 대한 힌트로 19:9은 "여호와의 법도 진실하여 다 의로우니"라고 말한다. 여기서 "진실하다"에 해당하는 히브리어 단어는 "진리"를 뜻하는 "에메트"(אֱמֶת)이기에, 19:9을 직역하면 "하나님의 법이 진리다"라고 번역할 수 있다. "율법이 진리다"라는 표현은 율법시인 119편에서 다시 반복된다(119:142). 119편은 성실을 뜻하는 히브리어 단어 "에무나"(אֱמוּנָה)를 사용하여 '율법이 성실하다'라고 선언하기까지 한다(119:86, 138).

"에메트"와 "에무나"는 같은 의미군(semantic field)에 속한 단어들로서, 선지서에서 인애와 공의와 의를 함축적으로 표현해 주는 낱말들이다(호 2:20; 4:1; 미 7:20; 합 2:4). 그래서 시편에서 "에메트"(진리)는 인애라는 단어와 빈번하게 병치되어 나타난다. "내가 주의 인자(인애)와 진리를 많은 회중 가운데에서 감추지 아니하였나이다"(40:10). 그래서 진리와 인애가 밀접한 관련이 있음을 보여 준다(40:10, 11; 61:7; 69:13; 85:10). 시편에서 "에무나"(성실)도 종종 인애와 평행을 이룬다[36:5, "여호와여 주의 인자하심이 하늘에 있고 주의 진실(성실)하심이 공중에 사무쳤으며"]. 그래서 성실에 인애의 속성이 있음을 내비친다. 이런 관찰들을 종합해 볼 때, 시편에서 진리와 성실로 표현된 율법은 그것이 하나님의 인애(사랑)를 보여 주는 수단임을 암시해 준다. 따라서 시편은 율법이 하나님의 인애를 보여 주므로 성도는 율법 배후에 있는 하나님의 사랑을 체험하여 율법을 즐거워할 수 있음을 교훈한다.

그렇다면, 율법은 어떻게 인간에게 하나님의 인애를 보여 주고, 그것을 체

---

[2] C. S. 루이스, 『시편 사색』, 이종태 역 (서울: 홍성사, 2006), 81. 여기서 루이스는 율법을 지켰을 때의 만족감 때문이라는 어떤 이의 주장을 인용하면서, 율법이 즐거울 수 있는 이유는 자신의 허물을 적나라하게 보여 주어 교만하지 않게 하기 때문이라고 설명한다.

험토록 하는가? 이에 대한 답을 잘 보여 주는 시가 19편이다. 19:11은 율법을 지키는 자에게 하나님이 상을 주신다고 말함으로써, 율법이 하나님의 은혜의 통로임을 제시한다. 또한 19:12은 율법이 하나님 앞에서 인간의 숨은 죄를 깨닫게 하는 은혜의 수단임을 보여 주면서, 동시에 인간의 죄성에도 불구하고 죄를 용서하시는 하나님의 인자를 체험케 하는 은혜의 분출구임을 밝힌다(특별히 모세 율법에서 제사법이 그러했다). 이런 맥락에서 19편은 율법을 통해 인간이 하나님의 은혜와 사랑을 체득할 수 있음을 강하게 부각시킨다.

더 나아가, 16편은 율법을 따라 행하는 자가 하나님의 임재 속에서 교제의 기쁨을 누릴 수 있다고 말한다[16:11, "주께서 생명의 길(율법)을 내게 보이시리니 주의 앞에는 충만한 기쁨이 있고"]. 또한 107편은 율법(가르침, 말씀)이 구원과 함께 병고침을 가져다준다고 진술한다(20절, "그가 그의 말씀을 보내어 그들을 고치시고").[3] 이런 율법의 구체적인 특성들을 고려할 때, 성도는 충분히 율법을 기뻐할 수 있다. 19:10에서 시인이 율법에 대해 "금 곧 많은 순금보다 더 사모할 것이며 꿀과 송이꿀보다 더 달도다"라고 선언한 것은 바로 이런 이유에서다(119:103). 결국 성도가 율법을 즐거워하여 그것을 마음에 새길 수 있는 것은 율법이 상, 죄 용서, 그리고 병 고침과 같은 복을 가져다줌으로써, 율법 배후에 있는 하나님의 사랑을 깨닫도록 인도하기 때문이다. 이런 사랑을 확실히 깨달은 사람은 율법이 주는 복(선물) 때문에서라기보다 하나님을 사랑하는 마음에서 율법에 나타난 하나님의 뜻을 즐겁게 실천할 것이다.

한편, 시편이 말하는 율법은 매일의 삶에서 하나님이 보여 주시는 가르침을 의미하기 때문에, 시편 안에서 모세오경이 말하는 율법 조항을 발견하기란 쉽지 않다. 그렇다고 시편이 십계명을 전혀 언급하지 않는 것은 아니다. 시

---

3 Terrien, *The Psalms*, 739.

편은 십계명의 제1계명처럼 하나님만을 유일신으로 섬길 것을 교훈하고(86:8, 10), 우상숭배를 강하게 질타한다(24:4; 115:2-8; 135:15-18; 31:6). 십계명은 하나님과의 관계뿐만 아니라 사람과의 관계도 규정한다. 그래서 시편은 개인 간의 관계의 중요성을 교훈한다. 특별히 대인관계를 해치는 요소로 입술에서 나오는 말을 조심하라고 경고한다. "생명을 사모하고 연수를 사랑하여 복 받기를 원하는 사람이 누구뇨. 네 혀를 악에서 금하며 네 입술을 거짓말에서 금할지어다"(34:12-13). 그래서 입술로 인한 죄는 하나님뿐만 아니라 대인관계를 해치는 요소임을 교훈하여, 성도의 입술은 하나님을 찬양하는 데 사용되어야 함을 권면한다.[4]

2. 하나님 나라

시온에서 하나님 나라의 통치라는 주제는 시편에서 광범위하게 나타나는 주제다(46:5, 10; 48:1-4; 78:68-69; 87:1-2).[5] 특별히 5권(107-150편)의 말미는 하나님의 나라가 온전히 지상에 임하기를 다음과 같이 간구한다. "여호와여 주의 하늘을 드리우고 강림하시며 산들에 접촉하사 연기를 내게 하소서"(144:5).

시편은 하나님 나라의 통치 원리를 인애와 공의와 의로 제시하고(89:14; 97:2), 창조 질서도 인애와 공의와 의라는 원리로 움직이고 있음을 말한다(33:5; 36:6-7). 율법은 하나님 나라의 통치 원리인 인애와 공의와 의를 역사 안에서 성문화한 것이기에, 그런 율법을 가진 이스라엘은 하나님 나라를 역사 안에서 실현시키는 공동체로 묘사된다. 이런 점에서 이스라엘은 역사 안에서 하나님 나라를 구현하는 소우주(microcosm)이고, 이스라엘이 거하는 시온은

---

4 Wenham, "The Ethics of the Psalms", 187.
5 Hans-Joachim Kraus, *Pslams 1-59*, trans. Hilton C. Oswald (Mineapolis: Fortress, 1993), 71 참조.

세상의 중심이라고 볼 수 있다(46, 48편).

시온이 세상의 중심이기에, 땅이 변하고 산이 흔들리며 바닷물이 솟아난다 할지라도 시온은 결코 흔들리는 법이 없다고 46편은 선포한다(46:1-4). 더욱이 87:5-6은 "시온에 대하여 말하기를 이 사람, 저 사람이 거기서 났다고 말하리니"라고 진술하여 시온이 온 세상의 중심으로서 모든 민족들이 나오는 근원임을 확연히 보여 준다. 또한 시편은 시온을 보고 열국이 하나님의 통치를 찬양할 것을 촉구하고(2:8; 67:2-3; 138:4-5 참조), 열국이 시온에 와서 경배할 것을 고대한다. "주여 주께서 지으신 모든 민족이 와서 주의 앞에 경배하며 주의 이름에 영광을 돌리리이다"(86:9). 이런 점에서 시온에 거한 이스라엘은 하나님 나라를 드러내는 도구라고 말할 수 있다.

하지만 유다는 역사 안에서 하나님 나라의 통치의 원리인 인애와 공의와 의의 삶을 세상에 드러내는 데 실패하여, 다윗 왕권이 붕괴되고 말았다(89편). 이런 상황에서 4권의 등극시(93, 95-99편)는 하나님이 여전히 통치하고 계심을 보여 준다는 의미가 있다. 더 나아가 5권의 145편은 하나님 나라는 영원한 나라이기에 불의가 가득한 오늘날에도 하나님의 통치가 여전히 시행되고 있음을 말한다. "주의 나라는 영원한 나라이니 주의 통치는 대대에 이르리이다"(145:13).

하나님 나라의 통치는 이스라엘뿐만 아니라 모든 열국을 포함하는 통치이기에, 시편에서 하나님 나라를 강조한 것은 여전히 열국의 지배를 받고 있는 포로 후기의 유다 공동체에게 큰 희망의 메시지였다. 하나님이 지금도 통치하고 계시고, 종말에 열국을 물리쳐 하나님 나라를 완성하실 것이라는 사상은 포로 후기 사람들에게 큰 위로와 격려가 아닐 수 없었다.

덧붙여 5권은 하나님의 나라가 종말에 메시아를 통해 완성될 것을 보여 준다(110편; 118:26; 132:17).⁶ "내가 거기서 다윗에게 뿔이 나게 할 것이라. 내가 내 기름 부음 받은 자를 위하여 등을 준비하였도다"(132:17). 그리고 종말에 메시아가 출현하면, 성도는 메시아와 함께 왕적인 지위를 가지고 열국을 정복하게 될 것을 예고한다(110-111편 참조). 하나님 나라의 통치에 대한 시편의 메시지는 오늘날 우리에게도 큰 힘이 된다. 악이 득세하는 상황에서도 하나님 나라의 통치가 여전히 시행되고 있다는 사실은 낙담하는 성도들에게 큰 위로가 되기 때문이다.

3. 창조자이신 하나님

시편은 땅과 바다를 창조하신 하나님의 모습을 돋보이게 한다(95:4-5). 창조자로서 하나님의 모습은 탄식의 상황에 있는 사람들에게 하나님의 창조적 능력을 바라보게 한다. 창조자이신 하나님이 자신의 창조적 능력으로 탄식의 상황을 희망으로 바꾸어 주실 것이기 때문이다. 더욱이 8편은 하나님이 성도를 원래 영화와 존귀로 관 씌운 존재로 창조하셨음을 선언하여, 하나님이 반드시 대적의 손에서 성도를 구원하여 영광스런 존재로 다시 세워 주실 것이라 약속한다.

창조자이신 하나님을 언급할 때, 시편은 하나님이 가나안의 창조 신화에서 무질서의 세력으로 등장하는 라합(89:10)과 리워야단(용, 악어)을 물리치셨음을 언급한다(74:14). 가나안의 창조 신화에서 라합과 리워야단은 창조 질서를 위협하는 무질서의 세력으로 등장하고, 비알은 이런 세력과 싸워 창조 질서를 유지한 신으로 묘사된다. 시편이 가나안의 창조 신화를 언급하는 이유

---

6 푸타토·하워드, 『시편을 어떻게 해석할 것인가?』, 96.

는 일차적으로 창조 질서를 유지하는 신은 바알이 아니라 하나님이심을 독자들에게 각인시켜 주려는 선교적 목적 때문이다. 시라는 장르는 상상적 이미지를 자유롭게 사용할 수 있는 공간이다. 따라서 시편은 가나안 신화의 상상적 이미지를 차용하여 바알과 하나님을 대조시키고, 창조 질서를 유지한 분은 하나님이심을 보여 주어, 바알을 믿는 이방인들에게 하나님을 신뢰할 것을 전하는 셈이다.

또한 시편에서 라합과 리워야단을 언급하는 또 다른 목적은, 과거에 하나님이 그런 무질서의 세력들을 물리치셨듯이 역사 속에서 그런 무질서 세력과 같은 대적자들을 물리쳐 달라고 호소하기 위함이다. 이런 호소에 대한 응답으로 104편은 리워야단(악어)이 하나님께는 노리개에 지나지 않기 때문에(104:26), 하나님은 반드시 대적자들을 물리치시고 그분의 창조 질서를 굳건하게 하실 것이라 말한다.

4. 복

시편은 "복이 있다"라는 단어(אַשְׁרֵי/"아쉐레)로 시작해서 복으로 끝날 정도로 복에 대한 관심이 많다(1:1; 2:12; 144:15x2).[7] 여기서 복은 물질적 축복뿐만 아니라 감정적으로 형통한 상태, 더 나아가 영적인 축복을 모두 아우르는 표현이다.[8] 1편에 의하면 의인은 복을 누리는 반면, 악인은 히브리어 단어인 "아바드"(אבד)를 사용하여, 망한다고 말한다(1:6). 따라서 시편에서 "망하다"의 의미를 알게 되면 복된 상태의 의미를 알 수 있다.

112편은 1편을 그대로 반복하는 시편이기 때문에, "망하다"라는 의미가

---

7 시편 1권도 41편에서 복이라는 단어가 등장함으로, 자체적으로 인클루지오 구조를 이룬다(41:1).
8 푸타토·하워드, 『시편을 어떻게 해석할 것인가?』, 65-66.

무엇인지에 대한 귀한 통찰을 제공해 준다.[9] 112:10에서 개역개정판 한글 성경은 "악인들의 욕망은 사라진다"라고 번역했는데, 여기서 "사라진다"에 해당하는 히브리어 동사는 "아바드"로서 1:6에서 "망하다"라고 번역한 히브리어 동사와 같은 단어다. 112편의 문맥에서 "망하다"의 의미는 욕망이 채워지지 않은 상태다. 그러므로 이 의미를 1편에 대입시키면, 1편이 말하는 복은 거꾸로 인간의 욕구가 만족된 상태라는 추론이 가능하다.

그렇다면 인간의 욕구를 궁극적으로 만족시키는 것은 무엇인가? 이 물음과 관련해서 1:2은 "여호와의 율법을 즐거워하는 자"가 복이 있음을 말한다. 이 말은 재물이나 명예가 인간의 욕구를 채워 주는 것이 아니라, 말씀에 순종하는 데서 오는 기쁨이 참된 복으로서 그것이 인간의 욕구를 채워 준다는 뜻이다. 말씀 순종에서 오는 영적인 기쁨은 하나님과의 교제에서 오는 기쁨이다. 같은 맥락에서 시편은 "그가 영원토록 지극한 복을 받게 하시며 주 앞에서 기쁘고 즐겁게 하시나이다"(21:6)라고 말하여, 하나님과의 교제의 기쁨을 최고의 복으로 묘사하고 있다.

최고의 복으로서 하나님이 주시는 기쁨은 어떤 물질적인 축복보다 고귀한 것이다. 때문에 4:7에서 시인은 "주께서 내 마음에 두신 기쁨은 그들의 곡식과 새 포도주가 풍성할 때보다 더하니이다"라고 고백한다. 더욱이 16:11은 하나님이 주시는 이런 기쁨을 생명이라고 말한다. "주께서 생명의 길을 내게 보이시리니 주의 앞에는 충만한 기쁨이 있고 주의 오른쪽에는 영원한 즐거움이 있나이다." 하나님과의 교제에서 오는 기쁨이 진정으로 인간의 욕구를 채워 주기 때문에, 이 기쁨을 생명이라고까지 말하고 있는 것이다.[10]

창세기에서 하나님은 아담과 하와에게 선악과를 먹으면 죽을 것이라고 말

---

9 푸타토·하워드, 『시편을 어떻게 해석할 것인가?』, 64-65.
10 Waltke, *Old Testament Theology*, 909.

씀하셨는데, 여기서 죽음은 단순히 육적인 죽음을 의미하지 않았다. 실제로 아담과 하와는 선악과를 따먹은 후에 바로 죽지 않았다. 하나님이 이들에게 경고하신 죽음은 생물학적 죽음이라기보다 하나님과의 교제의 기쁨에서 단절되는 영적 죽음을 의미했다. 선악과를 먹은 아담과 하와는 에덴동산에서 쫓겨나 하나님과의 교제의 기쁨에서 단절되자 사실상 죽은 자가 되어, 결국 나중에 육적인 죽음을 맛보아야 했다. 따라서 아담과 하와의 선악과 사건은 하나님과의 교제의 기쁨이 인간의 궁극적인 생명임을 잘 보여 주는 실례였다. 같은 맥락에서 시편 역시 인간의 진정한 생명이 주님과 기쁨을 누리는 데 있음을 말하고, 이것이 인간의 욕구를 채워 주는 진정한 복이라 말하고 있다.

하나님과의 교제의 기쁨이 진정한 복이자 인간의 생명이라는 사실은 요한복음에서도 발견된다. 요한복음 3:16은 예수님이 오신 목적이 인간에게 영생을 주시기 위함이라고 말한다. 여기서 영생은 영원한 생명으로서, 성자 하나님인 예수 그리스도가 성부 하나님과 함께 누렸던 생명, 즉 교제의 기쁨을 뜻한다.[11] 요한복음 17:3은 "영생은 곧 유일하신 참 하나님과 그가 보내신 자 예수 그리스도를 아는 것이니이다"라고 말하여, 이 점을 더욱 분명하게 한다. 이 구절을 통해 우리는, 인간의 영원한 생명이란 하나님과 예수 그리스도를 친밀하게 아는 교제, 그리고 거기서 파생되는 기쁨이라는 것을 확실하게 알 수 있다.

마태복음 5장에서 예수님이 팔복을 설명하시며, "가난한 자", "애통하는 자", "온유한 자", "의를 위해 박해를 받는 자"가 복이 있다고 말씀하신 것도 이런 맥락이다. 이런 사람들이 복을 받는 이유는, 그들이 물질적으로 가난할지라도 하나님과의 깊은 교제의 기쁨인 생명을 누리기 때문이다.

---

[11] C. S. 루이스, 『순전한 기독교』, 장경철/이종태 역 (서울: 홍성사, 2001), 266-273.

시편은 이런 기쁨을 또한 평강의 복과 일치시킨다(29:11; 37:11). 그래서 사도 바울도 로마서 14:17에서 하나님 나라를 "의와 평강과 희락"으로 정의하여 기쁨을 평강과 동일시하고, 이런 기쁨과 평강이 성도 안에서 충만하기를 기도했다. "소망의 하나님이 모든 기쁨과 평강을 믿음 안에서 너희에게 충만하게 하사"(롬 15:13).

물론, 성도가 하나님과의 교제에서 오는 기쁨과 평강을 목적으로 신앙생활을 하는 것도 문제다. 성도의 신앙생활은 어떤 목적을 위한 것이 아니라 기본적으로 하나님을 사랑하여 자발적으로 그분을 따르는 삶이기 때문이다. 그래서 청교도 신학의 거목인 존 오웬(John Owen)은 신자가 기쁨과 평안을 얻지 못할 수도 있다는 점을 지적하고 기쁨과 평안은 하나님만이 주시는 특권임을 강조한다.[12] 성도는 하나님과의 교제에서 오는 기쁨과 평안을 누리는 존재이지만, 자칫 기쁨과 평안이 목적이 되어 신앙생활을 한다면 하나님과의 관계가 인격적인 관계에서 대가를 주고받는 기계적 관계로 흘러가게 되어 신앙을 잃어버릴 수도 있다는 경고다.

정리하면, 시편이 말하는 복은 모든 면에서 형통한 상태를 뜻하지만, 궁극적으로 하나님이 주시는 교제의 기쁨을 가리킨다. 물리적인 형통에서 오는 기쁨은 잠시 있다가 없어지지만 하나님이 주시는 교제의 기쁨은 영원한 것이기에, 참된 복은 이런 기쁨을 누리는 데 있다. 그리고 하나님과의 교제의 기쁨을 누리는 사람은 다음과 같은 복을 얻게 될 것이다. 양식 공급(111:5), 어려움으로부터의 보호(27:1), 병 고침(30:2; 103:3), 가정과 공동체의 평안(127편), 그리고 땅을 차지하는 축복(37:11) 등이 그것이다.

---

12 존 오웬, 『내 안의 죄 죽이기』, 김창대 역 (서울: 도서출판 브니엘, 2014), 62-63.

5. 가난한 자(온유한 자)

시편에서 의인을 뜻하는 가난한 자는 히브리어로 "아나브", "아니", 또는 "에브욘"으로 표현되는데, 특별히 이 중에서 "아나브"라는 단어가 중요하다. 개역개정판 한글 성경은 이 단어를 "가난한 자"(9:12, 18), "겸손한 자"(10:17; 22:26; 147:6; 149:4), "곤고한 자"(34:2), 또는 "온유한 자"(25:9; 37:11)로 번역했다.[13] "아나브"는 하나님 앞에서 겸손하여 언제든지 하나님의 교훈을 따를 준비가 되어 있는 자를 가리킨다.[14] 그러므로 "아나브"는 사회 시스템에 고분고분 따르기만 하는 유형의 사람을 가리키는 말이 아니다(물론 온유한 자는 공손하며 타인을 배려하는 모습이 특징일 것이다).

시편에서 가난한 자는 실제로 병든 자, 힘이 없어 법정에서 대적자로부터 부당한 판결을 받은 자들을 포함한다. 하지만 시편이 가난한 자를 의인의 전형으로 제시하는 이유는 낮은 자세에서 하나님을 전적으로 의지하고 간구하는 가난한 자의 속성 때문이다. 그래서 34:2은 곤고한 자("아나브")의 모습을 하나님께 부르짖는 모습으로 묘사하고, 22:26은 가난한 자("아나브")의 특징을 하나님을 찾는 것으로 설명한다.

물론 낮아져서 하나님을 의지하며 기도한다고 모두 의인인 것은 아니다. 개중에는 단순히 하나님이 주시는 선물에 집착하여, 하나님을 의지하는 잘못된 신자도 있을 수 있기 때문이다. 인간은 하나님을 의지하여 복을 받게 되면, 하나님보다 하나님이 주신 복에 더 관심을 갖고 그 복을 받기 위해 하나님을 이용하려는 습성이 있다. 그 결과 복을 받기 위해 하나님을 의지하고

---

13 개역개정판에서 "아니"는 주로 "가난한 자"(22:26; 40:17; 109:16), 또는 "곤고한 자"(34:6)로 번역되었고, "에브욘"은 자주 "아니"와 함께 병치되어 "궁핍한 자"(40:17; 109:16)로 번역되었다.
14 William L. Holladay, *A Concise Hebrew and Aramaic Lexicon of the Old Testament* (Grand Rapids, Mich.: Eerdmans, 1988), 278.

그 의지하는 것을 자신의 행위로 자랑하려고 한다. 과거 이스라엘이 이런 우를 범했다. 이런 이유로, 신약에서 사도 바울은 이스라엘이 자신들의 행위를 의지했다고 다음과 같이 질타했다. "의의 법을 따라간 이스라엘은 율법에 이르지 못하였으니 어찌 그러하냐. 이는 그들이 믿음을 의지하지 않고 행위를 의지함이라"(롬 9:31-32).

시편이 의인의 모델로 제시하는 가난한 자는 먼저 자신이 아무것도 아닌 존재임을 철저히 자각하는 자다. 그래서 아무것도 아닌 자신에게 하나님의 사랑이 부어질 때, 그런 하나님의 사랑에 감격하여 자신도 하나님을 진정성 있게 사랑하는 자를 뜻한다(39:5). 이런 맥락에서 시편은 먼저 인간이 입김이나 풀, 또는 먼지처럼 아무것도 아닌 존재임을 강하게 부각시킨다(62:9; 90:5; 103:14-15). 자신이 태생적으로 아무것도 아니고 덧없는 존재임을 아는 사람만이 낮은 자세에서 하나님이 베풀어 주시는 인애에 감사하여, 자신도 하나님을 향해 진정성 있는 인애를 행할 수 있다는 논리다.[15]

하나님의 사랑에 압도되어 자발적으로 인애를 베푸는 자가 가난한 자이기 때문에, 149편은 성도를 "인애를 베푸는 자"라는 뜻의 단어인 "하시딤"(חֲסִידִים)으로 칭하고, 이 칭호를 겸손한 자를 뜻하는 "아나브"와 병치시키고 있다(149:1, 4). 그렇지만 문제는 어떤 사람이 자신이 아무것도 아닌 존재임을 깨달을 수 있느냐 하는 것이다. 이에 대한 대답으로 시편은 고난의 유익을 말하고 있다.

---

15 그래서 스바냐서는 가난하고 겸손한 자만이 종말에 남은 자가 되어 인애와 공의를 행할 것이라고 예언했다(습 2:3; 3:11-12). 김창대, 『한 권으로 꿰뚫는 소예언서』, 307 참조.

6. 고난

시편에서 고난은 매우 중요한 주제다. 22편에서 고난받는 시인은 자신을 "벌레"로 비유하여 고난이 인간을 무가치한 존재로 만들 수 있다는 것을 보여준다(22:6). 더 나아가 42-43편에서 시인은 고난이 육체적, 사회적, 그리고 영적인 고립을 가져다준다는 사실을 토로한다(102:6-7).[16] 시편 전체에서 가장 암울한 시는 88편이다.[17] 이 시에서 시인은 고난으로 말미암아 자신이 사회적으로 고립되어 죽음의 지경에까지 이르렀음을 강한 어조로 탄식한다.

시편이 제시하는, 인간 고난의 원인들은 다양하다. 하지만 무엇보다도 시편은 고난의 원인으로 대적자를 언급하는데, 22편은 이런 대적자를 동물로 표현한다(소, 사자, 개; 22:12-13, 20-21). 대적자는 에돔(60:9; 137:7)과 바벨론(137:9)과 같이 열국으로 표현되기도 하는데, 5권에서 이런 열국은 하나님 나라의 도래를 방해하는 세력들로 제시된다.

고난의 또 다른 원인은 자기 자신일 수도 있다. 그래서 시인은 자신의 죄성을 탄식하기도 한다(19:12; 39:11 참조). 하지만 시편의 전반부에서 죄에 대한 인식은 그리 강하지 않다.[18] 물론 전반부에서 죄의 중요성이 간과되는 것은 아니지만(25:7; 32편; 38-39편; 69편), 대체로 전반부에서 의인은 자신의 죄를 고백하는 자라기보다는, 아무런 이유 없이 고난당하여 하나님께 간구하는 자로 묘사된다(22:24; 34:6). 이에 반해 후반부는 인간의 죄성을 두드러지게 강조한다(103:13; 107:41; 109:31; 130:3-4; 143:2). "여호와여 주께서 죄악을 지켜보실진대 주여 누가 서리이까. 그러나 사유하심이 주께 있음은 주를 경외하게 하심

---

[16] Philip S. Johnston, "The Psalms and Distress", in *Interpreting the Psalms: Issues and Approaches*, ed. David Firth and Philip S. Johnston (Downers Grove, Ill.: IVP, 2005), 66-67.
[17] Philip S. Johnston, "The Psalms and Distress", 79.
[18] Kraus, *Theology*, 150-154 참조.

이니이다"(130:3-4). 이런 현상은 시편의 후반부가 포로 생활에서 돌아와 죄를 뉘우치는 포로 후기 공동체를 겨냥하기 때문이라고 풀이할 수 있다.

어쨌든 고난과 관련하여 분명한 점은 인간의 고난이 하나님의 부재 때문은 아니라는 사실이다. 하나님은 드러나지 않는 가운데서도 성도를 보호하시고,[19] 성도는 하나님이 없는 것처럼 보이는 상황에서도 충분히 하나님과의 교제의 기쁨으로 고난을 헤쳐 나갈 수 있다고 시편은 교훈한다.

더 나아가 시편은 고난의 유익함을 지적한다. 그래서 고난을 통해 인간은 진정으로 인애와 공의와 의의 자리로 나아갈 수 있음을 내비친다. 119:71에서 시인이 "고난 당한 것이 내게 유익이라. 이로 말미암아 내가 주의 율례들을 배우게 되었나이다"라고 말한 것은 이 점을 잘 보여 준다. 한마디로 고난을 통과하면서 인간은 자신이 아무것도 아닌 존재임을 깨닫게 되고, 동시에 아무 대가 없이 베푸시는 하나님의 사랑을 느끼게 된다는 것이다. 그래서 하나님의 인애에 감격하여 자신도 하나님을 향해 인애와 공의와 의를 행하는 자리로 나아갈 수 있다고 말한다.

이런 점에서 고난은 확실히 유익한 것이다. 물론 고난을 통과하면서 모든 사람이 자신이 아무것도 아님을 깨닫고 하나님의 사랑을 진정으로 자각하게 되는 것은 아니다. 이런 점에서 고난을 통과하는 가운데 하나님의 사랑을 아는 것도 전적으로 하나님의 은혜다. 어쨌든 이런 고난의 유익함 때문에 선지자들은 미래의 남은 자가 고난을 통과하면서 자신의 낮아짐을 알고 하나님만을 바라게 될 것을 예언했다(미 5:7 참조).

한편 신약은 성도가 고난을 당하여 낮아질 때, 성도의 고난당하는 모습

---

[19] Brian Doyle, "Where is God When You Need Him Most?: The Divine Metaphor of Absence and Presence as a Binding Element in the Composition of the Book of Psalms", in *The Composition of the Book of Psalms*, ed. Erich Zenger (Leuven, Uitgeverij Peeters, 2010), 383.

을 아파하시는 하나님이 자신의 아들인 예수 그리스도를 보내셔서 대신 고난받도록 하셨음을 증거한다. 다시 말해 하나님이 우리 대신에 예수 그리스도를 십자가에서 고난받게 하시어 그분을 아무것도 아닌 존재로 만드셨다는 것이다(빌 2:8). 그래서 우리의 죄를 위해 십자가에서 돌아가신 예수 그리스도의 사랑을 알아 그분을 영접할 때, 하나님은 우리가 마치 낮아져서 아무것도 아닌 자가 된 것처럼 간주하시고, 우리를 의롭다고 인치신다는 것이다. 그리고 성령을 통해 하나님의 사랑을 온전히 알게 하셔서(롬 5:5), 인애와 공의와 의를 행할 수 있는 은혜를 주신다고 말한다. 마땅히 직접 고난을 통과하면서 낮아져야 할 우리에게 이 얼마나 큰 은혜인가!

7. 찬양: 대적자를 이기는 무기

주전 539년에 바벨론의 포로 생활에서 돌아온 포로 후기 유다 공동체는 여전히 열국의 지배를 받고 있는 상황이었다. 이런 상황에서 최종 완성된 시편은 열국에 대해 이중적 태도를 취한다. 한편으로 시편은 열국도 하나님의 말씀을 듣는 자녀가 될 것을 고대하며, 이스라엘에게 열국을 향한 선교적 사명이 있음을 보여 준다(87:5-6; 138:4). 하지만 다른 한편으로 시편은 열국을 포로 후기의 유다 공동체를 핍박하는 대적자의 이미지로 묘사한다. 이런 이미지는 포로 후기 신학을 강하게 대변하는 5권에서 두드러진다. 따라서 포로 후기에 아직 하나님 나라가 세워지지 않은 5권의 상황에서, 열국은 하나님 나라의 완성을 방해하는 저대 세력으로 제시된다. 이런 점에서 열국은 시편 후반부에서 매우 부정적으로 나타난다(110:5; 115:2; 118:10-11).[20]

---

20 W. Dennis Tucker, Jr., "Empires and Enemies in Book V of the Psalter", in *The Composition of the Book of Psalms*, 723-731 참조.

열국에 곱지 않은 시선을 보내는 시편은 대적자로서 열국을 물리치는 방법으로 찬양을 권면한다. 이런 권면은 8편과 108편, 그리고 149편에서 매우 잘 나타난다. 8:2은 "주의 대적으로 말미암아 어린 아이들과 젖먹이들의 입으로 권능을 세우심이여"라고 말한다. 어린아이가 입을 통해 권능을 가질 수 있는 것처럼, 성도는 입으로 하나님을 찬양하여 대적자를 향해 권능을 행할 수 있다는 것이다(1, 8절 참조). 8:2이 말하는 어린아이의 권능은 찬양을 의미하기 때문에 마태복음 21:16에서 예수님은 이 구절을 70인역(LXX)을 인용하시면서 "어린 아기와 젖먹이들의 입에서 나오는 찬미"라고 직접적으로 말씀하셨다.

108편에서 다윗은 "여호와여 내가 만민 중에서 주께 감사하고 뭇 나라 중에서 주를 찬양하오리니"라고 고백한다(108:3). 여기서 언급된 "만민"과 "뭇 나라"는 열국으로서 대적자를 겨냥한 말이다. 흔히 많은 이들이 이 구절을 열국에게 하나님의 영광을 선포하는 선교적 의미로 해석하지만, 이것은 문맥을 잘못 이해한 것이다. 108편의 문맥에서 열국은 강력한 대적자로 묘사되고 있다(108:9-12). 그러므로 이 시는 찬양으로 열국이라는 대적자를 물리치도록 교훈하는 내용이다. 이런 점에서 108편 역시 8편처럼 성도가 찬양으로 대적자를 물리칠 수 있음을 확인해 주는 내용이다.

149:6-8은 찬양으로 열국이라는 대적자를 물리칠 수 있다는 점을 더욱 선명하게 강조한다. "그들의 입에는 하나님에 대한 찬양이 있고 그들의 손에는 두 날 가진 칼이 있도다. 이것으로 뭇 나라에 보수하며 민족들을 벌하며 그들의 왕들을 사슬로, 그들의 귀인은 철고랑으로 결박하고"(149:6-8).

대적자를 찬양으로 물리치라는 권면은 오늘날 우리에게도 의미심장한 교훈이다. 오늘날 대적자와 같은 악의 세력들이 우리를 짓누르는 상황 속에서, 시편의 말씀은 낙심하지 말고 찬양으로 대적을 이기라고 충고해 주어, 찬양의 중요성을 다시 한 번 새롭게 일깨워 주기 때문이다.

8. 악인을 향한 저주

하나님은 악인의 죄를 판결하시고(21:9), 왕에게도 그런 심판자의 역할을 허락하신다(18:38-39). 더 나아가 시편은 악인을 향한 심판뿐만 아니라 저주시를 통해 악인을 향해 저주를 쏟아낸다. "그들을 생명책에서 지우사 의인들과 함께 기록되지 말게 하소서"(69:28). 이런 악인을 향한 저주는 신실한 그리스도인들을 적잖이 당황하게 만든다. 원수를 사랑하라는 예수님의 가르침에 정면으로 위배되기 때문이다. 하지만 시편 전체의 배열 의도를 고려하여 저주시를 이해한다면 이 문제는 쉽게 해결될 수 있다.

시편에서 저주시는 주로 5권에 두드러지게 등장한다(109:19-20; 137:8-9; 143:12). 5권에서 저주시는 하나님을 향한 신뢰를 바탕으로 하나님의 나라가 속히 임하게 하기 위해 대적자를 심판해 달라는 탄원의 성격이 강하다. 물론 때때로 자극적인 말을 사용하여 하나님께 악인을 심판해 주실 것을 촉구하기도 한다. 하지만 5권에 나타나는 악인의 저주는 하나님 나라를 방해하는 세력을 물리쳐 달라는 의미다.

예를 들어, 137:8-9에서 시인은 "멸망할 딸 바벨론아 네가 우리에게 행한 대로 네게 갚는 자가 복이 있으리로다. 네 어린 것들을 바위에 메어치는 자는 복이 있으리로다"라고 말한다. 이 구절에서 저주는 개인적 차원에서 복수하기 위한 저주가 아니라 하나님 나라의 도래를 방해하는 세력을 향한 저주다.[21] 그리고 이런 악의 세력은 궁극적으로 성도의 마음 안에 하나님 나라를 방해하

---

21 Hunter, *An Introduction to the Psalms*, 115; Erich Zenger, *A God of Vengeance?: Understanding the Psalms of Divine Wrath* (Louisville: Westminster John Knox, 1996), 67.

는 나쁜 습관, 허영심, 자기 기만, 교만 등과 같은 죄도 포함된다.[22]

저주시는 5권에서뿐만 아니라 시편의 다른 권들에서도 나타나는데, 여기서 주목할 부분이 2권에 있는 69:22-23이다. "그들의 밥상이 올무가 되게 하시며 그들의 평안이 덫이 되게 하소서. 그들의 눈이 어두워 보지 못하게 하시며 그들의 허리가 항상 떨리게 하소서." 언뜻 69편의 저주 내용은 5권의 저주시와 별반 차이가 없어 보인다. 하지만 시편 배열의 전략상 전반부(1-89편)는 마음에 율법을 새기지 않아 탄식하는 성도의 모습을 부각시키기 때문에, 69편의 저주는 다소 부정적인 뉘앙스를 풍긴다. 실제로 69편의 저주 내용은 하나님이 부재하시는 것처럼 보이는 상황에 대해 시인이 탄식 가운데 자신의 절망감을 토로하는 말이다.

이상의 관찰을 종합해 볼 때, 시편의 전반부(1-89편)의 저주와 후반부(90-150편)의 저주는 서로 차별화된다. 전반부에 나타나는 저주는 절망적 분위기 속에서 개인의 원수를 갚기 위한 차원으로 저주하는 것이기에 부정적이지만, 후반부의 저주는 탄원적 분위기 속에서 하나님 나라가 속히 임하도록 하기 위해서 악의 세력을 저주한다는 의미이기 때문에 부정적이라고 말할 수 없다. 결국 시편은 개인적 복수 차원에서 악인을 저주하는 것을 허락하지 않는다. 저주는 어디까지나 하나님 나라의 완성을 방해하는 악의 세력을 심판해 달라는 의미에서만 가능한 것이다. 그러므로 개인적인 복수를 관철시키기 위해 저주하는 것은 잘못이다.

---

22 루이스, 『시편 사색』, 193.

9. 신정론

시편은 탄식의 상황에서 과연 하나님이 정의로운 분이신가라는 신정론(theo-dicy) 문제를 제기한다. 신정론 문제는 3권에서 다윗 왕권의 붕괴로 정점에 달한다(88-89편). 사무엘하 7장은 다윗 언약이 영원한 언약이기 때문에 다윗 왕권이 지속될 것을 약속했다. 하지만 다윗 왕권은 주전 586년에 바벨론에 의해 무너지고 말았다. 이런 상황에서 3권은 하나님의 약속을 의심하고 하나님이 과연 정의로운 분이가라는 강한 의문을 던진다.

이런 의문 앞에서 본격적으로 해답을 제공하는 것이 바로 4권이다. 4권은 신정론 문제의 해답으로, 현재의 탄식은 하나님이 정의롭지 않으셔서가 아니라 인간의 마음 문제 때문임을 역설한다. 다시 말해 인간이 마음에 하나님의 법을 온전히 새기지 않아, 인애와 공의와 의를 실행하지 못하기 때문에 고난이 와서 탄식한다는 설명이다. 그래서 90:12은 하나님의 정의를 의심하는 사람들에게 오히려 지혜의 마음을 가질 것을 권면한다. "우리에게…지혜로운 마음을 얻게 하소서." 여기서 "지혜의 마음"이란 시편 전체의 문맥에서 읽으면, 율법이 새겨진 마음을 달리 표현한 것이다.

더 나아가 4권은 모세의 기도인 90편을 서두에 배치시켜, 모세 시대처럼 여전히 하나님은 왕이심을 상기시키고 다윗 왕권의 붕괴로 인간 왕이 없다고 한탄할 필요가 없음을 충고한다. 4권에서 나타나는 등극시인 93편과 95-99편은 하나님이 세상과 역사의 주관자로서 여전히 통치하시는 분임을 부각시켜, 탄식의 상황에서 하나님을 원망하지 말고 오히려 왕이신 하나님을 신뢰할 것을 촉구한다. 이어서 5권은, 다윗 언약은 하나님 편에서 결코 폐기될 수 없기 때문에 종말에 메시아가 와서 다윗 언약을 성취하고 완성할 것을 내다본다. 결국 신정론의 문제와 관련된 시편의 해답은 성도가 고난을 당하여 탄식하는 것은 마음으로 율법을 새기지 않았기 때문이지, 하나님이 정의롭지 않으셔서가 아니라는 것이다. 그래서 오히려 성도는 고난을 당하면서 자신을 돌아보아 마음에 율법을 새기도록 노력해야 한다고 교훈한다.

10. 메시아 사상

다윗 왕권이 붕괴된 상황에서 제왕시에 그려진 이상적인 다윗 왕의 모습은 포로 후기 공동체에게는 너무나 현실과 동떨어진 이야기였다. 그 결과 2편과 45편, 그리고 72편에 묘사된 이상적인 다윗 왕의 모습은 종말의 메시아를 예표하는 인물로 재해석되기 시작했다. 이런 현상은 5권에서 두드러진 특징으로 나타난다.

구체적으로 110편은 메시아를 신적인 인물로 묘사하고, 메시아를 통해 2편에서 하나님이 이상적 다윗 왕에게 약속하신 열국의 정복이 성취될 것을 강하게 선언한다(2:8; 110:5, "그의 노하시는 날에 왕들을 쳐서 깨뜨리실 것이라"). 118편은 "여호와의 이름으로 오는 자"를 언급함으로, 이상적 다윗 왕인 메시아가 출현하여 열국으로 대변되는 대적자를 물리쳐 주실 것을 내다본다(25-26절).[23] 마찬가지로 132편도 "내가 거기서 다윗의 뿔이 나게 할 것이다"라고 말함으로써, 미래에 이상적 왕인 메시아를 기대하도록 독자들을 유도한다(17절). 이처럼 110편, 118편, 132편은 종말에 출현할 메시아를 통해 열국이 정복되고 하나님 나라가 완성될 것을 보여 주고 있다. 흥미로운 것은 시편의 탄식시의 내용들이 신약에 예수 그리스도의 고난에 적용된다는 점이다. 이런 의미에서 시편의 탄식시도 메시아의 모습을 예표한다고 말할 수 있다(22, 69편).

---

23 푸타토·하워드, 『시편을 어떻게 해석할 것인가?』, 95.

한편 시편 110-112편은 함께 묶여서, 메시아의 사역으로 인해 메시아를 따르는 의인이 왕적 존재가 되어 열국을 기업으로 얻고 땅을 차지하는 복을 누린다는 점을 일깨워 준다(110:6; 111:5-6; 112:2). 의인이 땅을 차지한다는 것은 거꾸로 땅에서 악인이 사라진다는 뜻이다(34:16). 그래서 시편은 탄식의 상황에 있는 성도들에게 메시아로 인해 성취될, 땅의 복이라는 동기 부여를 통해 고난을 이길 것을 충고한다.

결론적으로 시편의 메시아 사상은 성도들에게 메시아를 통해 이루어질 약속을 대망하도록 이끌어, 고난 가운데서 낙심하지 말 것을 일깨워 준다. 이런 메시아 대망 사상은 메시아로 오신 예수 그리스도의 재림을 기다리는 우리에게도 여전히 유효한 것이다. 그러므로 오늘날 우리는 그리스도의 재림을 기대하며 마음에 율법을 새겨서, 어두운 고난의 터널 속에서도 밤 하늘의 별빛과 같은 희망을 품고 고난을 이기는 자가 되어야 할 것이다.

부록 1

시편을 어떻게 설교할 것인가

1. 시편 설교를 위한 단계들[1]

전체적으로 시편의 배열 구조는 탄식에서 찬양으로 흘러간다. 이 흐름은 다윗 왕권의 붕괴와 밀접한 관련이 있다. 이런 흐름 속에서 시편 전체의 중심 메시지는 마음에 율법을 새길 것을 독자들에게 권면하는 데 있다. 비록 다윗 왕권의 붕괴와 같은 극심한 어려움과 난관이 있다고 할지라도 하나님은 시온에서 마음에 율법을 새겨 하나님을 사랑하고 그분의 뜻을 행하는 자를 보호하실 것이며 그와 함께 통치하실 것이라는 교훈이다. 그러므로 인간이 탄식하는 것은 마음에 하나님의 말씀이 없기 때문임을 내비친다. 이와 같은 통찰은 시편 설교자에게 시사하는 바가 크다. 개개의 시편을 설교할 때, 이런 시편 전체의 중심 메시지를 염두에 두고 설교하도록 안내해 주기 때문이다. 이제 시편 전체를 통일적 구조 속에서 이해하는 새로운 시편 해석의 경향에 맞춰,

---

[1] 시편 설교의 단계들은 필자가 발표한 논문에서 일부 발췌한 것이다. 김창대, "시편 어떻게 설교할 것인가", 「신학과 실천」 28 (2011): 216-227.

시편을 설교할 때 염두에 두어야 할 단계들을 이론적으로 살펴보도록 하자.

첫 번째 단계는 설교자가 시편을 설교하기 위해 먼저 시의 구조를 파악하는 일이다. 구조는 시의 내용의 흐름을 보여 주는 장점이 있기 때문이다.[2] 시편의 구조에는 여러 가지가 있다. 그중 대표적인 구조가 동심원 구조[A-B-C-(D)-C´-B´-A´]와 패널 구조(A-B-C-A´-B´-C´)다. 동심원 구조는 가운데 부분이 메시지의 핵심을 이룬다는 신호다. 일반적으로 동심원 구조에서 핵심은 그 구조에서 중심을 이루는 부분이기 때문이다.[3] 패널 구조는 평행을 이루는 앞의 평행구가 뒤에 나오는 평행구에 의해 더욱 발전(progression)되어, 중심 메시지가 뒷부분에 있음을 알려 준다.[4]

시편의 구조를 발견하게 될 때의 유익은 단락을 나눌 수 있다는 점이다.[5] 그렇게 해서 설교자는 단락별로 설교 대지를 정할 수 있다. 일단 단락을 정하고 대지들을 선정하면 대지와 관련된 신학적 주제들이 어떻게 한 시편 안에서 의미의 일관성을 가지고 전개되는지를 관찰해야 한다.

두 번째 단계는 시편이 통일적 메시지를 갖도록 배열되었다는 전제하에서 주위의 시들과의 관계를 살펴보는 일이다. 구체적으로 설교 본문으로 정한 시편에서 설교자가 발견한 설교 대지와 관련된 신학적 주제가 주위 문맥에 있는 시들, 또는 해당 시편이 속한 권의 다른 시들과 어떤 연결고리를 갖는지를 주목해야 한다. 예를 들어, 시편 37편에서 두드러진 신학적 주제(대지) 중의 하나는 복과 관련해서 의인이 땅을 차지한다는 주제다(시 37:13). 그리고 시편 37편의 주위로 시선을 돌리면 땅과 복이라는 주제들을 쉽게 발견할 수

---

2 David Noel Freedman, "Preface", in *Chiasmus in Antiquity: Structures, Analyses, Exegesis*, ed. John W. Welch (Hildesheim, Ger.: Gerstenberg Verlag, 1981), 7.
3 David Noel Freedman, "Preface", in *Chiasmus in Antiquity: Structures, Analyses, Exegesis*, ed. John W. Welch (Hildesheim, Ger.: Gerstenberg Verlag, 1981), 7.
4 Waltke, *An Old Testament Theology*, 119.
5 Garrett, "Preaching from the Psalms and Proverbs", 102.

있다(25:13; 32:1; 34:12; 35:20).[6] 앞에서 우리는 시편 1-2편이 시편 전체의 해석적 열쇠를 제공한다고 지적했다. 시편 1편과 2편은 각각 지혜시와 제왕시이기에 시편 37편의 땅의 주제가 특별히 주위의 지혜시 및 제왕시와 어떻게 연결되는지 살펴볼 필요가 있다. 이런 식으로 보면, 37편에서 땅의 주제는 1권 안의 제왕시인 21편과 매우 밀접한 관련이 있음을 알 수 있다(21:10).[7]

어떤 경우에는 시편의 전체 정경적 문맥에서 어떤 권의 시들이 다른 권의 시들과 서로 연결되기도 한다. 시편 3권의 시들이 그러하다. 시편 3권의 시들은 주로 탄식인데, 이 탄식에 대한 응답으로 묶인 시들이 바로 시편 4권이다.[8] 그래서 시편 3권은 시편 4권의 문맥에서 읽을 수도 있다.

세 번째 단계는 본문을 토대로 정해진 설교 대지들이 전체 시편의 신학적 주제와 관련하여 어떻게 연결되는지를 살피는 것이다. 앞서 우리는 시편의 핵심은 마음에 율법을 새겨서 인애와 공의와 의의 열매를 맺는 삶이라고 지적했다.[9] 그러므로 본문에 드러난 설교 대지(주제)가 하나님의 법을 마음에 새기는 일에 어떻게 기여하는지를 관찰해야 한다. 예를 들어, 시편 46편은 시온을 우리의 피난처로 묘사하고 거기서 왕으로 임재하신 하나님을 찬양하는 시다. 하지만 시편 전체적인 시각에서 이 시를 보면, 설교자는 더욱 새로운 안목을 얻게 된다. 즉, 시편 전체의 시각에서 볼 때 마음에 하나님의 법을 새기

---

6 이에 대한 자세한 논의는 필자의 논문을 참조하라. Changdae Kim, "The Blessing of Inheriting the Earth in Psalm 37: Its Theological Meaning in the Context of the Psalter", *Scripture and Interpretation* 1/2 (2007): 95-110. 실로 37편은 시편 1권 안에서 주위의 시들과 많은 유비점들을 가지고 있다. 37:11/35:20(땅과 화평), 37:27/34:14(악에서 떠남), 37:14/35:10(가난하고 궁핍한 자), 37:6/36:9/37:10(광명, 빛), 37:31/36:1(마음), 37:11/27:4, 13(땅), 37:31/35:8(길곡험).

7 Kim, "The Blessing of Inheriting the Earth", 105-107.

8 이에 대한 자세한 논의는 필자의 논문을 참조하라. Changedae Kim, "The Problem of Theodicy in Psalm 89 and Its Resolution in Books III and IV", *Korea Journal of Christian Studies* 54 (2007): 5-27.

9 시편에서 마음의 문제의 중요성을 보여 주는 시편 중 하나가 19편이다. J. Ross Wagner, "From the Heavens to the Heart: The Dynamics of Psalm 19 as Prayer", *Catholic Biblical Quarterly* 61 (1999): 245-261.

는 사람만이 시온에서 하나님의 보호를 체험할 수 있다는 진리를 발견할 수 있기 때문이다. 이 점은 시편 24:3-5에서 시온에 오를 자는 마음이 청결한 자라는 진술로부터 더욱 지지를 얻는다.[10]

마지막으로, 이상의 석의 작업을 통해 얻어진 풍성한 통찰력을 시편의 이미지에 맞게 독자들에게 전달하는 것이다.[11] 시편은 운문으로서 여러 가지 수사적인 특징을 가진 시문학이다.[12] 특별히 빈번한 이미지의 사용을 통해 시편은 독자들에게 이성의 논리뿐만 아니라 감정과 상상력을 자극시켜 말씀에 귀 기울일 것을 요구한다. 그러므로 시편 설교자도 청중이 풍부한 상상력을 발휘할 수 있도록 엄선된 어휘를 사용하여 청중의 상황에 맞게 석의된 말씀들을 적용해야 할 것이다.

정리하면, 시편 설교 준비를 위한 세 가지 단계는 시편 전체가 통일성을 가진 책이라는 전제에서 출발한 것이다. 그래서 세 가지 단계를 통해 설교자는 먼저 특정 시편의 구조를 분석하고 거기서 설교 대지를 정하여 각각의 설교 대지와 관련된 신학적 주제들이 어떻게 한 시편의 본문 안에서 주제적 네트워크를 이루는지를 살펴야 한다. 그리고 각각의 주제(대지)들이 주위 문맥, 그리고 더 나아가 시편 전체에 어떻게 연결되는지를 묻고 적용점을 찾아야 한다.

확실히 이런 방법을 통해 도출된 시편 설교는 시편의 메시지를 풍성하게

---

10 테린(Terrien)은 시 24:3에서 청결한 마음은 제의법뿐만 아니라 모든 도덕적 이상을 준수하는 고귀한 상태를 가리킨다고 지적한다. Samuel Terrien, *The Psalms: Strophic Structure and Theological Commentary* (Grand Rapids, Mich.: Eerdmans, 2003), 247.
11 설교에서 수사학에 관한 글을 위해 다음의 논문을 참조하라. 최진봉, "후기 새로운 설교학의 등장에 관한 연구", 「신학과 실천」 22 (2010년/2월): 175-208; 남호, "설교에 있어서 상상력의 역할", 「신학과 실천」 16 (2008년/9월): 283-307; 조재국, "한국교회 설교의 상징어 사용에 관한 연구", 「신학과 실천」 11 (2006년/9월): 147-174.
12 롱맨은 시의 특징은 간결성, 빈번한 평행법의 사용, 그리고 이미지의 활용이라고 말한다. Tremper Longman III, "Literary Approaches and Interpretation", 116.

해 줄 것이다. 물론 여기서 제시된 설교 단계들이 절대적인 것은 아니다. 설교자는 자신이 정한 강조점에 따라 하나의 시편에 집중해서 거기서 도출된 주제들을 설교할 수도 있다. 분명한 점은 이와 같은 설교 방식이 성경을 성경으로 해석해야 한다는 종교개혁자들의 전통과도 그 맥을 같이한다는 사실이다.

2. 시편 설교를 위한 실제

이상의 시편 설교 단계들을 기초로 하여 실제 시편 설교가 어떻게 구체적으로 진행되는지를 살펴보기 위해 시편 8편, 23편을 예를 들어 설명해 보겠다.

1) 시편 8편

먼저 시편 8편을 가지고 설교가 어떻게 진행되는지를 살펴보자. 시편 8편은 다음과 같이 동심원 구조(chiastic structure)를 이루고 있다.

    A. 여호와여 주의 이름이 어찌 그리 아름다운지요(8:1a).
      B. 하늘로 대변되는 창조 세계가 주의 영광을 드러냄(8:1b).
        C. 어린아이로 대적자를 잠잠케 하심(8:2).
          D. 주의 손으로 지으신 자연을 봄(8:3).
            E. 사람이 무엇이기에 그를 영화와 존귀로 관 씌우시나이까(8:4-5).
          D′. 주의 손으로 만드신 것을 사람으로 다스리게 하심(8:6a).
        C′. 만물을 사람의 발에 두심(8:6a).
      B′. 지상에 있는 창조 세계(8:7-8).
    A′. 여호와여 주의 이름이 어찌 그리 아름다운지요(8:9).

이와 같은 구조로 볼 때, 이 시가 지닌 신학적 메시지의 핵심은, 사람이 비록 연약한 존재이지만 하나님의 대리자로서 이 세상에 왕으로 세워졌다는 것이다. 따라서 설교자는 왕으로 세워진 인간의 위상을 하나님의 왕권의 차원에서 바라볼 수 있다. 이와 같은 구조에서 우리는 세 가지 설교 대지를 얻을 수 있다. (1) 만물의 창조자이자 왕이신 하나님, (2) 어린아이와 같이 연약한 인간을 하나님이 대리자로 세우심, 그리고 (3) 인간으로 하여금 만물을 다스려 대적자를 물리치게 하심.

두 번째 설교 대지와 관련해서 8:2은 사람의 연약함을 강조하기 위해 사람을 어린아이로 비유하고 있다. 그리고 하나님이 어린아이의 입에 권능을 주셨다고 말한다. 본문의 문맥을 고려할 때, 어린아이가 입을 통해 권능을 가질 수 있는 이유는 1절과 8절에 제시되는 것처럼 사람이 하나님을 찬양할 수 있기 때문이다. 젖먹이 어린아이가 할 수 있는 것은 입으로 자신의 부모를 부르는 일일 것이다.[13] 여기서 설교자는, 인간은 하나님을 향한 찬양을 통해 권능을 얻을 수 있다는 신학적 진리를 선포할 수 있다.

세 번째 설교 대지와 관련하여, 대적자에 대한 언급은 주위의 문맥(3-14편)에서 의인을 대적하는 악인들에 대한 진술과 함께 이해되어야 한다. 이렇게 이해하면 8편이 전하는 메시지는, 의인은 왕과 같은 하나님의 형상이기 때문에 하나님의 형상으로서 대적자들 앞에서 지배당하지 말고 찬양으로 대적자들을 이기도록 권고하는 것임을 알 수 있다.

---

[13] 마 21:16에서 예수님은 이 구절을 인용할 때 70인역(LXX)을 사용하여 "어린 아기와 젖먹이들의 입에서 나오는 찬미"라고 말씀하셨다. 여기서 "찬미"라는 단어는 맛소라 사본의 "권능"과 차이가 난다. 하지만 이런 차이는 문맥을 통해 충분히 이해될 수 있다. 어린아이들의 입에서 나오는 권능이라는 것은 찬미다. 그런 찬미를 통해 여호와의 아름다움과 신실하심과 자비를 노래할 때 비록 어린아이와 같이 보잘것없는 인간이라 할지라도 찬양을 통해 권능을 얻고 원수와 보수자를 잠잠케 할 수 있다는 것이다. 그러므로 마태복음에서 예수님은 70인역을 인용하시면서 시 8:2의 권능을 찬양으로 말씀하셨을 때, 그것은 원래 시 8편의 의미를 더욱 풍성하게(fuller sense) 드러낸 경우다(마 21:16).

실제로 8편은 주위의 시인 7편 및 9편과 매우 긴밀하게 연결되어 있다. 7:17에서 "주의 이름에 대한 찬양"은 8편에서 계속 이어지고 있고, 9:2에서도 등장한다. 그래서 8편은 7편과 9편에서 다윗이 약속한 찬양의 모습을 담고 있다.[14] 더욱이 8편은 3-14편의 단락에 속해 있는데, 3-14편의 핵심 주제는 바로 고난이다. 그러므로 이런 3-14편의 문맥을 이해하면, 8편은 고난에 처해 있는 사람들에게 그들이 하나님의 형상인 왕적 존재임을 환기시키고 고난을 이기도록 용기를 주는 기능을 하고 있다.

따라서 설교자는 주위 문맥의 흐름을 통해 인간이 하나님의 형상으로서 왕적 존재임을 부각시키고, 대적자 앞에서 낙담하는 것은 왕의 모습이 아님을 설명하여, 대적자를 찬양으로 물리치는 삶을 살 것을 강단에서 선포할 수 있다.

마지막 단계에서 시편 8편의 내용이 어떻게 시편 전체의 메시지와 연결되는지 고찰할 필요가 있다. 이때 설교자는 두 번째 대지와 관련된 신학적 주제를 마음의 문제와 연결시킬 수 있다. 즉, 인간이 비록 어린아이처럼 연약하지만 하나님의 형상으로서 왕적 지위를 가질 수 있는 것은 마음에 하나님의 법을 새기기 때문임을 설교할 수 있는 것이다. 그래서 마음에 율법을 새긴 사람이 찬양할 때, 그 찬양이 대적자를 이길 수 있는 힘이 된다는 사실을 회중에게 일깨워 줄 수 있다. 실제로 마음으로 의지한다는 주제는 이어서 나오는 시편 9편에서 다시 강조되고 있는데, 이것은 결코 우연이 아니다(시 9:10).

2) 시편 23편

이제 시편 23편을 가지고 설교자가 어떻게 설교할 수 있는지를 살펴보기로

---

[14] Mays, *Preaching and Teaching the Psalms*, 38.

하자. 이 시의 구조는 동심원 구조와 패널 구조가 혼용된 경우다.

  A. 여호와는 나의 목자(23:1a).
    B. 여호와의 공급하심: 내가 부족함이 없음(23:1b).
      C. 여호와의 인도하심: 쉴 만한 물가와 의의 길로 인도(23:2-3).
        D. 여호와의 적극적 손길: 지팡이와 막대기로 보호하심(23:4).
      C′. 여호와의 인도하심: 원수 앞에 베푸신 상으로 인도(23:5a).
        D′. 여호와의 적극적 손길: 머리에 기름을 발라 치유하심(23:5b).
    B′. 여호와의 공급하심: 내 잔이 넘침(23:5c).
  A′. 목자이신 여호와에 대한 반응(23:6).

이 구조에서 핵심은 D/D′단락이다. 따라서 설교자는 여호와께서 어려움과 고난 가운데 있는 성도들을 보호하시고, 그들의 상처를 치유하시는 분이라는 사실에 초점을 맞추어 설교할 수 있다. 23편은 목자와 양의 이미지로 일관되다가 갑자기 결론 부분에 "상을 베풀고 머리에 기름을 바른다"는 표현이 등장하여 그 이미지가 훼손되는 것처럼 보인다. 혹자는 이런 후반부의 이미지가 주인이 손님을 초대하여 상을 베푸는 초청(invitation)의 이미지이기에 목자의 이미지와 차별화된다고 주장한다.[15]

하지만 원수 앞에서 상을 베풀고 머리에 기름을 바르는 이미지는 여전히 목자가 양을 돌보는 이미지로 해석될 수 있다. 특별히 머리에 기름을 바른다는 말은, 뿔로 인해 쉽게 상치를 입는 양의 머리에 목자가 기름을 발라 치유해 주는 모습과 잘 맞아떨어진다. 그러므로 시편 23편에서 머리에 기름을 바

---

15 Garrett, "Preaching from the Psalms", 111-112.

른다는 표현은 목자가 양을 치유하는 모습으로 이해할 수 있다.

이런 관찰을 통해 설교자는 23편에서 다섯 가지 설교 대지를 뽑을 수 있다. (1) 여호와는 공급자, (2) 여호와는 인도자, (3) 여호와는 보호자, (4) 여호와는 치료자, 그리고 (5) 목자이신 여호와에 대한 우리의 반응.

이와 같은 설교 대지들은 다음과 같이 일관된 의미의 흐름을 보여 준다. 먼저 여호와께서 목자가 되시어 공급하시는 것은 우리를 의의 길로 인도하시기 위함이다. 그리고 주님이 우리를 인도하시는 곳은 원수가 있는 곳일 수도 있기 때문에, 사망의 음침한 골짜기로 지나갈 수도 있다. 하지만 이때 여호와께서는 우리를 보호하시고, 더 나아가 어려움 속에서 상처받은 우리를 치료하신다. 그러므로 우리의 반응은 목자이신 여호와의 선하심과 인자를 체험하고 계속해서 여호와의 집, 즉 여호와의 임재 가운데 그분과 동행하는 것이어야 한다. 결국 설교자가 이런 대지들을 논리적 흐름에 맞춰 선포한다면 회중은 더욱더 설교에 집중하며 말씀에 도전을 받게 될 것이다.

더 나아가 설교자는 이런 설교 대지들을 주위 시의 문맥과 연결시킬 수 있다. 23편 앞에 위치한 22편은 심각한 고난을 당하는 시인의 모습을 그린다. 그래서 23편을 22편과 연결시켜 이해하면, 23편은 목자이신 하나님의 보호하심이 있다면 22편과 같은 혹독한 고난이 있을지라도 성도는 승리할 수 있다는 의미를 담고 있다. 이어서 24편은 그 이유가 목자이신 하나님이 다름 아닌 왕이시기 때문임을 밝힌다. 따라서 설교자는 여호와의 보호하심이라는 대지를 설명할 때, 23편 앞뒤의 시의 흐름을 회중에게 설명해 주어, 성도가 고난 가운데서도 여호와의 보호를 신뢰할 수 있는 것은 여호와께서 우리의 왕이시기 때문이라는 사실을 선포할 수 있다.

더욱이 시편 23:6에서 "여호와의 집"에 대한 언급은, 목자이신 여호와로부터 오는 축복이 궁극적으로 주님의 임재와 그분과의 교제 속에서 이루어진다는 의미를 내포한다. 그러면 우리는 어떻게 여호와의 집(시온)으로 상징되는 하나님의 임재 속에 머무를 수 있는가? 이에 대한 답이 바로 24편이다. 24:3-4은 마음이 청결한 자가 시온에 오를 수 있다고 선포하기 때문이다. 그러므로 설교자는 이처럼 주위의 문맥과 연결시켜 설교 대지를 더욱 풍성하게 할 수 있다.

끝으로 설교자는 시편 전체의 시각에서 여호와로부터 오는 축복을 받는 것은 우리 마음에 하나님의 법이 새겨질 때 가능하다는 것을 설교할 수 있다. 양이 목자로부터 보호, 인도, 공급, 치유를 받을 수 있는 이유는 비록 우둔하지만 목자의 음성을 알고 목자에게 순종하기 때문이다. 마음에 율법을 새겨서 말씀에 순종하는 삶을 사는 것은 시편 전체의 핵심 메시지이기 때문에, 설교자는 시편 전체의 시각에서, 하나님으로부터 오는 축복을 받기 위해서는 하나님의 말씀을 마음에 새기는 자세가 필요하다는 것을 설득력 있게 선포할 수 있다.

부록 2

시편의 표제

시편의 표제(타이틀)는 주로 시의 저작자가 누구인지에 대한 정보를 제공해 준다. 시편의 표제로서 다윗시는 총 73번 등장하고,[1] 그 외에 고라 자손의 시(42-49, 84-85, 87-88편), 아삽의 시(50, 73-83편), 에단의 시(89편), 헤만의 시(88편), 솔로몬의 시(72편과 127편), 모세의 시(90편) 등이 있다. 역대상에서 고라 자손과 아삽과 헤만과 여두둔(아마도 에단)은 다윗이 성전 제의와 찬양 임무를 수행하기 위해 구별한 레위인들이었다(대상 6:44; 15:19; 16:7, 42; 25:1; 26:19).[2] 레위 지파는 게르손 자손, 고핫 자손, 그리고 므라리 자손으로 나뉘는데(출 6:16), 아삽은 게르손의 후손이고 헤만은 고핫의 후손이기 때문에 에단은 아마도 므라리의 후손으로 추정된다.[3]

성전 파괴를 배경으로 하는 시들의 표제로 아삽의 시가 종종 등장하기

---

1 한글 성경은 히브리어 사본인 맛소라 사본을 따르는데, 맛소라 사본의 시편에서는 다윗시가 총 73번 나타난다.
2 아마도 여두둔은 대상 15:17-19에서 나오는 에단과 동일인물일 것이다. 아삽은 게르손 족속을, 헤만은 고핫 족속을 대표했듯이 여두둔은 므라리 족속을 대표했을 것으로 추정된다(대상 16:41-42; 25:1, 5 참조).
3 김성수, "시 77편: 환난 날의 출애굽 묵상", 『시편 2: 어떻게 설교할 것인가』, 321.

때문에, 아삽의 시는 아삽이 직접 쓴 시뿐만 아니라 아삽의 후손들이 쓴 시들도 포함한다(74, 79, 83편).[4] 아삽의 시 묶음(50, 73-83편)에서 50편이 떨어져 나간 것은, 50편이 48-49편과 밀접한 관련이 있기에 최종 배열자가 50편을 48-49편 뒤에 배열한 탓이다.

표제 안에 저자의 기록은 없지만 시들을 하나의 묶음으로 구별시켜 주는 것이 있다. 대표적인 것이 애굽 할렐시다(113-118편). 애굽 할렐시는 할렐루야 라는 말이 서두 또는 말미에 나타나는 찬송시다. 그 외에도 "성전에 올라가는 노래"라는 시온 순례시(120-134편)가 있다. 또한 1편과 2편처럼 표제가 전혀 없는 고아시(orphan psalm)도 있다. 시편의 서두에 있는 1-2편에 표제가 없는 이유는, 이름을 밝히기를 꺼린 최종 배열자가 이 시들을 작성하여 시편 전체의 서론으로 위치시켰기 때문이다. 한편 시편의 표제 안에는 다윗의 상황을 짤막하게 설명한 역사적 기록들이 추가되는 경우도 있다(3, 7, 18, 34, 51-52, 54, 56, 57, 59, 60, 63, 142편).[5]

시편의 표제에 나오는 시의 저작자가 역사적 진정성(authenticity)이 있느냐에 대한 견해는 매우 다양한 스펙트럼을 이룬다.[6] 즉, 다윗시들이 후대에 작성한 시로서 단순히 다윗의 이름을 붙인 것이라는 주장(Childs)에서부터, 다윗시들 중 일부만 다윗이 기록한 시라고 보는 견해, 그리고 다윗시들은 모두 다윗의 기록이라는 주장(Kidner)에 이르기까지 매우 다양하다. 차일즈(Childs)는, 다윗시라는 표제는 후대에 "미드라식 석의" 작업 과정에서 덧붙여진 결

4　김성수, "시 73편: 하나님밖에 없습니다", 『시편 2: 어떻게 설교할 것인가』, 290.
5　W. Dennis. Tucker Jr., "Book of Psalms 1", in *Dictionary of the Old Testament: Wisdom, Poetry & Writings*, ed. Tremper Longman III and Peter Enns (Downers Grove, Ill.: IVP, 2008), 578.
6　Willem A. VanGemeren and Jason Stanghelle, "A Critical-Realistic Reading of the Psalm Titles", in *Do Historical Matters Matter to Faith?* ed. James K. Hoffmeier and Dennis R. Magary (Wheaton, Ill.: Crossway, 2012), 281.

과라고 주장한다.[7] 차일즈가 말한 "미드라식 석의"란, 출처가 불투명한 시들에 다윗시라는 표제를 추가하여 시의 내용을 다윗과 연결시키려는 시도를 의미한다.

일반적으로 다윗시가 다윗의 저작이 아니라는 근거는 다음과 같다. 첫째, 다윗시로 명명된 시들 안에는 후대로 보이는 아람어 표현 등이 발견되고, 성전이 없었던 다윗 시대와 맞지 않게 다윗시에 성전 낙성가가 있다는 것이다(예를 들면 시 30편). 또한 다윗시라는 히브리어 표현은 다윗이라는 이름 앞에서 전치사 "레"(ל)가 붙은 형태인데, 전치사 "레"에는 "~를 위하여"(for), "~에 관하여"(concerning), 또는 "~에 의하여 쓰인"(by) 등과 같이 다양한 의미가 있다. 만약 "~에 의하여 쓰인"이라는 의미라면 다윗이 쓴 시를 뜻하지만, "~를 위하여"(for)라는 의미라면 이 표현은 다윗에게 바쳐지는 시로서 다윗이 저작한 시가 아닌 셈이다.

다윗시의 진정성을 부인하는 학자들은 사울을 피해 다윗이 굴에서 썼다는 57편을 예로 들어, 어떻게 다윗이 굴에서 시를 쓸 수 있었겠는가라고 반문한다. 그 외에도 사무엘서의 다윗시는 찬양시인 반면(삼하 22장), 시편에 등장하는 다윗시는 주로 탄식시라는 점도 다윗시라는 표제의 진정성을 의심케 하는 대목으로 본다.

렌토르프(Rolf Rendtorff)는 소위 다윗시 안에서 다윗의 생애를 암시하는 요소들은 매우 미미하기 때문에 다윗의 저작을 부인한다(하지만 그는 시 18:51은 예외라고 말한다; 시 122:1, 5; 144:1, 10 참조). 시편에서 소수의 경우를 제외하면, 다윗이라는 이름은 다윗 왕조를 단지 대표하는 이름에 불과하다는 게 그의 설명이다.[8]

---

7   Brevard S. Childs, "Psalm Titles and Midrashi Exegeis", *JSS* 16 (1971): 142.
8   Rolf Rendtorff, "The Psalms of David: David in the Psalms", in *The Book of Psalms: Composition and*

개역개정판 한글 성경이 따르는 히브리어 맛소라 사본(MT)과 주전 2-3세기에 이집트에서 유대인들이 히브리어 사본을 헬라어로 번역한 70인역(LXX)을 서로 비교하면, MT가 다윗시의 표제를 사용하지 않는 시들에서 LXX가 다윗시라는 표제를 추가한 경우들을 종종 발견할 수 있다(33, 43, 71, 91, 93-99, 104, 137편 등). 또한 반대로 MT가 다윗시라는 표제를 붙인 시에서 LXX는 그 표제를 생략한 경우도 있다(122, 124편). 더욱이 쿰란 제11동굴에서 발견된, 주후 1세기 중반에 작성된 쿰란 문서의 시편(11QPsa)에서는 MT와 LXX보다 다윗시라는 표제가 더 많이 나타난다.[9] 그래서 쿰란 문서의 시편인 11QPsa는 145편 끝에도 다윗의 기도와 비슷한 문구를 첨가하여 끝맺고 있다.[10] 이런 현상은 다윗시라는 표제가 사본의 전승 과정에서 자연스럽게 추가되었다는 방증일 수 있다.

하지만 보수주의자들(Derek Kidner, Bruce K. Waltke)은 다윗시라는 표제의 진정성을 옹호하여, 다윗시는 다윗이 직접 기록한 시를 의미한다고 주장한다.[11] 아람어 표현의 경우는 고대 근동에서 차용어를 사용했다는 증거가 있기 때문에, 아람어를 사용했다고 해서 반드시 후대의 산물이라고 단정할 수는 없다고 반박한다. 또한 다윗시에서 성전에 대한 언급은 다윗이 솔로몬 성전 건축을 준비한 자였기에 이상할 것이 없다는 논리를 편다(대상 25장 참조). 더욱이 하나님의 집으로서 성전은 솔로몬 성전 이전에 있었던 성막일 가능성도 있다

Reception, ed. Peter W. Flint and Patrick D. Miller (Boston: Brill, 2005), 53-64.
9   이 쿰란 문서의 시편 두루마리(11QPsa)에는 49개의 시가 기록되어 있다. Dwight D. Swanson, "Qumran and the Psalms", in *Interpreting the Psalms: Issues and Approaches*, ed. David Firth and Philip S. Johnston (Downers Grove, Ill.: IVP, 2005), 247-261에서 257. 이 쿰란 문서의 시편은 맛소라 사본의 시 101편에 해당하는 시부터 시작한다.
10 Gerald. H. Wilson, "The Qumran Psalms Scroll(11QPsa) and the Canonical Psalter: Comparison of Editorial Shaping", *CBQ* 59 (1997): 464.
11 Derek Kidner, *Psalm 1-72*, Tyndale Old Testament Commentaries (London: InterVarsity, 1973), 45-46; Bruce K. Waltke, "Theology of Psalms", in *NIDOTTE* 4: 1101. 데일 브루그만(Dale Brueggemann) 역시 표제의 역사적 진정성을 강력하게 주장한다.

고 본다.

데일 브루그만(Dale Brueggemann)은 제1차 세계대전 당시에 군인들이 싸움 중에 시를 작성했던 사실들을 예로 들며, 다윗이 굴에서도 충분히 시를 쓸 수 있었을 개연성을 제시한다. 하지만 그는 시편의 표제가 "진정성 있는 정경적 편집 작업"(authentic canonical editorial activity)에서 나온 것이라는 다소 애매한 주장을 펼친다.[12]

시편 표제의 진정성을 옹호하는 사람들은, 벤 시락(47:8-10), 쿰란 문서, 요세푸스, 그리고 신약의 증거들(마 22:43, 45; 막 12:36, 37; 눅 20:42; 행 1:16; 2:25; 4:25; 롬 4:6; 11:9; 히 4:7)에 비춰 볼 때, 다윗 이름 앞에 붙은 전치사 "레"(ל)의 용법은 "다윗에 의해 쓰인" 시를 가리키는 증거라고 주장한다.[13]

더욱이 시의 내용에서 다윗의 생애를 암시하는 부분이 없다는 이유로 그 시가 다윗이 쓴 시가 아니라고 단정할 수는 없다고 말한다. 다윗이 시를 기록할 때, 모든 사람들이 공감할 수 있도록 의도적으로 자신의 사적인 내용들을 희석시켰을 수도 있기 때문이다. 구약은 다윗이 시인이자(삼하 23:1) 음악가였으며(암 6:5; 삼상 16:15-23), 성전을 위해 악사들과 노래하는 자들을 세웠다고 증거한다(대상 6:31-32). 이런 점으로 미루어 보아, 다윗이 시편에 수록된 다윗시를 직접 작성한 장본인이라는 주장은 이상할 것이 없다. 실제로 신약은 다윗이 많은 시를 작성했다고 말한다(마 22:43-45; 눅 20:42; 행 2:25-28; 4:25-26; 히 4:7). 같은 맥락에서 후기 유대 문헌인 마카베오하 2서 2:13에서는 전반적으로 시편의 시들을 다윗의 저작으로 돌리고 있다.

물론 LXX와 주전 1-2세기의 작품으로 추정되는 쿰란 동굴의 히브리어

---

12 Dale Brueggemann, "Psalms 4: Titles", in *Dictionary of the Old Testament: Wisdom, Poetry & Writings*, ed. Tremper Longman III and Peter Enns (Downers Grove, Ill.: IVP, 2008), 614.
13 Bruce K. Waltke, "Theology of Psalms", in *NIDOTTE* 4: 1101.

사본의 시편들을 비교 분석해 보면, 시편에서 다윗시라는 표제가 쉽게 덧붙여지는 경향을 엿볼 수 있다. 하지만 헬라어 번역인 LXX의 배후에 있는 히브리어 대본(vorlag)과 쿰란 동굴의 히브리어 사본들도 나름대로 권위를 가지고 있었기 때문에, 이런 경향을 무조건 자의적인 판단에 의한 것이라고 치부하기는 어렵다.[14]

한편 신약의 저자들은 맛소라 사본(MT)에서 다윗시라고 명명되지 않는 시에다 다윗시라는 표제를 붙이는 경우가 있다. 예를 들어, 시편 95:7-8을 인용한 히브리서 4:7은 고아시인 95편을 "다윗의 글"이라 칭하고, 사도행전 4:25-26은 아무런 표제가 없는 시편 2:1-2을 인용하면서 "다윗이 한 말"이라고 기술한다. 이런 증거들은 시편에서 다윗시라는 표제가 덧붙여지는 경향이 있었다는 주장에 어느 정도 힘을 실어 주는 것처럼 보인다. 하지만 이런 증거들을 너무 확대해석하여 시편에서 다윗시라는 표제는 대부분 후대에 자의적으로 덧붙인 것이라고 보는 것은 무리가 있다.

실제로 시편 2편에는 다윗시라는 표제가 없지만, 2편의 내용 중 일부분은 다윗의 글로 충분히 해석할 수 있는 여지를 준다. 아마도 시편의 최종 배열자가 원래 다윗의 시를 시편의 서론으로 개작하기 위해, 편집하는 과정에서 다윗시라는 표제를 삭제했다고 볼 수도 있다. 그래서 후에 2편에 관한 믿을 만한 전승을 통해 신약의 저자들이 2편의 내용을 다시 다윗의 말로 표현했다고 볼 수도 있다.

시편의 표제의 진정성과 관련해서 양극단을 피하는 중도적인 입장으로, 다윗시들 중 일부는 다윗이 시작한 시이지만 일부는 그렇지 않다는 견해가 있다. 이 견해를 지지하는 대표적인 학자가 영(E. J. Young)이다.[15] 그는 다윗시

---

14 Childs, "Psalm Titles and Midrashic Exegesis", 148.
15 Edward J. Young, *Introduction to the Old Testament* (Grand Rapids, Mich.: Eerdmans, 1949), 298.

중에는 다윗이 직접 쓰지 않은 것도 있다는 것을 인정한다. 하지만 이런 경우에도 믿을 만한 초기 전승 과정에서 다윗시라는 표제가 추가된 것이라고 주장한다.[16]

또 다른 중도적 입장을 가진 학자로 밴게메렌과 스탕헬레(Stanghelle), 딜라드(Dillard), 그리고 롱맨(Longman)이 있다. 특히 밴게메렌과 스탕헬레는, 다윗시로 명명된 시들은 다윗이 직접 작성한 것(verba)은 아니지만 다윗의 목소리(Davidic vox)를 반영하고 있기 때문에 진정성이 있다고 주장하고, 다윗시라는 표제는 "정경의 역사적 발전 과정의 한 부분"이라고 본다.[17] 그리고 딜라드와 롱맨은 다윗시라는 표제가 정경에 포함되지는 않지만 적어도 신뢰는 할 수 있는 것이라는 입장을 표명한다.[18]

이상의 논의를 종합해 볼 때, 다윗시라는 표제는 후대에 사람들이 자의적 판단에 의해 추가한 것은 아니라고 볼 수 있다. 물론 일부 다윗시들은 다윗이 직접 쓴 것이 아닐 개연성이 있지만 그런 경우에도 다윗의 목소리를 반영한 것으로, 믿을 만한 전승 과정에서 서기관들이 다윗시라는 표제를 첨가한 것이라고 충분히 볼 수 있다. 딜라드와 롱맨의 주장처럼, 오늘날 많은 시편들이 과거의 생각과는 달리 초기에 기록된 시들임이 밝혀지고 있다는 사실도 다윗시가 다윗의 저작이라는 주장에 힘을 보태 준다.[19]

무엇보다 중요한 것은 다윗시의 역사적 진정성보다 다윗시라는 표제가 시편의 최종 완성 형태에서 수행하는 역할이다. 딜라드와 롱맨은 시편의 표제가 시편 해석에서 별로 중요하지 않다고 말하고 있지만,[20] 밴게메렌과 스탕헬

---

16 Young, *Introduction to the Old Testament*, 297-305.
17 VanGemeren and Stanghelle, "A Critical-Realistic Reading of the Psalm Titles", 300.
18 Raymond B. Dillard and Tremper Longman III, *An Introduction to the Old Testament* (Grand Rapids, Mich.: Zondervan), 216.
19 Dillard and Longman III, *An Introduction to the Old Testament*, 216.
20 Dillard and Longman III, *An Introduction to the Old Testament*, 216.

레는 다윗시라는 표제는 독자에게 다윗시로부터 다윗의 삶과 인품(persona)을 이끌어 내어 자신들의 삶에 적용하도록 유도하는 역할을 한다고 주장한다. 이런 점에서 시편의 표제는 나름대로 시편 해석에서 도움을 준다.

더욱이, 시편의 표제는 시편의 최종 배열자가 시의 배열 의도를 보여 주기 위한 수단으로 사용되고 있다. 예를 들어, 시편 5권(107-150편)에서는 다윗시가 서두와 말미에 등장하는데(108-110, 138-145편), 이런 다윗시의 배치를 통해 시편 5권은 인클루지오 구조를 형성한다. 또 다른 예가 90편의 표제다. 90편 앞에 위치한 89편은 다윗 왕조의 멸망을 탄식하는 내용인데, 그 뒤에 등장하는 90편의 표제는 "모세의 기도"다. 이것으로 보아 90편은 이런 표제를 통해 다윗 왕권의 멸망을 탄식하는 89편에 대한 응답임을 드러내고, 모세 시대 때에는 하나님이 왕이셨기 때문에 인간 왕이 사라졌다고 실망할 필요는 없다는 사실을 일깨워 주고 있다.

부록 3

시의 특징과 기법

히브리어 시의 대표적 특징은 간결성, 평행법의 빈번한 사용, 그리고 이미지의 사용이다.[1] 그 외에도 시는 이합체시(acrostic psalm)와 같은 다양한 기법들을 사용한다. 이제 시의 특징과 기법들을 구체적으로 살펴보기로 하자.

1. 간결성

히브리어 시는 내용을 간결하게 전한다는 특징이 있다. 그래서 이를 위해 먼저 히브리어 시는 덜 중요한 품사를 종종 생략시키는 경향이 있다. 그래서 접속사(나 2:5),[2] 정관사(시 82:3), 관계대명사(시 118:22), 대명사 접미(시 111:1) 등이 자주 생략된다.[3] 물론 이런 경향은 산문에서도 나타나지만, 시에서 더욱 두드러지게 나타난다. 또한 간결성을 위해 히브리어 시는 반복되는 동일한 어구

---

1 Tremper Longman III, "Literary Approaches and Interpretation", 116-118.
2 나훔서는 예언서이지만 예언서는 주로 시로 되어 있기 때문에 시라는 장르에 포함될 수 있다.
3 V. Philips Long, "Reading the Old Testament as Literature", in *Interpreting the Old Testament: A Guide to Exegesis*, ed. Craig C. Broyles (Grand Rapids, Mich.: Baker, 2001), 114.

를 생략하는 특징이 있는데, 이런 현상을 일명 "생략법"(ellipsis)이라고 일컫는다. 예를 들면 시편 12:3이 이에 속한다.

여호와께서 모든 아첨한 입술을 끊으시기를 기원합니다.
그리고 모든 자랑하는 혀도 (여호와께서 끊으시기를 기원합니다). (필자의 사역)

2. 평행법의 빈번한 사용

무엇보다 시와 산문을 구별하는 가장 큰 잣대는 평행법의 빈번한 사용이다. 평행법이란 어떤 절이나 문장을 비슷한 대구 형식으로 반복하는 것을 뜻한다. 산문과 달리 시는 이런 평행법을 아주 많이 사용하여 글의 유형이 시라는 것을 분명하게 드러낸다. 한 예로, 창세기 4:23-24의 라멕의 말은 초반부에 "아다와 씰라여 내 목소리를 들으라. 라멕의 아내들이여 내 말을 들으라"라는 평행법을 사용하여, 이 글이 시라는 것을 보여 주고 있다.

평행법은 이미 주후 11세기 이후부터 랍비들의 해석에서 자주 언급된 문법적 현상이었다.[4] 18세기에 와서 이런 현상을 처음으로 평행법이라고 명명한 로우스(Robert Lowth)는 평행법의 종류를 동의적 평행법(synonymous parallelism)과 반의적 평행법(antithetical parallelism), 그리고 종합적 평행법(synthetic parallelism)으로 나누었다. 여기서 동의적 평행법과 반의적 평행법은 의미론적 평행법에 속하고, 종합적 평행법은 문장 구조에 초점을 맞추고 있기 때문에 문법적 평행법(또는 구문론적 평행법)이라고 할 수 있다.[5]

4　Alastair G. Hunter, *An Introduction to the Psalms* (New York: T&T Clark, 2008), 13.
5　R. Lowth, *Lectures on the Sacred Poetry of the Hebrews*, trans. G. Gregory, 4th Ed. (London: Thomas Tegg, 1989[1753]), 205-214.

평행법에서 보통 콜론(colon, 주어+동사로 이루어진 절)이 두 번째 콜론과 평행을 이루지만, 두 개의 콜론(일명 bicola)이 한 행(line)을 이루어 행과 행끼리도 평행을 이룰 수 있다.[6] 의미론적 평행법에 많은 관심을 가졌던 로우스는 의미론적 평행법에서 대구를 이루는 두 개의 콜론은 동일한 의미를 단순히 반복한 것이라고 주장했다.

하지만 지난 20-30년 동안 평행법 연구는 평행법을 이루는 두 개의 콜론이 동일한 의미를 갖는다기보다, 두 번째 콜론이 첫 번째 콜론의 의미를 더욱 발전시킨다는 사실에 주목하게 되었다. 이에 대표적인 학자가 쿠겔(Kugel)이다.[7] 쿠겔은 로우스의 분류인 동의적, 반의적, 종합적 평행법을 그대로 사용하면서, 의미론적 평행법을 이루는 두 개의 콜론(A와 B)에서 후자의 콜론(B)이 전자의 콜론(A)에 무언가를 공헌한다는 점을 밝혔다. 구체적으로 전자의 사상을 구체화하거나, 더욱 세련되게 정의하거나, 또는 확장하는 기능을 한다는 것이다. 그래서 쿠겔은 A와 B가 평행을 이룰 때, "B는 A를 넘어간다"(B goes beyond A)라고 정의한다. 다시 말해 B가 앞의 A의 의미를 보강하고 강화한다(strengthening and reinforcing)는 것이다.

알터(Alter)는 쿠겔의 견해를 더욱 발전시켜, A와 B가 의미적 평행을 이룰 때, B는 A의 격조화(heightening), 보충(complementarity), 초점화(focusing), 구체화(specification), 논리적 결과(consequentiality), 대조(contrast), 심화(intensification) 등의 역할을 수행한다고 주장했다.[8] 또한 알터는 B가 A를 발전시킬 때, 문학적 표현이나 은유 등을 사용할 수 있다는 점을 지적했다.[9]

---

6   Long, "Reading the Old Testament", 115.
7   J. L. Kugel, *The Idea of Biblical Poetry: Parallelism and Its History* (New Haven and London: Yale University Press, 1981).
8   Robert Alter, *The Art of Biblical Poetry* (New York: Basic, 1985), 19.
9   Alter, *The Art of Biblical Poetry*, 14-16.

이들의 주장을 종합하면, 평행법은 "역동적 변화"(dynamic movement)임을 알 수 있다.[10] 예를 들어, 시편 1:1은 평행법을 사용하여 "악인의 꾀를 따르지(walk) 아니하며/ 죄인들의 길에 서지(stand) 아니하며/ 오만한 자들의 자리에 앉지(sit) 아니하고"라고 진술하고 있는데, 여기서 평행을 이루는 동작들은 역동적으로 변화하여 "걷다-서다-앉다"로 점점 발전하고 있다.[11]

평행법을 이해하지 못할 때, 독자는 해석의 실수를 범할 수 있다. 예를 들어, 시편 30:3에서 "여호와여 주께서 내 영혼을 스올에서 끌어내어 나를 살리사 무덤으로 내려가지 아니하게 하셨나이다"라는 진술의 경우, 평행법을 알지 못하면 마치 다윗이 실제로 죽음 이후에 영혼들이 머무는 스올에 내려갔다는 식으로 해석할 수 있다. 하지만 스올에 내려갔다는 표현은 무덤으로 내려간다는 말과 평행을 이루어, 단순히 죽음에 이르는 모습을 색다른 어감으로 표현한 것뿐이다. 이제 구체적으로 평행법의 예들을 살펴보기로 하자.

1) 동의적 평행법

동의적 평행법은 말 그대로 평행을 이루는 두 개의 콜론이 동일한 의미를 갖는다는 의미다. 하지만 앞서 설명한 대로, 서로 같은 내용을 반복하는 두 개의 콜론일지라도 두 번째 콜론이 첫 번째 콜론을 더욱 강조하고 격조 높게 하는 역할을 한다(시 19:1; 3:8). 동의적 평행법의 한 예로 시편 24:1을 들 수 있다.

땅과 거기에 충만한 것은 여호와의 것이다/
세계와 그 가운데 기하는 자도 (여호와의 것이다). (편자의 사역)

---

10 Long, "Reading the Old Testament", 117.
11 오늘날 평행법 연구는 단순히 의미적인 평행법뿐만 아니라 심지어 음성학적 평행법(phonological parallelism)을 주장하기도 한다.

2) 반의적 평행법

반의적 평행법은 엄밀한 의미에서 같은 내용을 반대 상황에서 다시 표현한 것이기에 동의적 평행법의 한 부류라고 볼 수 있다. 반의적 평행법의 예로 시편 1:6이 있다.

> 무릇 의인들의 길은 여호와께서 인정하시나/
> 악인들의 길은 망하리로다.

이 구절은 평행법을 사용하여 의인의 길과 악인의 길을 대조시켜, 의인의 길이 여호와로부터 인정을 받는다는 것은 거꾸로 악인의 길이 망한다는 의미임을 보여 주고 있다.

3) 종합적 평행법

로우스가 주장한 종합적 평행법은 기본적으로 동의적 평행법과 반의적 평행법에서 벗어난, 모든 종류의 평행법을 가리키는 용어였다.[12] 하지만 주로 의미의 반복보다는 유사한 문법적 구조를 사용하여 평행을 이루는 현상을 겨냥하기 때문에, 종합적 평행법은 문법적 평행법(syntactical parallelism)에 가깝다고 말할 수 있다. 이에 대한 예로 시편 77:17이 있다.

> 구름이 물을 쏟고/궁창이 소리를 내며/
> 주의 화살도 날아갔나이다.

---

12 David L. Petersen and Kent Harold Richards, *Interpreting Hebrew Poetry* (Minneapolis: Fortress, 1992), 26.

여기서 구름, 궁창, 주의 화살(번개)이라는 유사한 의미군에 속한 단어들이 연속적으로 등장하면서, 주어+동사라는 문법적 구조가 평행을 이루며 계속 반복되고 있다.[13]

4) 다른 평행법들

이상의 전통적인 평행법 외에도 오늘날 평행법 연구는 평행법의 종류들을 더욱 세분화시킨다.[14] 이 중 일부를 소개하면, 동일한 단어나 어근(또는 형태소)의 반복을 통해 이루어지는 형태론적 평행법(시 29:10), 숫자의 점진적인 증가를 통한 수의 평행법(parallelism of number, 미 5:5; 창 4:24), 동사의 시제(tense)와 상(aspect)에 변화를 주어 평행을 이루는 시상의 평행법, 마치 계단처럼 새로운 내용을 언급하기 전에 앞서 언급된 내용을 다시 반복하는 계단식 평행법(staircase parallelism) 등이 있다. 동사의 시제와 상을 사용하는 평행법의 예는 시편 29:10이다.[15]

여호와께서 홍수 때에 좌정하셨으며/
(이는) 여호와께서 영원하도록 왕으로 좌정하시기 때문이다. (필자의 사역)

이 구절에 나타난 평행법은 넓은 의미에서 동의적 평행법이지만, 좁은 의미에서 동사에 변화를 주어 같은 내용을 반복하는 시상의 평행법이다. 이 구절에서 "좌정하다"라는 첫 번째 동사는 완료형이지만 두 번째 "좌정하다"라

13　J. M. LeMon and B. A. Strawn, "Parallelism", in *Dictionary of the Old Testament: Wisdom, Poetry & Writings*, ed. Tremper Longman III & Peter Enns (Downers Grove, Ill.: IVP, 2008), 504.
14　이에 대한 자세한 연구를 위해서는 다음의 글을 참조하라. Adele Berlin, *The Dynamics of Biblical Parallelism* (Grand Rapids, Mich.: Eerdmans, 1985); Wilfred G. E. Watson, *Classical Hebrew Poetry: A Guide to Its Techniques* (London: T&T Clark International, 2001).
15　Petersen and Richards, *Interpreting Hebrew Poetry*, 32.

는 동사는 접속사 와우계속법 와우-(ㅜ)에 연결된 미완료형 동사다. 와우계속법 와우에 연결된 미완료형 동사는 앞의 동작에 대한 부연설명을 하는 기능을 할 수 있다. 따라서 두 번째 동사는 과거, 홍수 때에 좌정하셨던 하나님이 실은 영원한 왕이시기에 그것은 불변의 진리임을 부연설명해 주고 있다.[16] 다시 말해, 여호와께서 홍수 때에 좌정하신다고 말한 첫 번째 콜론에 대해서, 두 번째 콜론은 여호와의 좌정하심은 왕으로 좌정하심이고, 그것은 영원하여 불변한다는 것을 말하고 있는 셈이다. 이런 점에서 두 번째 콜론은 평행을 이루는 첫 번째 콜론의 내용을 더욱 발전시키기 위해 동사의 시상에 변화를 주었음을 알 수 있다.

한편 계단식 평행법의 예는 시편 77:16에서 찾아볼 수 있다.

하나님이여 물들이 주를 보았나이다/ 물들이 주를 보고 두려워하며/
깊음도 무서워 떨었나이다. (필자의 사역)

3. 이미지의 활용

산문에 비해 시가 이미지를 많이 활용하는 것은 제한된 지면에서 독자에게 많은 의미를 함축적으로 전달하기 위함이다. 더욱이 적절한 이미지의 사용은 독자에게 많은 영감을 주어 강력한 반응을 이끌어 내는 효과가 있다.[17] 이미지는 어떤 아이디어를 상징적 언어로 다시 표현하는 것이기에, 여기서 대표

16　Bruce K. Waltke and M. O'Connor, *An Introduction to Biblical Hebrew Syntax* (Winona Lake, Ind.: Eisenbrauns, 1990), 551. 일반적으로 와우계속법 미완료형 동사는 앞의 상황을 부연설명하는 기능을 가진다.
17　Tremper Longman III, "Literary Approaches and Interpretation", in *A Guide to Old Testament Theology and Exegesis*, ed. Willem A. VanGemeren (Grand Rapids, Mich.: 1999), 118.

적인 기법은 은유(metaphor)와 직유(simile)다.[18] 이제 이미지 사용과 관련된 시의 구체적인 기법들을 살펴보기로 하자.

1) 은유(metaphor)

은유는 말하고자 하는 대상을 다른 대상에 비교하여, 저자가 말하고자 하는 의미들을 다채롭게 보여 주는 기법이다.[19] 그 대표적인 예가 시편 23:1이다. 이 구절에서 시인은 은유를 사용하여 "여호와는 나의 목자시니"라고 말하고 있다. 여호와를 목자에 비교하여, 목자가 갖는 다양한 품성을 여호와의 품성에 적용시켜 여호와의 특성을 다각적으로 보여 주고 있다.

은유는 다시 환유(metonymy)와 제유(synecdoche)로 세분화된다.[20] 환유는 여호와의 보호하심을 "방패"로 바꾸어(환원해서) 표현하는 경우를 말한다. 환유의 또 다른 예는 대적자를 "개"로 표현하는 경우다(시 22:15-16). 반면, 제유는 어떤 대상의 일부분이 그 대상의 전체를 대표하는 기법을 말한다. 그래서 여호와의 손이 여호와의 존재와 임재를 상징하는 경우가 제유법에 속한다. "여호와 나의 하나님이여 나를 도우시며 주의 인자하심을 좇아 나를 구원하소서. 이것이 주의 손이 하신 일인 줄을 그들이 알게 하소서"(시 109:26-27). 제유의 또 다른 예는 시편 40:6이다. "주께서 내 귀를 통하여 내게 들려 주시기를 제사와 예물을 기뻐하지 아니하시며 번제와 속죄제를 요구하지 아니하신다 하신지라." 이 구절에서 언급된 귀는 인간의 몸 전체를 대표하고 있다.

---

18 Longman III, "Literary Approaches and Interpretation", 117.
19 Longman III, "Literary Approaches and Interpretation", 118.
20 Willem A. VanGemeren, "Psalms", in *The Expositor's Bible Commentary*, ed. Frank E. Gaebelein, vol. 5 (Grand Rapids, Mich.: Zondervan, 1991), 27-28 참조.

2) 직유(simile)

직유는 시편 49:20에서 시인이 "존귀하나 깨닫지 못하는 사람은 멸망하는 짐승 같도다"라고 말하는 것처럼 "~와 같은"이라는 문구를 사용하여 어떤 대상을 다른 이미지와 직접적으로 비교하는 기법이다(시 103:15 참조). 직유는 종종 시인이 새로운 사상을 처음 시작하거나 마칠 때 사용하기 때문에, 시에서 단락의 경계를 보여 주는 신호로도 기능한다.[21] 그래서 직유가 들어가 있는 표현은 종종 단락의 시작이나 끝을 알리는 역할을 한다(37:6 참조). 그 외에도 직유는 시인의 생생한 감정을 독자에게 전달하여 충격과 반응을 이끌어 내는 효과가 있다.[22]

3) 의인화(personification)

의인화는 생명이 없는 물체를 마치 살아 있는 생명체로 이미지화하여 표현하는 것을 말한다. 시편에서 시인은 생명이 없는 산이나 창조물을 향해 그들이 마치 귀가 있는 것처럼 외치는 경우를 종종 볼 수 있다. 이런 현상을 돈호법(apostrophe)이라고도 하는데, 이런 의인화는 비단 사물뿐만 아니라 부재중인 사람에게 마치 옆에 있는 자처럼 말하는 경우도 포함한다.[23] 이런 예가 시편 68:15이다. "너희 높은 산들아 어찌하여 하나님이 계시려 하는 산을 시기하여 보느냐." 롱맨은 시편에서 창조물이 의인화되는 것은 모든 창조물이 하나님의 섭리에 의존하고 있음을 강조하기 위한 것이라고 설명한다.[24]

---

21 Wilfred G. E. Watson, *Classical Hebrew Poetry: A Guide to Its Techniques* (London: T&T Clark International, 2005), 261.
22 Watson, *Classical Hebrew Poetry*, 262.
23 Leland Ryken, *How to Read the Bible as Literature* (Grand Rapids, Mich.: Zondervan, 1984), 98.
24 Longman III, "Literary Approaches and Interpretation", 118.

4) 과장(hyperbole)

과장은 고대 근동의 문서에 나타나는 중요한 특징 중 하나다. 특별히 역사 문헌에서 과장법은 잘 알려진 역사 서술 방법이기도 하다.[25] 과장법의 사용은 시에서도 예외는 아니다. 시에서 과장법은 문자적으로 표현할 수 없는 시인의 감정을 풍성하게 전달하기 위해 사용된다. 과장법의 한 예는 시편 40:12이다.[26]

수많은 재앙이 나를 둘러싸고 나의 죄악이 나를 덮치므로 우러러볼 수도 없으며 죄가 나의 머리털보다 많으므로 내가 낙심하였음이니이다.

4. 이합체시(acrostic psalm)

이합체시는 히브리어의 알파벳 순서를 사용하여 시를 만드는 기법으로, 종종 알파벳시라고 불린다. 구체적으로 설명하면, 시의 행이나 스트로피, 또는 연을 시작하는 첫 자음 자리에 알파벳 순서에 나오는 자음들을 차례로 사용하여 작시하는 방식이다.[27] 마치 사람 이름의 첫 음을 사용하여 삼행시를 짓는 것과 같은 이치다. 시편에서 이합체시에 속하는 시들로는 9, 10, 25, 34, 37, 111, 112, 119, 145편이 있다.

이합체시의 주요 목적 중 하나는 독자들에게 시를 쉽게 기억하도록 하는 데 있다.[28] 그러면서 특정한 주제를 온전히 다루었다는 것을 독자에게 각인

---

25 K. Lawson Younger Jr., *Ancient Conquest Account: A Study in Ancient Near Eastern and Biblical History Writing*, JSOTSup 98 (Sheffield: Sheffield Academic Press, 1990), 211-220.
26 VanGemeren, "Psalms", 26.
27 히브리어 단어는 항상 자음으로 시작하기 때문에 모음으로 시작하는 단어는 없다.
28 이성혜, "알파벳 시편과 시편 암송",「구약논집」8 (2013): 111-140.

시키는 기능을 한다.²⁹ 그러므로 119편이 이합체시로 기록된 것은 시 안에서 율법에 관한 모든 주제가 다루어졌음을 알려, 독자로 하여금 율법을 온전히 마음에 새길 것을 권면하는 효과를 준다. 종종 이합체시는 대단락의 끝에 나타나 대단락이 끝났음을 알리는 신호로도 기능한다. 그래서 25-37편의 대단락의 끝에 나타나는 37편은 이합체시로 기록되어 있고, 5권의 실제적인 끝인 145편도 이합체시로 기록되어 있다.

5. 소리를 통한 기교

소리를 통한 기교는 히브리어 시뿐만 아니라 고대 근동어인 우가릿어(가나안 지방의 언어)와 아카드어(고대 앗수르와 바벨론의 언어)에서도 발견된다.³⁰ 소리를 통한 기교는 시를 읽는 독자들에게 즐거움을 줄 뿐만 아니라, 청각적인 유사성을 통해 시 암송을 용이하게 해 준다(121편 참조). 소리를 통한 기교에는 다음과 같은 여러 가지 방식들이 있다.

1) 유음(assonance)

유음은 여러 단어에 걸쳐서 유사한 음들을 반복하여 사용하는 것을 말한다. 예를 들어 44:7에서는 유음으로 마찰음(sibilants)이 각각의 단어에 나타난다.

הוֹשַׁעְתָּנוּ מִצָּרֵינוּ וּמְשַׂנְאֵינוּ הֱבִישׁוֹתָ׃

(호샤타누 미짜레누 우메사네누 히비쇼다)

---

29 Longman, "Literary Approaches and Interpretation", 119.
30 Watson, *Classical Hebrew Poetry*, 222.

2) 두운법(alliteration)

두운법은 어떤 특정 자음이 단어 서두에 계속 반복해서 나타나는 경우를 말한다. 두운법은 행이나 스트로피, 또는 연이라는 단위에서도 나타나 시를 짜임새 있게 만들어 준다.[31] 시편 22:4이 그 한 예다.

בְּךָ בָּטְחוּ אֲבֹתֵינוּ בָּטְחוּ.
(베카 바떼후 아보테누 바떼후)

3) 의성어(onomatopoeia)

의성어는 인간, 동물 또는 자연의 소리를 흉내 내는 말이다. 예를 들어 1:2에서 "묵상하다"라고 번역된 히브리어 동사 "하가"(הגה)는 원래 중얼거리거나 신음하는 소리를 흉내 낸 의성어다. 확실히 ה(h)와 ג(g) 소리는 중얼거릴 때 자주 들리는 소리다. 의성어는 청각적 효과를 통해 독자(청중)에게 풍성한 이미지를 전달해 줄 수 있는 수단이 된다.[32]

4) 언어유희(word play, paronomasia)

언어유희는 비슷한 음을 가진 단어들을 연속적으로 사용하여 시인의 의도를 부각시키는 기법이다. 언어유희는 소리의 반복을 통해 독자의 이목을 끌고 독자에게 강한 충격을 줄 수 있다.[33] 예를 들어 69:30-31에서 시인은 노래로 여호와께 찬양하는 것이 소로 제사를 드리는 것보다 낫다고 말한다. 여기서

---

31 Watson, *Classical Hebrew Poetry*, 227.
32 Watson, *Classical Hebrew Poetry*, 236.
33 언어유희의 또 다른 기능에 대해서는 다음의 글을 참조하라. Watson, *Classical Hebrew Poetry*, 245-246. 여기서 왓슨은, 언어유희의 기능은 첫째, 흥미를 유발시키고, 둘째, 시의 구성을 도와주며, 셋째, 시인의 언어 능력을 보여 주어 시인의 진정성을 드러내 주고, 넷째, 언어유희가 사용되는 부분들을 결속시켜 주며, 마지막으로 상황이 역전되었음을 알리는 신호로 기능한다고 주장한다.

"찬양"에 해당하는 히브리어 단어는 "쉬르"(שׁיר)이고, "소"에 해당하는 히브리어 단어는 "쇼르"(שׁור)다. 그래서 "쉬르"와 "쇼르"라는 음성학적 유사성을 사용하여 하나님은 "쇼르"(소)보다 "쉬르"(찬양)를 원한다는 사실을 독자들에게 각인시켜 주고 있다.

6. 기타

1) 메리스무스(merismus)

이것은 두 개 이상의 낱말이 모여 전체를 나타내는 경우를 뜻한다. 예를 들어 시편 121:2은 하나님을 "천지"를 창조하신 분으로 소개하는데, 여기서 "천지"는 단순히 하늘과 땅을 말하는 것이 아니라 "모든 것"을 가리키는 말이다.

2) 반복(repetition)

시편은 종종 같은 단어를 반복하는데, 단어의 반복은 비슷한 소리의 반복을 뜻하기 때문에 소리를 통한 기교로도 볼 수 있다. 시에서 어떤 단어가 자주 반복된다는 것은 그 단어가 시의 핵심어라는 뜻이다. 반복의 예를 보면, 시편 40:9-11은 "인자와 진리"를 반복시켜, 이 단어들이 40편의 핵심어임을 제시한다. 또 다른 예는 121편의 "지키다"라는 동사다(121:3, 4, 5). 그래서 121편의 시인은 이 핵심어를 통해 여호와께서 성도를 반드시 지켜 보호해 주실 것을 강조한다. 한편 121편에서 "지키다"의 목적어는 "너"가 되었다가 나중에 "이스라엘"로 전환된다. 이것은 정상적인 순서를 약간씩 파괴시켜 독자에게 지속적인 자각을 주려는 시의 특징 때문이다.[34]

---

34 Hunter, *An Introduction to the Psalms*, 13-14.

3) 중언법(hendiadys)

중언법은 두 개의 단어가 합쳐져 하나의 의미를 나타내는 경우를 말한다. 예를 들어, 시편 107:10은 "사람이 흑암과 사망의 그늘에 앉으며"라고 말하는데, 여기서 "흑암과 사망의 그늘"은 합쳐져서 어둠을 의미한다.

4) 후렴구의 사용

후렴구는 단락의 끝을 알리기 위해 종종 사용된다. 예를 들어, 42편과 43편은 각각 "내 영혼아 네가 어찌하여 낙심하며 어찌하여 내 속에서 불안해 하는가"라는 후렴구를 사용하여 시를 종결하고 있다(42:11; 43:5).

참고문헌

강소라. "시편 32편에 나타난 하나님의 죄사함을 받는 자의 행복." 「교회와 문화」 21호 (2008): 160-182.
_____. "시편 145편: 시편에서의 위치와 기능." 「구약논집」 4 (2008): 23-42.
기민석. "시 82편: 우가릿의 목소리, 이스라엘의 노래." 「구약논단」 15권 2호 (2009): 111-130.
김성수. "문맥으로 시편 25-33편 읽기." 「구약논단」 19권/2호 (2013): 68-98.
_____. "성전에 올라가는 노래(시 120-134) 문맥속에서의 시편 121편 해석." 「교회와 문화」 제15호 (2004): 145-175.
_____. "시 73편: 하나님밖에 없습니다." 『시편 2: 어떻게 설교할 것인가』. 목회와신학 편집부(엮음), 289-298. 서울: 두란노아카데미, 2009.
_____. "시 95편: 모든 신 위에 크신 이스라엘의 왕 여호와." 『시편 3: 어떻게 설교할 것인가』. 목회와신학 편집부(엮음), 123-128. 서울: 두란노아카데미, 2008.
_____. "시 98편: 왕이 심판하러 임하실 것이라." 『시편 3: 어떻게 설교할 것인가』. 목회와신학 편집부(엮음), 145-138. 서울: 두란노아카데미, 2008.
_____. "시편 3-14편의 문맥 속에서 시편 8편과 14편 읽기." 「神學과 宣敎」 9 (2005): 63-83.
_____. "시편의 복음과 상황: 시편 1, 2편을 중심으로." 「성경과 신학」 59권 (2011): 1-36.
김정우. 『시편주석 I』. 서울: 총신대학교출판부, 2005.

_____. 『시편주석 II』. 서울: 총신대학교출판부, 2005.
_____. 『시편주석 III』. 서울: 총신대학교출판부, 2010.
_____. "시편 설교를 위한 방법론." 『시편 1: 어떻게 설교할 것인가』. 목회와신학 편집부(엮음), 95-109. 서울: 두란노아카데미, 2008.
_____. "시편의 기독론적 설교." 『시편 2: 어떻게 설교할 것인가』. 목회와신학 편집부(엮음), 13-40. 서울: 두란노아카데미, 2009.
김진규. "제왕시의 전략적 위치에서 본 시편 89편." 「구약논단」 32집 (2009): 83-110.
김창대. "구약에서 창조와 역사와 언약과의 관계." 「구약논집」 8 (2013): 57-86.
_____. "시편 어떻게 설교할 것인가." 「신학과 실천」 28호 (2011): 205-231.
_____. 『주님과 같은 분이 누가 있으리요?: 미가서 주해』. 서울: 도서출판그리심, 2012.
_____. "주위 문맥에서 본 시편 46편의 시온 신학." 「구약논단」 15권/2호 (2009): 63-82.
_____. "탄식적 상황에서 하나님의 응답: 시편 2권과 3권의 배열구조에 대한 연구." 「성경과 신학」 66 (2013): 1-33.
_____. 『한 권으로 꿰뚫는 소예언서』. 서울: IVP, 2013.
김희석. "시 144편에 나타난 다윗 왕권과 그 신학적 함의." 「구약논단」 16권/4호(2010): 71-92.
남호. "설교에 있어서 상상력의 역할." 「신학과 실천」 16 (2008년/9월): 283-307.
루이스, C. S. 『순전한 기독교』. 장경철/이종태 역. 서울: 홍성사, 2001.
_____. 『시편 사색』. 이종태 역. 서울: 홍성사, 2006.
롱맨, 트렘퍼, III. 『어떻게 시편을 읽을 것인가?』. 한화룡 역. 서울: IVP, 1989.
매칸, J. 클린튼. 『새로운 시편여행』. 김영일 역. 서울: 은성, 2000.
문은미. "시편의 구성적 접근을 통한 시편 제4권의 이해." *Canon & Culture* 3/2 (2009): 77-120.
_____. "시편의 구성적 접근을 통한 시편 107편의 이해: 시편 5권의 서론으로서 시편 107편의 기능과 메시지를 중심으로." 「개혁신학」 25권 (2009): 261-281.
밀러, 바실. 『열정적 기도와 기적의 사람 조지 뮬러』. 김창대 역. 서울: 기독신문사, 1998.
송제근. "언약갱신 시편." 『시편 1: 어떻게 설교할 것인가』. 목회와신학 편집부(엮음), 111-125. 서울: 두란노아카데미, 2008.
셀더르하위스, 헤르만. 『중심에 계신 하나님: 칼빈의 시편 신학』. 장호광 역. 서울: 대한기독교서회, 2009.
애쉬, 크리스토퍼. 『시편 119』. 김진선 역. 서울: 성서유니온선교회, 2011.
오웬, 존. 『내 안의 죄 죽이기』. 김창대 역. 서울: 도서출판 브니엘, 2014.

왕대일. 『시편 사색, 시편 한 권으로 읽기』. 구약사상문고 6. 서울: 대한기독교서회, 2013.
이성훈. "시편을 어떻게 읽을 것인가." 『시편 1: 어떻게 설교할 것인가』. 목회와신학 편집부(엮음), 21-25. 서울: 두란노아카데미, 2008.
_____. "시 135편: 우리 주는 모든 신보다 높으시도다." 『시편 3: 어떻게 설교할 것인가』. 목회와신학 편집부(엮음), 347-350. 서울: 두란노아카데미, 2008.
이성혜. "시편 1권에 나타난 알파벳시편 연구." 「성경과 신학」 72 (2014): 1-31.
_____. "알파벳 시편과 시편암송."「구약논집」 8 (2013): 111-140.
이은애. "시 93-100편의 여호와-왕 찬양시편의 구조와 역할."「구약논단」 33집 (2009): 67-86.
이태훈. "시 52편: 하나님의 인애를 의지하는 삶." 『시편 2: 어떻게 설교할 것인가』. 목회와신학 편집부(엮음), 135-140. 서울: 두란노아카데미, 2009.
조재국. "한국교회 설교의 상징어 사용에 관한 연구."「신학과 실천」 11 (2006년/9월): 147-174.
차준희. 『시편 신앙과의 만남』. 서울: 대한기독교서회, 2004.
최진봉. "후기 새로운 설교학의 등장에 관한 연구."「신학과 실천」 22 (2010년/2월): 175-208.
페넬롱, 프랑소아. 『그리스도인의 완전』. 김창대 역. 서울: 도서출판브니엘, 2007.
푸타토, 마크/데이빗 하워드. 『시편을 어떻게 해석할 것인가』. 류근상/류호준 역. 고양: 크리스챤출판사, 2008,
프랫, 리차드. 『구약의 내러티브 해석』. 이승진, 김정호, 장도선 공역. 서울: CLC, 2007.
하경택. "시편 82편의 해석과 적용: 하나님이여, 이 땅을 심판하소서."「구약논단」 15권/3호 (2009): 49-66.

Albright, W. F. "Baal Zephon." In *Festschrift für Alfred Bertholet*, ed. W. Baumgartner and others, 1-14. Tübingen: Mohr, 1950.
Allen, Leslie C. *Psalms 101-150*. WBC 21. Waco, Tex.: Word, 1983.
Alter, Robert. *The Art of Biblical Poetry*. USA: BasicBooks, 1985.
Anderson, Bernhard W., ed. *Creation in the Old Testament*. Issues in Religion and Theology 6. Philadelphia: Fortress, 1984.
Attard, Stefan. "Establishing Connections between Pss 49 and 50 within the Context of Pss 49-52." In *The Composition of the Book of Psalms*, ed. Erich Zenger, 413-424. Leuven: Uitgeverij Peeters, 2010.
Auffret, *La sagesse a bâti sa maison*. OBO 49. Göttingen: Vandenhoeck & Ruprecht, 1982.

Baer, D. A. and R. Gordon. "חֶסֶד." In *New International Dictionary of Old Testament Theology & Exegesis*, ed. Willem A. VanGemeren, 211-218. Grand Rapids, Mich.: Zondervan, 1997.

Ballhorn, E. *Zum Telos des Psalters: Der Textzusammenhang des Vierten and Fünften Psalmenbuches (Ps 90-150)*. Berlin: Philo, 2004.

Barker, Kenneth L. and Waylon Bailey. *Micah, Nahum, Habakkuk, and Zephaniah*. NAC 20. Nashville, Tenn.: B & H. 1998.

Beal, L. Wray. "Psalms 3: History of Interpretation." In *Dictionary of the Old Testament: Wisdom, Poetry & Writings*, ed, Tremper Longman III & Peter Enns, 605-613. Downers Grove, Ill.: IVP, 2008.

Becker, J. *Wege der Psalmenexegese*. Stuttgart: Verlag Katholishes Bibelwork, 1975.

Berlin, Adele. *The Dynamics of Biblical Parallelism*. Grand Rapids, Mich.: Eerdmans, 1985.

_____. "The Rhetoric of Psalm 145." In *Biblical and Related Studies Presented to Samuel Iwry*, ed. A. Kort and S. Morchaser, 17-22. Winona Lake, Ind.: Eisenbrauns, 1985.

Brown, William "'Here Comes the Sun!': The Metaphorical Theology of Psalms 15-24." In T*he Composition of the Book of the Psalms*, ed. Erich Zenger, 259-277. Leuven: Uitgeverij Peeters, 2010.

Broyles, Craig C. "The Psalms and Cult Symbolism: The Case of the Cherubim-Ark." In *Interpreting the Psalms: Issues and Approaches*, ed. David Firth and Philip S. Johnston, 139-156. Downers Grove, Ill.: IVP Academic, 2005.

Brueggemann, Dale. "Psalms 4: Titles." In *Dictionary of the Old Testament: Wisdom, Poetry & Writings*, ed. Tremper Longmann III and Peter Enns, 613-621. Downers Grove, Ill.: IVP, 2008.

Brueggemann, Walter. "Response to James L. Mays, 'The Question of Context.'" In *The Shape and Shaping of the Psalter*, ed. J. Clinton McCann, 29-41. Sheffield: JSOT Press, 1993.

_____. *The Message of the Psalms*. Augsburg: Augsburg Publishing House, 1984.

Childs, Brevard S. *Biblical Theology of the Old and New Testaments: Theological Reflection on the Christian Bible*. Minneapolis: Fortress, 1992.

_____. "Psalm Titles and Midrashi Exegeis." *JSS* 16 (1971): 137-150.

Chinitz, Jacob. "The Function of Chiasmus in Hebrew Poetry." *Catholic Biblical*

Quarterly 38 (1976): 1-10.

Clifford, Richard J. *The Cosmic Mountain in Canaan and the Old Testament*. Cambridge: Harvard University Press, 1972.

Cole, Robert L. *The Shape and Message of Book III(Psalms 73-89)*. JSOTSup 307. Sheffield: Sheffield Academic Press, 2000.

Craigie, Peter C. *Psalms 1-50*. Word Biblical Commentary 19. Waco, Texas: Word Books, 1983.

Creach, Jerome F. D. "Psalm 79." *Interpretation* 60 (2006): 64-66.

Crenshaw, James L. *An Introduction to The Psalms*. Grand Rapids, Mich.: Eerdmans, 2001.

Curtis, A. H. W. "The 'Subjugation of the Waters' Motif in the Psalms: Imagery or Polemic?" *JSS* 23 (1978): 252-253.

Dam, C. Van. "נֹזְלִי." In *New International Dictionary of Old Testament Theology & Exegesis*, vol. 1, ed. Willem A. VanGemeren, 840-842. Grand Rapids, Mich.: Zondervan, 1997.

Davis, Barry C. "Is Psalm 110 A Messianic Psalm?" *Bibliotheca Sacra* 157 (2000): 160-173.

Davis, Ellen F. "Exploding the Limits: Form and Function of Psalm 22." *JSOT* 53 (1992): 93-105.

Day, Jon. *God's Conflict with the Dragon and the Sea*. Cambridge: Cambridge University Press, 1985.

Dillard, Raymond B. and Tremper Longman III. *An Introduction to the Old Testament*. Grand Rapids, Mich.: Zondervan.

Dion, Paul E. "Psalm 103: A Meditation on the 'Ways' of the Lord." *Élise et Théologie* 21 (1990): 13-31.

deClaissé-Walford, Nancy L. "An Intertextual Reading of Psalms 22, 23, and 24." In *The Book of Psalms: Composition and Reception*. ed. Peter W. Flint and Patrick Miller, 139-151. Boston: Brill, 2005.

Doyle, Brian. "Where is God When You Need Him Most?: The Divine Metaphor of Absence and Presence as a Binding Element in the Composition of the Book of Psalms." In *The Composition of the Book of Psalms*, ed. Erich Zenger, 377-390. Leuven, Uitgeverij Peeters, 2010.

Eaton, J. H. *Kingship and the Psalms*. SBT 32. London: SCM, 1976.

Emerton, J. A. "The Interpretation of Psalm 82 in John 10." *JTS* 11 (1960): 329-332.

Fischer, Georg. "Composition des Psaumes 84-88." In *The Composition of the Book of Psalms*, ed. Erich Zenger, 463-478. Leuven: Uitgeverij Peeters, 2010.

Futato, Mark D. *The Book of Psalms*. Tyndale Cornerstone Biblical Commentary. Carol stream, Ill.: Tyndale House Publishers, 2009.

Garrett, Duane A. "Preaching from the Psalms and Proverbs." In *Preaching the Old Testament*, ed. Scott M. Gibson, 115-136. Grand Rapids, Mich.: Baker, 2006.

Gärtner, Judith. "The Torah in Psalm 106." In *The Composition of the Book of Psalms*, ed. Erich Zenger, 479-488. Leuven: Uitgeverij Peeters, 2010.

Gillingham, Susan. E. "The Levitial Singers and the Editing of the Hebrew Psalter." In *The Composition of the Book of Psalms*, ed. Erich Zenger, 91-123. Leuven: Uitgeveru Peeters, 2010.

_____. "The Zion Tradition and the Editing of the Hebrew Psalter." In *Temple and Worship in Ancient Israel*, ed. J. Day, 308-341. London: T&T Clark, 2005.

Gillmayr-Bucher, Susanne. "'Like Olive Shoots around Your Table': Images of Space in the Psalms of Ascent." In *The Composition of the Book of Psalms*, ed. Erich Zenger, 489-500. Leuven: Uitgeverij Peeters, 2010.

Gowan, Donald E. *Eschatology in the Old Testament*. Edinburgh: T&T Clark, 2000.

Grant, Jamie A. "The Psalms and the King." In *Interpreting the Psalms: Issues and Approaches*, ed. David Firth and Philip S. Johnston, 101-118. Downers Grove, Ill: IVP Academic, 2005.

Groenewald, Alphonso. "The Ethical 'Way' of Psalm 16." In *The Composition of the Book of Psalms*, ed. Erich Zenger, 501-511. Leuven: Uitgeverij Peeters, 2010.

Gunkel, Hermann. *Die Psalmen*, 4th ed. Götinger Handkommentar zum Alten Testament. Göttingen: Vandenhoec & Ruprech, 1926.

_____. E*inleitung in Die Psalmen*. Göttingen: Vandenhoeck & Ruprecht, 1933.

_____. *Introduction to the Psalms*. Macon, Ga.: Mercer University Press, 1998[1933].

_____. *The Psalms: A Form-Critical Introduction*. Translated by T. M. Horner. Philadelphia: Fortress, 1967.

Gunn, George A. "Psalm 2 and the Reign of the Messiah." *Bibliotheca Sacra* 169 (2012): 427-442.

Guthrie, George H. and Russell D. Quinn. "A Discourse Analysis of the Use of

Psalm 8:4-6 in Hebrews 2:5-9." *JETS* 49/2 (2006): 235-246.

Holladay, William L. *A Concise Hebrew and Aramaic Lexicon of the Old Testament*. Grand Rapids, Mich.: Eerdmans, 1988.

Hossfeld, Frank-Lothar and Erich Zenger. *Die Psalmen 1: Psalm 1-50*. Würzburg: Echter Verlag, 1993,

_____. *Psalms 2: A Commentary on Psalms 51-100*. Hermeneia. Minneapolis: Fortress, 2005.

Howard, David M. Howarad, Jr. "A Contextual Reading of Psalms 90-94." In *The Shape and Shaping of the Psalter*, ed. J. Clinton McCann, 108-123. JSOTSup 159. Sheffield: JSOT Press, 1993.

_____. *An Introduction to the Old Testament Historical Books*. Chicago: Moody, 1993.

_____. "Editorial Activity in the Psalter; A State-of-the-Field Survey." in *The Shape and Shaping of the Psalter*, ed. J. Clinton McCann, 52-70. JSOTSup 159. Sheffield: Sheffield Academic Press, 1993.

_____. "Recent Trends in Psalms Study." In *The Face of Old Testament Studies: A Survey of Contemporary Approaches*, ed. David W. Baker and Bill T. Arnold, 329-368. Grand Rapids: Baker, 1999.

_____. "The Psalms and Current Study." In *Interpreting the Psalms: Issues and Approaches*, ed. David Firth and Philip S. Johnston, 23-40. Downers Grove, Ill.: IVP Academic, 2005.

_____. *The Structure of Psalms 93-100*. Biblical and Judaic Studies, vol. 5. Winona Lake, Ind.: Eisenbrauns, 1997.

Human, Dirk Johannes. "From Exile to Zion." In *The Composition of the Book of Psalms*, ed. Erich Zenger, 523-535. Leuven: Uitgeverij Peeters, 2010.

Hunter, Alastair G. *An Introduction to the Psalms*. New York: T&T Clark, 2008.

Hurvitz, Avi. "Wisdom Vocabulary in the Hebrew Psalter: A Contribution to the Study of Wisdom Psalms." *VT* 38 (1998): 41-51.

Hutchinson, James Hely. "The Psalms and Praise." In *Interpreting the Psalms: Issues and Approaches*, ed. David Firth and Philip S. Johnston, 85-100. Downers Grove, Ill.: IVP, 2005.

Ibita, Ma. Maricel S. "Intensification and Narrativity in the Lament-Lawsuit of the 'Unsilent' God in Psalm 50." In *The Composition of the Book of Psalms*, ed. Erich Zenger, 537-549. Leuven: Uitgeverij Peeters, 2010.

Johnston, Philip S. "The Psalms and Distress." In *Interpreting the Psalms: Issues and Approaches*, ed. David Firth and Philip S. Johnston, 63-84. Downers Grove, Ill.: IVP, 2005.

Kaiser, Walter C., Jr. "The Law as God's Gracious Guidance for the Promotion of Holiness." In *Five Views on Law and Gospel*, ed. Stanley N. Gundry, 177-199. Grand Rapids, Mich.: Zondervan, 1996,

_____. *The Use of the Old Testament in the New*. Chicago: Moody, 1985.

Kang, So-Ra. "Reading Book 1 of the Psalter through the אַשְׁרֵי Sayings." Ph. D. Diss., Trinity Evangelical Divinity School, 2007.

Kelly, Sidney. "Psalm 46: A Study in Imagery." *JBL* 89 (1970): 305-312.

Kidner, Derek. *Psalm 1-72*, Tyndale Old Testament Commentaries. London: Inter-Varsity, 1973.

Kim, Changdae. "Jeremiah's New Covenant within the Framework of the Creation Motif." Ph. D. Diss., Trinity International University, 2006.

_____. "The Blessing of Inheriting the Earth in Psalm 37: Its Theological Meaning in the Context of the Psalter." *Scripture and Interpretation* 1 (2007): 95-110.

_____. "The Problem of Theodicy in Psalm 89 and Its Resolution in Books III and IV." *Korea Journal of Christian Studies* 54 (2007): 5-27.

Kim, Hee-Suk. "An Intertextual Study of Psalm 88 in the Context of Psalms 84-89 and Its Theological Implications." *KRJ* 17 (2011): 9-40.

Kiuchi, Nobuyoshi. *Leviticus*. AOTC. Downers Grove, Ill.: IVP, 2007.

Kraus, Hans-Joachim Kraus. *Psalms 1-59*. A Continental Commentary. Translated by Hilton C. Oswald. Minneapolis: Fortress, 1993.

_____. *Psalms 60-150*. A Continental Commentary. Translated by Hilton C. Oswald. Minneapolis: Fortress, 1993.

_____. *Worship in Israel*. Richmond, VA.: John Knox, 1966.

_____. *Theology of the Psalms*. Translated by Keith Crim. Minneapolis: Fortress, 1992.

Kselman, John S. "Sinai and Zion in Psalm 93." In *David and Zion: Biblical Studies in Honor of J.J.M. Roberts*, ed. Bernard F. Batto and Kathryn L. Roberts, 69-76. Winona Lake, Ind.: Eisenbrauns, 2004.

Kugel, J. L. *The Idea of Biblical Poetry: Parallelism and Its History*. New Haven and London: Yale University Press, 1981.

Kutsko, John F. *Between Heaven and Earth: Divine Presence and Absence in the Book of Ezekiel*. Biblical and Judaic Studies 7. Winona Lake, Ind.: Eisenbrauns, 2000.

Lee, Sung-Hun. "Lament and the Joy of Salvation in the Lament Psalms." In *The Book of Psalms: Composition and Reception*, ed. Peter W. Flint and Patrick D. Miller, 224-247. Boston: Brill, 2005.

Levenson, Jon D. *Sinai and Zion: An Entry into the Jewish Bible*. New York: HarperCollins, 1985.

LeMon, J. M. and B. A. Strawn. "Parallelism." In *Dictionary of the Old Testament: Wisdom, Poetry & Writings*, ed. Tremper Longman III & Peter Enns, 502-515. Downers Grove, Ill.: IVP, 2008.

Long, V. Philips. "Reading the Old Testament as Literature." In *Interpreting the Old Testament: A Guide for Exegesis*, ed. Craig C. Broyles, 85-123. Grand Rapids, Mich.: Baker, 2001.

Longman, Tremper, III. "Literary Approaches and Interpretation." In *A Guide to Old Testament Theology and Exegesis*, ed. Willem A. VanGemeren, 100-121. Grand Rapids, Mich.: Zondervan, 1997.

_____. "Psalm 98: A Divine Warrior Victory Song." *JETS* 27 (1984): 267-274.

_____. "Psalms." In *A Complete Literary Guide to the Bible*, ed. Leland Ryken and Tremper Longman III, 245-255. Grand Rapids, Mich.: Zondervan, 1993.

Lowth, Robert. *Lectures on the Sacred Poetry of the Hebrews*. 4th Ed. Translated by G. Gregory. London: Thomas Tegg, 1989[1753].

Lucas, Ernst C. *Exploring the Old Testament, vol 3: The Psalms and Wisdom Literature*. London: SPCK 2003.

Mays, James Luther. "A Question of Identity: The Threefold Hermeneutic of Psalmody." *Asbury Theological Journal* 46 (1991): 87-94.

_____. *Preaching and Teaching the Psalms*. Louisville: WJK, 2006.

_____. *Psalms*. Interpretation: A Bible Commentary for Teaching and Preaching. Louisville: John Knox, 1994.

_____. "The Place of the Torah-Psalms in the Psalter." *JBL* 106 (1987): 3-12.

McCann, J. Clinton, Jr. *A Theological Introduction to the Book of Psalms: The Psalms as Torah*. Nashville: Abingdon, 1993.

_____. "Books I-III and The Editorial Purpose of the Hebrew Psalter." In *The Shape and Shaping of the Psalter*, ed. J. Clinton McCann, 93-107. Sheffield:

JSOT Press, 1993.

_____. *The Book of Psalms*. The New Interpreter's Bible 4. Nashville: Abingdon, 1996.

_____. "The Shape of Book I of the Psalter and the Shape of Human Happiness." In *The Book of Psalms: Composition and Reception*, ed. Peter W. Flint and Patrick D. Miller, 340-348. Boston: Brill, 2005.

McCarthy, Dennis J., S. J. "Creation' Motifs in Ancient Hebrew Poetry." In *Creation in the Old Testament*, ed. Bernhard W. Anderson, 74-89. Issues In Religion and Theology 6. Philadelphia: Fortress, 1984,

McConnell, W. "Meter." In *Dictionary of the Old Testament: Wisdom, Poetry & Writings*, ed. Tremper Longman III & Peter Enns, 472-476. Downers Grove, Ill.: IVP, 2008.

Mettinger, Tryggve B. D. *The Dethronement of Saboath*. Lund: Gleerup, 1982.

Millard, Matthias. *Die Komposition des Psalters: Ein formgeschichtlicher Ansatz*. FAT 9. Tübingen: Mohr, 1994.

Miller, Patrick D. "Deuteronomy and Psalms: Evoking a Biblical Conversation." *Journal of Biblical Literature* 118 (1999): 3-18.

_____. "The Beginning of the Psalter." In *The Shape and Shaping of the Psalter*, ed. J. Clinton McCann, 83-92. Sheffield: JSOT Press, 1993.

_____. "The End of the Psalter: A Response to Erich Zenger." *JSOT* 80 (1998): 103-110.

_____. *The Divine Warrior in Early Israel*. Harvard Semitic Monographs 5. Cambridge: Harvard University Press, 1973.

Miller, Robert D., II. "The Origin of the Zion Hymns." In *The Composition of the Book of Psalms*, ed. Erich Zenger, 667-675. Leuven: Uitgeverij Peeters, 2010.

Mitchell, D. C. *The Message of the Psalter: An Eschatological Programme in th Book of Psalms*. JSOTSup 252. Sheffield: Sheffield Academic Press, 1997.

Moberly, R. W. L. "אמן." In *New International Dictionary of Old Testament Theology & Exegesis*, vol. 1, ed. Willem A. VanGemeren, 427-433. Grand Rapids, Mich.: Zondervan, 1997.

Moon, EunMee. "The Sapiential Reading of Psalms 107-18 in the Framework of Books IV and V of the Psalter." Ph. D. Diss., Trinity Evangelical Divinity School, 2008.

Motyer, J. Alec. *The Prophecy of Isaiah: An Introduction & Commentary*. Downers

Grove, Ill.: IVP, 1993.

Mowinckel, Sigmund O. *Psalmenstudien*, 6 vols. Kristiana: Jacob Dybwad, 1921-1924.

_____. *The Psalms in Israel's Worship*, 2 vols. Translated by. D. R. Ap-Thomas. Nashville: Abingdon, 1962.

Murphy, Roland E. "Reflections on Contextual Interpretation of the Psalms." In *The Shape and Shaping of the Psalter*, ed. J. Clinton McCann, 21-28. Sheffield: JSOT Press, 1993.

Murphy, S. Jonathan. "Is the Psalter a Book with a Single Message?" *Bibliotheca Sacra* 165 (2008): 283-293.

Nelson, Richard D. "Psalm 114." *Interpretation* 63 (2009): 172-174.

Nielson, Kirtsten. "Why not Plough with an Ox and as Ass Together? Or: Why not Read PS 119 Together with PSS 120-134?" *Scandinavian Journal of the Old Testament* 14 (2000): 56-66.

O'Kennedy, DF. "The Relationship between Justice and Forgiveness in Psalm 103." *Scriptura* 65 (1998): 109-121.

Ollenburger, Ben C. *Zion the City of the Great King*. JSOTSup 41. Sheffield: Sheffield Academic Press, 1987.

Oswalt, John N. *The Book of Isaiah: Chapters 40-66*. NICOT. Grand Rapids, Mich.: Eerdmans, 1998.

Patterson, Richard D. "Psalm 92:12-15: the Flourishing of the Righteous." *Bibliotheca Sacra* 166 (2009): 271-288.

Petersen, David L. and Kent Harold Richards. *Interpreting Hebrew Poetry*. Minneapolis: Fortress, 1992.

Redditt, Paul L. "Themes in Haggai-Zechariah-Malachi." *Interpretation* 61 (2007): 184-197.

Reimer, David J. "צָדֵק." In *New International Dictionary of Old Testament Theology & Exegesis*, vol. 3, ed. Willem A. VanGemeren, 744-769. Grand Rapids, Mich.: Zondervan, 1997.

Rendtorff, Rolf. "The Psalms of David: David in the Psalms." In *The Book of Psalms: Composition and Reception*, ed. Peter W. Flint and Patrick D. Miller, 53-64. Boston: Brill, 2005.

Reynolds, Kent A. "The Answer of Psalm CXIX 9." *Vetus Testamentum* 58 (2008): 265-269.

Ryken, Leland. *How to Read the Bible as Literature*. Grand Rapids, Mich.: Zondervan, 1984.

Scaiola, Donatella. "The End of the Psalter." In *The Composition of the Book of Psalms*, ed. Erich Zenger, 701–710. Leuven: Uitgeverij Peeters, 2010.

Schmid, H. H. "Creation, Righteousness, and Salvation: 'Creation Theology' as the Broad Horizon of Biblical Theology." In *Creation in the Old Testament*, ed. B. W. Anderson, 102–117. Philadelphia: Fortress, 1984.

Schultz, Richard. "Integrating Old Testament Theology and Exegesis: Literary, Thematic, and Canonical Issues." In *A Guide to Old Testament Theology and Exegesis*, ed. Willem A. VanGemeren, 182–202. Grand Rapids, Mich.: Zondervan, 1997.

Seybold, K. *Introducing the Psalms*. Edinburgh: T&T Clark, 1990.

Sheppard, Gerald T. *Wisdom as a Hermeneutical Construct: A Study in the Sapientializing of the Old Testament*. BZAW 151. Berlin: de Gruyter, 1980.

Smith, Richard G. *The Fate of Justice and Righteousness during David's Reign: Narrative Ethics and Rereading the Court History According to 2 Samuel 8:15-20:26*. New York: T&T Clark, 2009.

Snyman, Fanie. "Reading Psalm 117 against an Exilic Context." *Vetus Testamentum* 61 (2011): 109–118.

Swanson, Dwight D. "Qumran and the Psalms." In *Interpreting the Psalms: Issues and Approaches*, ed. David Firth and Philp S. Johnston, 247–261. Downers Grove, Ill.: IVP, 2005.

Tate, Marvine E. *Psalms 51-100*. WBC 20. Waco, Tex.: Word, 1990.

Terrien, Samuel. *The Elusive Presence: Toward a New Biblical Theology*. New York: Harper & Row, 1978.

———. *The Psalms: Strophic Structure and Theological Commentary*. Grand Rapids, Mich.: Eerdmans, 2003.

Tucker, W. Dennis, Jr. "Book of Psalms 1." In *Dictionary of the Old Testament: Wisdom, Poetry & Writings*, ed. Tremper Longman III and Peter Enns, 578–593. Downers Grove, Ill.: IVP, 2008.

———. "Empires and Enemies in Book V of the Psalter." In *The Composition of the Book of Psalms*, ed. Erich Zenger, 723–731. Leuven: Uitgeveru Peeters, 2010.

van Grol, Harm. "David and His Chasidim: Place and Function of Psalms 138–

145." In *The Composition of the Book of Psalms*, ed. Erich Zenger, 309-337. Leuven: Uitgeverij Peeters, 2010.

VanGemeren, Willem A. *Interpreting the Prophetic Word: An Introduction to the Prophetic Literature of the Old Testament*. Grand Rapids, Mich.: Zondervan, 1990.

_____. "Psalms." In *The Expositor's Bible Commentary*, vol. 5. ed Frank E. Gaebelein, 3-880. Grand Rapids, Mich.: Zondervan, 1991.

_____. "The Law is the Perfection of Righteousness in Jesus Christ: A Reformed Perspective." In *Five Views on Law and Gospel*, ed. Stanley N. Gundry, 13-58. Grand Rapids, Mich.: Zondervan, 1996.

VanGemeren, Willem A., ed. *New International Dictionary of Old Testament Theology & Exegesis*, 5 vols. Grand Rapids, Mich.: Zondervan, 1997.

VanGemeren, Willem A. and Jason Stanghelle. "A Critical-Realistic Reading of the Psalm Titles." In *Do Historical Matters Matter to Faith?* ed. James K. Hoffmeier and Dennis R. Magary, 282-301. Wheaton, Ill.: Crossway, 2012.

Vanhoozer, Kevin J. *Is There a Meaning in This Text?* Grand Rapids, Mich.: Zondervan, 1998.

Vincent, M. A. "The Shape of the Psalter: An Eschatological Dimension?" In *New Heaven and New Earth. Prophecy and the New Millennium: Essays in Honor of Anthony Gelston*, ed. J. Harland/C. T. R. Hayward, 61-82. Leiden: Brill, 1999.

von Rad, Gerhard. *Old Testament Theology*, vol. 1. Translated by D. M. G. Stalker. New York: HarperCollins, 1962.

Wagner, J. Ross. "From the Heavens to the Heart: The Dynamics of Psalm 19 as Prayer." *Catholic Biblical Quarterly* 61 (1999): 245-261.

Waltke, Bruce K. "A Canonical Process Approach to the Psalms." In *Tradition and Testament*, ed. John S. Feinberg and Paul D. Feinberg, 3-18. Chicago: Moody, 1981.

_____. *An Old Testament Theology: An Exegetical, Canonical, and Thematic Approach*. Grand Rapids, Mich.: Zondervan, 2007.

_____. "Superscripts, Postscripts, or Both." *JBL* 110 (1991): 583-596.

_____. "Theology of Psalms." In *New International Dictionary of Old Testament Theology & Exegesis*, ed. Willem A. VanGemeren, 1100-1115. Grand Rapids, Mich.: Zondervan, 1997.

Waltke, Bruce K. and M. O'Connor. *An Introduction to Biblical Hebrew Syntax*.

Winona Lake, Ind.: Eisenbrauns, 1990.

Walton, J. H. "Psalms: A Cantata about the Davidic Covenant." *JETS* 34 (1991): 21-31.

Watson, Wilfred G. E. *Classical Hebrew Poetry: A Guide to Its Techniques.* London: T&T Clark International, 2005.

Welch, John W. ed. *Chiasmus in Antiquity: Structures, Analyses, Exegesis.* Hildesheim, Ger.: Gerstenberg Verlag, 1981.

Wendland, Ernst R. *Prophetic Rhetoric: Case Studies in Text Analysis and Translation.* USA: Xulon Press, 2009.

_____. *The Discourse Analysis of Hebrew Prophetic Literature: Determining the Larger Textual Units of Hosea and Joel.* Millen Biblical Press Series 40. Lewiston, N.Y.: Edwin Mellen, 1995.

Weinfeld, Moshe. "Inheritance of the Land—Privilege versus Obligation: The Concept of 'The Promise of the Land' in the Sources of the First and Second Temple Periods." *Zion* 49 (1984): 115-137

Weiser, Arthur. *The Psalms.* Old Testament Library. London: SCM Press, 1962.

Wenham, Gordon J. "The Ethics of the Psalms." In *Interpreting the Psalms: Issues and Approaches*, ed. David Firth and Philip S. Johnston, 175-194. Downers grove, Ill.: IVP, 2005.

Westermann, Claus. *Praise and Lament in the Psalms.* Edingburgh: T&T Clark, 1981.

Whybray, R. N. *Reading the Psalms as a Book.* Sheffield: Sheffield Academic Press, 1996.

Williamson, H. G. M. *Variations on a Theme: King, Messiah and Servant in the Book of Isaiah.* Carlisle, UK.: Paternoster, 1998.

Willis, John T. "Psalm 1—An Entity." *ZAW* 9 (1979): 381-401.

Wilson, Gerald H. *Editing of the Hebrew Psalter.* SBLDS 76. Chicago: Scholars Press, 1985.

_____. "King, Messiah, and the Reign of God: Revisiting the Royal Psalms and the Shape of the Psalter." In *The Book of Psalms: Composition and Reception*, ed. Peter W. Flint and Patrick Miller, 391-406. Boston: Brill, 2005.

_____. "Shaping the Psalter: A Consideration of Editorail Linkage in the Book of Psalms." In *The Shape and Shaping of the Psalter*, ed. J. Clinton McCann, 72-82. Sheffield: JSOT Press, 1993.

_____. "The Qumran Psalms Scroll(11QPsa) and the Canonical Psalter: Comparison of Editorial Shaping." *CBQ* 59 (1997): 448-464.

_____. "The Structure of the Psalter." In *Interpreting the Psalms: Issues and Approaches*, ed. David Firth and Philip S. Johnston, 229-246. Downers Grove, Ill.: IVP Academic, 2005.

Wilson, Lindsay. "On Psalms 10-106 as a Closure to Book IV of the Psalter." In *The Composition of the Book of Psalms*, ed. Erich Zenger, 755-766. Leuven: Uitgeverij Peeters, 2010.

Witt, Andrew. "Hearing Psalm 102 within the Context of the Hebrew Psalter." *Vetus Testamentum* 62 (2012): 582-606.

Young, Edward J. *Introduction to the Old Testament*. Grand Rapids, Mich.: Eerdmans, 1949.

Younger, K. Lawson, Jr. *Ancient Conquest Account: A Study in Ancient Near Eastern and Biblical History Writing*. JSOTSup 98. Sheffield: Sheffield Academic Press, 1990.

Zakovitch, Yair. "The Interpretative Significance of the Sequence of Psalms 111-112, 113-118, 119." In *The Composition of the Book of the Psalms*, ed. Erich Zenger, 215-227. Leuven: Uitgeverij Peeters, 2010.

Zenger, Erich. *A God of Vengeance?: Understanding the Psalms of Divine Wrath*. Louisville: Westerminster John Knox, 1996.

_____. "Der jüdischer Psalter—ein anti-imperiales Buch?" In *Religion und Geselschaft: Studien zu ihrer Wechselbeziehung in den Kulturen des Antiken Vorderen Orients*, ed. R. Albertz, 95-108. Münster: Ugarit, 1997.

_____. "The Composition and Theology of the Fifth Book of Psalms, Psalms 107-45." *JSOT* 80 (1998): 77-102.

Zuck, Roy B., Eugene H. Merrill and Darrell L. Bock. *A Biblical Theology of the Old Testament*. Chicago: Moody Bible Institute, 1991.

한 권으로 꿰뚫는 시편

초판 발행_ 2015년 12월 31일
초판 3쇄_ 2022년 12월 30일

지은이_ 김창대
펴낸이_ 정모세

펴낸곳_ 한국기독학생회출판부
등록번호_ 제2001-000198호(1978.6.1)
주소_ 04031 서울시 마포구 동교로 156-10
대표 전화_ (02)337-2257 팩스_ (02)337-2258
영업 전화_ (02)338-2282 팩스_ 080-915-1515
홈페이지_ http://www.ivp.co.kr 이메일_ ivp@ivp.co.kr
ISBN 978-89-328-1437-7
ISBN 978-89-328-0714-0(세트)

ⓒ 김창대 2015

책값은 뒤표지에 있습니다.
무단 전재와 복제를 금합니다.